LAS SIETE VIDAS DEL NEOLIBERALISMO

TEZONTLE

Traducción de
Nicolás Pérez Ferretti y Juan Pablo Venables B.

DIETER PLEHWE, QUINN SLOBODIAN
Y PHILIP MIROWSKI
EDITORES

LAS SIETE VIDAS DEL NEOLIBERALISMO

FONDO DE CULTURA ECONÓMICA

Primera edición, FCE Chile, 2023

Plehwe, Dieter, Quinn Slobodian y Philip Mirowski (eds.)
Las siete vidas del neoliberalismo / ed. de Dieter Plehwe, Quinn Slobodian, Philip Mirowski ; trad. de Nicolás Pérez Ferretti y Juan Pablo Venables B. ; pról. de la ed. latinoamericana de Juan Pablo Venables B. ; introd. de Quinn Slobodian, Dieter Plehwe. – Santiago de Chile : FCE, 2023
486 p. ; 21 × 14 cm – (Colec. Tezontle)
Título original: Nine Lives of Neoliberalism
ISBN 978-956-289-314-5

1. Neoliberalismo 2. Liberalismo 3. América Latina – Política económica – Siglo XXI 4. América Latina – Politica y gobierno – Siglo XXI 5. Ciencia política – Ideologías I. Slobodian, Quinn, ed. II. Mirowski, Philip, ed. III. Pérez Ferretti, Nicolás, tr. IV. Venables B., Juan Pablo, tr. V. Ser. VI. t.

LC JC574.N57 Dewey 320.513 P626s

Ministerio de las Culturas, las Artes y el Patrimonio
Gobierno de Chile

Proyecto financiado por el
Fondo Nacional de Fomento del Libro
y la Lectura 2022

Distribución en América Latina

Av. Paseo Bulnes 152, Santiago, Chile
www.fondodeculturaeconomica.cl

Fondo de Cultura Económica
Carretera Picacho-Ajusco, 227; 14110 Ciudad de México
www.fondodeculturaeconomica.com

Coordinación editorial: Fondo de Cultura Económica Chile S. A.
Cuidado de la edición: Felipe Aburto
Diagramación: Macarena Rojas Líbano

ISBN: 978-956-289-314-5

Edición válida exclusivamente para impresión bajo demanda

Índice

Agradecimientos

En marzo de 2016, un grupo de treinta académicos de distintas partes del mundo se reunió en el Centro de Ciencias Sociales WZB Berlín para debatir sobre más *roads* hacia y desde Mont Pèlerin. Todos los capítulos de este volumen fueron presentados y discutidos en esa conferencia y se beneficiaron de las setenta y dos horas de intenso debate. Los cuatro organizadores de la conferencia (Philip Mirowski, Dieter Plehwe, Hagen Schulz-Forberg y Quinn Slobodian), al igual que los autores del presente volumen, están en deuda con los demás participantes: Ola Innset, Jacob Jensen, Niklas Olsen, Tiago Mata, Elisabeth Winter, Fabio Masini, Andrea Franc, Merijn Oudenampsen, Bram Mellink, Karin Fischer, Lars Mjoset, Tamotsu Nishizawa, Isabella Weber, Aditya Balasubramanian, Joshua Rahtz, Holger Straßheim y Vineet Thakur. La conferencia fue financiada generosamente por el proyecto "Good Society" de la Fundación Velux, de Schulz-Forberg de la Universidad de Aarhus, y la Unidad de Investigación sobre Desigualdad y Política Social de WZB, entonces presidida por Felix Elwert. Agradecemos especialmente al equipo de WZB, compuesto por Stefanie Roth, Marion Obermaier y Moritz Neujeffski.

La conferencia fue la tercera a nivel internacional sobre el tema del neoliberalismo, enfocada en sus redes de organización. La conferencia previa en la NYU derivó en la publicación de *The Road from Mont Pèlerin: The Making of the Neoliberal Thought Collective*, la cual dio pie a un debate internacional y a un amplio bagaje de investigaciones sobre la historia intelectual y social del neoliberalismo que aún siguen en marcha. La reunión de 2016 fue, en realidad, un regreso a los orígenes del proyecto de investigación, ya que la primera conferencia se llevó a cabo en Berlín en el 2002 y derivó en la publicación de *Neoliberal Hegemony: A Global Critique*, editado por Dieter Plehwe, Bernhard Walpen y Gisela Neunhöffer. Irónicamente, como también sucede con este volumen, la introducción de ese libro atacaba la noción de la muerte inminente del neoliberalismo. Esperamos no necesitar de una introducción semejante cuando volvamos a referirnos al neoliberalismo mundial, ni tampoco en los trabajos del resto de los participantes de la conferencia. Damos las gracias a Sebastian Budgen y Cian McCourt de la editorial Verso por guiar la versión original a su etapa final.

Agradecemos el entusiasmo y el aliento de muchos amigos y colegas que viven con nosotros en estos tiempos neoliberales, y le dedicamos este libro a todos aquellos que padecen y luchan contra el neoliberalismo; a quienes entienden que existen alternativas y que estas no se lograrán solamente con declaraciones académicas.

Prólogo a la edición latinoamericana

El neoliberalismo atraviesa la discusión política y económica de América Latina hace más de cuatro décadas. Dado que se instala como tema en el contexto de las dictaduras, se asentó con fuerza la idea de que, al menos en esta parte del mundo, fue impuesto a sangre y fuego desde la bayoneta militar. Pero lo cierto es que, salvo pocas excepciones, en cuanto régimen político-económico, se acomodó más bien en los gobiernos democráticos posdictatoriales, y en cuanto "colectivo de pensamiento", venía desarrollándose con anterioridad a las dictaduras. El libro que el/la lector/a tiene en sus manos muestra, de hecho, cómo el neoliberalismo se conforma como proyecto epistémico y político desde principios del siglo xx.

¿Cómo entender esta larga vida del neoliberalismo en América Latina si, en sintonía con lo que sucede a nivel global, las políticas neoliberales han fracasado en lograr sus objetivos? En efecto, como sostienen distintos autores, el neoliberalismo fracasó en el cumplimiento de sus dos principales promesas: acelerar el crecimiento económico y mejorar la distribución de la riqueza.[1] En otras palabras: el pastel no creció como se esperaba y los grandes trozos quedan cada vez en menos manos.

[1] Carlos Tello y Jorge Ibarra, *La revolución de los ricos* (Ciudad de México: Fondo de Cultura Económica, 2020). Thomas Piketty, *El capital en el siglo xxi* (Ciudad de México: Fondo de Cultura Económica, 2014).

Estas promesas incumplidas, así como la extrema y creciente desigualdad que las acompaña, han sido caldo de cultivo para la inestabilidad política de la región y para masivas manifestaciones de descontento popular que se han tomado calles y plazas. Esto se ejemplifica mediante un recorrido por algunos hechos ocurridos en 2019, antes de que la pandemia obligara al confinamiento.

En enero se sucedieron varias protestas en las calles de Venezuela y apareció la figura del "presidente encargado", reconocido por más de cincuenta países. En abril del mismo año, en Honduras comenzaron protestas en contra de las políticas privatizadoras del entonces presidente Juan Orlando Hernández, que terminaron pidiendo su renuncia. En septiembre, Martín Vizcarra –el asumido presidente del Perú tras la renuncia y procesamiento penal de Pedro Pablo Kuczynski– decretó el cierre del Congreso, apoyado por masivas manifestaciones populares. Al año siguiente es destituido y asume Pedro Castillo tras reñidas elecciones, y en diciembre de 2022 fue declarado con «permanente incapacidad moral» de gobernar por parte del Congreso, seguido de fuertes y concurridos disturbios callejeros.

En el mes de octubre de 2019, primero en Ecuador y después en Chile, se produjeron masivas manifestaciones populares que fueron duramente reprimidas por las policías, al tiempo que desestabilizaban a los gobiernos de Lenín Moreno y Sebastián Piñera, respectivamente. Con distinta duración y derroteros –en Ecuador, tras dos semanas de protestas, el gobierno alcanzó un acuerdo con los grupos movilizados, mientras que en Chile se abrió un proceso constituyente y solo la pandemia logró aplacar las congregaciones callejeras–, ambos casos dan cuenta de importantes hitos de movilización popular, marcados por el descontento y el malestar generalizados.

Algo similar, aunque con menor intensidad, se produjo en Colombia en el mes de noviembre de ese año, lo que obligó al gobierno de Iván Duque a echar pie atrás en algunas medidas privatizadoras. También en noviembre se produjo la renuncia de Evo Morales a la presidencia de Bolivia tras la acusación de fraude electoral, con los consiguientes enfrentamientos en las calles. Las consecuencias fueron decenas de muertos y una fuerte represión policial por parte del asumido gobierno de Jeanine Añez, quien terminaría en la cárcel tras entregar el poder nuevamente al Movimiento al Socialismo (MAS) de Morales en 2020.

Lo que tienen en común todas estas situaciones es que expresan el malestar popular por la desigualdad material y simbólica (o "desigualdad de trato", como la llama el PNUD),[2] así como por la concentración de la riqueza y las promesas de mejora incumplidas. Todas ellas representan distintos tipos de "rebelión contra el orden",[3] que tienen al neoliberalismo como telón de fondo. Un mensaje que se leía en un muro de la capital de Chile durante las masivas protestas de 2019, resume bien esta idea: "El neoliberalismo nace y muere en Chile".

Sin embargo, pese al incumplimiento de sus promesas, al rechazo popular y a las masivas protestas, el neoliberalismo sigue campeando en América Latina. Creció y se solidificó en el marco del retorno de las democracias; sobrevivió a la ola de gobiernos de izquierda de la primera década del 2000; resurgió en el poder a mediados de la década de 2010 y, aun cuando hoy, cerrando el año 2022, vuelve a estar en entredicho por la oleada de gobiernos de izquierda o de centro izquierda de la región –Argentina, Bolivia, Brasil, Chile, Colombia, México, Venezuela y, brevemente, Perú–, pareciera no requerir del aparato del Estado para sobrevivir e incluso crecer. Ya lo dijo Alejandro Chafuen[4] el año 2006, a propósito del primer gobierno de Lula da Silva en Brasil: "No se

[2] Programa de las Naciones Unidas para el Desarrollo (PNUD), *Desiguales. Orígenes, cambios y desafíos de la brecha social en Chile* (Santiago: Uqbar, 2017).

[3] Fabián Almonacid, Hernán Cuevas y Yanira Zúñiga, eds., *La rebelión contra el orden. Octubre de 2019-presente* (Santiago: LOM Ediciones, 2022).

[4] Presidente de Atlas Network (1991-2018), la más importante red de *think tanks* neoliberales del mundo.

preocupen demasiado por el desafío neosocialista, porque ahora tienen a su favor un amplio abanico de competencias neoliberales que será muy difícil destruir".[5]

Las siete vidas del neoliberalismo, editado por Plehwe, Slobodian y Mirowski, se adentra en esta compleja realidad, tratando de desentrañar cómo es que esto ocurre. Es que, como se desprende de lo señalado por Chafuen, el neoliberalismo es un proyecto de largo plazo que no se agota en determinadas políticas públicas, y cuyo objetivo –irónicamente gramsciano– es conquistar la hegemonía cultural. Comprendiendo axiomáticamente esas características, *Las siete vidas del neoliberalismo* se inserta dentro de uno de los proyectos de investigación sobre el neoliberalismo global más importante de las ciencias sociales –sino el más–, con una duración de veinte años y cuatro libros publicados a la fecha. Este proyecto, que ha tenido en Dieter Plehwe a su pivote, comenzó con dos libros que fueron editados en la primera década del siglo XXI: *Neoliberal Hegemony: A Global Critique*,[6] seguido por *The Road from Mont Pèlerin: The Making of the Neoliberal Thought Collective*,[7] el más influyente hasta la fecha.

Una década después apareció *Nine Lives of Neoliberalism*[8] en inglés –ahora traducido al castellano y publicado por el FCE– y el año 2022 fue publicado *Market Civilizations*.[9] El hilo conductor de los cuatro libros ha sido la investigación de las ideas neoliberales

[5] Paráfrasis obtenida de Karin Fischer y Dieter Plehwe, "Redes de *think tanks* e intelectuales de derecha en América Latina", *Revista Nueva Sociedad*, N° 245 (2013): 76.

[6] Dieter Plehwe, Bernhard Walpen y Gisela Neunhöffer, eds., *Neoliberal Hegemony: A Global Critique* (Londres: Routledge, 2006).

[7] Philip Mirowski y Dieter Plehwe, eds., *The Road from Mont Pèlerin: The Making of the Neoliberal Thought Collective* (Cambridge, MA: Harvard University Press, 2009).

[8] Dieter Plehwe, Quinn Slobodian y Philip Mirowski, eds., *Nine Lives of Neoliberalism* (Londres: Verso, 2020).

[9] Quinn Slobodian y Dieter Plehwe, eds., *Market Civilizations: Neoliberals East and South* (Nueva York: Zone Books, 2022).

y su desarrollo desde, hacia y a través de la Sociedad Mont Pèlerin (SMP). Entendida como el nodo central del «colectivo de pensamiento» neoliberal, la SMP es la expresión por antonomasia de una red transnacional que congrega y produce pensamiento neoliberal, pero que no está dirigida jerárquicamente y, por tanto, tampoco está exenta de diferencias y conflictos.

Las siete vidas del neoliberalismo aporta una mirada compleja, flexible y profunda del neoliberalismo como fenómeno global, centrándose principalmente en sus soportes eidéticos (relativo a las ideas). Su punto de partida es, a mi juicio, definitorio de lo que se espera de un proyecto intelectual comprometido: debemos seguir preguntándonos por el neoliberalismo y no darlo por muerto. De hecho, como sostiene Jamie Peck, la falta de comprensión de esta particularidad del neoliberalismo –en especial por sus críticos de izquierda, que constantemente "lo matan"– es, en parte, explicativa de su sobrevivencia.[10]

Entonces, siguiendo a los editores, se vuelve una necesidad reivindicar el uso académico del concepto "neoliberalismo", comprendiendo su variación temporal y geográfica, así como su flexibilidad y agilidad para salir airoso de los problemas que él mismo provocó –de aquí que se lo compare con un gato–. Además, como bien lo advierte Stuart Hall, la defensa del neoliberalismo como concepto académico tiene también un marcado objetivo político: "Nombrar al neoliberalismo es *políticamente* necesario para dotarlo de un contenido de resistencia, enfoque y vanguardia".[11] *Las siete vidas del neoliberalismo* es una excelente expresión de esta perspectiva.

Otro acierto relevante del libro es que aporta elementos para comprender y estudiar el neoliberalismo que vendrá. No se trata

[10] Jamie Peck, "Neoliberalismo y crisis actual", *Documentos y Aportes en Administración Pública y Gestión Estatal* 12, N° 19 (2012): 7-27.

[11] Stuart Hall, "The neoliberal revolution", *Soundings*, N° 48 (2011): 10. Trad. propia.

solo de economistas, ni de una receta única sin sutilezas que se aplica a todo. Para comprender la gran red neoliberal debemos mirar su compleja institucionalidad (eventos, intelectuales, puestos de trabajo, entre otros), y entender sus vínculos con la ciencia y la construcción de sentido común desde *think tanks* y la sofisticada arquitectura neoliberal que sustenta. Es lo que Nigel Thrift llamó "circuitos culturales del capitalismo".[12]

Lo anterior permite aventurar la prognosis de un neoliberalismo que, por un lado, ya no apuntará a grandes transformaciones, sino a operatorias específicas que tendrán al individuo como objetivo y, por otro –aunque vinculado–, advierte que la gran conquista neoliberal es, justamente, a nivel ontológico e individual: no existe la sociedad sino solo individuos. Estas dos características del neoliberalismo le permiten y le permitirán funcionar como si fuera una operatoria desideologizada.[13]

La deriva autoritaria neoliberal es otro elemento que, desde el presente, proyecta el neoliberalismo del futuro. Todo parece indicar que el apoyo popular a este neoliberalismo autoritario, al estilo Trump, Bolsonaro, Kast, Añez y otros/as, crecerá en América Latina y el mundo. Aunque, como bien lo recuerdan los editores de este libro, esta tendencia antidemocrática del neoliberalismo ya se encontraba en Hayek, Buchanan, Stigler y otros neoliberales clásicos. Lejos de ser una contradicción, es indicativo de la flexibilidad neoliberal que, al mismo tiempo que defiende los derechos humanos y la libertad, construye mensajes de exclusión basados en la nacionalidad, la cultura, el género u otros.

La traducción de *Las siete vidas del neoliberalismo* al castellano es un aporte a la comprensión del neoliberalismo, en cuanto gramática social que opera a nivel global y local en forma simultánea,

[12] Nigel Thrift, *Knowing Capitalism* (Londres: Sage, 2005).

[13] Juan Pablo Venables, "¿Fin del neoliberalismo o el neoliberalismo sin fin? Una prognosis de las ideas neoliberales", *Revista Wirapuru* 6, año 3 (segundo semestre 2022): 1-11.

y que ha encontrado en América Latina una tierra fértil y creativa, que lejos de remitirse a replicarlo bajo la figura de laboratorios, ha contribuido importantemente a su producción, difusión y reinvención constantes.[14] La traducción se realizó con el objetivo de acercar el libro y sus discusiones a el/la lector/a latinoamericano/a, procurando utilizar un lenguaje asequible e incluyendo notas a pie de página para aclarar elementos históricos y culturales lejanos, pero sin interceder en las redes conceptuales del texto.

El futuro del planeta es incierto y el de América Latina parece serlo aún más. Aportes como el que *Las siete vidas del neoliberalismo* hace al público latinoamericano es, entonces, muy relevante. Basado en variadas y rigurosas investigaciones sobre temáticas globales y locales acerca de la epistemología neoliberal, la financiarización de la familia, la democracia, los premios y el aparataje cultural que construye, y el particular tipo de Estado que enarbola, entre otras, aportan a aplacar el nivel de incertidumbre sobre nuestro presente y futuro, al mismo tiempo que entrega elementos para quitar el velo de la desideologización e intentar prefigurar un porvenir no neoliberal.

Juan Pablo Venables B.
Valdivia, Chile, diciembre de 2022.

[14] Juan Pablo Venables, "El colonialismo intelectual como obstáculo comprensivo del capitalismo neoliberal. Por una sociología global de carácter periférico", *Revista Mexicana de Ciencias Políticas y Sociales*, N° 245 (mayo-agosto de 2022): 395-420.

Introducción

Quinn Slobodian
y Dieter Plehwe

El neoliberalismo ha muerto otra vez. Tras la elección de Donald J. Trump, el economista político, Mark Blyth, declaró que la era del neoliberalismo llegaba a su fin, el historiador de las intelectualidades, Samuel Moyn, tuiteó un Q.E.P.D. para el neoliberalismo y Cornel West escribió que, en los Estados Unidos, la era neoliberal se acababa con un estruendo neofascista.[1] Las expresiones de esta índole se repiten con regularidad. Hace un cuarto de siglo, un político latinoamericano sentenció que el neoliberalismo estaba "muerto" tras la elección de otro presidente de EE. UU. (Bill Clinton). Los obituarios resurgieron como críticas al Consenso de Washington en las postrimerías de la crisis asiática de 1997, regresaron en la cúspide de la marea rosa latinoamericana (Evo Morales declaró "el neoliberalismo ha muerto" en 2003), y alcanzaron su punto máximo a fines de la grave crisis del sistema financiero mundial en 2008.

Los escritores de obituarios volvieron a quedarse en silencio tras el primer año del mandato de Trump, en el cual el único logro legislativo de relevancia fue una política tributaria que beneficiaba a las grandes empresas y a los ciudadanos más acaudalados.

[1] Cornel West, "Goodbye, American neoliberalism. A new era is here", *The Guardian* (17 de noviembre, 2016).

El gabinete del magnate de bienes raíces había aplicado políticas claramente orientadas a favorecer a los más ricos del país y no hizo más que gestos simbólicos para revertir la pérdida de trabajos vinculados a las industrias de los Estados Unidos. Los planes de infraestructura prometidos, que hicieron soñar a algunos con un segundo *New Deal*, desaparecieron sin dejar rastro.

La respuesta estándar a lo que Colin Crouch llamó la "curiosa no muerte del neoliberalismo" ha sido un giro hacia la metáfora del zombi.[2] Sin embargo, el hecho de invocar lo paranormal como medio para el análisis fundamentado nos parece contraproducente. Jamie Peck sugirió que el neoliberalismo había perdido otra de sus siete vidas[3] tras la crisis financiera mundial de 2008.[4] Tomamos esta metáfora para entender al neoliberalismo no tanto como un zombi, sino más bien como un gato. Ahora, el dicho que le atribuye siete vidas a los gatos no es, por cierto, literal. No hay brujería alguna en su supervivencia, solo una habilidad preternatural. En cuanto cuerpo de ideas y conjunto de prácticas, el neoliberalismo también ha demostrado ser ágil, acrobático y propenso a salir vivo de los peores predicamentos. En las palabras de Peck, presenta una capacidad felina para errar, esquivar y seguir adelante[5] una y otra vez.

[2] Colin Crouch, *The Strange Non-Death of Neoliberalism* (Cambridge: Polity, 2011).

[3] [N. de T.] Los angloparlantes dicen que los gatos tienen nueve vidas. Hemos optado por adecuar culturalmente el refrán a lo largo del texto mediante la expresión "siete vidas", utilizada en Latinoamérica.

[4] Jamie Peck, *Constructions of Neoliberal Reason* (Nueva York: Oxford University Press, 2010), 277. El autor usa la metáfora a lo largo de la obra, incluso en el título de un prefacio que los editores de la versión en inglés solo vieron una vez finalizada la obra. Le damos el crédito de la sugerente metáfora. Jamie Peck, Nik Theodore y Neil Brenner, "Neoliberalism Resurgent? Market Rule after the Great Recession", *The South Atlantic Quarterly* 111, N° 2 (primavera 2012): 265; Jamie Peck, "Foreword: The Nine Lives of Neoliberalism", en Ugo Rossi y Alberto Vanolo, eds., *Urban Political Geographies: A Global Perspective* (Londres: Sage, 2012).

[5] Peck, *Constructions of Neoliberal Reason*, 277.

Hay dos formas de entender la longevidad del neoliberalismo. Una es señalar la durabilidad de los conglomerados del capital y sus aliados en el gobierno. La otra apunta a la expansión y adaptación de las visiones neoliberales del mundo que se inmiscuyen en las ideologías rivales del conservadurismo y el liberalismo socialdemócrata. Este libro no pretende disputar estas explicaciones, ni siquiera las neogramscianas de la economía política internacional, pues las considera indispensables para la comprensión del presente.[6] El hecho de que este libro ponga su atención en la historia intelectual del neoliberalismo –como en el segundo modelo–, no implica una insistencia dogmática en la primacía de las ideas. Sería irónico, como algunos ya han notado, que los críticos de izquierda se obsesionaran con el plano de las ideas, mientras que la derecha adopta las explicaciones materialistas del presente. Pero, al mismo tiempo, las propuestas de cambios sociales, ya sean grandes o pequeñas, no surgen en el vacío, lo que exige atender al universo de ideologías y al proceso de formación de preferencias.

Si, una vez más, se profetizó prematuramente la defunción del neoliberalismo, entonces necesitamos más y mejores análisis de sus mecanismos, su morfología, y las etapas de su metamorfosis. Ochenta años después de que se acuñara el término y cuarenta años después del ajuste de Volcker[7] y las victorias de Thatcher y Reagan, todavía no existe acuerdo sobre la existencia –o no– del neoliberalismo. Muchos todavía consideran útil evitar el término, ya sea al preferir "liberalismo avanzado", al distinguir entre "financiarización" y neoliberalismo, o al insistir en usar "neoliberalización"

[6] Véase, Stephen Gill y A. Claire Cutler, eds., *New Constitutionalism and World Order* (Nueva York: Cambridge University Press, 2014).

[7] [N. de T.] Paul Volcker fue presidente del banco central estadounidense entre 1979 y 1987. Durante este período adoptó una serie de medidas contra la "Gran inflación", entre las que destaca la subida de los tipos de interés por encima del 20%.

como acción y efecto.[8, 9] A los autores de este libro, les parece perfectamente aceptable usar una palabra cuya definición está en disputa. En vez de echar el término por la borda, buscan precisar su uso, examinar su origen conceptual, aclarar sus componentes esenciales y observar su evolución como resultado de la interacción del debate intelectual, de los cambios de circunstancias y, no menos importante, de las luchas sociales.

La narrativa alternativa, según la cual el neoliberalismo no es una categoría de análisis adecuada porque cambia o porque tiene significados múltiples y a veces contradictorios, conlleva un negacionismo autodestructivo que expresa el deseo de reemplazar un mundo desordenado y con visiones de mundo en conflicto por una ideología pulcra, simple y esencialmente ahistórica. El marxismo, el liberalismo y el conservadurismo han experimentado una refracción, fragmentación y recombinación de carácter caleidoscópico durante las últimas décadas. No vemos razón para que el neoliberalismo no exhiba esa misma diversidad. De hecho, podemos probar que lo hace. Si el uso laxo de un término fuera condición suficiente para suprimirlo, entonces "socialismo", "capitalismo", "conservadurismo" y "liberalismo" a secas debieran haber sido purgados hace tiempo. Evitar el término no ayuda mucho a aprehender la ideología para cuya descripción fue acuñado.

[8] [N. de T.] Siempre que fuera posible, se reemplazaron los fragmentos citados por los de una edición en español, y todas las versiones empleadas por autores y traductores figuran en la bibliografía. Ahora bien, la mayor parte de las referencias no cuentan con una traducción publicada en nuestra lengua. En tales casos ofrecemos traducciones propias.

[9] Véase, Nikolas Rose, "Still 'Like Birds on the Wire'? Freedom after Neoliberalism", *Economy and Society*, publicado en línea el 10 de noviembre de 2017; Aeron Davis y Catherine Walsh, "Distinguishing Financialization from Neoliberalism", *Theory, Culture & Society* 34, N° 5-6 (2017); Simon Springer, Kean Birch y Julie MacLeavy, "An Introduction to Neoliberalism", en Simon Springer, Kean Birch y Julie MacLeavy, eds., *The Handbook of Neoliberalism* (Nueva York: Routledge, 2016), 2.

En 2009, dos editores de este volumen ayudaron a iniciar una conversación de amplio alcance sobre el neoliberalismo como un movimiento intelectual en torno a la Sociedad Mont Pèlerin —o lo que llamaron junto a Bernhard Walpen el "colectivo de pensamiento neoliberal"— con la publicación de *The Road from Mont Pèlerin*.[10] En defensa de su premisa principal, que sostenía que el neoliberalismo podría estudiarse como una red intelectual y no solo como un espíritu del capitalismo carente de agencia, las contribuciones de ese libro se centraron en la confluencia de las tradiciones del pensamiento económico neoliberal a nivel nacional en el momento de la posguerra, así como también en los debates acerca de algunos de sus asuntos clave, como la competencia, los sindicatos y la economía del desarrollo. El libro ayudó a apurar un cambio en la discusión intelectual sobre el neoliberalismo. Los estudios críticos del neoliberalismo habían comenzado en los años noventa con la premisa común de que la ideología significaba la retirada del Estado y el retorno del *laissez-faire*: un fundamentalismo de mercado que, supuestamente, dictaba la liberación de los mercados y la transformación de cada miembro de la población mundial en un *homo economicus*. A principios de los 2000, la investigación académica aclaró que, en realidad, tanto en la teoría como en la práctica, el neoliberalismo implicaba un "Estado fuerte y libre mercado", con un "despliegue" (Peck) de una nueva forma de Estado que hiciera juego con su retirada.[11]

Los trabajos recientes han aclarado la importancia del problema del conocimiento para los neoliberales y descrito su proyecto de elaborar un contrapeso al consenso socialdemócrata posterior a 1945. Las ideas de esta literatura surgieron durante la crisis de

[10] Philip Mirowski y Dieter Plehwe, eds., *The Road from Mont Pèlerin: The Making of the Neoliberal Thought Collective* (Cambridge, EE. UU.: Harvard University Press, 2009).

[11] Werner Bonefeld, *The Strong State and the Free Economy* (Londres: Rowman & Littlefield, 2017); Jamie Peck, "Neoliberalizing States: Thin Policies/Hard Outcomes", *Progress in Human Geography* 25, N° 3 (2001): 447.

la zona del euro, con reiterados argumentos de que la Unión Europea parecía concretar la visión federativa que F. A. Hayek sostuvo décadas antes. El ministro de Finanzas de Alemania, Wolfgang Schäuble, citó la advertencia de Hayek contra "la pretensión del conocimiento" para aferrarse a los preceptos de una austeridad ortodoxa, y la canciller Angela Merkel habló de la "necesidad de una democracia que se ajuste a las condiciones del mercado", repitiendo un término acuñado por el neoliberal Wilhelm Röpke hacía medio siglo. Así, las columnas de opinión, las redes sociales y las revistas académicas se llenaron de pronto de anuncios sobre el retorno del ordoliberalismo.[12]

A pesar del resurgimiento de esta discusión –o gracias a ello–, la literatura sobre el neoliberalismo se encuentra ahora en una encrucijada clave. Algunos autores de izquierda, agotados de la amplitud y variedad de los análisis, han propuesto que no hay tal cosa como el neoliberalismo y que la izquierda debería descartar el concepto.[13] Curiosamente, esto sucede al mismo tiempo que hasta el FMI se atreve a pronunciar el nombre del neoliberalismo[14] y que los defensores del mercado desde la derecha, incluido el Adam Smith Institute, connotado ***think tank*** británico, han salido del armario como neoliberales,[15] en sus propias palabras.

Este libro defiende que comprenderemos mejor el neoliberalismo si continuamos preguntándonos por él, que si lo declaramos muerto, difunto o una distracción a la causa. Sigue la línea de

[12] Werner Bonefeld, *The Strong State and the Free Economy* (Londres: Rowman & Littlefield, 2017); Jamie Peck, "Neoliberalizing States: Thin Policies/Hard Outcomes", *Progress in Human Geography* 25, N° 3 (2001): 447.

[13] Bill Dunn, "Against Neoliberalism as a Concept", *Capital & Class* 41, N° 3 (2017); Rajesh Venugopal, "Neoliberalism as Concept", *Economy and Society* 44, N° 2 (2015).

[14] Jonathan D. Ostry, Prakash Loungani y Davide Furceri, "Neoliberalism: Oversold?", *Finance & Development* (junio 2016).

[15] Sam Bowman, "Coming out as Neoliberals", *Adam Smith Institute Blog* (11 de octubre, 2016).

publicaciones excepcionales sobre este tema[16] y se elabora sobre esta literatura de maneras que consideramos cruciales para el desarrollo del área. La primera es que se centra en cómo el neoliberalismo se incrusta en las instituciones. En *Las siete vidas del neoliberalismo* las ideas se sitúan en su contexto y se siguen en su práctica. Los espacios de análisis incluyen la vertiente intelectual de la Sociedad de las Naciones, el grupo Bellagio de académicos y banqueros centrales, y el movimiento por la reforma tributaria y la asistencia social de California. Frente a las acusaciones de que la academia crítica del neoliberalismo lo trata de forma monolítica, *Las siete vidas del neoliberalismo,* también enfatiza la diversidad y heterogeneidad del estilo de pensamiento neoliberal. Asimismo, pone atención en la profunda influencia de la filosofía de la ciencia en las primeras etapas del neoliberalismo, en el disputado carácter de la economía del comportamiento en el neoliberalismo, en las posturas divergentes sobre la idea de los derechos de propiedad intelectual y en los amargos conflictos dentro de la Sociedad Mont Pèlerin (SMP) respecto de qué podría ser lo que cimente un orden monetario mundial.

Mediante un compromiso serio con las historias de los neoliberales de carne y hueso, sus ideas, sus discusiones, sus conflictos, sus proyectos y legados, se puede aprender cómo los mismos neoliberales pensaron los ámbitos político y económico como un conjunto. Muchos críticos del neoliberalismo cometen el error de no reconocer que los mismos neoliberales se movieron más allá del liberalismo clásico y el naturalismo económico. Dado que la mayoría de los críticos insiste en no tomar a los neoliberales en serio, se dan por satisfechos con equiparar el llamado neoliberal en favor del "libre mercado" con el neoliberalismo en sí, a pesar

[16] Para el estado de la cuestión, véanse estos dos manuales impresionantes de reciente publicación: Springer, Birch y MacLeavy, eds., *The Handbook of Neoliberalism*; Damien Cahill, Melinda Cooper, Martijn Konings y David Primrose, eds., *The Sage Handbook of Neoliberalism* (Los Ángeles: Sage, 2018).

de que todos los neoliberales afirman claramente que no existen los mercados libres. La declaración de la muerte del "*homo economicus*" se despliega como si fuera una provocación radical cuando, en realidad, hace ocho décadas que Hayek describió al "hombre económico" como el muerto en el armario de la economía.[17] Frente al hecho de casi medio siglo de modificaciones en la doctrina neoliberal, los economistas políticos continúan (re)descubriendo los orígenes del neoliberalismo en el partido demócrata estadounidense de los años ochenta, y lo reducen a la idea de una única receta para la desregulación y la privatización.[18]

Por definición, las teorías que postulan mercados libres o puros *per se* no son neoliberales, y a los neoliberales les resulta fácil argumentar en favor de la necesidad de un conjunto adecuado de instituciones, de políticas y, hoy en día incluso, conductas, que permitan a los mercados operar con cierta libertad y, más importante aún, liberar las fuerzas del mercado. La acusación de que es "una receta que sirve para todo" choca con los cambios comprobables en el enfoque con el que los neoliberales han afrontado los problemas de políticas públicas. Nuestros estudios de caso dan cuenta que el neoliberalismo no es tanto una ortodoxia política como sí un enfoque consistente a los problemas de dichas políticas. Los neoliberales afirman que el mercado se sostiene en prerrequisitos que no puede asegurar por sí mismo, haciendo eco de la famosa máxima legal de Ernst-Wolfgang Böckenförde. Más que

[17] F. A. Hayek, "Economics and Knowledge (1937)", en *Individualism and Economic Order*, ed. F. A. Hayek (Chicago: University of Chicago Press, 1948), 46. Véase Peter Fleming, *The Death of Homo Economicus: Work, Debt and the Myth of Endless Accumulation* (Londres: Pluto Press, 2017).

[18] Dani Rodrik, "Rescuing Economics from Neoliberalism", *Boston Review* (6 de noviembre, 2017). Sobre la historia de las visiones supranacionales del orden, véase Quinn Slobodian, *Globalists: The End of Empire and the Birth of Neoliberalism* (Cambridge, EE. UU.: Harvard University Press, 2018). Quinn Slobodian, "Perfect Capitalism, Imperfect Humans: Race, Migration, and the Limits of Ludwig von Mises's Globalism", *Contemporary European History* 28, N° 2 (2019): 143-155.

operar con la creencia en la "magia" de un supuesto mercado "natural", los neoliberales se declaran intervencionistas a su manera, que repiensan las políticas de acuerdo con el contexto y que demuestran tanto su capacidad para la improvisación como una actitud flexible a la hora de responder. Mientras la meta final se mantenga constante –salvaguardar lo que los neoliberales llaman "un orden competitivo" y exponer aún más a la humanidad a las compulsiones de ajuste según el mecanismo de precios–, los medios para alcanzar este fin pueden cambiar en el tiempo y el espacio. No se pueden explicar las siete vidas del neoliberalismo sin entender esta flexibilidad.

Los trabajos de este libro introducen a los lectores a pensadores neoliberales que son poco conocidos, pero sí influyentes. Se incluye al otrora presidente de la SMP, Herbert Giersch, descrito como el "Milton Friedman de Alemania"; a Fritz Machlup, quien acuñó el término "economía del conocimiento"; a las generaciones de ordoliberales alemanes formados por Walter Eucken; y a otro expresidente de la SMP, George Stigler, quien a menudo aparece a la sombra de Friedman y Hayek en las historias de la Escuela de Chicago. Las contribuciones muestran, también, cuánta más atención se debería dar al amplio sustrato filosófico y epistemológico de la ideología y la teoría política neoliberal para poder dar cuenta de 1) su influencia en distintas disciplinas y profesiones; 2) el desarrollo creativo e innovador de nuevos enfoques y comprensiones teóricas de la teoría económica y social, y las sutilezas del razonamiento neoliberal; 3) las posiciones institucionales y el arraigo de eventos e intelectuales neoliberales clave –tanto a nivel nacional como internacional–; y, por último pero no menos importante, 4) las capacidades e infraestructuras neoliberales que influencian la ciencia y la sociedad a través de redes de intelectuales y *think tanks*, donaciones, financistas y seguidores.

El neoliberalismo y el bote salvavidas

El método de este libro puede ayudar a explicar algunas de las contradicciones aparentes del presente. Muchos analistas sintieron que el neoliberalismo perdió su última vida con el triunfo del Brexit y de Trump en 2016. Los diagnósticos políticos arrojaron un populismo en ascenso frente a un neoliberalismo degenerado, que cosechaba los efectos de la desigualdad y de la pérdida de poder de la democracia que había sembrado. Sin embargo, esta dicotomía se pone en duda al observar con atención a los abanderados de la derecha. Descubrimos que muchos neoliberales están más que dispuestos a encontrar un punto medio entre sus propios principios y los de una derecha excluyente en lo cultural, e incluso racista.

Por dar algunos ejemplos: Antonio Martino, miembro de la SMP desde 1976 y su presidente entre 1988 y 1990, fue un miembro fundador de Forza Italia en 1994 y ministro de Asuntos Exteriores y ministro de defensa en dos gobiernos de Silvio Berlusconi. A fines de 2017, Barbara Kolm, la presidenta del Friedrich Hayek Institute, fue una de las principales negociadoras por la coalición del Partido de la Libertad de Austria, entre cuyos *slogans* figuraba "Viena no debe convertirse en Estambul". El liderazgo del partido de extrema derecha alemán, Alternative für Deutschland (AfD), que se opone con firmeza a la migración de países de mayoría musulmana, incluye varios miembros de la Friedrich Hayek Society, algunos de los cuales son miembros activos de partidos críticos de la Unión Europea desde principios de los años noventa. Entre los fundadores de la AfD figuran Joachim Starbatty, quien presentó un recurso constitucional por la unión de Alemania a la UE en 1997 y en 1994 ayudó a fundar un partido antieuropeo junto a Manfred Brunner, político de la Neue Rechte.[19] Ya en 1993 se

[19] Véase Dieter Plehwe, "'Alternative für Deutschland', Alternativen für Europa?", en Gudrun Hentges, Kristina Nottbohm y Hans-Wolfgang Platzer, eds., *Europäische Identität in der Krise? Europäische Identitätsforschung und Rechtpopulismusforschung*

fundaba el Centre for the New Europe, un *think tank* de Bruselas crítico de la política de la UE, bajo la dirección de Hardy Bouillon, miembro de la SMP. A fines de los años noventa, los neoliberales alemanes, como Detmar Doering y Roland Vaubel, estaban entre los pocos que teorizaban y demandaban abiertamente un derecho a la secesión en la UE, haciendo hincapié en el carácter beneficioso de la fragmentación y la competencia. De forma sintomática, Doering escribió una columna en 1999 en un intento de rehabilitar la categoría del darwinismo social.[20]

Si bien la UE se describe habitualmente como una federación neoliberal, hay varios precursores del Brexit en las redes neoliberales. Esto puede verse en el Grupo de los Conservadores y Reformistas Europeos (GCRE) y la asociada Alianza de Conservadores y Reformistas Europeos (ACRE), ambas establecidas en 2009 y lideradas por conservadores británicos. La Declaración de Praga del GCRE, preparada por los *tories* y el Liberal Institute, dirigido por Václav Klaus –miembro de la SMP y expresidente checo–, enfatizaba que la base de la libertad individual y la prosperidad nacional radicaba en la libertad económica y no en la libertad política.[21] En la reunión de la SMP en la República de Corea en 2017, Klaus hizo planteos típicos del populismo xenófobo, como que la migración masiva hacia Europa amenazaba con destruirla y crear una nueva Europa, muy diferente de la antigua y de la forma de pensar de la SMP.[22] Refiriéndose a los partidos de extrema derecha en Francia, Austria, Alemania e Italia, señaló: "La gente comienza a abrir los ojos, a

im Dialog (Wiesbaden: Springer VS, 2017), 249-269; Quinn Slobodian y Dieter Plehwe, "Neoliberals against Europe", en William Callison y Zachary Manfredi, eds., *Mutant Neoliberalism: Market Rule and Political Ruptures* (Nueva York: Fordham University Press, 2019).

20 Detmar Doering, "'Sozialdarwinismus' Die unterschwellige Perfidie eines Schlagwortes", *Eigentümlich Frei* 2, N° 6 (1999).

21 La declaración se encuentra disponible en http://ecrgroup.eu/about-us/our-history.

22 Václav Klaus, "Mont Pèlerin Society Speech in Korea" (2017), disponible en montpelerin.org

mirar alrededor, a hablar en voz alta, a expresar su insatisfacción con este nuevo mundo sin libertad ni democracia, con el mundo que pregona el relativismo, con la supresión de los viejos valores, tradiciones, costumbres y hábitos, con el mundo de las nuevas aristocracias".[23] Ya en 2014, en la reunión de la SMP en Hong Kong, Klaus había dejado claro que "para proteger la libertad [...] debemos rehabilitar la soberanía del Estado nación [...]. Necesitamos ciudadanos responsables anclados en realidades domésticas, no individuos cosmopolitas y egoístas que vayan 'flotando' por la superficie en busca de placeres y ventajas a corto plazo –sin raíces, ni responsabilidad–".[24] Al igual que los partidos organizados en la ACRE, los partidos de extrema derecha a los que Klaus hacía referencia tienen en común el rechazo a una Unión Europea con relaciones estrechas y la insistencia en una Europa de naciones. Lo que sí, a pesar de rechazar la migración libre, esperan retener las otras tres libertades de la integración europea: la de bienes, servicios y capital. La nueva variedad de perspectivas neoliberales-conservadoras combina el liberalismo económico desinhibido con la movilidad restringida de las personas y un interés nuevo por la necesidad sociológica –y sociobiológica– de homogeneidad cultural como base para el orden.

Para entender la convergencia actual del pensamiento neoliberal y el de extrema derecha, es útil recordar el ensayo del filósofo y ecologista Garret Hardin de 1974, "Lifeboat Ethics", al que subtituló como "el argumento en contra de ayudar a los pobres".[25] A Hardin se lo conoce más por la idea de la "tragedia de los comunes"

[23] *Ibid.*, 16.

[24] Václav Klaus, "Careless Opening up of Countries (without Keeping the Anchor of the Nation-State) Leads Either to Anarchy or to Global Governance: Lessons of the European Experience", discurso ante la reunión general de la Sociedad Mont Pèlerin, Hong Kong (23 de julio, 2014), 16, disponible en montpelerin.org. Traducción nuestra.

[25] Garrett Hardin, "Lifeboat Ethics: The Argument Against Helping the Poor", *Psychology Today* 8 (1974): 38-43.

de 1968.[26] Si bien algunos toman esto como un llamado a la intervención reguladora, Hardin aclaró su propia postura en colaboración con John Baden, un declarado ecologista del libre mercado y miembro de la SMP. El fundador de las supuestas New Resource Economics declaraba que la naturaleza debía ser mercantilizada para poder utilizarla de acuerdo a los principios de la economía. La solución a los problemas de escasez no era ni el libre acceso ni la regulación, sino la gestión de acuerdo a los derechos de propiedad y las señales de precio.[27]

Hardin propuso el sistema de "la ética del bote salvavidas" como respuesta a las preocupaciones contemporáneas sobre la ecología, la sobrepoblación y la migración, incluido el informe *Los límites del crecimiento*, publicado por el Club de Roma en 1972. El autor rechazaba la analogía de la Tierra como nave espacial –introducida por Adlai Stevenson y desarrollada por Barbara Ward– por insinuar un liderazgo central a través de la figura de un capitán que no existía. Contrario a la idea de la planificación mundial, presentaba a los Estados nación atrapados en un juego realista de anarquía mundial, con relaciones entre Estados que dependían de la fuerza relativa de estos. Dados los limitados recursos de la nación, como bote salvavidas, los náufragos (léase: migrantes) no podían ser rescatados sin sobreexigir dichos recursos, lo que pondría en peligro las vidas de los demás. La ética de Hardin presentaba a la falta de humanidad de las naciones más ricas y económicamente más eficientes como una necesidad utilitaria, prefigurando el futuro *slogan* antinmigración, "el bote está lleno".

En su último libro, Hayek hizo referencia a Hardin en una sección titulada "El cálculo de costes es un cálculo de vidas". Al extenderse en sus ideas sobre medir el progreso evolucionario

[26] Garrett Hardin, "The Tragedy of the Commons", *Science, New Series* 162, N° 3859 (1968): 1243-1248.

[27] Garrett Hardin y John Baden, eds., *Managing the Commons* (San Francisco: W. H. Freeman and Company, 1977).

cultural en términos de calidad y cantidad de vidas, Hayek sugería que los humanos podían ser jerarquizados por utilidad: "El buen cazador o el defensor de la comunidad, la madre fértil y acaso también el hechicero pueden ser más importantes que un número mayor de niños o ancianos". Así, escribe que "la exigencia de salvar el mayor número de vidas no significa que todas las vidas deban considerarse igualmente importantes".[28]

La cepa de extrema derecha del neoliberalismo despliega un cálculo de vidas humanas igualmente desafecto. No se privilegia a la comunidad nacional por su valor trascendental (en el sentido del *Volk* herderiano), sino por la utilidad que la homogeneidad cultural entrega a la estabilidad y al capital cognitivo acumulado en la población de las naciones industrializadas. La combinación de críticas a los extranjeros y al Estado de bienestar, junto con llamados en favor de cerrar las fronteras y de los derechos de propiedad privada, se han convertido en el estándar mínimo para los neoliberales de derecha del nuevo milenio. Un caso ejemplar es el de Erich Weede, profesor de sociología, miembro de la SMP desde 1992 y líder de la derecha de la Hayek Society alemana. En un artículo de 2016, Weede, quien ha argumentado a favor de la diferenciación con base genética a la hora de financiar "capital humano" y ha hecho una correlación entre el crecimiento económico y el CI, llamaba al cierre y fortificación de las fronteras para prevenir la entrada de refugiados. A través del uso de una lógica intergeneracional de suma cero, escribió que "uno no debe olvidar que los gobiernos siempre distribuyen el dinero de otra gente –o en el caso de las altas y crecientes deudas estatales, incluso el dinero de los contribuyentes menores de edad y los que aún no nacen–. Aquellos que les dan a los gobiernos la libertad de hacer el bien a los extranjeros deben, necesariamente, arrebatarles la

[28] F. A. Hayek, *La fatal arrogancia: los errores del socialismo* (Madrid: Unión Editorial, 2010), 207.

libertad y la propiedad a los ciudadanos".[29] El neoliberalismo que defiende la lógica del bote salvavidas ve la empatía como gasto fiscal irresponsable y la apertura a los extranjeros como una degradación del capital humano.

En vez de enfrentar al neoliberalismo globalista con el populismo socialconservador y neonacionalista, debemos recordar la elasticidad de las normas y principios neoliberales. Los principios de competencia, propiedad privada y soberanía del consumidor pueden asociarse tanto a los derechos humanos, la tolerancia multicultural y el reconocimiento de las minorías como a los vínculos excluyentes basados en la cultura y la raza. Históricamente, ni la izquierda ni la derecha han tenido mayor afinidad con el individualismo al estilo neoliberal. Pero el avance de las visiones neoliberales del mundo ha extendido ciertas ideas en desmedro de las nociones opuestas del individualismo y la solidaridad. Debido al impacto del avance de la noción neoliberal de la vida social, la socialdemocracia ha pasado a preocuparse menos de la redistribución, mientras que el conservadurismo ha pasado a preocuparse menos de la tradición gracias al impacto del avance de la noción neoliberal de la competitividad. La forma en que las ideas centrales del neoliberalismo han incursionado y sido absorbidas por las visiones de mundo rivales es una de las causas más importantes de la longevidad del neoliberalismo, a pesar de dar la impresión de estar eternamente en crisis.

La tarea en cuestión es doble: se debe observar el desarrollo y la expansión históricos de las ideas neoliberales, o la morfología de la visiones de mundo neoliberales en su propia ley, al tiempo que se rastrean los elementos de esas visiones de mundo que están

[29] Erich Weede, "Vertragen die alternden europäischen Sozialstaaten die Massenzuwanderung, die wir haben?", *Orientierungen zur Wirtschafts-und Gesellschaftspolitik,* N° 143 (junio 2016): 64. Sobre la historia intelectual, véase Quinn Slobodian, "Anti-68ers and the Racist-Libertarian Alliance: How a Schism among Austrian School Neoliberals Helped Spawn the Alt Right", *Cultural Politics* 15, N° 3 (2019): 372-386.

vinculados con ideologías rivales, o las morfologías mixtas, tanto de las perspectivas neoliberalconservadora como de la neoliberalprogresista. Tanto la fusión progresista como conservadora con el neoliberalismo resultan en patrones de solidaridad exclusiva: los neoliberales progresistas pregonan el reconocimiento, pero no la redistribución, y los neoliberales conservadores abandonaron la faceta humanitaria del orden social. Una vez que la creencia y la confianza en una solidaridad mutua y comprehensiva se pierde, las comunidades de competencia se constituyen una en contra de la otra: la mano de obra de los países centrales contra los trabajadores periféricos, las comunidades ricas contra las pobres, y así sucesivamente.

La fusión actual del neoliberalismo con el populismo de derecha es una consecuencia de la noción irrestricta de competitividad, que se ha permeado al Estado, a las regiones, y a las unidades dentro y fuera de la empresa. La reproducción social de los sustratos morales del orden neoliberal –nociones comunitarias de autoayuda y cuidado, responsabilidad social para aquellos muy cercanos– pueden ser consideradas como una compensación por la redistribución y asistencia social, pero puede que no se desarrollen con la suficiente rapidez o a la misma velocidad que las nociones centrífugas del egoísmo y la competitividad. Solo el tiempo nos dirá cuándo el neoliberalismo gastará la siguiente –o incluso la última– de sus vidas.

Estructura de los capítulos

En los capítulos de este libro se introducen nociones de teoría neoliberal desconocidas para muchos y se ofrecen perspectivas revisionistas para supuestos lugares comunes sobre qué es el neoliberalismo. El libro comienza con la cuestión del conocimiento en sí mismo. La limitación de la cognición humana es un *leitmotiv* de la teoría neoliberal. El origen del axioma que sostiene que el conjunto tácito de conocimiento humano, coordinado sin dirección por los actores del mercado, triunfa por sobre cualquier intento de producción de conocimiento centralizado, que se suele asociar a Hayek, tiene sus raíces en los debates de la filosofía de la ciencia con fecha previa a 1945. El capítulo de Martin Beddeleem compara el carácter innovador y la fuerza de la epistemología neoliberal con las epistemologías liberales tradicionales del empirismo y el naturalismo (basados en presunciones *a priori*), por un lado, y las epistemologías positivistas universales prevalentes en los Círculos de Viena (socialista y conservador), por otro una cohorte de los primeros filósofos neoliberales de la ciencia, que incluye a Michael Polanyi, Hayek, Karl Popper y Louis Rougier, desarrolló una nueva epistemología de convencionalismo crítico contrario al optimismo científico y racionalista del movimiento de unidad de la ciencia y el grueso del marxismo. Los neoliberales intervinieron tanto en las áreas de la epistemología como de las políticas públicas al separar los ámbitos del conocimiento exacto y legalista del social, donde el conocimiento preciso no era posible debido al carácter opaco, tácito y disperso de su objeto de estudio. El argumento a favor de la inevitabilidad de la ignorancia humana se volvió una precondición relevante para ceder al mercado –y por añadidura a sus actores más poderosos– mayores poderes de cognición y coordinación.

Los debates abstractos ocurrieron en sitios concretos. Aún sabemos notablemente poco sobre cómo los neoliberales reaccionaron a los cambios en sus principales lugares de trabajo –universidades– y qué influencia tuvieron, si hubo, en la educación superior. Es necesario comprender esta historia a la luz de las preocupaciones de hoy sobre "la universidad neoliberal" y del paso del académico de planta al trabajo por cátedra, de la reestructuración del financiamiento para la investigación hacia la búsqueda de patentes y otros resultados comercializables, de los discursos dominantes de impacto, experiencia del cliente (estudiante), y el reordenamiento de la estructura curricular de los posgrados en función de los altos salarios asociados. En su capítulo, Edward Nik-Khah sigue una trama semejante con el economista de Chicago, George Stigler. En sus inicios, Stigler fue un defensor de los fideicomisos como guardianes de la libertad académica contra el estudiante cliente. Sin embargo, tras las revueltas en el campus de fines de los años sesenta, Stigler se volvió contra los mismos profesores. Acabó por abogar por que la investigación se desligara de la enseñanza. En su lugar, los institutos financiados por privados deberían producir conocimiento que respondiera a las demandas del mercado más amplio.

Las siete vidas del neoliberalismo solo pueden entenderse como una cadena de transformaciones de esta índole a lo largo del tiempo. En 1937, Lionel Robbins escribió que "los verdaderos liberales debieran querer más riqueza para todos, y no viceversa".[30] En una carta, Mises lo felicitó por su aserto, diciendo que usaría la oración como el lema de la nueva edición de su libro.[31] Aunque semejante afirmación parezca una perogrullada, al ponerle atención a las transformaciones de la teoría neoliberal se aprende a sospechar de los principios eternos. El capítulo de Quinn Slobodian muestra que el *dictum* de "más propiedad" estaba lejos de la postura respecto a las patentes y derechos de autor que tomaron muchos neoliberales, quienes sentían que derechos de propiedad más débiles, no más fuertes, darían mejores resultados. Si bien los argumentos de los pensadores de la Escuela de Chicago, como el mismo Stigler, fueron centrales para el régimen de propiedad intelectual (PI) de los años ochenta en adelante, los neoliberales austríacos y libertarios son aún críticos enérgicos y hasta radicales de los derechos de PI existentes. Para entender el neoliberalismo, primero se requiere una desagregación de las afirmaciones rivales

[30] Lionel Robbins, *La planificación económica y el orden internacional* (Buenos Aires: Sudamericana, 1937), 251.

[31] Mises a Robbins, 8 de mayo de 1937. LSE Archive, Robbins Papers, caja 128.

de las diferentes facciones neoliberales y, segundo, interrogarse por cuáles ideas se traducen en políticas y por qué.

Uno podría asumir también que el ámbito de la libertad sexual personal se honraría como sacrosanto por los neoliberales bajo la premisa de vivir y dejar vivir, siempre y cuando las elecciones de vida pudieran mercantilizarse y comercializarse. De hecho, tal como muestra Melinda Cooper, los pensadores neoliberales promovieron varias formas de intervención en los ámbitos privados del parentesco y el matrimonio bajo la premisa de descargar (y financiarizar) en la familia las responsabilidades del Estado en cuanto a la asistencia social. El neoliberalismo que existe actualmente en los Estados Unidos necesita, desde la época de Reagan, del discurso paralelo del conservadurismo social. Lejos de disolver la sociedad en consumidores y empresarios individuales, se necesitó de los lazos y valores familiares para reemplazar la deshilvanada red de seguridad social.

La reducción de la teoría neoliberal al fundamentalismo de mercado es una de las tendencias más engañosas para su comprensión como un conjunto de ideas. De hecho, el proyecto neoliberal de los años treinta en adelante trató de trazar una ruta entre el *laissez-faire* y la planificación, entre el optimismo científico universal y el nihilismo anticientífico, y entre la creencia en el colapso inminente del capitalismo y la creencia en su estabilidad natural. Dieter Plehwe rastrea la implicación de los neoliberales con uno de los profetas más célebres del declive capitalista, Joseph A. Schumpeter. Plehwe muestra cómo los neoliberales revivieron y revisaron la forma en que Schumpeter entendía al emprendedor. Israel Kirzner, Herbert Giersch y otros hicieron un injerto de Schumpeter en las teorías de Ludwig von Mises, lo que resultó en la universalización del concepto de "emprendedor" y su extensión desde un grupo sociológico particular a todos y cada uno de los humanos.

El emprendimiento, en el nuevo sentido de la gestión empresarial de sí y de los demás, no fue la única área que definió el *Zeitgeist* actual donde los neoliberales dejaron su marca. El auge reciente en la economía del comportamiento, marcada por el Premio Nobel de Richard Thaler en 2017, se ha descrito comúnmente como una refutación de los modelos supuestamente unidimensionales de la conducta humana nacidos del pensamiento neoliberal. Aun así, esta dicotomía se apoya en un falso contraste y pasa por alto muchos vínculos entre ambas áreas. Rüdiger Graf se enfoca en el caso de Günther Schmölders, usualmente pasado por alto. Como miembro del partido nazi y de las SS desde 1933 en adelante, y presidente de la SMP de 1968 a 1970, Schmölders fue quien propuso la cepa idiosincrática de la economía del comportamiento en Alemania. Graf muestra los múltiples usos políticos que se le pueden dar a los enfoques de la economía del comportamiento –tanto para limitar el poder del Estado como para extenderlo sobre nuevos dominios–.

Si la teoría neoliberal comparte algunos momentos de origen con la economía del comportamiento, también lo hace con el campo de las relaciones internacionales. Hagen Schulz-Forberg arroja nuevas luces sobre la discusión temprana de la interrelación del orden nacional e internacional mediante la observación del rol de los neoliberales en redes asociadas a la Sociedad de las Naciones, incluido el Coloquio Walter Lippmann, organizado bajo la tutela de los comités intelectuales internacionales de la Sociedad. Muchos de aquellos involucrados en las redes internacionales a principios de la Primera Guerra Mundial y la Gran Depresión ya no creían que el capitalismo fuera un sistema autorregulado. La supuesta correlación entre el comercio y la paz requería de reglas e instituciones supranacionales. Las discusiones intelectuales de los años veinte y treinta ayudaron a abrir el camino para los esfuerzos de la Sociedad Mont Pèlerin, pero también para la disciplina de las relaciones internacionales tras 1945. El principio rector para ambos no era la democracia en sí, sino la estabilidad del orden del libre mercado a nivel nacional e internacional.

Uno de los debates centrales que se acarreó desde la Sociedad de las Naciones al período de posguerra fue sobre el dinero y el orden monetario mundial. ¿Era posible volver al patrón oro o inevitablemente se debía seguir con dinero fiduciario bajo un sistema de tasas de cambio fijas o flexibles? Pareciera que a principios del siglo XXI el neoliberalismo significa, si es que significa algo, la aprobación del "capitalismo de casino" de los mercados financieros desregulados, flujos especulativos de capital y tipos de cambio flexibles. Sin embargo, Matthias Schmelzer muestra que, si bien todos los neoliberales compartían la misma fe en el derecho de capital a la libre circulación a través de las fronteras, el debate sobre el orden monetario en los años cincuenta y sesenta dividió a la Sociedad Mont Pèlerin en dos facciones en guerra, donde los viejos *fans* del oro contendían contra los jóvenes defensores de la flexibilidad, incluido Milton Friedman. Lejos de ser una discusión meramente técnica, que solo importaba a los expertos y banqueros, la elección sobre los tipos de cambio fijos o flexibles tuvo consecuencias enormes tanto para la gobernanza democrática como para la volatilidad del sistema capitalista mundial.

A pesar de que se la denigra como una "ciencia lúgubre", en la opinión pública la economía reina sin contrapeso como la ciencia social con la mayor influencia en las políticas públicas. Una señal de la autoridad de la disciplina es la entrega del Premio Nobel en Economía –un honor que no comparte ninguna otra ciencia social–. En su capítulo sobre el "sucedáneo de Premio Nobel", Philip Mirowski pone el énfasis en la relevancia de las instituciones culturales para el ascenso y la permanencia en el poder del neoliberalismo mediante el relato de la génesis del "Premio de Economía Conmemorativo de Alfred Nobel" medio siglo después de los otros premios. Relata una confluencia poderosa entre contingencia y estrategia intencional en la creación del premio por un grupo de altos mandos y economistas del Riksbank sueco, unidos por su rechazo al Estado de bienestar de Suecia en los años sesenta. Mirowski detalla la presión sueca por una economía neoclásica moderna a la americana y por una economía neoliberal de derecha mediante la selección estratégica de miembros y candidatos del comité. Los ocho "Nobeles" recibidos por neoliberales miembros de la Sociedad Mont Pèlerin, y el número considerablemente mayor de premios otorgados a otros trabajos en el campo de la economía neoliberal, atestiguan la manera en que la institución ha servido para validar una perspectiva –entre muchas– dentro de la disciplina de la economía.

Más allá de su importancia dentro del área de la economía, el rol del Nobel del Riksbank palidece en comparación con la relevancia de los *think tanks* como plataformas y megáfonos de las ideas neoliberales. Mientras que el rol de los *think tanks* ha sido observado por periodistas y académicos desde los años ochenta, los estudios empíricos sobre su organización y actividad siguen siendo sorprendentemente escasos. Un ejemplo importante es la Fundación de Investigación Económica Atlas (luego Red Atlas), nacida a principios de los años ochenta de la mano de Antony Fisher, el fundador del Instituto de Asuntos Económicos del Reino Unido. Marie-Laure Djelic y Reza Mousavi rastrean el desarrollo de la Red Atlas bajo el extendido liderazgo del economista argentino Alejandro Chafuen desde los años ochenta, cuando era una red modesta de quince *think tanks* a lo largo de nueve países, hasta que se convirtió en una sociedad de 457 a lo largo de noventa y seis países. Más allá de los bastiones en América del Norte y Europa (Occidental y Oriental), la red cobró fuerza en América Latina y ha alcanzado membresías significativas en la región del Asia Pacífico e incluso África. En solo unas décadas, Atlas pasó de ser el equivalente a una industria artesanal o pequeña a una de producción masiva, con la creación de plantillas replicables para la producción y difusión de las ideas neoliberales.

Stephan Pühringer también sigue las ideas puestas en práctica por medio del uso de métodos empíricos para evaluar la influencia del neoliberalismo en las políticas en Alemania; una conexión que se afirma más de lo que se comprueba. Pühringer rastrea la afiliación institucional y el impacto público de 800 economistas alemanes desde 1945 hasta 1995. Al comparar los economistas neoliberales con los keynesianos, descubrió que los primeros son favorecidos por una estructura de poder extremadamente desigual dentro de la disciplina de la economía.

Tomado como un todo, este libro busca mover el estudio del neoliberalismo más allá del conjunto de clichés que obstaculizan más de lo que contribuyen a la comprensión más amplia del fenómeno. Los capítulos demuestran que existen variedades de epistemología neoliberal que exceden el culto al mercado y propuestas de políticas públicas que van más allá de un punteo de decretos. Así, esquematizan una visión de la subjetividad que va más allá del individuo atomizado y maximizador de utilidades, y de la organización más allá de la doctrina del *shock*. Al tomar al neoliberalismo en su complejidad, se ayuda a sus opositores a identificar mejor a su antagonista y a sus defensores a lidiar tanto con los desvíos del liberalismo clásico como con la ausencia de una teoría unificada. Las divisiones recientes dentro del universo neoliberal, como la fundación de la Property and Freedom Society por el libertario derechista y racista Hans-Hermann Hoppe, o el fracaso de los neoliberales cosmopolitas en su intento de purgar a los neoliberales de la derecha conservadora de la Hayek Society de Alemania, no deberían ser leídas prematuramente como signos de desintegración. Sin embargo, ciertamente ha habido una dosis más fuerte de conflicto serio en el búnker neoliberal y podemos esperar que aumente frente a desafíos serios al orden competitivo en cuestiones como el cambio climático, la creciente desigualdad y los desplazamientos masivos de personas.

El énfasis del grupo fundador del neoliberalismo sobre la inviolabilidad del ser humano y la línea basal epistemológica de la ignorancia humana presenta dificultades crecientes para aquellos que se centran principalmente, si es que no de forma exclusiva, en el mantenimiento de los derechos de propiedad, la libertad de contratación y los loables méritos de la competencia sin fin. Esas son áreas donde el neoliberalismo pareciera no lograr reproducir las condiciones sobre las cuales se basa su existencia. ¿El desafío del cambio climático y el agotamiento de los recursos naturales conllevarán a una modificación del pensamiento neoliberal o acaso la apelación a la ignorancia humana y la sabiduría superior del mercado hará marchar a la civilización capitalista a su extinción final? Siete vidas no son pocas pero, al menos en teoría, no son infinitas.

Primera parte

La ciencia neoliberal más allá del fundamentalismo de mercado

1. Recodificar el liberalismo: la filosofía y la sociología de la ciencia contra la planificación

Martin Beddeleem

> Nuestras visiones, a veces inconscientes, sobre la teoría del conocimiento y sus problemáticas centrales ("¿Qué podemos saber?", "¿qué tan certero es nuestro conocimiento?") son decisivas para nuestra actitud respecto de nosotros mismos y de la política.
>
> Karl Popper

La resiliencia del neoliberalismo contemporáneo tras la crisis financiera mundial dejó estupefactos a sus detractores, quienes esperaban que su "economía zombi" y sus obsoletos modelos de políticas públicas abrieran paso a nuevos horizontes de expectativas. Generalmente, estas predicciones se enfocaban en una lectura superficial de la derrota del neoliberalismo, entendido como austeridad, o bien insistían en que sus fallas sistémicas ya habían destrozado cualquier vestigio de legitimidad.[1] Algunos autores más escépticos comentaron que, lejos de sufrir un colapso repentino, el neoliberalismo nunca ha sido tan palpable como en los tiempos de crisis, cuando se reinventa a través de la metabolización de las críticas que le son arrojadas o atrincherándose en su predominio sobre el debate de las políticas públicas.[2]

[1] Cf. Mark Blyth, *Austerity: The History of a Dangerous Idea* (Oxford: Oxford University Press, 2013); Gérard Duménil y Dominique Lévy, *The Crisis of Neoliberalism* (Cambridge, MA: Harvard University Press, 2011).

[2] Philip Mirowski, *Never Let a Serious Crisis Go to Waste: How Neoliberalism Survived the Financial Meltdown* (Londres: Verso, 2013); Colin Crouch, *The Strange Non-Death of Neoliberalism* (Cambridge: Polity, 2011).

Sin lugar a dudas, el neoliberalismo le debe su fluidez ideológica y resistencia a una posición hegemónica entre las élites económicas. Aun así, esta continuidad desconcertante no hace sino esclarecerse una vez que se deja ver su entramado epistemológico. A lo largo de las últimas décadas, los neoliberales han demostrado una habilidad asombrosa para abandonar teorías y modelos obsoletos con el fin de producir respuestas aparentemente frescas a las crisis reiteradas que enfrentan. Si bien la agenda original del neoliberalismo ha sido modificada una y otra vez, su ambición programática y alcance científico han aumentado de forma sostenida. Aunque se lo tienda a ignorar, este dinamismo científico, patrocinado por las fundaciones privadas, transmitido por *think tanks* e incrustado dentro del "mercado de las ideas", permanece hoy en el corazón del proyecto neoliberal.

Desde sus inicios, el "espacio del problema"[3] compartido por los neoliberales ha sido esparcido sobre un lienzo modernista, uno que contrastaba bruscamente con los conservadores, reaccionarios y liberales a la vieja usanza. Durante el período de entreguerras, los autoproclamados neoliberales desmantelaron y recodificaron al impopular liberalismo del *laissez-faire* con ideas epistemológicas adaptadas del "nuevo espíritu científico" de principios del siglo XX.[4] En una ruptura con el naturalismo y el empirismo, propugnaron un programa de investigación inspirado en el convencionalismo físico y matemático, uno que equilibraba una epistemología escéptica con un compromiso con el progreso y la objetividad de la ciencia. Con este fin, las reglas metodológicas

[3] [N. de T] La expresión es de Newell y Simon, quienes proponen que cada problema se acompaña de un "espacio del problema", definido por tres componentes: 1) el estado inicial del problema; 2) un conjunto de operadores que pueden transformar el estado de un problema y 3) una prueba que corrobore si el estado del problema constituye una solución. Para más información, véase Allen Newell y Herbert Simon, *Human problem solving* (Nueva Jersey: Prentice Hall, 1972).

[4] Véase Gaston Bachelard, *El nuevo espíritu científico* (Lima: Universidad Nacional Mayor de San Marcos, 1972 [1934]).

fueron cruciales para la reconstrucción de una *ciencia del liberalismo* genuina, que entonces se encontraba desprestigiada. Esta agenda apuntaba a recuperar el piso político que se había perdido en favor del "colectivismo" en el siglo xx, para lo cual se abordaron dos series de problemas dejados de lado por los liberales "clásicos": la cuestión social y el rol positivo del Estado.

Al tiempo que sentaban esta base epistemológica, los neoliberales enfrentaron posiciones sobre la naturaleza de la ciencia, su historia y su espacio en la sociedad por medio de una reconfiguración activa de las ideas sobre libertad académica, el descubrimiento del conocimiento y su propia relación con las instituciones políticas y la reforma social. Enfrentados al optimismo científico y racionalista del movimiento de unidad de la ciencia, además del grueso del marxismo, los primeros neoliberales demarcaron e impulsaron una *ciencia liberal* en contra de los científicos progresistas que promovían a la ciencia como la matrona del cambio social. Esencialmente, los neoliberales desarrollaron una nueva teoría del *conocimiento en sociedad,* que se fusionó con la filosofía de la ciencia y la economía política en un único conjunto de hipótesis. En estos debates, la inquietud sobre el rol de la ciencia en la sociedad se vinculaba con la cuestión política más acuciante del momento: el ascenso del fascismo y del totalitarismo.

Por consiguiente, el neoliberalismo nació de una colisión entre la importación controversial de los métodos y la autoridad de las ciencias experimentales en la política, por un lado, y el reconocimiento de las condiciones sociales y políticas para el descubrimiento y la justificación del conocimiento, por otro. El neoliberalismo hizo de la búsqueda del conocimiento y la verdad una cuestión política, y brindó una respuesta epistemológica a la cuestión del orden social: *lo que podemos hacer depende, finalmente, de lo que podemos saber.* Sin embargo, esta propensión a las investigaciones epistemológicas no implicó una unidad de visión entre los neoliberales, ni que sus conclusiones estuvieran exentas de motivaciones políticas. Es más, en su disputa por reclamar el manto de la ciencia, los neoliberales compartieron muchas premisas con científicos progresistas respecto de la posición y la "función" de la ciencia en la sociedad. Esta supuesta paradoja explica tanto la fluidez del pensamiento neoliberal como la forma en que se inspira en sus detractores a nivel sociológico y organizacional, dos dimensiones que aún hoy son relevantes para explicar la constancia del neoliberalismo y su exitosa canibalización de ideas rivales.

La primera parte de este capítulo sitúa las controversias científicas en las que los filósofos de la ciencia neoliberales desarrollaron sus intuiciones. La segunda parte reconsidera el debate sobre el cálculo económico en el socialismo como la cuna de sus argumentos epistemológicos sobre la superioridad del mercado. La tercera parte lidia con la contienda común contra la planificación en la ciencia y la relación recíproca que establecieron entre las instituciones liberales y la dirección de la ciencia.

Viena

A principios del siglo xx, los descubrimientos de la teoría de la relatividad, de la mecánica cuántica y de la geometría no euclidiana tuvieron en común un encuentro con fenómenos que partían de premisas que resultaban contraintuitivas para un panorama racional o natural del mundo. Al liberar a los axiomas fundacionales del "deber" de calzar en las presuposiciones "realistas", "naturalistas" o "*a priori*", se desencadenaron debates y una ingenuidad extraordinarios en el avance de estas disciplinas. Mientras que los científicos dejaban atrás sus pretensiones de describir el mundo "real", su búsqueda de nuevas teorías y suposiciones se tornó irrestricta, al combinar la inventiva metodológica y las necesidades instrumentales.

El neoliberalismo le debe su imaginación científica al formidable contingente de filósofos de la ciencia que participaron en su elaboración. Michael Polanyi, Alfred Schutz, Felix Kaufmann, Karl Popper, Ludwig von Mises y F. A. Hayek, entre otros, eran refugiados y exiliados de Austria y Hungría que estuvieron inmersos en el mundo científico y en la volátil situación política del período de entreguerras. Este grupo percibió unánimemente la disolución del Imperio austrohúngaro como un desastre[5] y como la causa del auge de una política de antagonismos que enfrentaba al nacionalismo y al conservadurismo contra el creciente movimiento comunista. En ese momento, Viena fue escenario de uno de los experimentos municipales más radicales del siglo xx: las políticas sociales a gran escala promovidas por el Partido Socialista Austríaco. En 1919, el filósofo y educador socialista Otto Neurath, presidente de la Oficina de Planificación Central en la breve República Soviética de Baviera, abogaba por una economía de planificación centralizada en la que el dinero fuese abolido y los intercambios fueran entre especies. Previo a la guerra, Neurath había sido partícipe en el seminario encabezado por el economista austríaco Eugen von Böhm-Bawerk, junto con Joseph Schumpeter, Otto Bauer, Emil Lederer y Ludwig von Mises, quien lo recordaba, en sus palabras, por los "disparates" que presentó con "fervor fanático".[6]

La refutación de Mises de 1920 de la propuesta de Neurath gatilló el debate sobre la *Planwirtschaft* (economía planificada) en Viena, donde Mises argumentó que el cálculo económico era ingenuo e ingobernable sin el rol indispensable de los precios como

[5] En su autobiografía, Popper escribe que "el colapso del Imperio austríaco y las secuelas de la Primera Guerra Mundial, la escasez de alimentos, los motines de hambrientos en Viena y la inflación desenfrenada [...] el mundo en que yo había crecido había quedado destruido". Karl Popper, *Búsqueda sin término: una autobiografía intelectual* (Madrid: Tecnos, 1985), 44.

[6] Véase la introducción de Bruce Caldwell a F. A. Hayek, *Socialism and War* (Chicago: University of Chicago Press, 1997), 5.

señales del valor relativo de los factores de producción. En contra del deseo de Neurath de establecer un manejo científico de la economía, Mises afirmaba que la complejidad del sistema económico hacía que su aprehensión en una mente o un lugar fuera tan difícil que rozaba la imposibilidad. El debate recibió una considerable atención, en parte porque la física y la economía habían desplazado a la teología como el tema principal de debate intelectual en Viena. Dentro de ambas disciplinas, la "cultura de la incertidumbre" de la ciencia austríaca era única en Europa: su adopción de la teoría probabilística "estaba atada a un característico rechazo anticlerical y liberal de las afirmaciones absolutas"[7] y los "filósofos que desafiaban la certidumbre a menudo encabezaban los esfuerzos para la reforma social y popular en la educación científica".[8] En realidad, incluso el marxismo austríaco fue excepcional por estar fuertemente influenciado por las ideas de Ernst Mach, al mezclar la economía socialista y una filosofía de la ciencia positivista con la esperanza de lograr un socialismo verdaderamente científico. De esta forma, existía una fluidez inusual entre los nuevos descubrimientos de las ciencias físicas, su impacto en los debates filosóficos y su traducción a las teorías económicas o a las reformas sociales.

Si bien Mises nunca mantuvo un puesto formal en la Universidad de Viena, su *Privatseminar* se convirtió en el lugar de encuentro para una nueva generación de economistas liberales –Hayek, el primero de ellos–, donde las discusiones iban desde la sociología y la psicología hasta la lógica y la epistemología, con un fuerte interés en los "fundamentos metodológicos y filosóficos de la economía".[9] Los participantes se mantenían informados de

[7] Deborah R. Coen, *Vienna in the Age of Uncertainty: Science, Liberalism and Private Life* (Chicago: University of Chicago Press, 2007), 13.

[8] Malachi H. Hacohen, "Karl Popper, the Vienna Circle, and Red Vienna", *Journal of the History of Ideas* 59, N° 4 (1998): 718.

[9] F. A. Hayek, *The Fortunes of Liberalism: Essays on Austrian Economics and the Ideal of Freedom* (Chicago: University of Chicago Press, 1992), 27. Hayek

los últimos desarrollos filosóficos a través de la participación de Felix Kaufmann, quien era un miembro del Círculo de Viena formado en 1924 por el filósofo Moritz Schlick. En su manifiesto de 1929, el Círculo de Viena había expresado con seguridad que una aproximación científica a los problemas sociales, basada en el empirismo y la lógica, debía dar forma a la vida económica y social de acuerdo con los principios racionales. Además de Neurath, muchos de sus miembros ilustres, como Rudolf Carnap, Hans Hahn y Philipp Frank, tenían convicciones socialistas y concebían la obra filosófica del Círculo como íntimamente vinculada a la racionalización de la política y del cambio social progresivo. En sus inicios, el movimiento positivista lógico tuvo un aroma distintivamente político. Su concepción del mundo unificada y científica brindó la base filosófica y metodológica para la integración de la vida cotidiana con la política y la ciencia, al apuntar a una reforma integral de la sociedad bajo nociones igualitarias.

El positivismo de la filosofía de la ciencia del Círculo de Viena se mezcló, en las mentes de sus opositores, con la política y la economía socialistas. Las políticas radicales de Neurath repelían a alguien como Hayek, quien atribuía la visión "extrema" e "ingenua" del primero a su conversión desde el positivismo.[10] En 1935, Karl Popper publicó en alemán *La lógica de la investigación científica*, su crítica epistemológica de las premisas positivistas del Círculo de Viena. Neurath y Carnap fueron mencionados por su defensa del fisicalismo: la postura de que las teorías científicas eran poco más que un sistema formal de signos con las reglas

también fue el fundador del "Círculo de Geist", compuesto por Herbert Fürth, Friedrich Engel-Janosi, Gottfried Haberler, Fritz Machlup, Oskar Morgenstern, Alfred Schutz, Felix Kaufmann y Karl Menger. Alfred Schutz desarrolló su *Fenomenología del mundo social* [1932] en un diálogo con la teoría social austríaca, ya que buscaba reconciliar la filosofía husserliana con la posición subjetivista de los austríacos.

[10] Alan Ebenstein, *Friedrich Hayek: A Biography* (Nueva York: St. Martin's Press, 2001), 157.

correspondientes para su aplicación –una "analogía práctica" de la realidad social–. Contrario a aquel "empirismo lógico", Popper propuso que la teoría y la experiencia constantemente se modifican entre sí a través de la crítica, al punto que "la base empírica de la ciencia objetiva, pues, no tiene nada de 'absoluta'". En cambio, acuñó la famosa afirmación de que "la ciencia no está cimentada sobre roca", ya que el grueso de "sus teorías se eleva en un terreno pantanoso".[11] El instrumento de refutabilidad de Popper para probar la validez de las teorías no convenció al resto del Círculo de Viena, y Neurath se mantuvo inflexible en que la visión de Popper de la ciencia como una revolución permanente no reflejaba la práctica científica, ni contribuía a ella.

Paradójicamente, Neurath y Popper eran mucho más cercanos entre ellos que con otros miembros del Círculo. Ambos adoptaron un convencionalismo modificado al combinar el antiabsolutismo y el antifundacionalismo, lo que descartaba que el conocimiento científico se "correspondiera" con la realidad. Es más, Popper desechó cualquier fundación psicológica del conocimiento, algo que luego se volvería relevante para la ruptura del propio Hayek con la praxeología de la acción humana *a priori* de Mises. La distancia que Hayek y Popper tomaron de sus ambientes intelectuales de origen implicó el argumento epistemológico de que, para garantizar su validez, la ciencia no podía apoyarse en estructuras apodícticas deductivas, ni en protocolos derivados empíricamente. En cambio, reconocieron que la verdad correspondía al resultado de un proceso intersubjetivo –por lo tanto, a la "epistemología socializada"–.[12] La heurística de este proceso dependía de tres estipulaciones interrelacionadas: la metodología empleada para el descubrimiento y la justificación, el diseño de sus instituciones

[11] Karl Popper, *La lógica de la investigación científica* (Madrid: Tecnos, 2015), 133.

[12] Jeremy Shearmur, "Epistemology Socialized?", *ETC: A Review of General Semantics* 42, N° 3 (1985): 272-82; Ian C. Jarvie, *The Republic of Science: The Emergence of Popper's Social View of Science 1935-1945* (Atlanta: Rodopi, 2001).

y los valores compartidos por los participantes. A fin de cuentas, las condiciones epistemológicas de la verdad y del orden social acababan por compartir los mismos fundamentos: que las reglas convencionales se podían modificar y mejorar de acuerdo con un método establecido.

La existencia del Círculo de Viena también había tenido suma importancia para su único miembro francés y destacado filósofo de la ciencia dentro del neoliberalismo temprano: Louis Rougier. Si bien es uno de sus representantes menos conocidos entre los primeros neoliberales, Rougier fue quien trazó el camino más claro hacia una crítica epistemológica de las ideologías políticas rivales (respecto de Rougier, véase el capítulo de Schulz-Forberg en este volumen). Su representación del socialismo como una falacia científica se originó en sus trabajos tempranos de epistemología, en los que rechazaba la validez de todas las verdades apodícticas. Siguiendo a Henri Poincaré, Rougier propuso que una propuesta científica, en lugar de ser una verdad racional *a priori* o una verdad empírica *a posteriori*, podía ser una "hipótesis" o una "convención opcional", escogida por motivos de conveniencia práctica o teórica y aceptada tácitamente como tal por la comunidad científica.[13] El convencionalismo geométrico de Poincaré, una vez que se lo extrapolaba a todas las disciplinas, apuntaba hacia una "tercera vía" que preservaba la posibilidad de la objetividad científica sin dejar de reconocer la artificialidad del razonamiento y la verdad.

Sin embargo, el verdadero enemigo de Rougier no era tanto el racionalismo como sistema filosófico, sino como doctrina política. El autor defendía que el espíritu y las ideas de la Revolución francesa, originados en el racionalismo clásico, habían terminado por convertirse en "*une sorte de logique inmmanente*" en el socialismo

[13] Louis Rougier, *Les Paralogismes du rationalisme. Essai sur la théorie de la connaissance* (París: Alcan, 1920), 439. La tesis doctoral de Rougier lidiaba con el convencionalismo geométrico de Poincaré. Se publicó bajo el título de *La philosophie géométrique de Henri Poincaré* (París: Alcan, 1920).

igualitario.[14] Para Rougier los principios políticos representaban apenas convenciones útiles sugeridas por la experiencia. Cualquier intento filosófico de naturalizar o racionalizar estos axiomas debía emplear un discurso metafísico que, al final, carecía de evidencias. Hasta cierto punto, Rougier siguió la misma línea epistemológica que Hayek y Popper. Inspirado en el convencionalismo, su crítica a las verdades apriorísticas lo convenció de que las determinantes del conocimiento yacían con los propios científicos y las reglas metodológicas discretas, pero rigurosas, que estos adoptasen.[15] La visión en común de Rougier con la Verein Ernst Mach en Viena y la Gesellschaft für empirische Philosophie de Reichenbach en Berlín, lo impulsaron a unirse a ambos grupos y a intentar crear, sin éxito, una sociedad similar en Francia: la Société Henri Poincaré. A pesar de su relación cercana con Neurath, con quien organizó el primer Congrès international de philosophie scientifique en París en 1935, en filosofía y política Rougier se acercaba más a la "derecha" del Círculo de Viena (Moritz Schlick, Friedrich Waismann, Felix Kaufmann) que a la izquierda.[16]

Rougier y sus colegas vieneses esperaban delimitar una esfera del conocimiento resguardada de la metafísica inherente a cualquier lenguaje y, por consiguiente, a cualquier ideología política. Para Hayek, Rougier y Popper, la aplicación de los métodos de la ciencia empírica a los fenómenos sociales suscitaba dilemas metodológicos, los cuales se superponían sobre las orientaciones políticas divergentes. Si bien compartían con los vieneses el imperativo

[14] Rougier, *Les Paralogismes*, 30.

[15] Rougier escribió: "Si se contempla su evolución, el análisis de la ciencia requiere hoy que introduzcamos consideraciones históricas, psicológicas y sociológicas. La ciencia humana solo puede ser interpretada, en última instancia, junto a los hombres que la conforman, al igual que las mediciones de un instrumento solo pueden interpretarse a través de la teoría de ese instrumento". Louis Rougier, "Une philosophie nouvelle: l'empirisme logique, a propos d'un Congres récent", *La Revue de Paris* 43, N° 1 (1936): 194.

[16] Mathieu Marion, "Une philosophie politique pour l'empirisme logique?", *Philosophia Scientiae* CS 7 (2007): 209-210.

de delimitar un lenguaje científico inobjetable, los filósofos de la ciencia neoliberales se volvieron escépticos respecto de los poderes del método científico para moldear la reforma social de manera directa. Por el contrario, estos aspiraron a imitar la ruptura creativa que aplaudían en la filosofía de la física y la matemática en la doctrina del liberalismo.[17] Durante el período de entreguerras, doctrinas epistemológicas opositoras se entrelazaron íntimamente con las visiones políticas que prometían reivindicar. La mayoría de los desacuerdos metodológicos y epistemológicos vislumbrados en la Viena de los años veinte, resurgirían cuando la crisis de los años treinta cuestionase las ortodoxias pasadas de la economía y las ciencias sociales.

Claridad y opacidad en el orden liberal

La idea de una economía de planificación como respuesta al "caos del *laissez-faire*" ya circulaba en 1929 en los márgenes de todos los partidos políticos británicos, al tiempo que la Unión Soviética implementaba su primer Plan Quinquenal en 1928. Uno de los impulsores principales escribió en 1933: "Nos vemos forzados a planificar, no por razones idealistas, sino porque el viejo mecanismo que nos sirvió cuando los mercados se expandían de forma natural y espontánea ya no es adecuado cuando la tendencia va en la dirección contraria". Así, Harold Macmillan concluía que "el sistema económico está fuera de servicio", reflejando el espíritu de la Inglaterra tras 1929.[18] La ubicuidad de la planificación fue tal que pasó a ser definida como la "opinión de centro" de los años treinta, lo

[17] Otra publicación clave para ilustrar esta evolución es Jacques Rueff, *From the Physical to the Social Sciences* (Baltimore, MD: The Johns Hopkins Press, 1929 [1922]).

[18] Harold Macmillan, *Reconstruction: A Plea for a National Policy* (Londres: Macmillan, 1933), 18, 23.

cual pavimentó el camino para el consenso sobre el Estado de bienestar británico tras la Segunda Guerra Mundial.[19] Su popularidad se debió a la supuesta cientificidad de su mecanismo, al igual que a la promesa de una economía diseñada, donde el control y la razón serían restaurados a manos del Estado. El éxito de los métodos experimentales en las ciencias naturales proporcionó un caso vívido para los reformistas ansiosos por tomar las riendas de la creciente complejidad de la economía mundial, al tiempo que a la disciplina económica se le imputaba el no ser capaz de proveer un diagnóstico coherente de la crisis, ni los remedios adecuados para curarla.

Fundado en 1931, el *think tank* británico Political and Economic Planning (PEP) aspiraba a diseñar una teoría de "planificación capitalista", donde la delegación legislativa, la supervisión de expertos y el culto al método científico podrían convertir a la política económica en un simple acuerdo entre el interés público y privado. Su propuesta, firmemente a favor de los negocios, también se oponía de forma férrea al libre mercado, lo que da cuenta de cuán impopular se había vuelto el *laissez-faire*, incluso en grandes segmentos del mundo de los negocios. De manera similar a la retórica del New Deal, el "capitalismo racional", la "economía ordenada" y la "planificación científica" fueron términos usados en contraposición a los "males de la competencia" o al "caos de la sobreproducción".[20] Excepto Mises, pocos economistas del libre mercado en América y Europa negaron que era necesario un mejor control estatal para

[19] Arthur Marwick, "Middle Opinion in the Thirties: Planning, Progress and Political 'Agreement'", *The English Historical Review* 79, N° 311 (1964): 285-298.

[20] Si bien un amplio espectro de políticos coincidía en planificar, ninguno podía lograr un acuerdo sobre qué significaba y qué implicaba: abarcaba desde "esfuerzos promovidos por capitalistas en pos de 'racionalizar' las industrias hasta la 'Gosplanificación' de estilo soviético con una justa medida de 'planificación' fiscal de inspiración keynesiana". Ben Jackson, "At the Origins of Neo-Liberalism: The Free Economy and the Strong State, 1930-1947", *The Historical Journal* 53, N° 1 (2010): 139-140.

tomar las riendas de la crisis económica.[21] Ante la popularidad del control estatal, F. A. Hayek y Michael Polanyi, en Inglaterra, y Walter Lippmann, en los Estados Unidos, llegaron de forma independiente a la misma conclusión: la viabilidad de la planificación económica no era solo un problema técnico, sino que demandaba una comprensión mucho más amplia de los fundamentos del liberalismo y su relación con la economía de mercado.

Llegado a Inglaterra en 1931, Hayek no se limitó a aplicar su conocimiento en alemán del debate sobre el cálculo de los años veinte a la situación inglesa. Por el contrario, su propio pensamiento fue transformado por la manía de la planificación de los años treinta. Tal como enfatizó en su cátedra inaugural en la London School of Economics (LSE), la manera de sacar adelante a los liberales era aprendiendo de los fracasos de la retórica del libre mercado para poder iniciar un proceso de cambio ideológico a largo plazo. Le preocupaba que las masas hubieren sido engañadas por la promesa de la razón y la ciencia de dirigir la reforma social. Mientras el economista científico prevenía contra la interferencia gubernamental, el laico exigía el cambio inmediato en la sociedad. La falta de legitimidad de una economía de mercado se debía justamente a la naturaleza oculta del problema económico: la invisibilidad de la mano de Adam Smith.[22]

[21] "Ahora hay una necesidad imperiosa de un programa de legislación económica que sea seguro, sólido", anunció Henry Simons, economista de Chicago, en las primeras páginas de su *Positive Program for Laissez-faire*: "En períodos previos, se podía esperar que [nuestra organización económica] se volviera cada vez más fuerte con tan solo protegerla de la interferencia política indebida. Hoy, sin embargo, se ha llegado a la condición donde solo puede salvarse a través de la adopción de las medidas más sabias por parte del Estado". Henry Simons, *A Positive Program for Laissez-faire: Some Proposals for a Liberal Economic Policy*, Public Policy Pamphlet N° 15 (Chicago: University of Chicago Press, 1934), 2.

[22] En 1935, Hayek escribió que "el hecho de que en el actual orden de las cosas tales problemas económicos no se resuelvan por la decisión consciente de nadie, trae por consecuencia de que la mayoría de las personas no sean conscientes de su existencia". Hayek, *Socialism and War*, 56.

Este era el tenor bajo el cual Hayek publicó su contribución al debate sobre el cálculo en el socialismo en 1935. Estaba seguro de que una demostración técnica de la imposibilidad económica del socialismo bastaba para socavar su atractivo político, de la misma forma en que la crítica de Mises había desacreditado en Austria el plan socialista para una economía de planificación centralizada. Su meta era sacar al socialismo del ámbito ético y político para librar una batalla científica contra este: someter su ideología y planes de organización social a un examen científico de sus medios propuestos.[23] La estrategia de Hayek tuvo dos aristas. Por un lado, que los precios funcionaran como señales los volvía confiables a la hora de tomar decisiones económicas y de hacer predicciones, siempre y cuando los mercados fuesen competitivos. La información, llevada por los precios, no solo era transmitida, sino generada a través del mercado –una idea clave–. Por otro lado, esto limitaba la índole de problemas que la ciencia económica podía resolver. Ampliamente compartida entre los neoliberales, la crítica de Hayek giraba en torno a un único eje: la función cognitiva de los mercados (aparentemente infinita) operaba de la mano de las limitaciones epistémicas de otras disciplinas e instituciones que aspiraban a corregir su funcionamiento. El conocimiento permanecía irrevocablemente local, disperso e imposible de centralizar; el mercado producía un flujo continuo de datos nuevos dentro de los confines de un escepticismo radical hacia la intervención.

Al igual que Hayek, Michael Polanyi interpretó el oscuro funcionamiento de la economía como algo que requería explicación y pasividad. Luego de sus múltiples viajes a la Unión Soviética en calidad de químico, publicó un estudio detallado de las estadísticas soviéticas que demostraba el fracaso del Partido Comunista para

[23] Hayek afirma en su refutación que "la ciencia no tiene nada que decir sobre la validez de los fines últimos. Pueden ser aceptados o rechazados, pero no pueden ser probados o refutados. De lo único que podemos discutir racionalmente es sobre si las medidas dadas conllevarán a los resultados deseados y en qué medida". *Ibid.*, 62.

alcanzar los objetivos fijados por su plan. El apoyo genuino por parte de la población, a pesar del pésimo desempeño, descolocaba a Polanyi, quien había avistado una "forma viva de conciencia social" en las muestras de "emoción pública" de la propaganda soviética. Dicha conciencia social daba un propósito y dirección claros a los ciudadanos. Polanyi concluyó que en el núcleo del deseo de revolución social en las sociedades occidentales se fermentaba la frustración por la opacidad del sistema de mercado, una carencia de una comprensión afinada de sus mecanismos ocultos.[24]

Tras considerar que era su deber corregir personalmente la situación, Polanyi produjo una película educativa donde expuso el funcionamiento de una economía de mercado, la cual apuntó a insertar una compresión experta del mecanismo económico en la sensibilidad pública.[25] Inspirado en la *Teoría general* de Keynes, la película se centraba en la representación de un caudal de dinero que circulaba desde las industrias a las tiendas y los consumidores, con un banco central que regulaba el flujo de gasto y ahorro. Al tanto de las propiedades semióticas de las películas, que permitían que una estructura compleja e invisible se pudiera ver y, por ende, entender, Polanyi se mostró optimista sobre su impacto educacional en las masas laicas, esperando que lograra alejarlas de la planificación central y recuperar su confianza en una economía de mercado. Una sociedad ya transformada por este esfuerzo de hacer públicas las virtudes articuladoras de los mercados habría de cumplir la "promesa del liberalismo": la integración social alcanzada por la Unión Soviética a través de la emoción pública y la propaganda podría lograrse en las sociedades liberales mediante la razón y la educación pública.

[24] Michael Polanyi, *U.S.S.R. Economics: Fundamental Data, System and Spirit* (Mánchester: Manchester University Press, 1936).

[25] La versión final, titulada "Unemployment and Money" ["Desempleo y dinero"] (1940), está disponible en www.youtube.com/watch?v=qTMdHC_OU2w. Si bien hoy en día parece trivial, el uso de películas para la educación económica era absolutamente novedoso para esa época.

Tras elogiar a Polanyi como un "observador con un don excepcional", Walter Lippmann reflexionó sobre el mismo tema en los capítulos introductorios de su libro *The Good Society*, publicado en 1937. Le parecía que la complejidad de la vida social era como una tela invisible en la cual se bordaban nuestras interacciones diarias. La opacidad de la psiquis individual encubría una rica fuente de conocimiento que el mercado articulaba de forma hábil y eficiente. La planificación completa, al llevar todos los procesos económicos a la palestra, fallaba en reconocer la economía cognitiva que salía a la luz espontáneamente por la división del trabajo. Una vez establecidas las limitaciones intrínsecas del pensamiento, el control consciente sobre el orden social se tornaba un delirio. "Ninguna mente humana ha entendido jamás la totalidad del esquema de la sociedad", escribió Lippmann, "en el mejor de los casos, una mente puede entender su propia versión de este esquema, algo mucho más escueto, que se asemeja a la realidad en la forma que una silueta se parece a un hombre".[26] La opacidad de la sociedad frente a nuestros esfuerzos de sondeo científico se había vuelto tan sobrecogedora que ninguna ciencia de la sociedad podía formar la base de un control consciente.[27] En consecuencia, la legitimidad de la economía de mercado se atrincheró en estos procesos invisibles dentro de la opinión pública.

[26] Walter Lippmann, *The Good Society* (New Brunswick, NJ: Transaction Publisher, 2005 [1937]), 31.

[27] La crítica de Lippmann a la economía socialista, sin embargo, no se originó en los preparativos de *The Good Society*. En 1933, él ya estaba familiarizado con el debate sobre el cálculo en el socialismo y apuntó al mismo argumento epistemológico que habían expuesto Hayek y Polanyi. Citando al economista austríaco-americano Benjamin Anderson, Lippmann afirmó claramente en su columna "Today and Tomorrow", del 27 de febrero de 1934, que el Estado no estaba en posición de intervenir de manera minuciosa en la economía debido a que, "para regular el negocio de un país como un todo y para guiar y controlar la producción de este, se requiere de un cerebro central de un poder tan vasto que no puede exigírsele a ningún ser humano". Cf. Craufurd D. Goodwin, *Walter Lippmann: Public Economist* (Cambridge, MA: Harvard University Press, 2014), 149.

Tomados en conjunto, estos argumentos contra la posibilidad de planificar giraban en torno a la elucubración de dos ideas clave. Primero, el conocimiento social está irremediablemente disperso y dividido. Segundo, es un recurso que permanece implícito y tácito en su mayoría. En su artículo pionero, "Economics and Knowledge" de 1937, Hayek planteó que la presunción del conocimiento perfecto en la ciencia económica eludía la cuestión más importante con que las ciencias sociales tenían que lidiar: "Cómo el conocimiento es adquirido y comunicado".[28] Las limitaciones epistémicas, derivadas de la división del conocimiento, tenían consecuencias científicas y políticas debido a cuánto uno (por ejemplo, el Estado; la oficina de planificación; el economista bienestarista) era capaz de saber y, por ende, de predecir de forma adecuada. Los neoliberales compartieron la misma crítica de la planificación, basada en la imposibilidad de centralizar la información de manera eficiente y la necesidad de permitir que los ajustes horizontales sustituyeran las decisiones verticales. Pero allí existía un límite epistemológico adicional a la planificación. No se trataba solo de que el conocimiento social no se pudiera centralizar en un único lugar, sino también que permanecía mayormente implícito, es decir, incrustado tácitamente en las tradiciones y costumbres.

Los neoliberales coincidían en que, para articular un modelo de sociedad liberal, uno tenía que partir desde la complejidad de los órdenes existentes, donde "hacemos uso constante de fórmulas, símbolos y reglas cuyo significado no entendemos y a través del uso de estos nos beneficiamos de la ayuda de un conocimiento que individualmente no poseemos".[29] La superioridad de los mercados competitivos no yacía solamente con la coordinación supuestamente sencilla de los distintos planes individuales, sino

[28] F. A. Hayek, *Individualism and Economic Order* (Chicago: University of Chicago Press, 1948), 46.
[29] *Ibid.*, 88.

que provenía de su capacidad para sacar, computar y valorar el conocimiento tácito que sus participantes traen consigo.

Como resultado, el argumento neoliberal sobre la superioridad de la economía de mercado se basó en una epistemología que distinguía entre planos de conocimiento exacto (válido) y planos donde esto era imposible porque el conocimiento se mantenía disperso, tácito y opaco. Esta presunción dio cuenta de cuánto de la postura antipositivista y antirreduccionista era compartida por los neoliberales, al igual que su insistencia sobre la observación de las acciones por sobre el análisis sociológico de las intenciones.[30] Estas normas epistemológicas básicas primero fueron desplegadas en el análisis del orden económico y luego extendidas por analogía a todos los "órdenes de generación espontánea": el derecho común, el lenguaje, la estética, las tradiciones, etc.[31] Para fines de los años treinta, el debate sobre el cálculo en el socialismo había sido reencauzado en términos de la defensa del liberalismo contra el totalitarismo, lo que daba influencia política a los argumentos epistemológicos que habían sido diseñados originalmente para desacreditar la idea de planificación económica. Si bien en un comienzo no era evidente, esta recodificación se ha convertido en un sello distintivo del pensamiento neoliberal.

[30] En su curso sobre el *Nacimiento de la biopolítica* (Buenos Aires: Fondo de Cultura Económica, 2007), Michel Foucault identificó claramente este elemento central en la teoría neoliberal, pero lo atribuyó principalmente a la teoría social de Gary Becker. El postulado de un antirreduccionismo sociológico dentro del neoliberalismo fue instrumental desde el principio.

[31] Michael Polanyi, "The Growth of Thought in Society", *Economica* 8 (1941): 432.

El manto de la ciencia

Más allá de la economía, los años treinta también demostraron ser una década fundamental en la disciplina de la historia de la ciencia, un período en el que "los mensajes del historicismo radical de la Europa Central y la nueva Unión Soviética se combinaron con las tradiciones locales de la anticuaria en los cambios historiográficos e institucionales".[32] El movimiento por la planificación de la ciencia ganó notoriedad en el Reino Unido luego de que una delegación rusa, liderada por Nikolái Bukharin, dejara anonadado al Second International Congress for the History of Science con sede en Londres en 1931.[33] La audiencia, compuesta principalmente por científicos y aficionados, no estaba preparada para escuchar el discurso del materialismo histórico aplicado a la historia de la ciencia. Lo que para unos era una lengua marciana, para otros fue una revelación. Al vincular el descubrimiento científico a los procesos históricos, los científicos soviéticos desafiaron abiertamente los relatos internalistas dominantes del progreso y descubrimiento en la ciencia. Estos dolores de parto del relato externalista de la historia de la ciencia activaron un intenso escrutinio sobre la posibilidad y deseabilidad de la planificación en la ciencia. Muchos científicos e intelectuales de izquierda visitaron la Unión Soviética a principios de los años treinta buscando un modelo alternativo para la organización de la ciencia y criticaron la "frustración de la ciencia" que se sentía en Europa debido a la falta de coordinación y planificación de esta.

[32] Anna-K. Mayer, "Setting up a Discipline, II: British History of Science and 'the End of Ideology,' 1931-1948", *Studies in History and Philosophy of Science* 35, N° 1 (2004): 43.

[33] Las ponencias presentadas por la delegación rusa fueron publicadas en conjunto unos días después del término del Congreso y fueron ampliamente difundidas. Véase N. I. Bukharin, ed., *Science at the Cross-Roads* (Londres: Frank Cass & Co., 1971 [1931]).

Edward Shils opinó que esta conferencia "motivó a un bloque de científicos británicos a apoyar la tesis marxista de que todo trabajo científico, sin importar cuán abstruso fuera, es una respuesta consciente o inconsciente a los problemas prácticos que afectan a la sociedad o a las clases dirigentes de la sociedad en la que los científicos viven".[34] La investigación pura no significa nada por sí misma, sino que constituía un paso preparatorio para la ciencia aplicada y, finalmente, para el cambio social. Al mismo tiempo, muchos científicos naturales apoyaron una aplicación más amplia de la ciencia a los problemas sociales y promovieron su racionalidad y tangibilidad por sobre el callejón sin salida de las doctrinas obsoletas y partidistas. El hecho de que la planificación económica hubiera sido infundida de credibilidad científica otorgó una buena cuota de legitimidad a los científicos que simpatizaban con ella. Estos debían ser los "hombres de ciencia" o "expertos" a cargo de racionalizar la economía y la administración. En su discurso presidencial de 1933 a la British Association for the Advancement of Science (BAAS), el presidente de la Royal Society, Frederick G. Hopkins, aplaudió el uso de la ciencia para resolver problemas sociales y añadió que "la mente científica y formada debe actuar su papel" en los debates actuales sobre la planificación.[35]

Bajo el liderazgo de J. D. Bernal, P. M. S. Blackett, Joseph Needham y Lancelot Hogben, el "movimiento de las relaciones sociales de la ciencia" propuso una integración más profunda de la sociedad, la industria y la ciencia, en la que esta última, planeada racionalmente y emancipada del capitalismo, cumpliría su objetivo de servir al bienestar humano. Adoptaron la conclusión de los científicos soviéticos de que "la ciencia solo le pertenecerá genuinamente a toda la humanidad en una sociedad

[34] Edward Shils, "A Critique of Planning: The Society for Freedom in Science", *Bulletin of the Atomic Scientists* 3, N° 3 (1947): 80.

[35] Frederick G. Hopkins, "Some Chemical Aspects of Life", *Nature* 132, N° 3332 (1933): 394.

socialista".[36] El capitalismo, pensaban, había conllevado a la regresión científica, ya que introdujo la competencia entre los investigadores "cuando lo que realmente se necesita es más ciencia aplicada a las buenas condiciones de vida en vez de la obtención de ganancias".[37] Bernal, su portavoz más expresivo, denunció al liberalismo como el método del caos, "de crecimiento espontáneo", que entorpecía el uso del conocimiento en la sociedad porque la innovación había sido corrompida por el lucro privado. Por el contrario, el comunismo era el sistema político que más se asemejaba al método colaborativo usado por los investigadores.[38]

El desafío del "bernalismo", y su influencia constante durante la Segunda Guerra Mundial, incidió inmensamente en la orientación del neoliberalismo. Las batallas epistemológicas respecto del método científico reverberaron como un argumento político e ideológico sobre la mejor forma de gobierno. Las actividades políticas formativas de los neoliberales durante la década de 1930 se establecieron principalmente contra los científicos naturales que promovían el socialismo y la planificación como la extrapolación lógica de la cosmovisión y la organización científicas. Los neoliberales estaban listos para demostrar que la comunidad científica, lejos de encarnar una arquetípica sociedad comunista, representaba, por el contrario, la encarnación de un orden liberal guiado por el método científico.

A medida que transcurrieron los años treinta, se volvió cada vez más obvio que la investigación científica se vio deteriorada en gran parte en los países totalitarios. La purga académica de la

[36] Boris Hessen, "The Social and Economic Roots of Newton's 'Principia'", en N. I. Bukharin, ed., *Science at the Cross-Roads*, 212.

[37] Véase Daniel A. Hall, ed., *The Frustration of Science* (Londres: Allen & Unwin, 1935), 60.

[38] En *Social Function of Science,* Bernal concluía que "la tarea que los científicos han emprendido, la comprensión y control de la naturaleza y del propio hombre, no es más que la expresión consciente de la tarea de la sociedad humana [...] en su empeño, la ciencia es comunismo". J. D. Bernal, *The Social Function of Science* (Londres: Routledge, 1939), 415.

Alemania nazi y el Lysenkoísmo en la Unión Soviética había puesto al descubierto la sumisión gradual de la ciencia a los propósitos ideológicos. Este escenario, admitió Rougier, le había probado, mediante "el absurdo, la necesidad y la solidez del liberalismo". Retrató la *mystique soviétique* como una nueva forma de "religión estatal", cuya particularidad era presentarse como [...] la síntesis más alta de la totalidad del conocimiento científico".[39] El retrato de Rougier del estado de la Unión Soviética fue el de un fracaso absoluto en todos los ámbitos, al tiempo que áreas completas de la investigación científica, especialmente la genética, habían sido consideradas incompatibles con el marxismo-leninismo ortodoxo. El alineamiento gradual de la investigación científica rusa con la ideología soviética también consternó a Polanyi, quien dejó de lado la química y se empeñó en escribir sobre la naturaleza de la ciencia, específicamente como reacción a la controversia de Vavilov y Lysenko. Condenó la corrupción de la ciencia rusa, donde la autoridad de la ciencia había sido reemplazada "por aquella del Estado", y abogó por el autogobierno de la ciencia para restaurar la "independencia de la opinión científica".[40] Polanyi argumentó que la ciencia y la verdad se perdían cada vez que la libertad política se quebraba, dado que el pensamiento independiente estaba sujeto a los poderes temporales. Por lo tanto, existía "un destino común entre la ciencia independiente y la libertad política".[41] Una sociedad libre promovía la ciencia como una búsqueda irrestricta de nuevas verdades, cuya incertidumbre final yacía en el núcleo de los valores liberales de tolerancia y libertad de conciencia: la ciencia bajo una dirección política estaba condenada a convertirse en un instrumento de propaganda.

[39] Louis Rougier, "La mystique soviétique. Une scolastique nouvelle: le marxismeléninisme", *La Revue de Paris* 41, N° 2 (abril 1934): 622.

[40] Michael Polanyi, *The Logic of Liberty* (Indianápolis: Liberty Fund, 1998 [1951]), 81, 78.

[41] Michael Polanyi, "Congres du Palais de la Découverte", *Nature* 140 (octubre 1937): 710.

Tanto Hayek como Polanyi estaban buscando maneras de vencer al "cientificismo" y al "socialismo científico", que creían dominantes en los medios y la *intelligentsia* pública gracias a las disposiciones favorables de la dirección editorial de *Nature* y la BBC. En Inglaterra, a la vuelta del Coloquio Walter Lippmann de París en 1938, Hayek se dedicó a su proyecto *Abuse and Decline of Reason*, en el cual una serie de estudios de caso históricos y problemas de metodología habrían conllevado a "los principios científicos fundamentales de la política económica y, al final, a las consecuencias del socialismo".[42] Paralelamente, su posición como editor de *Economica* le ofrecía un medio para presentar sus propias visiones y publicar los artículos principales de Polanyi (1941), Schutz (1943) y Popper (1943-1944), que complementaban sus argumentos. En pleno proyecto, Hayek escribió a Polanyi que le daba "una enorme importancia al cumplimiento efectivo de estos argumentos pseudocientíficos sobre la organización social y me asustan más y más los efectos de la propaganda" de los científicos de izquierda, quienes "desacreditan la reputación de la ciencia con sus incursiones".[43] El movimiento por la planificación económica, apoyado por los científicos e ingenieros socialistas, escribió Hayek en *Nature*, ahora había tenido tal "éxito en captar la opinión pública que la poca oposición que había venía solamente de un reducido grupo de economistas".[44] A su debido tiempo, su proyecto *Abuse of Reason* sentó las bases para *Camino de servidumbre* y extendió los desarrollos previos de sus perspectivas metodológicas. Pero en gran medida se limitaba a un esfuerzo coordinado contra los científicos ingleses de izquierda, quienes habían ocupado

[42] F. A. Hayek, carta a Machlup, fechada el 27 de agosto de 1939. Cf. F. A. Hayek, *Studies in the Abuse and Decline of Reason* (Chicago: University of Chicago Press, 2010), 1.

[43] F. A. Hayek, carta a Michael Polanyi, fechada el 1 de julio de 1941, Polanyi Papers, caja 4, expediente 7.

[44] F. A. Hayek, "Planning, Science, and Freedom" (1941), en Hayek, *Socialism and War*, 213.

posiciones clave dentro del gobierno en tiempos de guerra y mantenían su influencia sobre el público general, y se juntaban con regularidad para discutir sus visiones en el grupo de discusión Tots & Quots.

Mientras tanto, la propia refutación de Polanyi de la planificación evolucionó de una defensa de la ciencia pura a una defensa epistemológica del liberalismo sobre la base de la posición del pensamiento en la sociedad. La pugna por la ciencia pura había sido una parte pequeña pero reveladora de una pugna civilizatoria mucho mayor. Polanyi afirmaba que "el ataque a la ciencia es un segundo campo de batalla en una guerra contra todos los ideales humanos y el ataque a la libertad de la ciencia es solo un incidente en un asalto totalitario a toda la libertad en la sociedad".[45] En 1941, Polanyi fundó la Society for Freedom in Science (SFS) con J. R. Baker, zoólogo de Oxford. Al igual que sus rivales de izquierda, él descartaba la posición neutralista por ser ingenua respecto del "Estado absoluto", y consideraba al distanciamiento del científico una causa principal de preocupación. En mayo de 1941, la SFS hizo circular entre los científicos una carta de cuatro páginas que presionaba para que la preocupación por la "defensa de la libertad científica" no desapareciera una vez que llegasen los tiempos de paz. Concebida explícitamente como una organización para equiparar la influencia de las "relaciones sociales del movimiento de la ciencia", la SFS insistía en que adherir a la visión liberal de la ciencia no era recluirse en las altas esferas del conocimiento, sino servir a la sociedad con las mejores habilidades de los científicos. Siempre y cuando se mantuviera libre de la interferencia estatal, la ciencia se erigía como el ejemplo perfecto del liberalismo en acción, ya que demostraba cómo la libertad individual se podía reconciliar perfectamente con la autoridad, la tradición y el control social.

[45] Polanyi, "The Growth of Thought", 454.

A pesar de sus diferencias políticas irreconciliables, Polanyi y Bernal predecían de forma llamativamente similar la manera en que operan las normas sociales dentro de la comunidad científica y la necesidad de avanzar hacia una Historia de la ciencia que estuviera relatada como una evolución progresiva de ideas intangibles. Cada uno abogaba, a su manera, "por un giro social en el estudio de la historia y la filosofía de la ciencia".[46] En consecuencia, el proyecto de recodificar el liberalismo incorporó el creciente relato externalista de la ciencia, que apuntaba a resituar las bases de la historia dentro de los determinantes sociales y económicos de la investigación y del conocimiento científico. La mayoría de los filósofos neoliberales de la ciencia coincidieron en la necesidad de conceptualizar el conocimiento y la ciencia dentro de las condiciones institucionales y no como un proceso desencarnado, por lo que proponían un modelo alternativo para el funcionamiento de la ciencia, que se inspiraba en el liberalismo económico: la República de la Ciencia.[47] En este modelo, la metáfora del mercado jugaba el rol de motor epistemológico de un conocimiento entre individuos –ya fueran científicos, productores, abogados o usuarios circunstanciales– que, en su mayoría, era disperso y tácito. El Estado de derecho, las regulaciones de mercado y las convenciones científicas se concebían como uno de los tantos *métodos* analógicos para la coordinación social con el fin de alcanzar un orden social liberal, dado que aseguraban una variedad de fines con un mínimo de control directo. Lo peculiar del neoliberalismo, por lo tanto, es el brusco giro epistemológico de su teoría social, uno donde la libertad es recodificada como funcional a la actividad de órdenes separadas e independientes, que operarían de acuerdo con principios análogos.

[46] Mary-Jo Nye, *Michael Polanyi and his Generation: Origins of the Social Construction of Science* (Chicago: Chicago University Press, 2011), 184.

[47] Michael Polanyi, "The Republic of Science: Its Political and Economic Theory", *Minerva* 1 (1962): 54-74.

La construcción de un programa de investigación neoliberal

Durante la Segunda Guerra Mundial, el uso polémico del término "cientificismo" por parte de Hayek complementó la refutación de las doctrinas "historicistas" de Popper, la defensa de la ciencia pura de Polanyi, la petición por la restauración de la "ciencia liberal" de Lippmann y la dicotomía entre doctrina y mística de Rougier. Cada uno demostró que los principios liberales eran concomitantes con una visión adecuada de la ciencia, mientras que una concepción puramente instrumental servía a los fines de las ideologías colectivistas. Los argumentos que alguna vez se usaron contra los filósofos vieneses fueron reciclados en un contexto donde la preparación y planificación para la guerra le habían dado un puesto de honor a los aplicados científicos e ingenieros. Desde diversas perspectivas, todos ellos denunciaron que usar la metodología de las ciencias naturales para impulsar el cambio social era usurparle el manto a la ciencia por una falla de criterio. La *opacidad* de los datos sensoriales en las ciencias sociales hacía que sus métodos y orientación difirieran de los de las ciencias naturales, porque solo es posible observar las acciones humanas –y sus resultados sin diseño– sin acceder a la esfera interior de la conciencia. Según ellos, las opiniones constituían los "hechos" genuinos de las ciencias sociales.[48]

Por un lado, los neoliberales argumentaban que toda teoría del desarrollo histórico aplicaba presunciones legítimas de forma errada a la contingencia de la historia y, por ende, confundía la profecía con la predicción,[49] y se equivocaba en tomar la explicación por principios generales como conocimiento de dirección deliberada. Por otro, los ingenieros y planificadores sufrían de una

[48] Hayek, *Studies*, 86 y ss.

[49] Karl Popper, *La miseria del historicismo* (Madrid: Alianza, 1973), 119.

"servil imitación de los métodos y el lenguaje de la ciencia", que usaban para el propósito de la "partería social".[50] Al negar la incertidumbre fundamental en los procesos sociales y la imposibilidad lógica de controlar completamente lo social, Polanyi sostuvo que su mentalidad viraba hacia la "ingeniería utópica" y que era la inspiración para la "planificación exagerada".[51] La aplicación de la estadística y la matemática a los problemas sociales era inadecuada debido a las complicaciones epistemológicas relativas al uso de probabilidades para predecir. Según Rougier, la "ingeniería social" y el uso de la econometría representaban una "presunción tecnocrática", cuyo método de "poner todo en ecuaciones" era fomentado por una creencia metafísica en un determinismo universal incompatible con la indeterminación fundamental que se daba a nivel atómico.[52]

El rescate de una "ciencia liberal" implicaba arrebatar la autoridad sobre la ciencia a esos proyectos rivales. El uso polémico del "cientificismo" y sus análogos servía precisamente a este propósito. Esto tenía el costo de reconocer que el liberalismo en sí mismo era una ideología, es decir, una doctrina convencional *construida socialmente* y no el resultado lógico de la razón abstracta. Como tal, argumentaron eficazmente, no había ninguna relación intrínseca entre la ciencia objetiva y una filosofía social específica. Tanto los neoliberales como los ingenieros sociales aceptaron totalmente el modernismo científico del siglo XX, donde los argumentos científicos proveyeron la fuente final de autoridad para arbitrar las cuestiones políticas y sociales. Asimismo, los neoliberales y sus opositores buscaron sacar réditos de esa autoridad para volver más persuasivo su discurso. Como los "hombres de

[50] Hayek, *Studies*, 80; Popper, *La miseria*, 63.

[51] Michael Polanyi, *The Contempt of Freedom: The Russian Experiment and After* (Londres: Watts & Co., 1940), 28.

[52] Cf. Louis Rougier, "L'impossibilité scientifique du planisme économique", *Les Écrits de Paris* (enero 1948): 36.

ciencia" o los ingenieros que criticaban, ambos grupos creyeron en la ciencia como una forma de obtener verdad y dominio sobre los fenómenos sociales. Sin embargo, entre la ciencia pura y aplicada yació la brecha neoliberal: la negativa de aprovechar el progreso del conocimiento para la conveniencia social. Los neoliberales creían que una afinidad electiva perduraba entre los rigores y la complejidad de la ciencia económica, el estado disperso y tácito del conocimiento social y una doctrina liberal restringida. Solo los neoliberales adoptaron el hecho de que la ideología y la ciencia compartían, al final, el mismo marco de convenciones donde los participantes tenían que confiar en las reglas axiomáticas para lograr resultados óptimos pero inciertos.

La sofisticación del pensamiento sociológico neoliberal le debía mucho al pensamiento y escritos de Karl Mannheim, otro exiliado húngaro. Entre su llegada a Londres en 1933 y su muerte en 1947, la obra de Mannheim combinaba su sociología del conocimiento, desarrollada en *Ideología y utopía*, con una evaluación oscura del curso de la historia europea, donde solo se podía resguardar la liberal a través de la planificación para que las masas no cayeran en las ideologías totalitarias. En la Alemania de los años veinte, la sociología del conocimiento de Mannheim apuntaba a crear políticas informadas científicamente que pudiesen sobreponerse a los elementos irracionales presentes en la ideología. El autor proponía que una "intelligentsia que flotara libremente" tendría una posición privilegiada para alcanzar la integración de un denominador común presente en los distintos modelos de pensamiento, actualizando así la promesa emancipatoria de la sociología. En la Inglaterra de los años treinta, no obstante, Mannheim se volvió hacia la idea de la "planificación por la libertad" como una forma de salvaguardar la civilización occidental de forma preventiva, lo que significaba que las élites tradicionales buscaron adoptar su diagnóstico sociológico de sus fracasos y darles remedio.[53] El autor cambió de una concepción del conocimiento con una función catalítica, al servicio de una política mejor informada a un conocimiento instrumental, controlado por la élite planificadora, como una forma de paliar la desintegración social. El liberalismo solo podía ser rescatado a través de una comprensión positiva de su mecanismo automático de integración para luego ser reorientado estratégicamente hacia una reconstrucción terapéutica de la sociedad.

Popper, Hayek y Polanyi entraron en contacto con Mannheim durante su exilio en Londres. Hayek y Mannheim eran colegas en la LSE y Mannheim invitó a Polanyi a participar en The Moot, un círculo de discusión cristiano iniciado por J. H. Oldham y concurrido por T. S. Eliot.[54] Los tres percibían su sociología del conocimiento, servicial a la política científica, como profundamente contraria al proyecto neoliberal que buscaba cortar el vínculo entre el conocimiento y la reforma social. Polanyi consideraba que el reduccionismo sociológico de Mannheim era antitético para la restauración de los órdenes dinámicos basados en el conocimiento personal de los individuos.[55] La planificación implicaba una revaluación de las antiguas creencias tradicionales para lograr una dirección controlada de las masas. Polanyi, por el contrario, valoraba la continuidad de la usanza intelectual occidental, donde comunidades dedicadas

[53] Véase Karl Mannheim, *El hombre y la sociedad en época de crisis* (Buenos Aires: La Pléyade, 1969).

[54] Phil Mullins y Struan Jacobs, "T. S. Eliot's Idea of the Clerisy, and its Discussion by Karl Mannheim and Michael Polanyi in the Context of J. H. Oldham's Moot", *Journal of Classical Sociology* 6, N° 2 (2006): 147.

[55] Polanyi escribió personalmente a Mannheim: "Respecto del análisis social del desarrollo de las ideas, basta decir que rechazo todos los análisis sociales de la historia que hagan de las condiciones sociales algo más que oportunidades para el desarrollo del pensamiento. Usted parece inclinado a considerar los juicios morales de la historia como ridículos, ya que aparentemente cree que el pensamiento no está meramente condicionado, sino determinado por una situación social o técnica. No tengo palabras para expresar cuánto rechazo semejante postura". Michael Polanyi, carta a Karl Mannheim, fechada el 19 de abril de 1944, caja 4, expediente 13.

de profesionales se guiaban por la tradición y la fe. De la misma manera, según Popper, descubrir la "determinación social del conocimiento científico" aniquilaba las bases de la discusión y controversia libres y la búsqueda de la objetividad científica.[56] El objetivo de una síntesis más elevada de los elementos inactivos por una *intelligentsia* contradecía el proceso del descubrimiento científico, el cual permanecía siempre incompleto y sujeto a modificación. Popper equiparaba la visión utópica de Mannheim con la de una sociedad cerrada, lo cual era fundamentalmente hostil a su propia sociedad abierta, basada en conjeturas y refutaciones. Desde la perspectiva de Popper, la concepción del conocimiento de Mannheim también era errónea: al igual que Polanyi, Popper hacía énfasis en los elementos personales del conocimiento y descubrimiento científicos. En *La miseria del historicismo* escribía: "Lo que la 'sociología del conocimiento' olvida es precisamente la sociología del conocimiento, el carácter social o público de la ciencia. Olvida el hecho de que es el carácter público de la ciencia y de sus instituciones el que impone una disciplina mental sobre el hombre de ciencia individual y el que salvaguarda la objetividad de la ciencia y su tradición de discutir críticamente las nuevas ideas".[57]

En la misma línea, para Hayek la sociología del conocimiento de Mannheim era la cara más reciente del "cientificismo", donde la comprensión de los mecanismos del pensamiento permitiría al teórico predecir su desarrollo. Las "limitaciones constituyentes de la mente individual", propuestas por Hayek como el fundamento de los órdenes espontáneos, solucionaban el problema de la coordinación e integración al que Mannheim aludía en su planificación científica. Para Hayek, "aquellos que mantienen estas perspectivas suelen tener, de hecho, alguna teoría especial que exime a sus propias visiones de las explicaciones de esa misma índole, lo que

[56] Karl Popper, *La sociedad abierta y sus enemigos* (Buenos Aires: Paidós, 1957 [1945]), 398.

[57] Popper, *La miseria*, 171.

los acredita como una clase especialmente favorecida o, en términos sencillos, como la 'intelligentsia que flota libremente' con la posesión del conocimiento absoluto".[58] Los tres argumentaron de forma efectiva que el conocimiento científico era un proceso socialmente determinado, aunque uno racional e intersubjetivo, y no el resultado del condicionamiento social. Su filosofía de la ciencia, al valorar el proceso social de la ciencia dentro de instituciones dedicadas e independientes de la posición social del científico, era, en realidad, una respuesta a toda sociología materialista del conocimiento.

Mannheim representaba uno de los adversarios intelectuales más potentes de los primeros neoliberales debido a que promovía la planificación no como un rechazo al liberalismo, sino como su etapa más avanzada, en la línea de la modernidad científica. Al igual que los neoliberales, Mannheim argumentaba contra el objetivismo y el distanciamiento científico e intentó salvar un conocimiento científicamente válido más allá del relativismo.[59] Si bien sus conclusiones políticas divergían de forma radical, los neoliberales compartían un número importante de premisas con Mannheim. El primero era el reconocimiento de que el conocimiento se produce y se difunde socialmente. Es más, Mannheim también abogaba por la intervención ambiental –o métodos indirectos de control social– para orientar a la sociedad desde arriba y reconocía el rol funcional de la élite sobre las masas. Al criticar la sociología del conocimiento de Mannheim, los neoliberales construirían su propio modelo "neoliberal" para la producción y difusión del conocimiento en la sociedad. Desde la intención de Hayek de fundar la Sociedad Mont Pèlerin como un grupo cerrado de individuos, con ideas afines a su artículo de 1949 sobre intelectuales y socialismo, los neoliberales adoptaron una sociología del conocimiento al servicio de su proyecto ideológico. Lo que Hayek identificaba como

[58] Hayek, *Studies*, 150-153.
[59] Nye, *Michael Polanyi*, 282.

la *hybris* del sociólogo se convertiría, irónicamente, en la posición que él aspiraría a ocupar con la Sociedad Mont Pèlerin.

Conclusión

Este capítulo ha mostrado cómo la producción de una epistemología neoliberal sostuvo el proyecto ideológico de renovar el liberalismo sobre una nueva base científica. Muchas de las elaboraciones teóricas subsecuentes dentro del neoliberalismo derivaron del marco epistemológico común esbozado aquí. A nivel teórico, los neoliberales tempranos buscaron distanciarse del racionalismo, del empirismo y del naturalismo que predominaban en el liberalismo clásico y adoptar un convencionalismo crítico, donde el conocimiento y las verdades fueran establecidas intersubjetivamente en un proceso constante de intercambio entre teorías y la prueba de la experiencia. Como resultado, los pensadores neoliberales diseñaron una visión escéptica del alcance de las ciencias sociales como su ángulo principal de ataque contra las ideologías opuestas, promoviendo una visión instrumental del conocimiento. De forma paradójica, también acabaron por compartir muchas premisas de sus más sofisticados adversarios.

El remiendo de la ciencia liberal por los neoliberales se dio de la mano de una visión liberal de la ciencia al tiempo que estas dos hebras se entrelazaban a la sombra del totalitarismo. A través de sus publicaciones y correspondencia, los neoliberales reforzaron tanto sus perspectivas epistemológicas como su teoría social complementaria. Esta era una en la cual el método de la libertad estaba limitado por las reglas convencionales, que tenían que ser adoptadas como artículos de fe, es decir, como una constitución. Sin embargo, cuando el neoliberalismo empezó a tomar forma institucional, muchas de las divergencias latentes se volvieron manifiestas y su territorio científico e ideológico se fisuró. Las primeras décadas de la Sociedad Mont Pèlerin pueden verse en retrospectiva como el intento imposible de reconciliar estas visiones divergentes. Muchos de los polímatas, incluido Polanyi, dejaron la Sociedad durante la primera década de su existencia debido a que renunció a su rol de centro intelectual multidisciplinar para el crecimiento de una teoría alternativa del liberalismo que se aventurara más allá de la libertad económica. La desaparición de los neoliberales autoproclamados, y la suerte corrida por el "neoliberalismo" como concepto crítico demuestra, sin lugar a dudas, las discontinuidades entre sus muchas vidas.

Desde sus inicios, el neoliberalismo ha sido la bisagra entre dos fuerzas que empujaban en direcciones opuestas: un programa científico basado en un respeto estricto por el método científico, por un lado, y la apelación estratégica a la moral y los valores cuando los resultados no apuntaban a un consenso satisfactorio, por otro. En consecuencia, el intento neoliberal de recodificar el liberalismo dejó un legado ambiguo. Por un lado, el discurso neoliberal de la superioridad del mercado, el Estado de derecho y el rechazo a la intervención económica se ancló firmemente en un programa de investigación coherente. Por otro lado, el proyecto de redefinir el liberalismo en la línea de una ciencia liberal colapsó debido a su contradicción con un objetivo ideológico de controlar la producción y la difusión del conocimiento teórico. En consecuencia, el proyecto *ideológico* neoliberal suplantó a las intuiciones *científicas* desarrolladas por sus primeros promotores. Habiendo partido como un programa crítico diseñado para impugnar la oportunidad de intervención económica, progresó por medio de una recodificación epistemológica del liberalismo. Tras el éxito de *Camino de servidumbre*, Hayek profundizó una estrategia ideológica en la que un círculo cerrado de productores intelectuales alimentaba al público con sus ideas a través de intermediarios situados estratégicamente.[60] Al igual que sus aspiraciones democráticas, la capacidad cognitiva de las masas era considerada nimia en comparación con la influencia intelectual de las élites, a las cuales los neoliberales comenzaron a apuntar de forma intencionada.

Como resultado, los neoliberales desarrollaron una sociología del conocimiento donde los discursos enunciados en diferentes niveles mantuvieron como núcleo a la filosofía crítica de la incertidumbre, que había sido desarrollada a fines de los años treinta, al tiempo que adoptaban con franqueza una visión instrumentalista y positivista del conocimiento desde abajo. Si bien la agilidad epistemológica conferida por el convencionalismo erosionó parte de sus principios fundacionales, nutrió las máquinas ideológicas de los *think tanks* y su captura del mercado de las ideas. Imperceptible en su mayoría, estas inconsistencias epistémicas deliberadas pavimentaron el camino para la resiliencia a largo plazo y el éxito del neoliberalismo como una ideología social y política.

[60] F. A. Hayek, "The Intellectuals and Socialism" (1949), en Hayek, *Socialism and War*, 221-237.

2. Descuerar un gato: George Stigler sobre el mercado de las ideas

Edward Nik-Khah

> La gran mayoría de los estadounidenses ni soñaría con abandonar las políticas regulatorias importantes [...] [pero] muchas veces se ignora que hay más de una forma de descuerar a un gato,[1] incluso si este está en reforma.
>
> George Stigler, 1973[2]

Pareciera que quienes buscan referirse al neoliberalismo se enfrentan a la tentación casi irresistible de reducir este movimiento colectivo, heterogéneo y complejo a las ideas de un único individuo carismático.[3] O tal vez de dos individuos. Tomemos, por ejemplo, una de las más célebres obras historiográficas sobre la Sociedad Mont Pèlerin: *The Great Persuasion*, de Angus Burgin.[4] En su historia, Burgin retrata al neoliberalismo como compuesto por dos

[1] [N. de T.] El refrán "*there's more than one way to skin a cat*" alude a que hay más de una forma de lograr un mismo resultado.

[2] George Stigler, "The Confusion of Means and Ends", en Richard Landau, ed., *Regulating New Drugs* (Chicago: University of Chicago Center for Policy Study, 1973), 10-12.

[3] Este capítulo recoge y se desarrolla sobre la base de fragmentos de "The 'Marketplace of Ideas' and the Centrality of Science to Neoliberalism", David Tyfield, Rebecca Lave, Samuel Randalls y Charles Thorpe, eds., *The Routledge Handbook of the Political Economy of Science* (Nueva York: Routledge, 2017), 32-42. Agradezco a Stephen Stigler por autorizar el acceso a los documentos del fondo de George J. Stigler, a Anna Yeatman por sus útiles comentarios sobre cómo mejorar el borrador anterior y a Quinn Slobodian por sus sugerencias editoriales para mejorar el presente texto. Los materiales de archivo del fondo de George J. Stigler (Special Collections Research Center, Regenstein Library, Universidad de Chicago) son citados con autorización.

[4] Angus Burgin, *The Great Persuasion* (Cambridge, Estados Unidos: Harvard University Press, 2012).

períodos e identifica cada uno con un individuo ejemplificador. El primero, que va desde la fundación de la SMP hasta principios de los años sesenta, sería la "Era de Hayek" que, según el relato de Burgin, se caracterizó por una discusión de amplio espectro sobre los principios promercado con la meta de generar una filosofía social moderada. Pero las posibilidades para tal moderación fueron anuladas durante la "Era de Friedman", iniciada por el ascenso de Milton Friedman (más tosco y economicista) al liderazgo de la SMP, lo que refleja, en parte, el desplazamiento del centro de gravedad desde Europa hacia los Estados Unidos. La historia de Burgin deja la sensación de que todavía estamos dentro de la Era de Friedman. Pareciese que Burgin alberga la esperanza de que rechacemos el simplismo de Friedman y fijemos el objetivo en la tarea hayekiana de desarrollar una filosofía de mercado más sofisticada.

A simple vista, parece entendible la elección de retratar a Hayek y Friedman como los protagonistas centrales del programa neoliberal. Si el propósito principal de una historia remite a la persuasión de las masas en pos del pensamiento promercado, tiene algo de sentido enfocarse en nombres famosos que se reconocen de forma instantánea. Aun así, para aquellos que están familiarizados con las figuras en cuestión, la historia resultante parece generalizar demasiado (y esto aplica incluso si obedecemos a Burgin y enfocamos nuestra atención solamente en los Estados Unidos). Varias figuras de la Universidad de Chicago tuvieron tanta responsabilidad como Friedman (incluso más, se podría decir) en el ascenso de esa institución como el bastión neoliberal más influyente en los EE. UU.[5] Para los años ochenta, quienes estaban en Chicago

[5] Robert Van Horn y Philip Mirowski, "The Rise of the Chicago School of Economics and the Birth of Neoliberalism", y Robert Van Horn, "Reinventing Monopoly and the Role of Corporations", ambos en Philip Mirowski y Dieter Plehwe, eds., *The Road from Mont Pèlerin: The Making of the Neoliberal Thought Collective* (Cambridge, Estados Unidos: Harvard University Press, 2009); Edward Nik-Khah, "George Stigler, the Graduate School of Business, and the Pillars of the Chicago School", en Robert Van Horn, Philip Mirowski y Tom Stapleford, eds., *Building*

reconocieron que las ideas de Friedman sobre los mercados habían sido eclipsadas por las de George Stigler, que se oponían a las de Friedman en algunos aspectos importantes, como se verá más adelante.[6] Stigler no era tan conocido por el público general como Friedman, y lo mismo se podría decir de otros neoliberales en las inmediaciones (como Aaron Director y Allen Wallis), lo que apunta a un interés especial. Muchos de los neoliberales más influyentes tuvieron poca paciencia para la "persuasión" y, por ende, llevaban a cabo sus actividades bien alejados de los ojos del público. En efecto, se podría atribuir la existencia misma de la SMP precisamente al deseo de llevar a cabo un programa político que no fuera reconciliable con el público, al menos no en un futuro previsible.

Dentro de los confines de las reuniones de la SMP, surgieron debates en torno a la mejor manera de moldear una sociedad ideal de mercado en estas condiciones desfavorables. En la medida que el movimiento maduró, los neoliberales buscaron reconciliar los distintos aspectos de su programa con un compromiso común con el mercado, en cuanto procesador de información de poder insuperable.[7] Los neoliberales consideraron cada vez más sus propios roles como intelectuales a la luz del "mercado de las ideas" y promovieron sus posiciones individuales en términos de cómo entendían su funcionamiento.

Chicago Economics (Nueva York: Cambridge, 2011); Edward Nik-Khah y Robert Van Horn, "The Ascendancy of Chicago Neoliberalism", en Simon Springer, Kean Birch y Julie MacLeavy, eds., *The Handbook of Neoliberalism* (Nueva York: Routledge, 2016).

[6] Melvin Reder, "Chicago Economics: Permanence and Change", *Journal of Economic Literature* 20, N° 1 (1982); Nik-Khah, "George Stigler".

[7] Philip Mirowski, *Science-Mart* (Cambridge, Estados Unidos: Harvard University Press, 2011) y *Never Let a Serious Crisis Go to Waste* (Nueva York: Verso, 2013); Edward Nik-Khah, "Neoliberal Pharmaceutical Science and the Chicago School of Economics", *Social Studies of Science* 44, N° 4 (2014); David Tyfield, "Science, Innovation, and Neoliberalism", en Simon Springer *et al.*, eds., *The Handbook of Neoliberalism.*

Es importante destacar que la persona que siguió más obstinadamente las implicaciones del concepto "mercado de las ideas" para el proyecto neoliberal *no* fue Milton Friedman, sino su colega de Chicago (y quien también sería presidente de la SMP), George Stigler. Las visiones de Stigler no surgieron formadas por completo, cual Atenea de la cabeza de Zeus, sino que se desarrollaron a lo largo del tiempo, en la medida que él se cuestionaba si es que –y en cuáles circunstancias– la universidad estaba a la altura de las virtudes epistémicas del mercado. Eventualmente, él renunció a su esperanza inicial de que las instituciones existentes, abocadas a la producción y ratificación del conocimiento (universidades, o, más bien, un subconjunto de élite dentro de ellas, como Chicago), pudiesen reconciliarse con el funcionamiento adecuado del mercado de las ideas, y pasó a favorecer una posición más rígida de que aquello requeriría someterlas a una reorganización radical. Así, Stigler también desafió las actividades más destacadas de sus compañeros neoliberales: rechazó el enfoque de Friedman de lidiar directamente con un público obstinado e instó a sus compañeros neoliberales a hacer lo mismo. Popularizar la economía neoliberal era, en el mejor de los casos, inútil y, en el peor, un peligro.

Ver al neoliberalismo a través del prisma de Friedman provoca que se considere solo un único enfoque posible a la necesidad neoliberal de acercarse a la audiencia y, por ende, da pie a una grave malinterpretación sobre cómo funciona el neoliberalismo. Tal como Stigler defendió, había más de una forma de descuerar aquel gato y más de una estrategia para triunfar sobre la voluntad de la audiencia. A través de la comprensión de estas estrategias podremos apreciar mejor la razón por la que el neoliberalismo ha tenido "siete vidas".

La ciencia contra la democracia

Cuando Friedrich Hayek intervino en la controversia del cálculo en el socialismo con su reconceptualización de la economía desde un sistema de asignación hacia un sistema de comunicación, por primera vez se situaba al conocimiento y la información en el ámbito de la economía.[8] Los mercados pasaron a ser alabados por sus virtudes epistémicas. Pero para los neoliberales esto supuso preguntas problemáticas: ¿cómo podría el mercado –el mejor método conocido por la humanidad para organizar y diseminar el conocimiento– darle espacio al conocimiento que era hostil a su funcionamiento? ¿Por qué los vientos del mundo intelectual iban ahora en su contra?

Por lo tanto, los neoliberales se sintieron compelidos a considerar la organización de la vida intelectual de una manera tal que respetase su credo promercado en desarrollo. Las formas en que lo hicieron fueron variadas y demasiadas para discutir aquí. Una de las más significativas implicaba la apropiación del "mercado de las ideas", una metáfora que había sido usada previamente por sus enemigos políticos para apoyar la discusión democrática sólida, pero que ahora los neoliberales reutilizaban para rebatir una ambición que cada vez les parecía más peligrosa.[9] Partiendo por Aaron Director, los miembros de la SMP aparejaron conceptos intelectuales, políticos y comerciales con una frecuencia creciente en sus trabajos.[10] En consecuencia, exploraron las implicaciones de la metáfora en pos de organizar la vida intelectual desde cerca.

[8] Philip Mirowski y Edward Nik-Khah, *The Knowledge We Have Lost in Information* (Nueva York: Cambridge University Press, 2017).

[9] Edward Nik-Khah, "What is 'Freedom' in the Marketplace of Ideas?", en Anna Yeatman, ed., *Neoliberalism and the Crisis of Public Institutions* (Rydalmere, Australia: Whitlam Institute within Western Sydney University, 2015).

[10] Director reveló este argumento por primera vez en 1953, aunque no se lo publicó hasta más de una década después. Aaron Director, "The Parity of the Economic Market Place", *Journal of Law and Economics 7* (1964). Sobre Director,

No hubo una única forma de entender estas implicancias que lograra un consenso generalizado entre los neoliberales. Esto se debió, en parte, a una reticencia previa a establecer con exactitud cuál era el equivalente al mercado en el mundo real y cómo es que generaba la mercancía deseada (que supuestamente sería el "conocimiento", aunque esto no siempre se aclaró del todo). Esta cuestión surgió por primera vez en una sesión de la SMP de 1957, titulada "Igualitarismo y 'democratización' en la educación", que resultó en un amplio recorrido por la historia, la filosofía, la teoría educativa y la economía. Benjamin Rogge presentó una ponencia sobre el financiamiento de la educación superior que a simple vista parecía ser una contribución estrictamente "económica".[11] Rogge argumentó que la forma adecuada para respetar el credo promercado en la organización de institutos y universidades sería financiar su funcionamiento completo a través de las colegiaturas de los estudiantes. Rogge criticó el subsidio a la educación debido a que era una intervención innecesaria e injustificada al mercado educacional. Le parecía particularmente cuestionable que las personas negaran rutinariamente el principio de soberanía del consumidor en este mercado sobre la base de que aquellos que buscaban educarse carecían de educación. Por el contrario, él sostenía que hacer que los estudiantes pagaran el costo total de la educación forzaría a los profesores a atender minuciosamente a la formación de sus estudiantes. Para subsidiar la educación de los estudiantes, los institutos y las universidades se ubicaban a sí mismos en la posición

véase también Robert Van Horn y Ross Emmett, "Two Trajectories of Democratic Capitalism in the Post-War Chicago School: Frank Knight versus Aaron Director", *Cambridge Journal of Economics* 35, N° 5 (2014); Nik-Khah y Van Horn, "The Ascendancy".

[11] En esa época Rogge ocupaba el puesto de decano del Wabash College, una universidad privada de artes liberales en los Estados Unidos. La ponencia que presentó en la reunión de la SMP, "Financing Higher Education in the United States", se publicó luego en su obra *Can Capitalism Survive?* (Indianápolis, Estados Unidos: Liberty Fund, 1979).

de necesitar fondos del gobierno, de los egresados, de los ricos y de las corporaciones. Pero apoyarse en estos grupos para obtener financiamiento les daba una influencia indebida sobre los planes de estudios, lo que mermaba la diversidad intelectual. Rogge señaló que "aquel que le pague al flautista elegirá la canción".[12] No es que Rogge resintiera a los financistas por tratar de "elegir la canción", sino que se propuso diseminar ese poder entre muchos otros electores, más diversos y menos organizados: los mismos estudiantes. Un método de fijación de precios que cobrara la totalidad del arancel lograría este objetivo, ya que los consumidores de la educación (los estudiantes) eran, según él, muchos y diversos. En consecuencia, también se suponía que el cobro total del arancel promovería la diversidad *intelectual*. Específicamente, a través de la eliminación del financiamiento estatal de las actividades de los profesores, el cobro total del arancel ayudaría a combatir el "colectivismo".

La persona asignada como comentarista para la ponencia de Rogge fue el economista de Chicago y miembro fundador de la SMP, George Stigler. Stigler acabaría por situarse en una posición inusual dentro de las tendencias intelectuales y políticas en conflicto de la profesión económica de la Guerra Fría; podríamos incluso caracterizar su postura como única. Stigler fue capaz de combinar un interés en los modelos formales de información, economía ortodoxa, política promercado y el rol del intelectual en el capitalismo en un conjunto coherente de perspectivas y prácticas, que luego desplegó dentro y fuera de la economía –en efecto, dentro y fuera de la academia– al tiempo que afirmaba defender la más pura tradición científica y se ganaba una reputación, incluso entre sus rivales intelectuales, solo por hacer esto.

Stigler rechazó el argumento de Rogge. En primer lugar, argumentó que el cobro total de arancel no necesariamente iba a atraer una variedad de financistas y promover la diversidad intelectual.

[12] Rogge, *Can Capitalism Survive?*, 255.

Afirmó que eso ya se usaba para financiar la investigación; sin embargo, el Gobierno Federal de los Estados Unidos y la Fundación Ford se las ingeniaban para ejercer una influencia formidable sobre las prioridades de investigación.[13] En segundo lugar, Stigler objetó que la propuesta promoviese la soberanía estudiantil por sobre la enseñanza superior. Argumentó que los estudiantes carecían de las aptitudes para juzgar tanto la calidad de un programa educativo como la calidad de la investigación. Incluso observó con aspereza: "En Minnesota, 2 miembros de Mont Pèlerin quedaron al final [del ranking] en 1946".[14] Aquella vez, el Departamento de Economía de la Universidad de Minnesota había contratado a tres miembros de la SMP: Rogge, Stigler y Milton Friedman.

Luego, Stigler atacó la metáfora de la diseminación democrática del poder que cimentaba el argumento de la soberanía del consumidor de Rogge:

> En general, en los asuntos intelectuales la democracia no es un sistema de organización adecuado. La mejor economía en los Estados Unidos no es la que el público elegiría; una ciencia debe imponer los estándares de una élite sobre una profesión [...] Los asuntos de la ciencia, y la vida intelectual en general, no deben llevarse a cabo por procedimientos democráticos. Uno no puede establecer un teorema matemático por votación, ni siquiera por una votación entre matemáticos. Una élite debe emerger e infundir estándares más altos que los que el público o la profesión deseen instintivamente.[15]

[13] Stigler solía criticar la influencia de la Fundación Ford, a pesar de su rol instrumental en la consolidación de la Escuela de Negocios de la Universidad de Chicago como un "centro de excelencia". Véase Nik-Khah, "George Stigler".

[14] George Stigler, "Comments on Rogge's 'Financing Higher Education in the United States'", George J. Stigler Papers, Regenstein Library, University of Chicago (de aquí en adelante, GSRL), caja 26, documento: Mont Pelerin Society 10th Anniversary Meeting.

[15] *Ibid.*

Aquí Stigler expresaba una profunda sospecha sobre el conocimiento del público. Las preferencias de los mecenas de la ciencia podrían triunfar, en efecto, pero su soberanía sobre el conocimiento producido no era necesariamente algo para celebrar. A menos que, claro está, fueran del "buen tipo" de mecenas.

Stigler profundizó su punto de vista en su publicación de 1963, *The intellectual and the Market Place.* En el ensayo del mismo título, Stigler anunciaba su intención de persuadir a los intelectuales para que revaluaran sus actitudes respecto de los mercados:

> El intelectual nunca ha mirado al mercado con buenos ojos. Este intelectual puede ser un filósofo de la Antigua Grecia que viera la vida económica como una necesidad desagradable a la que no debería permitírsele obstaculizar o volverse dominante, o bien el intelectual puede ser un hombre moderno que concentrase su desdén en los aparatos y la avenida Madison, la similitud de base de la postura ha sido planteada.[16]

Por la misma época, Stigler alegó: "Los problemas sociales son una creación del 'intelectual.' La importancia intrínseca de la queja contra un sistema social, a juzgar por la opinión posterior, tiene poco que ver con su efectividad para hacer cambiar de opinión. Si una cantidad suficiente de hombres aptos y determinados [...] denuncian y denuncian una deficiencia, esa deficiencia se torna severa".[17] También rondaba la pregunta sobre qué rol, si cupiera, podría tener la economía para prevenir o, al menos, contrarrestar las creaciones monstruosas de los intelectuales. Aunque es sabido que Stigler planteó que el estudio de la economía podía volverlo a uno "conservador", también afirmó que esta conversión rara vez

[16] George Stigler, *The Intellectual and the Market Place* (Nueva York: Free Press of Glencoe, 1963), 85.

[17] George Stigler, *Essays in the History of Economics* (Chicago: University of Chicago Press, 1965), 285-286.

sucedía en la práctica.[18] Esto requeriría que las personas se familiarizaran con un conocimiento muy avanzado de economía. Pero, más importante aún, incluso si un estudiante perseverante emprendiera un régimen así, nunca podrían borrarse los efectos funestos de la cultura:

> No creo que exista un nivel de formación en economía tal que pueda eliminar el rechazo gutural a un sistema de organización de la vida económica basado en la búsqueda de ganancias. A los intelectuales les seguirá pareciendo que un sistema en el que los hombres se rijan por una devoción desinteresada (razonable) por el bienestar de los demás hombres es superior a uno en el que estos siguen su propia preferencia. Esta ética está profundamente incrustada en las religiones principales.[19]

Desde el punto de vista de Stigler, el estudio de la economía no tenía mayor injerencia en la eliminación de las políticas colectivistas. Asimismo, estas eran características de la comunidad académica que profundizaban la trinchera de estas posturas perniciosas.

Stigler defendió que las universidades estatales eran inhóspitas para la libertad de investigación. Solo una élite reducida la promovía genuinamente:

> No solo los logros productivos del mercado han brindado apoyo a una clase intelectual mucho más grande, también los líderes del mercado han sido fuertes defensores de los intelectuales, especialmente de aquellos en el mundo académico. Si uno se pregunta dónde, en el mundo universitario occidental, la libertad de investigación de los profesores se ha defendido con mayor firmeza y promovido con más energía, mi respuesta es

[18] *Ibid.*, 56.
[19] Stigler, *The Intellectual*, 94-95.

> la siguiente: no en las universidades bajo control político [...] y no en las facultades que se autoperpetúan [...] No, la investigación ha sido más libre en los establecimientos en los que los administradores son un grupo de líderes mercantiles de la más alta calidad, hombres quienes, como demuestra la experiencia, son notablemente tolerantes con casi todo, salvo un académico mediocre y autocomplaciente.[20]

A raíz de lo anterior, uno podría acordarse de *Capitalismo, socialismo y democracia* de Schumpeter, donde este argumentaba que los mercados producían las condiciones que les permitían a los intelectuales prosperar.[21] Pero Stigler va más lejos que Schumpeter. Los intelectuales deberían ser más demostrativos en su reconocimiento de aquellos que se ganan la vida en el mercado, no solo porque sus acciones han brindado el progreso material necesario para sostenerlos, sino porque protegen *personalmente* la libertad de investigación a través de su supervisión de las universidades privadas de élite. Stigler se sinceró en su correspondencia privada:

> Una comunidad universitaria –académicos y sus discípulos, los estudiantes– es un grupo cohesivo que comparte, de forma notable, una vida cultural común, una trayectoria educacional parecida e, incluso, posturas políticas bastante similares. Si esta comunidad por sí sola dirigiese la institución (como sucedió con Oxford y Cambridge por varios siglos), la universidad tarde o temprano se "academizaría" de formas indeseables –se volvería pomposa, estrecha, se aislaría de las realidades desagradables y sería derechamente perezosa–. Los fideicomisarios son hombres

[20] *Ibid.*, 87.

[21] Joseph Schumpeter, *Capitalismo, socialismo y democracia* (Argentina: Orbis, 1968 [1942]).

> de negocios y aportan el elemento de virilidad y realismo del mundo exterior a las decisiones de la universidad.[22]

En su defensa de la superioridad de los "líderes del mercado", Stigler descartó efectivamente la preocupación de Rogge de que un grupo pequeño de personas pudiera obstaculizar la investigación; siempre y cuando el grupo estuviera compuesto del tipo correcto de personas. La libertad de investigación prosperaría en las universidades privadas de élite. Sus fideicomisarios se encargarían de ello.

Si destacar las buenas obras de la gente de negocios resultara insuficiente para convencer a los intelectuales de replantearse su actitud, entonces, quizás la clave estaría en hacer un escrutinio más minucioso de las profundas similitudes entre el mercado y el mundo intelectual: "los principios organizacionales son los mismos [...] Así como los mercados reales tienen un poco de fraude y monopolio, que menoscaban las demandas del mercado, el mundo intelectual también tiene sus instancias de coerción y engaño, una coerción ejercida por los aduladores y las modas. Ahora bien, estos desviados están fuera de la lógica del sistema".[23] Stigler continuó sosteniendo que "las analogías podían extenderse mucho más" y, por ende, uno no debería ahondar demasiado en la aparente distinción entre los mercados "reales" y el mundo intelectual.[24] Por supuesto, esta caracterización del monopolio como regido por una "lógica del sistema [mercantil]" universal se puede discutir bastante (como hicieron muchos economistas de su época). Sin

[22] George Stigler, carta a Robert F. Leach, fechada el 23 de mayo de 1969, GSRL caja 22, documento: 1969 Student Aid. Dado que entonces era parte del directorio del Carleton College, Stigler debió haber creído firmemente en que su posición lo facultaba para hacer tal afirmación.

[23] Stigler, *The Intellectual*, 87-88.

[24] Después de todo, se trataba de alguien que, en un asalto contra la política científica, había retratado la labor científica como igual a todos los otros tipos de trabajo.

embargo, para Stigler la racionalidad de la ciencia y la efectividad del mercado para los bienes y servicios se debían a los mismos principios organizacionales. Por lo tanto, los intelectuales debían mostrarse más apreciativos del mercado.

En la superficie, la defensa de Stigler al mercado de las ideas parece sugerir una visión de la ciencia como "autorregulada".[25] Sin embargo, Stigler ya había afirmado que *no* se debía confiar en la autorregulación de la academia. Sin alguna sacudida del exterior, los académicos se pondrían "mediocres y autocomplacientes". Pero de esto surgía una pregunta desconcertante. Si los principios organizacionales de la vida intelectual y los mercados de verdad eran los mismos, entonces, ¿cómo podía uno sostener (como Stigler) que se erraba reiteradamente en el tipo de conocimiento que producía? Vale la pena profundizar en detalle en la respuesta de Stigler. Los mercados *sí* le dan a la gente lo que quiere. Pero esto no era nada para celebrar, ya que la mayoría de la gente está instintivamente predispuesta a malentenderse a sí misma. Los mercados producían un tipo incorrecto de conocimiento *porque* le daban a la gente lo que quería.

Después de todo, había algo que decir respecto de la coerción. Una élite era potencialmente capaz de compensar tales visiones. Pero las grandes fuerzas políticas obstaculizaban su capacidad para lograrlo. Stigler alegaba que la demanda por un gobierno de la ciencia, que se canalizara a través del sistema de universidades financiadas públicamente y de fondos de investigación, se había entrelazado con un conjunto de preocupaciones igualitarias que promovían la "difusión" del talento, lo que finalmente conllevaría a una reducción de la calidad de la investigación y a un

[25] James Wible (erróneamente, en mi opinión) recoge este aspecto del argumento de Stigler y lo identifica como un defensor de la postura de que la ciencia se autorregula. Véase James Wible, *The Economics of Science* (Nueva York: Routledge, 1998).

atrincheramiento del consenso profesional.[26] Los impuestos fiscales eliminaban la posibilidad de un futuro Rockefeller y, por lo tanto, el establecimiento de otra Universidad de Chicago estaba fuera de discusión. Los estados habían desviado recursos al sistema de universidades públicas que podrían haber ido a Harvard o, mejor aún, a Chicago. A grandes rasgos, Stigler era escéptico de las perspectivas de la enseñanza superior estadounidense, pero sostuvo una esperanza acotada de que un conjunto pequeño de instituciones igual podría ayudar a imponer los estándares elevados que él tanto deseaba.

La libertad intelectual contra la libertad de cátedra

Claramente, Stigler y sus compañeros neoliberales expresaron su preocupación por la "libertad de investigación" –en especial, la libertad de promover sus posturas sobre el mercado dentro de la academia, de la cual percibían una oposición implacable a sus objetivos. Esto suscitó la pregunta sobre si era posible promover sus intereses dentro de las estructuras académicas existentes o si se requería una respuesta más radical.

La pregunta surgiría mientras los neoliberales deliberaban sobre cuál era la actitud adecuada frente a los principios establecidos de la libertad de cátedra.[27] En la SMP, el rector del Brooklyn

[26] Tal difusión era un desastre, ya que la ciencia era una actividad aceptablemente elitista: "Hay, como mucho, catorce hombres de primera clase por campo, y más comúnmente son como seis". Véase Stigler, *The Intellectual*, 37. Esto se seguía directamente de su perspectiva elitista sobre las capacidades humanas: "Hay diferencias naturales sobre la calidad de los hombres y los acres, que difícilmente podrían eliminarse bajo algún sistema social". Véase Stigler, *Essays*, 280. El igualitarismo era un pecado contra la naturaleza y un pecado contra la ciencia.

[27] En 1940, la American Association of University Professors había aprobado la "Statement of Principles on Academic Freedom and Tenure"; en consecuencia,

College (y luego de la New School of Social Research), Harry Gideonse, se convirtió en el abanderado de la postura de que la inminente amenaza comunista haría que los principios de la libertad de cátedra se volvieran una cosa del pasado.[28] Gideonse defendía que se suspendiera la protección de la titularidad a los comunistas y que se los purgue del profesorado. Sin embargo, los miembros de la SMP tenían plena conciencia de ser una minoría intelectual. ¿Serían las reglas a favor de la libertad de cátedra una ayuda o un obstáculo para los objetivos neoliberales?

En 1964, el economista austríaco y miembro fundador de la SMP, Fritz Machlup, hizo una defensa de la libertad de cátedra y, en particular, de la protección de la titularidad (sobre Machlup, véase la contribución de Slobodian a este volumen). En ese entonces, Machlup ejercía como presidente de la American Association of University Professors (AAUP). En su charla, se concentró específicamente en cómo la titularidad ayudaba "a asegurar el gran beneficio de la libertad de cátedra y de sus frutos".[29] Para Machlup, el profesor tenía un rol central en el avance del conocimiento:

muchas instituciones de enseñanza superior y colegios profesionales estadounidenses aprobaron esta declaración (incluso la American Economic Association la avaló finalmente en 1962).

28 Sorprendentemente, Gideonse había sido uno de los acusados durante una audiencia contra el comunismo en la Universidad de Chicago. Véase John Boyer, *A Twentieth-Century Cosmos* (Chicago: The College of the University of Chicago, 2007). Estas audiencias iniciaron una secuencia de eventos que conllevaron a que George Stigler se convirtiera en el director de Walgreen. Véase Nik-Khah, "George Stigler". Una sesión completa de las reuniones de la SPM, de 1950, fue dedicada a discutir la obra de Gideonse, "The Moral Basis of Academic Freedom". Para obras publicadas de Gideonse sobre la libertad de cátedra, véase Harry Gideonse, "Changing Issues in Academic Freedom in the United States Today", *Proceedings of the American Philosophical Society* 94, N° 2 (1950); "Academic Freedom: A Decade of Challenge and Clarification", *Annals of the American Academy of Political and Social Science* 301, N° 1 (1955).

29 Fritz Machlup, "In Defense of Academic Tenure", *AAUP Bulletin* 50, N° 2 (1964): 119.

> Un incidente durante mi mandato ha reforzado, más que ninguna otra cosa, mi creencia en la importancia de la titularidad. Tuvo que ver con un joven investigador y médico en el último año de su período de prácticas, el cual había descubierto las cualidades tóxicas de una droga distribuida por una compañía que aportaba unos generosos fondos de investigación a la universidad. ¿Debería publicar el informe de sus hallazgos? ¿Debería arriesgarse a que no le renueven su contrato si la publicación enfurece al patrocinador y al director del departamento? Lo que sucedió, o lo que me contaron, fue que el joven decidió publicar y perdió su puesto [...]. Piensen en cuán fácil hubiese sido para este científico posponer la publicación tan solo un año; y qué consecuencias para la salud, incluso las vidas, de muchos podría haber tenido que se pospusiera una publicación así, aunque fuese solo por un mes.[30]

Para poder cumplir este rol tan importante, los profesores debían sacrificarse personalmente: "El mercado libre y competitivo para la enseñanza superior no garantizaría toda la libertad de cátedra que la sociedad debe proporcionar en pos del progreso; sin la interferencia mediante el sistema de titularidad universal, el grado de libertad académica no sería más que el que los profesores estén dispuestos a pagar, y este sería mucho menos que el socialmente deseable".[31] Machlup describió el mercado intelectual como plagado de "externalidades". Para Machlup, los profesores producían los frutos de la libertad de cátedra. El problema es que no cosechaban todos los frutos de esta libertad, a pesar de que eran los únicos que asumían sus costos. Al forjar un compromiso vinculante entre los profesores, fideicomisarios y administradores, la titularidad operaba como un corrector para esta "falla del mercado".

[30] *Ibid.*, 124.
[31] *Ibid.*, 119-120.

La cuestión central era si la titularidad podía cuadrarse con las nociones incipientes del mercado intelectual. Había múltiples razones para que la postura de Machlup sobre su funcionamiento fuera vista, eventualmente, como intolerable por los neoliberales de Chicago. Su declaración salió casi al mismo tiempo en que aparecía el teorema de Coase. Stigler interpretó y promovió el teorema de Coase (es más, afirma haber sido quien lo "bautizó"), el cual negaba efectivamente que las externalidades fuesen un problema significativo para las economías.[32] Para Stigler, la incapacidad de apropiarse de los frutos de la libertad de cátedra sugeriría, como mucho, reordenar los derechos de propiedad asociados a las actividades académicas (por ejemplo, mediante la expansión de la propiedad intelectual).[33]

Pero Sitgler tenía una razón adicional para rechazar el argumento de Machlup. En 1969, Stigler le escribió a Machlup con la siguiente objeción:

> La censura de los profesores es más severa que la de los fideicomisos o la del mercado. ¿Podría concebir que Princeton contratara a un economista que expresara activamente opiniones racistas? Yo no. De hecho, estoy impresionado de que Allen Wallis aún no reciba su primer L.L.D.[34] [...] me gustaría oír una explicación que no fuera su asociación con Nixon en 1959-1960. Los profesores son altamente conformistas y son custodios muy pobres de la libertad intelectual cuando esta entra en conflicto con las creencias académicas.[35]

[32] Sobre el invento del teorema de Coase por Stigler, véase Steven Medema, "A Case of Mistaken Identity: George Stigler, 'The Problem of Social Cost,' and the Coase Theorem", *European Journal of Law and Economics* 31, N°1 (2011).

[33] Por su parte, Machlup había expresado una duda considerable sobre el rol de las patentes como estímulo para la innovación. Véase Fritz Machlup, "Patents and Inventive Effort", *Science* 111, N° 3463 (1961).

[34] [N. de T.] *Legum Doctor* o doctor en leyes.

[35] Geoge Stigler, carta a Fritz Machlup, fechada el 14 de abril de 1959, GSRL caja 10, documento: Machlup. Allen Wallis asistió a la Universidad de Chicago

En esta carta se encuentra una alabanza al rol de los no académicos como estímulos de la innovación intelectual, que es similar a la de *The Intellectual and the Market Place*. Pero si bien Stigler había afirmado anteriormente que el poder coercitivo de los "aduladores y las modas" intelectuales era exagerado, aquí expresa sus dudas. La facultad tenía control sobre la universidad y la libertad intelectual lo padecía. ¿Qué había sucedido?

La respuesta corta es: el movimiento estudiantil. El período entre *The Intellectual and the Market Place* y la correspondencia de Stigler con Machlup había sido uno de tiempos turbulentos en la educación superior estadounidense, y la Universidad de Chicago no estuvo exenta de esto. En 1967, el campus de Chicago había sido perturbado por una serie de protestas estudiantiles disruptivas.[36] Las razones detrás de las protestas incluían la decisión de la administración de cumplir con los requerimientos del servicio de selección de entregar la información de las concentraciones de notas a las juntas de conscripción (esto significaba que los estudiantes con notas bajas podían verse reclasificados por las juntas como elegibles para el servicio militar) y la alianza de la Universidad con el Continental Illinois Bank (que tenía sus inversiones en Sudáfrica). Los estudiantes hicieron varias marchas en el campus; un grupo de 400 alumnos se sentó dentro del edificio de la administración a modo de protesta.

Como respuesta a las protestas estudiantiles, el rector de la Universidad de Chicago, George Beadle, asignó a un grupo de

como estudiante de posgrado al mismo tiempo que Stigler, y era miembro de la SMP; luego, como decano de la Graduate School of Business, Wallis trasladó a Stigler a Chicago desde Columbia e hizo arreglos para que recibiera la dirección de Walgreen. Véase Nik-Khah, "George Stigler". En los EE. UU., un L.L.D. (doctor en leyes) es otorgado como un grado honorario.

36 Los dos párrafos que siguen provienen de Terry Anderson, *The Movement and the Sixties* (Nueva York: Osford University Press, 1995) y Marina Fang, "Born Amidst '60s Protests. Kalven Remains Controversial", *The Chicago Maroon*, 21 de febrero de 2013.

notables para idear y llevar a cabo una política para la universidad. El grupo se reunió durante 1967 y, tras un período de estudio y debate interno, produjo un informe final en junio.[37] Ese mismo mes, los miembros del senado académico de Chicago aprobaron los principios establecidos en el informe de forma unánime.[38] George Stigler fue miembro de este grupo.[39]

El informe Kalven fue una de las declaraciones más famosas sobre la libertad académica producidas durante esa época y gran parte de la Universidad de Chicago aún le otorga autoridad.[40] A la luz de esto, es revelador que Stigler haya sentido la necesidad de hacer una declaración en disenso. Objetó un pasaje en el informe que permitía que, "en circunstancias excepcionales", la universidad podría tener que replantearse la compatibilidad de sus tratos de

[37] Comité Kalven de la Universidad de Chicago, "Report on the University's Role and Social Action", *University of Chicago Record* 1, N° 1 (1967).

[38] Richard Shweder plantea que el informe se puede resumir en los dos principios centrales que establece. El primero obligaba a la universidad a defender la autonomía de sus académicos y estudiantes "en el descubrimiento, mejoramiento y difusión del conocimiento". El segundo principio consistía en que la universidad debía mantener una postura de "neutralidad institucional" sobre los asuntos de importancia pública. Véase Richard Shweder, "Protecting Human Subjects and Preserving Academic Freedom: Prospects at the University of Chicago", *American Ethnologist* 33, N° 4 (2006): 511.

[39] Los otros miembros fueron John Hope Franklin, Gwin Kolb, Jacob Getzels, Julian Goldsmith, Gilbert White y Harry Kalven, quien dirigiría lo que de allí en más se conocería como el comité Kalven.

[40] En los últimos años, el informe Kalven ha sido citado a favor de la desinversión de compañías que tuvieran tratos comerciales con Sudán, en una propuesta para cambiar la política universitaria sobre la investigación en sujetos humanos (Shweder, "Protecting Human Subjects") y, curiosamente, también se ha citado en contra del establecimiento del Instituto Milton Friedman. Véase Jamie Kalven, "Unfinished Business of the Kalven Report", *The Chicago Maroon*, 28 de noviembre de 2006; Shweder, "Protecting Human Subjects"; Bruce Lincoln, "Address to the University Senate", 15 de octubre de 2008. Para una discusión sobre los contratiempos relativos al establecimiento del Instituto Milton Friedman, véase Edward Nik-Khah, "Chicago Neoliberalism and the Genesis of the Milton Friedman Institute (2006-2009)", en Robert Van Horn, Philip Mirowski y Tom Stapleford, eds., *Building Chicago Economics* (Nueva York: Cambridge University Press, 2011).

negocios con "valores sociales supremos". Stigler, en oposición, argumentó: "La universidad no debería usar [sus] actividades corporativas para promover ningún valor moral o político, porque hacer tal uso de sus posibilidades va a perjudicar su integridad como casa de la libertad intelectual".[41]

Stigler estaba cediendo a la postura de que la situación se había vuelto escabrosa. Las demandas estudiantiles por una mayor incidencia en la administración de la universidad lo habían perturbado. Pero la decisión de algunos académicos de apoyar las demandas de los alumnos lo había conmocionado aún más. Y a estas alturas, su experiencia había entibiado su admiración de los fideicomisarios, por decir lo menos: "Los fideicomisarios han sido tan egoístas e irresponsables como los académicos. Si bien no han dirigido el movimiento hacia el instituto o la universidad política, se han apurado por unirse a la retaguardia –obedientes y convencidos de que la libertad académica incluye la libertad de abandonar los estándares académicos y hacer trizas las ventanas académicas–".[42] Los que otrora fueron la gran esperanza de la universidad privada, estos "grandes líderes del mercado", estaban ahora, cuando más se los necesitaba, brillando por su ausencia.

Según el recuento de Stigler, incluso algunos de sus colegas de mayor confianza habían abandonado sus puestos. En 1968, Edward Levi –quien participó en el Free Market Study y el Antitrust Project, programas de importancia vital para el desarrollo de la Escuela de Economía de Chicago y del Instituto de Ley y

[41] Comité Kalven, "Report". La declaración completa de Stigler puede encontrarse en un manuscrito titulado "The University in Political and Social Movements", GSRL caja 22. En 1970, cuando el comité Kalven fue reformado, Stigler aprovechó la oportunidad para desarrollar sus objeciones: "La retirada y la especialización son la forma de vida del hombre razonable –y de una universidad razonable– en un mundo infinitamente complejo". "Supplementary Statement" (al Informe del comité Kalven), fechada el 1 de mayo de 1970, GSRL caja 22.

[42] George Stigler, "Do Trustees Have a Place in Education?", GSRL caja 22.

Economía– asumió la rectoría de la Universidad de Chicago.[43] En un principio, las alabanzas de Stigler a Levi eran extravagantes. Pero Stigler se desencantó prontamente:

> El rector Levi ha leído las tendencias de nuestros tiempos y ha concluido que son irresistibles. ¿Qué puede hacer, entonces, para preservar su amada universidad? Dado que no puede conservarla como una institución intelectual de primer nivel, lo que hará es minimizar el suplicio de acomodarse a aquellas fuerzas que derribaron a Columbia, Harvard y, en cierto grado, a toda universidad de primer nivel en nuestra nación [...] La postura alternativa hace un recuento de diferentes perspectivas para una universidad, la nuestra. Unas pocas universidades se pueden oponer a las tendencias de hacer de la universidad una misión de bienestar social controlada por una democracia en miniatura, bajo esta postura [...] La dificultad radica en que la política de Levi nunca le ha dado una oportunidad a esta alternativa.[44]

El número de académicos en los que Stigler confiaba para llevar a cabo la verdadera misión de la universidad era prácticamente inexistente. En una carta de 1969, Stigler admitió: "Me estoy volviendo crecientemente crítico de la educación de hoy en día".[45] Los estudiantes habían optado por comportarse como "bárbaros"; el rector y los fideicomisarios habían temblado mientras Roma se quemaba; y los académicos les habían dado entrenamiento militar a las hordas. En un artículo destinado a *The Public Interest*, de Irving Kristol, Stigler culpaba al sistema de educación superior

[43] Sobre el Free Market Study y el Antitrust Project, véase Van Horn, "Reinventing Monopoly"; Edward Nik-Khah y Robert Van Horn, "Inland Empire: Economics Imperialism as an Imperative of Chicago Neoliberalism", *Journal of Economic Methodology* 19, N° 3 (2012).

[44] George Stigler, "Whither Mr. Levi's University?", GSRL caja 22.

[45] Stigler, carta a Leach, fechada el 23 de mayo de 1969.

del comportamiento de los estudiantes: "Hoy hay muchas quejas sobre nuestros turbulentos estudiantes universitarios: ¿no deberían acaso dirigirse, en su lugar, a un sistema educacional que ofrece tan poco a la juventud energética y ambiciosa?".[46] Incluso después de que se resolvieran las cuestiones del día, los problemas fundamentales seguirían ahí: "Las fuerzas que politizan la universidad y que la vuelven una especie de socialismo gremial de académicos y estudiantes, no van a acabarse el día en que el último soldado cojee fuera de Vietnam [...]".[47] Las perspectivas eran escasas: "¿Quién dedicará su vida a intentar revertir al rector más poderoso, inteligente, implacable, ágil de los Estados Unidos –un hombre al que ni siquiera le falta un gran propósito–?".[48] Stigler contestó su propia pregunta: "Sé que yo no debo".

Así, al momento de su correspondencia de 1969 con Machlup, Stigler no habría aceptado su argumento de que un acuerdo entre fideicomisarios, rectores, administradores, académicos y docentes fomentaría la libertad intelectual. Habría sido escéptico de que aquello podría confiársele a cualquiera de esos grupos.

Stigler comenzó a contemplar la idea de reorganizar radicalmente la diseminación y ratificación del conocimiento. Se acercó a la posición de Rogge de financiar los salarios de los profesores a través de las colegiaturas, pero no porque tuviese mayor confianza en el juicio de los estudiantes. Es más, sus dudas se habían incrementado: "Los estudiantes –incluso los graduados– son jueces mal informados de los docentes y las universidades".[49] En realidad, era porque ansiaba disociar la enseñanza de la investigación. Esto dejaría a la mayoría de las facultades en la posición de adecuarse por completo a la enseñanza de pregrado: "Son pocas las escuelas

[46] Véase George Stigler, "The Academic Featherbed", GSRL caja 22. Kristol rechazó el artículo de Stigler debido a su tono.

[47] Stigler, "Whither Mr. Levi's University?".

[48] *Ibid.*

[49] George Stigler, "Higher and Higher Education", GSRL caja 22.

en las que la investigación es la máxima prioridad; en cerca de un millar, la enseñanza es la función dominante o exclusiva".[50] Así debía ser. Dado que la enseñanza de pregrado distraía tanto de la educación de posgrado como de la investigación, se volvía necesario liberar a los científicos de élite de tales responsabilidades docentes. Respecto de los inferiores profesores de pregrado, estos estarían sujetos a los caprichos del mercado (y posiblemente eliminados por este): "La formación mediante métodos cara a cara es un anacronismo, un resabio de los días en que los libros no estaban a disposición. Ahora el profesor es un guía motivacional a la literatura –una tarea que requiere unas pocas horas de cátedra– y puede ejercer esta tarea en numerosas universidades a la vez".[51] Al seguir el plan de Stigler, los profesores serían extirpados de sus universidades de proveniencia, forzados a pujar por espacio docente y, por ende, se acomodarían en una carga horaria de tiempo completo a través de las instituciones. Stigler sugirió una prueba estandarizada a nivel nacional para hacer que los estudiantes se tomaran más en serio lo de "contratar" profesores de calidad, pero no le dedicó mucha atención: la enseñanza de pregrado era principalmente una distracción y, por lo tanto, no le interesaba mejorarla.

Recordemos que él creía en una ciencia que avanzara mediante la imposición de estándares por parte de una élite dentro de una profesión y, finalmente, de una sociedad. Pero era una clase pequeña:

> Las facultades de los institutos y universidades estadounidenses se componen de dos clases [de académicos]. Una clase son los docentes: apenas investigan, rara vez publican y pasan una porción exagerada de sus días en el campus, la sala de clases y la

[50] George Stigler, "The Economic Structure of Universities", GSRL caja 22.
[51] George Stigler, "Are There Any Professors Left?", GSRL caja 22.

> sala del comité. Constituyen quizás el 96% de los miembros de las facultades. La segunda clase se compone de académicos productivos y los emprendedores académicos. Estos reciben la mayoría de los fondos de investigación, publican el grueso de la investigación seria, gestionan y trabajan en todas las conferencias principales y ejercen los cargos directivos de las sociedades profesionales. Ellos son el otro 4%.[52]

Las élites académicas necesitaban ser protegidas de la coerción de los estudiantes, el Estado y los *académicos*. Stigler consideraba que la universidad no era capaz de hacerse cargo de aquello. Stigler, entonces, procedió a imaginar cómo dejar a un lado el 96% improductivo y proporcionar "cuidados y banquetes" para el 4% productivo. Propuso la pregunta: "¿Es sensato usar la universidad como base de operaciones para los académicos investigadores?".[53]

Stigler contra Friedman

El 20 y 21 de octubre de 1972 se efectuó una conferencia en la Universidad de Virginia en honor al sexagésimo cumpleaños de Milton Friedman. Coincidió con el décimo aniversario de la publicación de *Capitalismo y libertad*, por lo que la conferencia se encuadró como una exploración de las cuestiones surgidas de ese libro, de sus "problemas y perspectivas". George Stigler aprovechó la ocasión para expresar su preocupación sobre un rasgo preocupante de la obra de su viejo amigo y colega cercano:

> Al revisar la obra de Milton, no recuerdo ninguna ocasión importante en la que él le haya dicho a los hombres de negocios

[52] George Stigler, "The Care and Banqueting of Scholars", GSRL caja 22.
[53] *Ibid.*

> cómo comportarse [...] Aun así, Milton no ha mostrado una reticencia semejante al aconsejar al Congreso y al público en política monetaria, impuestos, escolaridad, salarios mínimos, los beneficios tributarios de establecer una tríada sin beneficios al clero y varias otras materias [...] ¿Por qué es que los hombres de negocios –y clientes y prestamistas y otros agentes económicos– han de conocer y velar por sus propios intereses, pero los votantes y las coaliciones políticas tendrían tal necesidad de su y nuestra enseñanza lúcida e iluminada?[54]

Stigler hizo la excepción en lo que él consideraba la imagen confusa del mercado de las ideas que estaba implícita en *Capitalismo y libertad*. Si la popularización de Friedman de la economía neoclásica era efectiva en su consejo al público, esto implicaría que el público "subinvierte" en conocimiento (una falla del mercado). Pero si los agentes maximizan la recopilación de información (desde su artículo de 1961, "The Economics of Information", Stigler afirmaba que así era), estos ya iban a contar con toda la información que era apropiada que tuviesen. Los esfuerzos de Friedman por popularizar la economía no les servirían de nada.[55] Peor aún, Stigler creía que cualquier referencia a las fallas del mercado tendía a darle material intelectual a los esfuerzos cuestionables de expandir la regulación y, por ende, las popularizaciones de las nociones neoliberales podían resultar políticamente peligrosas.

[54] George Stigler, "The Intellectual and His Society", en Richard Selden, ed., *Capitalism and Freedom: Problems and Prospects* (Charlotesville: University of Virginia Press, 1975), 312.

[55] Repitió esta crítica específica más adelante: "[Las personas promedio] llevan vidas útiles, y compran la cantidad de información económica que es adecuada para ellos. Y no se van a casa cada noche y dicen: 'me pregunto qué habrá escrito hoy Friedman para pegarle una leída'". Véase Thomas Hazlett, "Interview with George Stigler", *Reason* (enero 1984).

Stigler planteó una pregunta provocadora: si los mercados generalmente funcionan, entonces, ¿por qué este no sería el caso para el mercado de las ideas? Y si el mercado de las ideas funciona, entonces, ¿por qué el público necesitaría de un Milton Friedman? O, si vamos al caso, ¿de un George Stigler? Era una pregunta amenazante para un economista y Stigler lo sabía. De hecho, tituló un artículo como "Do Economists Matter?" [¿Importan los economistas?]. En este, Stigler insistía en que la demanda de la comunidad de académicos para las ciencias era despreciable: "A un científico educado lo aplauden de forma más melodiosa las manos educadas que las ignorantes, pero con demasiada frecuencia las manos educadas parecen guardarse debajo de traseros educados".[56] De forma memorable, esto desarrollaba un punto que Stigler había hecho en un número de otros artículos publicados y sin publicar.[57]

Stigler contestó la pregunta afirmativamente por medio de la adopción de algo afín a la visión de sentido común de la ciencia como una naturaleza (o, en este caso, una sociedad) racional y reflexiva, y lo expresó en el lenguaje del intercambio de mercancías: "Una sociedad racional debe aceptar los hallazgos científicos comprobados porque revelan una porción del inescapable mundo exterior. El conocimiento científico debe ser aceptado por los hombres de todos los partidos".[58] La ciencia era una mercancía de una índole muy especial, que se diferenciaba de otras mercancías-información en sus *efectos*. La ciencia es racional y también lo es la sociedad (aunque de otra manera) y, por lo tanto, una sociedad racional debe hacer uso de la ciencia. La sociedad *sí* necesitaba de la obra de Friedman –no de sus popularizaciones,

[56] George Stigler, "Do Economists Matter?", *Southern Economic Journal* 42, N° 3 (1976): 354.

[57] El problema no se limitaba a la economía: "¿Cuál sería el propósito de los intelectuales –entendidos como personas con una fuerte preferencia por hablar y escribir frente al esfuerzo físico– en un mundo donde los hombres conocen sus intereses y los persiguen de forma eficiente?", Véase Stigler, *The Intellectual*, 313.

[58] *Ibid.*, 316.

sino de su ciencia económica–. Necesitaba de su *Historia monetaria de los Estados Unidos*, pero no de *Libertad para elegir*.[59] Necesitaba su obra científica, pero no necesitaba estar de acuerdo con ella, ni mucho menos entenderla.

Pero la "sociedad" no compra conocimiento. Las personas sí y para fines específicos. Los estudiantes deciden a qué instituto o universidad comprarle conocimiento. Los mecenas de la investigación hacen prácticamente lo mismo: en una clase de 1977 sin publicar, cuyo título "To What Tune Does Science Dance?" claramente aludía a Rogge, Stigler observó: "El área enorme de economías antimonopolio y de organización industrial en los EE. UU. fue generada tanto por las políticas públicas como por las defensas corporativas contra estas".[60] Stigler estaba en una excelente posición para hacer semejante observación. Jugaba un rol importante en el desarrollo de un enfoque distintivo de Chicago para la organización industrial, y había consultado sobre firmas que se enfrentaran a la acción antimonopólica. Los economistas desarrollan ideas como respuesta a la demanda de los consumidores. En palabras de Stigler, el economista era un "hombre para el cliente".

El argumento llevó a Stigler a establecer lo que él mismo llamaba una conclusión "paradójica": los economistas solo son verdaderamente influyentes cuando trabajan en materias técnicas para un público de economistas técnicos y no cuando hablan directamente a la sociedad. (Aquí encontramos otra expresión de la creencia de que la enseñanza de la economía no tiene mayor consecuencia). Solo en el primer caso los economistas logran el efecto fundamental de cambiar la plataforma sobre la cual los

[59] [N. de T.] *Free to Choose* fue tanto un libro como una serie de televisión. Al libro se lo ha traducido como "Libertad para elegir" y "Libres para elegir".

[60] George Stigler, "To What Tune Does Science Dance?", GSRL caja 20. El área económica de la organización industrial se había preocupado tradicionalmente de evaluar la competitividad de las estructuras del mercado; las obras de este campo se usaban con frecuencia para adjudicar casos antimonopolio en los Estados Unidos, y los economistas, incluido Stigler, solían servir como testigos expertos.

debates de políticas públicas ocurren, un cambio debido a la recepción especial dada por el público y los políticos a la ciencia.[61]

Stigler creía que la universidad estaba aquejada por problemas serios. Se dispuso a construir una institución exenta de estos. Sustituiría la investigación por contrato por la titularidad, proporcionando así líneas de control claras a los directores, asignando tareas de investigación a los economistas subalternos. Este instituto privado de investigación ofrecería "una estructura autoritaria que es apropiada para la investigación por contrato: hay autoridad sobre los miembros jóvenes (más que en una universidad) y, por ende, una capacidad para mantener y cancelar promesas".[62] Para Stigler, era un mal enfoque ver a la ciencia como un ente que prospera mediante la curiosidad de las mentes frescas llamadas a la ciencia como una vocación. Los académicos jóvenes proporcionarían la "mano de obra semicalificada de la investigación". El mejor método para producir investigación concentraría a los académicos en un entorno libre de las obligaciones docentes, desprovistos de la protección inconveniente de la titularidad y situados bajo la supervisión atenta de un amo "autoritario". De esta manera, Stigler esperaba imponer los estándares de una élite sobre su profesión.[63]

Para este fin, sería necesario encontrar un conjunto de mecenas no contaminados por las visiones igualitarias del gobierno y el grueso del público. Stigler los encontró en las corporaciones y las fundaciones promercado. Dichos mecenas habían financiado el ascenso del Instituto de Ley y Economía de Chicago y el desa-

[61] Stigler, "Do Economists Matter?", 351.

[62] Stigler, "The Care and Banqueting of Scholars".

[63] Por ende, no puedo aceptar la caracterización de Arthur Diamond de que Stigler albergaba una "aversión a la reforma institucional" de la ciencia y se negaba a sacar ninguna lección directa para la organización de la ciencia. Véase Arthur Diamond, "Measuremente, Incentives, and Constraints in Stigler's Economics of Science", *European Journal o the History of Economic Thought* 12, N° 4 (2005): 641-642.

rrollo de una versión neoliberal de la Organización Industrial de Chicago. Stigler escuchó su propio consejo; también lo hicieron aquellos en su círculo. Los temas en los que Stigler se quedó, estudios de la economía y el Estado, tenían la virtud de ser atractivos para una clientela que pagaba. Creía que los economistas y politólogos tenían visiones optimistas y no realistas sobre la habilidad de la democracia de lidiar con los problemas sociales, y que estas visiones empañaban sus estudios sobre la democracia y la regulación. Stigler sostuvo que los estudios sobre las "capacidades de la democracia" podían contravenir creencias prevalentes sobre la manera en que funciona el sistema político, creencias que apoyaban la expansión de lo que él llamaba "control gubernamental de la vida económica".

A Stigler le gustaba persuadir a sus flamantes mecenas de que los efectos de la ciencia eran especiales de verdad. En un memorando sin publicar de 1971, en el que proponía un instituto de investigación con financiamiento privado, insistió: "La relevancia de su obra para las políticas públicas será indirecta y decisiva [...] Es esencial y exclusivamente trabajo científico, y está pensado para ejercer sus efectos sobre las disciplinas apropiadas (ciencia económica y política) más que sobre la opinión pública. La obra, con frecuencia, va a destruir las tiernas esperanzas de las profesiones académicas".[64] Stigler argumentó que usar la ciencia era la mejor (de hecho, la *única*) manera de alcanzar la influencia que los mecenas podrían desear. Propuso usar dos tipos de estudios para entregar esta influencia. El primero estudiaría los efectos de las políticas económicas pasadas para desarrollar técnicas para auditar y guiar y, por lo tanto, controlar los cuerpos administrativos. El segundo estudiaría y probaría hipóstesis sobre la naturaleza del proceso político con el propósito de contravenir las actitudes de los politólogos y economistas dentro de estas disciplinas académicas. Juntos,

[64] George Stigler, "A Research Institute in Economics", GSRL caja 21.

estos estudios impondrían los estándares de una élite económica sobre las ciencias sociales.

Tres formas de descuerar un gato

Para los años setenta, Milton Friedman era, con seguridad, el más famoso exponente del neoliberalismo en los Estados Unidos. Popularizó el análisis neoliberal de Chicago, aunque a veces de forma tosca e inefectiva, como cuando exigió que se eliminaran los entes reguladores. Insistiendo en que habían "múltiples maneras de descuerar a un gato, incluso si este está en reforma", Stigler mantuvo la esperanza de llevar la atención de sus compañeros neoliberales hacia el hecho de que habían medios alternativos para avanzar hacia las metas neoliberales. Más allá de las afirmaciones públicas de Friedman, era perfectamente posible hacer eso si se mantenían los entes reguladores en su lugar, siempre y cuando los reguladores estuvieran forzados a seguir procedimientos de costo-beneficio y los académicos neoliberales hayan identificado los costes y beneficios relevantes para ellos:

> La evaluación de los logros de un ente regulador no es imposible: una serie completa de tales revisiones es el desarrollo gradual de un arsenal de técnicas de medición. Citaré [...] un gran número de estudios económicos, muchos de los cuales han aparecido en el *Journal of Law and Economics.* Sería al menos una mejoría menor de nuestro mundo si una vez cada diez años cada ente regulador importante fuera revisado por un comité asignado por el cuerpo científico adecuado, con fondos y la facultad de citación provista por la Oficina de Administración y Presupuesto.[65]

[65] Stigler, "The Confussion of Means and Ends", 16.

El *Journal of Law and Economics* era el boletín del movimiento en pos del derecho y de la economía neoliberal. El uso principal de aquel arsenal de técnicas de "medición" no necesariamente era persuadir a nadie de nada (sino, en cambio, redirigir la política estatal). La regulación ya no sería concebida como inevitablemente mala o ineficaz, sino como mejorable; el método econométrico debía ser empleado no solo para convencer colegas economistas, sino para efectuar este mejoramiento. Por medio de estas técnicas neoliberales de desarrollo reciente para la auditoría, con la promesa de que luego vendrían más, Stigler buscó imponer las visiones de una élite económica sobre las ciencias sociales y, finalmente, los reguladores.

A corto plazo, sus ideas echaron raíces. En la Universidad de Chicago, Stigler abrió el Centro para el Estudio de la Economía y el Estado, el cual se dedicó a perseguir el plan que esquematizó en su memorando de 1971 para lograr una "influencia decisiva" sobre la conducción del gobierno. Fuera de Chicago, Stigler, sus estudiantes y aquellos en su círculo cercano, desarrollaron relaciones con científicos, las cuales resultaron en una variedad de institutos de investigación interconectados y coordinados sobre economía, política e incluso ciencias biomédicas.[66] Estos esfuerzos fueron lo suficientemente significativos para llamar la atención de Michel Foucault quien, en su *Nacimiento de la biopolítica*, no solo cita la investigación de Stigler de forma directa, sino que también distingue la obra del Centro de Investigación de Política Sanitaria del American Enterprise Institute como una instancia ejemplar de la "crítica política permanente de la [...] acción gubernamental" tan característica del neoliberalismo.[67]

[66] Nik-Khah, "Neoliberal Pharmaceutical Science".

[67] Michel Foucault, *Nacimiento de la biopolítica* (Buenos Aires: Fondo de Cultura Económica, 2007), 284. El primer director del Center for Health Policy Research fue Robert Helms, un estudiante de doctorado de Sam Peltzman en la UCLA; su primera publicación fue un tratado extenso como un libro, en el que analizaba la obra de Peltzman sobre regulación farmacéutica.

En las décadas que siguieron a las observaciones proféticas de Foucault, los neoliberales concretaron sus conexiones con los científicos. Fueron los pioneros en argumentar que la ciencia debe respaldar la superioridad epistémica del mercado; si no lo hace, es ilegítima. Los neoliberales negaron que la comunidad científica pudiera acceder al conocimiento fuera del mercado. Tales esfuerzos dieron pie a lo que acabó por ser una tercera estrategia para descuerar al gato: la ciencia usada por los entes regulatorios *también* debería ser regulada por el mercado. A partir de ese momento, los neoliberales promovieron activamente la comercialización de la ciencia; también comienzan a hacer intervención directa en el desarrollo de la ciencia en sí, introduciendo así múltiples maneras para que ciertas industrias reguladas la controlasen.[68] La postura de Machlup respecto a la libertad de cátedra (tanto a grandes rasgos como en el caso específico de las drogas) había sido totalmente repudiada.

Muy adelantado a estos acontecimientos, Stigler había proporcionado un plan para el régimen epistémico emergente. Una ciencia gobernada por el mercado debería utilizar la investigación por contrato y desarrollarse fuera de la estructura de los departamentos académicos, supervisada de cerca por alguien empoderado para hacer cumplir las promesas hechas a los mecenas. El propósito no era solamente producir "más" ciencia, y definitivamente tampoco asegurar la libertad del científico individual para indagar por su cuenta. Distaba mucho de aquello. Por el contrario, era liberar a los científicos de élite de la necesidad de satisfacer a sus estudiantes y colegas académicos. De acuerdo al plan, estos científicos serían liberados de la necesidad de persuadir a todos de todo. Nadie, eso sí, que no fueran sus mecenas, quienes exigirían que se produzca

[68] Nik-Khah, "Neoliberal Pharmaceutical Science"; Edward Nik-Khah, "Neoliberalism on Drugs: Genomics and the Political Economy of Medicine", en Sahra Gibbon, Barbara Prainsack, Stephen Hilgartner y Janelle Lamoreaux, eds., *Routledge Handbook of Genomics, Health and Society* (Nueva York: Routledge, 2018).

conocimiento del "buen" tipo y con justa razón. La visión de Stigler, si bien adelantada a su tiempo, anticipó el financiamiento privado del imperialismo de la economía y la gubernamentalidad neoliberal que transformó a la academia y la ciencia durante las cuatro décadas posteriores.

3. El derecho del mar (de ignorancia): F. A. Hayek, Fritz Machlup y otros neoliberales frente al problema de la propiedad intelectual

Quinn Slobodian

Al neoliberalismo se lo suele presentar como un conjunto de soluciones: un plan de diez medidas para destruir la solidaridad y el Estado de bienestar. El ejemplo más conocido es el Consenso de Washington, de John Williamson, con sus edictos para la privatización, liberalización y desregulación. Se suele decir que los neoliberales ofrecen una lista de supermercado, un libro de recetas, una panacea y una fachada todoterreno. Estas descripciones totalizantes y aparentemente indiscutibles son compatibles con la sensación subjetiva de muchos en la izquierda de Europa y Estados Unidos desde los años noventa en adelante, de que estamos, efectivamente, en una "posdemocracia".[1] Los gobiernos se quedaron "controlando el vacío", mientras un *Staatsvolk* impotente queda al arbitrio del *Marktvolk*,[2] que comprende a la clase inversionista transnacional.[3] Los neoliberales han impuesto una "cuadrícula institucional mundial que ofrece múltiples opciones de salida al capital transnacional" y "asegura con candado" una "agenda de disciplina de mercado".[4]

[1] Colin Crouch, *Posdemocracia* (Buenos Aires: Taurus, 2004).

[2] [N. de T.] Los conceptos son de Streeck, quien diferencia entre el *Staatsvolk*, entendido como ciudadanía (donde se expresa la voluntad popular) y el *Marktvolk*, entendido como el gobierno del mercado y/o los inversionistas.

[3] Peter Mair, *Ruling the Void: The Hollowing of Western Democracy* (Nueva York: Verso, 2013). Para la descripción posterior, véase Wolfgang Streeck, *Buying Time: The Delayed Crisis of Democratic Capitalism* (Nueva York: Verso, 2014).

[4] Neil Brenner, Jamie Peck y Nik Theodore, "New Constitutionalism and Variegated Neo-Liberalization", en Stephen Gill y A. Claire Cutler, eds., *New Constitucionalism and World Order* (Nueva York: Cambridge University Press, 2014), 127, 129.

La resistencia podría ser fútil o así parece. Wendy Brown, una referente en esta discusión, escribió un artículo en 2003 titulado "Neoliberalismo y el fin de la democracia liberal".[5] La última sección de libro de 2005 sobre la secreta revolución del neoliberalismo fue titulada, ni más ni menos, "Desesperanza".[6] Ejemplos desde la derecha podrían encontrarse con igual facilidad, con la opinión de que el mando de los "globalistas" y de una élite internacional han dejado a las naciones impotentes y las han despojado de sus fuerzas. Incluso la derecha alternativa, a pesar del gran número de libertarios en sus filas, se ha propuesto criticar al neoliberalismo en un registro racista.[7]

Al igual que otros autores de este volumen, propongo que es preferible entender al neoliberalismo no como una colección de conclusiones y fórmulas zanjadas, menos aún como el último capítulo de la historia humana, sino como un conjunto de problemas y preguntas con cabos sueltos. Entre las preguntas sin resolver, a las que los neoliberales se enfrentan, están aquellas relativas a la cultura (¿son todas las poblaciones igual de aptas para el funcionamiento del mercado racional?), al diseño (¿las leyes o instituciones pueden ser creadas o hay que dejarlas crecer?), a la legitimidad (¿cómo pueden sobrevivir los mercados, a pesar de su crueldad frecuente?), al liderazgo (¿pueden los jueces, autócratas, banqueros centrales o la gente de negocios ofrecerse como guardianes confiables del orden?) y a la democracia (¿puede ser contenida y dirigida o se debe escapar de ella?). Si bien la meta final de crear un orden competitivo inmunizado contra las demandas populares de justicia social se mantiene constante a lo largo del tiempo, las estrategias neoliberales para alcanzar esa meta cambian

[5] Wendy Brown, "Neo-Liberalism and the End of Liberal Democracy", *Theory & Event* 7, N° 1 (2003).

[6] Wendy Brown, *El pueblo sin atributos. La secreta revolución del neoliberalismo* (Barcelona: Malpaso, 2016).

[7] Por ejemplo, véase Ahab, "Neoliberalism Is Hell-Bent on Destroying the White World", disponible en Altright.com (29 de mayo, 2017).

considerablemente. Una aproximación histórica es menester para evitar dirigir las críticas al objeto erróneo.

Este capítulo se concentra en uno de los mejores ejemplos de un problema neoliberal: el de la propiedad intelectual (PI). Desde los años ochenta, los derechos de PI se han desplazado desde la periferia al centro de los conflictos sobre la forma y el futuro de la economía mundial. El hecho de que la ventaja competitiva de la economía estadounidense se trasladara desde la industria manufacturera a la del entretenimiento, moda, farmacéutica y tecnología de la información, ha conllevado a que los hacedores de políticas públicas y los intereses corporativos buscaran una protección, aplicable a nivel mundial, para aquellas cosas que suelen ser intangibles y fáciles de reproducir, es decir, las recetas de fármacos o las secuencias de *bits* que se convierten en películas o *software*, al igual que las marcas comerciales, diseños, patentes de placas de circuitos y otras informaciones lucrativas. El cambio de las treinta compañías en el Índice Industrial Dow Jones de 2015 refleja el presente giro en la economía estadounidense, donde se aprecia que Alcoa, la empresa de aluminio, y AT&T, el gigante de las telecomunicaciones, han sido desplazadas por Apple y Nike.

Durante la última generación ocurrió una transformación epocal, en la que los derechos de PI se han vuelto un derecho económico internacional vinculante, debido a la promulgación del Acuerdo sobre los Aspectos de los Derechos de Propiedad Intelectual Relacionados con el Comercio (ADPIC) como parte del Acuerdo de la Organización Mundial del Comercio (OMC), firmado en 1994 y entrado en vigencia al año siguiente. Los derechos de PI han sido extremadamente controversiales, en especial en lo relativo a cuestiones de patentamiento de las formas de vida, al precio exorbitante de fármacos que podrían salvar vidas en el hemisferio sur y otras menos existenciales, como la infracción de la libertad cultural e intelectual, que implica la prohibición de compartir, adaptar y "remezclar" texto, música, imagen y código.

Se suele asumir que los derechos de PI agresivos son una característica de la incrustación del régimen neoliberal mundial desde los años setenta. Según la lectura dominante, como los derechos de propiedad son centrales para el neoliberalismo, los derechos de PI también deben serlo. Sin embargo, como se muestra en este capítulo, los mismos neoliberales distaron mucho de la unanimidad en la pregunta sobre cuándo, cómo e, incluso, *si es que* las ideas podían tratarse como propiedad. Si el neoliberalismo es sinónimo de derechos de propiedad intelectual estrictos, ¿cómo interpretar las firmas de Milton Friedman, James Buchanan y Ronald Coase (miembros de la Sociedad Mont Pèlerin) en un informe *amicus curiae*[8] contra la Copyright Extension Act (EE. UU.) de 1998? ¿Cómo se explica el hecho de que Richard Posner, la figura principal del movimiento de análisis económico del derecho y miembro de la Sociedad Mont Pèlerin (SMP), no solo ha sugerido que hay "demasiadas patentes en los Estados Unidos", sino que cita la referenciada obra de Hayek sobre derecho de PI, en la que sostiene que "una aplicación servil del concepto de propiedad, como el que ha sido desarrollado para las cosas materiales, ha promovido el crecimiento del monopolio y [...] aquí se necesitarían reformas drásticas para que la competencia se ponga en funcionamiento"?[9] No se trata de un texto insignificante: proviene de uno de los discursos de Hayek para la reunión fundacional de la SMP en 1947.[10]

[8] [N. de T.] Es una figura legal del derecho anglosajón, en la que un ente o persona participa por iniciativa propia en un caso en el que no está involucrado. Usualmente ocurre porque el caso es polémico o puede sentar un precedente importante.

[9] Richard A. Posner, "Why There Are Too Many Patents in America", *The Atlantic* (12 de julio, 2012); Hayek citado en William M. Landes y Richard A. Posner, *The Economic Structure of Intellectual Property Law* (Cambridge, EE. UU.: Belknap Press of Harvard University Press, 2003), 415.

[10] F. A. Hayek, "'Free' Enterprise and Competitive Order (1947)", en *Individualism and Economic Order*, ed. F. A. Hayek (Chicago: University of Chicago Press, 1948), 107.

Los neoliberales estaban –y están– lejos de ser fundamentalistas de la PI en el sentido de propagar una extensión de los derechos de propiedad de forma perpetua a las entidades intangibles. El objetivo general de asegurar un orden competitivo capitalista los ha empujado a apoyar u oponerse a los derechos de propiedad para las ideas según fuera necesario. Si bien una multitud de economistas de la Escuela de Chicago y miembros de la SMP (que incluye a Harold Demsetz, Steven Cheung y Richard A. Epstein) han sido, en efecto, figuras clave que alejaron del antimonopolismo al consenso legal estadounidense a partir de los años ochenta, no todos los neoliberales se sumaron al "cambio hacia las patentes", rastreado por los investigadores.[11] Este capítulo vuelve la mirada a las alternativas, a los enfoques austríacos heterodoxos de Hayek y su contemporáneo Fritz Machlup, quien acuñó los términos "economía del conocimiento" y "producción del conocimiento" y es un miembro poco estudiado de la cohorte de Mont Pèlerin.

Por medio del caso de la PI, este capítulo también da tres argumentos metodológicos muy obvios para el estudio del neoliberalismo. En primer lugar, los investigadores necesitan distinguir de forma más sistemática entre los dichos de esos individuos que se definen como neoliberales y la totalidad del desarrollo del capitalismo mundial desde los años setenta. En segundo lugar, ni siquiera el atajo mental de definir la condición de neoliberal, según la afiliación a la SPM, permite hacer afirmaciones generalizadoras sobre nada remotamente parecido a un lineamiento de partido

[11] Robert Van Horn y Matthias Klaes, "Intervening in Laissez-Faire Liberalism: Chicago's Shift on Patents", en *Building Chicago Economics: New Perspectives on the History of America's Most Powerful Economics Program*, ed. Robert Van Horn, Philip Mirowski y Thomas A. Stapleford (Nueva York: Cambridge University Press, 2011). Véase también William Davies, "Economics and the 'Nonsense' of the Law: The Case of the Chicago Antitrust Revolution", *Economy and Society* 39, N° 1 (2010): 64-83; Robert Pitofsky, ed., *How the Chicago School Overshot the Mark: The Effect of Conservative Economic Analysis on US Antitrust* (Oxford: Oxford University Press, 2008).

neoliberal. El caso de la PI muestra la diversidad dentro de la cohorte de la SMP y, por ende, dentro del pensamiento neoliberal en sí. Por último, apreciar la heterogeneidad del pensamiento neoliberal, nos anima a revisar el llamado "poder político de las ideas económicas".[12] Si lo que los investigadores llaman "neoliberalización" claramente no es "un proceso unidireccional de llevar a la práctica un plan maestro preparado por Hayek y sus amigos en su centro vacacional de montaña en Mont Pèlerin", entonces debemos preguntarnos cuáles ideas se vuelven políticas públicas y por qué.[13] El caso de la PI indica que son las ideas más compatibles con los intereses corporativos las que se han transmutado en derecho. La teoría neoliberal es un reservorio intelectual del que se extrae, selectivamente, más de un plan listo para su posterior ejecución.

F. A. Hayek y el problema del conocimiento

Para entender por qué la propiedad intelectual es un problema tan confuso dentro de la teoría neoliberal, sirve revisar las nociones de Hayek sobre qué es una economía y el núcleo del llamado "problema del conocimiento".[14] Como muchos han señalado, Hayek replanteó el problema del capitalismo, que antes se enfocaba en el trabajo, las mercancías o incluso el valor, hacia el conocimiento y

[12] Peter A. Hall, ed., *The Political Power of Economic Ideas: Keynesianism across Nations* (Princeton: Princeton University Press, 1989).

[13] Jamie Peck, "Explaining (with) Neoliberalism", *Territory, Politics, Governance* 1, N° 2 (2013): 145.

[14] Véase Lynne Kiesling, "The Knowledge Problem", en Peter J. Boettke y Christopher J. Coyne, eds., *The Oxford Handbook of Austrian Economics* (Nueva York: Oxford University Press, 2015). Don Lavoie, "The Market as a Procedure for Discovery and Conveyance of Inarticulate Knowledge", *Comparative Economic Studies* 28 (primavera 1986).

la información.[15] El conocimiento global estaba esparcido por las diversas poblaciones y actores individuales alrededor del mundo. Cuando Hayek vuelve a contar la historia del capitalismo, esta pasa a tratarse sobre cómo el llamado conocimiento distribuido era recombinado en formas productivas para la supervivencia, propagación y expansión continua de la raza humana en el planeta. Así, en 1973 Hayek escribió:

> La economía ha insistido mucho en la "división del *trabajo*" [...] Pero ha insistido mucho menos en la fragmentación del *conocimiento*, es decir, el hecho de que cada miembro de la comunidad solo puede disponer de una pequeña fracción del conocimiento total y que, por lo tanto, cada uno de ellos ignora la mayor parte de los hechos sobre los que descansa el funcionamiento de la sociedad. Sin embargo, es precisamente la utilización de un conocimiento mucho mayor que el que cada uno posee, [...] lo que constituye el rasgo característico de toda civilización desarrollada.[16]

Para acercar el vínculo entre el conocimiento tácito y la acción productiva, Hayek citó al filósofo de la Ilustración Giambattista Vico, sosteniendo que "el hombre hace todas las cosas sin saber".

En línea con las ideas sobre la "división del conocimiento" de su mentor Ludwig von Mises, la narrativa de Hayek de la civilización implicaba la innovación de nuevos medios para poner en contacto el conocimiento de la persona A con las personas B mediante Z y luego de la persona B a las personas A mediante Z

[15] Véase Philip Mirowski y Edward Nik-Khah, *The Knowledge We Have Lost in Information: The History of Information in Modern Economics* (Oxford: Oxford University Press, 2017).

[16] F. A. Hayek, "Normas y orden", vol.1, *Derecho, Legislación y Libertad: una nueva formulación de los principios liberales de la justicia y de la economía política* (Madrid: Unión Editorial, 2006), 32.

y así sucesivamente, en una serie infinita, intrazable y, de hecho, irrepresentable de nodos y redes que forman ramificaciones, bifurcaciones y asteriscos. Philip Mirowski ha insistido acertadamente en que Hayek veía el mercado como un "procesador de información omnipotente e incomparable" –pero incluso esta metáfora es demasiado concreta, ya que invoca la imagen de un equipo electrónico–, una supercomputadora que uno puede mirar.[17] Las metáforas de Hayek son más vaporosas. Los ejemplos que usa son la reconfiguración de las neuronas en el cerebro o un sistema de tubos goteantes, recubiertos por un material flexible para que la presión de los tubos cree nuevos canales y riachuelos en una disposición que cambia y ondula de forma constante. Esta visión de la economía contrasta claramente con la visión del keynesianismo: la máquina MONIAC diseñada por el economista Arthur Philips en 1949 para retratar la economía como un sistema hidraúlico autocontenido con depósitos y volúmenes prolijos, que respondían al ajuste preciso de un iluminado hacedor de políticas públicas.

En la visión keynesiana, la economía nacional está contenida y el dinero se mueve a través de ella de formas mayormente predecibles y, por tanto, planificables. Hayek admitió que su propia visión de los tubos fracasaba por ser demasiado mecánica: no era una substancia la que se movía a través de los canales neutrales, sino energía o conocimiento, que luego se descargaba en neuronas en cada nodo de conexión o a través de desbloquear el conocimiento local del "hombre en el sitio" sobre condiciones que él, quizás, no era capaz de poner en palabras. Entre sus metáforas preferidas estaban los cristales que se forman dentro de una cápsula de Petri o las constelaciones que hace la viruta de hierro al acercar un imán. Tal como escribió, "los ejemplos físicos de órdenes espontáneos [...] son instructivos porque muestran que las reglas que siguen los elementos no necesitan, por supuesto, ser 'conocidas'

[17] Philip Mirowski, *Never Let a Serious Crisis Go to Waste: How Neoliberalism Survived the Financial Meltdown* (Nueva York: Verso, 2013), 141.

por ellos". De la misma manera, "el hombre no conoce la mayoría de las reglas por las que actúa; y aún, lo que llamamos su inteligencia, es en gran parte un sistema de reglas que opera sobre él, pero que no conoce".[18]

Hayek pasó su vida entera diagnosticando y denunciando el error que llamó "ilusión sinóptica", la creencia, según la cual, los humanos pueden lograr una visión general de la economía que fuera suficiente para planificarla de forma adecuada. El medio para resolver el problema resultante del cálculo o coordinación era la combinación de leyes y precios. Aquí, los derechos de propiedad eran clave. A través de las instituciones que llamó *meum* y *teum*, lo mío y lo tuyo, respectivamente, sumado al movimiento libre de los precios, los paquetes de conocimiento encontrarían su camino a los usuarios más productivos. Con el término "ignorancia constitutiva" de los humanos, se refirió a que solo podíamos resignarnos a dejarle esta tarea al mercado. Una vez dado un marco legal apropiado, podíamos dejar que el mercado efectivamente pensara por nosotros.

Mientras que algunos investigadores simpatizantes de Hayek han celebrado la sutileza e incluso la cualidad mística de estas visiones, otros han condenado su "agnotología" implícita, o bien, el apoyo en un conjunto de consumidores y productores ignorantes y sin educación.[19] En lo que ningún bando ha profundizado, no obstante, es en la delicadeza de la cuestión de la propiedad *intelectual* dentro del pensamiento de Hayek. Si la economía es conocimiento antes de ser propiedad, entonces, la pregunta acerca de cuánto de ese conocimiento debería convertirse en propiedad cobra una importancia fundamental. La propiedad privada no es

[18] F. A. Hayek, "Kinds of Order in Society", *New Individualist Review* 3, N° 2 (1964): 461. Versión en español disponible en https://riim.eseade.edu.ar/wp-content/uploads/2016/08/Hayek-3.pdf

[19] Philip Mirowski, *Science-Mart: Privatizing American Science* (Cambridge, EE. UU.: Harvard University Press, 2011), capítulo 7.

un fin en sí mismo. El argumento de Hayek no se basaba en el derecho natural ni tampoco, como en Locke, en el pago merecido por el trabajo hecho. La propiedad privada era un medio, no un fin: un medio para coordinar el conocimiento disperso junto a los contratos y al mecanismo de precios.

El argumento proviene de la comprensión común del neoliberalismo de que la tenencia estatal de la propiedad sería ineficiente. Sin embargo, dentro del pensamiento neoliberal también se considera correcto que si se *privatiza* en exceso o de forma incorrecta, el conocimiento puede ser mal ubicado, obstruido o quedar estancado. James M. Buchanan, presidente de la SMP y ganador del Premio Nobel de Economía, sugirió que la expansión de las patentes sobre la investigación científica básica, por ejemplo, podría conllevar a una "tragedia de los anticomunes", pues un exceso de reclamos de propiedad compitiendo entre sí, impediría la eficiencia y la innovación.[20] Tal como los investigadores señalan, existe el peligro, incluso desde una perspectiva de maximización de utilidades, de "un exceso de propiedad".[21]

La postura del propio Hayek cambió poco a lo largo de las décadas. En *Camino de servidumbre*, sugirió que las leyes de patentes habían sido una de las medidas que "han llevado a su destrucción en muchas esferas" y repitió esta afirmación casi literalmente veinticinco años después.[22] Las leyes de PI eran un caso específico por su potencial para obstruir el flujo del conocimiento. Como

[20] James M. Buchanan e Yong J. Yoon, "Symmetric Tragedies: Commons and Anticommons", *Journal of Law and Economics* 43 (abril 2000). Esta idea también se citó en el informe *amicus curiae* mencionado arriba. Véase George A. Akerlof *et al.*, "The Copyright Term Extension Act of 1998: An Economic Analysis" (mayo 2002): 13, disponible en brookings.edu.

[21] Lawrence Becker citado en Robert P. Merges, "One Hundred Years of Solicitude: Intellectual Property Law, 1900-2000", *California Law Review* 88, N° 6 (diciembre 2000): 2240.

[22] F. A. Hayek, *Camino de servidumbre* (Madrid: Unión Editorial, 2008), 72; "Liberalism (1973)", en *New Studies in Philosophy, Politics, Economics ant the History of Ideas*, Hayek (Chicago: University of Chicago Press, 1978).

Hayek escribió en 1960, "una vez logrado, el conocimiento se convierte en algo obtenible [gratuitamente] en beneficio de todos. A través de este libre uso del conocimiento, adquirido por la experiencia de algunos de los miembros de la sociedad, se hace posible el progreso general. Los logros de aquellos que han marchado a la cabeza facilitan el avance de los que les siguen".[23] El hecho de obstruir la diseminación del conocimiento era una amenaza para el mismísimo mecanismo que permite el avance de la civilización. Para Hayek, las patentes y los derechos de autor podrían ser una forma especialmente perniciosa de monopolio sancionado legalmente. Su escepticismo hacia la PI en los años cuarenta reflejaba un consenso dentro de los círculos neoliberales tempranos, en el discurso económico más amplio e incluso en la Corte Suprema de los Estados Unidos, en el "momento antimonopolio" que transcurrió entre el New Deal y los años cincuenta.[24] Sin embargo, es sorprendente que, incluso dentro de este clima general, algunos de los argumentos contra los derechos de PI fuertes, que todavía se citan por los investigadores, provengan de los primeros neoliberales y miembros de la SMP.

El primero de estos es Arnold Plant, amigo cercano y colega de Hayek, además de miembro fundador de la SMP.[25] Plant comenzó su carrera en la Universidad de Ciudad del Cabo (junto a William H. Hutt, quien sería miembro de la SMP de 1928 en

[23] F. A. Hayek, *Los fundamentos de la libertad* (Madrid: Unión Editorial, 2020), 98.

[24] Van Horn y Klaes, "Intervening", 184.

[25] Sobre la "amistad íntima" de Plant y Hayek, véase Stephen Kresge y Leif Wenar, eds., *Hayek on Hayek: An Autobiographical Dialogue* (Londres: Routledge, 1994), 68. Si bien Plant ya no asistía a las reuniones de la SMP, Hayek mantuvo su contacto con él y lo invitó, sin éxito, a hablar sobre los temas de política de desarrollo y propiedad a principios de los años cincuenta. Hayek, carta a Plant, fechada el 1 de abril de 1951. Hayek, carta a Plant, fechada el 4 de abril de 1954. Ambas en Universidad de Stanford, Hoover Institution Archives, Hayek Papers (de aquí en más Hayek Papers), caja 78, expediente 33. Plant dejó la SMP junto a Robbins en los años cincuenta. Philip Plickert, *Wandlungen des Neoliberalismus. Eine Studie zu Entwicklung und Ausstrahlung der 'Mont Pèlerin Society'* (Stuttgart: Lucius & Lucius, 2008), 166.

adelante) antes de mudarse a la London School of Economics (LSE) en 1930. Posteriormente, Plant dio crédito a las conversaciones con Hayek por haber influenciado sus propias teorías de derecho de propiedad intelectual.[26] Lionel Robbins, un colega de Plant y Hayek en la LSE, en 1932 ofreció la definición de economía más duradera del siglo XX cuando dijo que era "una ciencia que estudia el comportamiento humano como relación entre los fines dados y los medios escasos que tienen aplicaciones alternativas". Una idea, una vez pensada, o el conocimiento, una vez descubierto, dejaban de ser escasos. En dos artículos de 1934 sobre los derechos de autor y las patentes, Plant propuso el argumento, ahora estándar, de que las ideas no son como cualquier otra propiedad. Más bien, son no rivales y no excluyentes. Como señaló, los derechos de propiedad sobre las ideas generaban una escasez artificial a través del derecho escrito y, por ende, se asemejaba a los monopolios.[27] Hoy en día, los libertarios siguen referenciando a Plant para criticar los derechos de PI.[28] Los miembros de la SMP, William M. Landes y Richard A. Posner, partieron su influyente análisis económico de los derechos de PI citando su obra "pionera".[29]

Otro de los críticos más estridentes de las patentes fue Michael Polanyi, miembro de la SMP, químico y hermano de Karl (sobre Polanyi, véase la contribución de Beddeleem a este volumen). En 1944 escribió que la ley de patentes:

> intenta parcelar un flujo de pensamiento creativo en una serie de activos diferentes, cada uno de los cuales ha de constituir

[26] Citado en John Gray, *Hayek on Liberty* (Nueva York: Routledge, 1984), 168.

[27] Keith Tribe, "Liberalism and Neoliberalism in Britain, 1930-1980", en Philip Mirowski y Dieter Plehwe, eds., *The Road from Mont Pèlerin: The Making of the Neoliberal Thought Collective* (Cambridge, EE. UU.: Harvard University Press, 2009), 80.

[28] Aaron Steelman, "Intellectual Property", en Ronald Hamoy, ed., *The Encyclopedia of Libertarianism* (Londres: Sage, 2008), 250.

[29] Landes y Posner, *The Economic Structure of Intellectual Property Law*, 2.

> la base de un monopolio de propiedad independiente. Pero el crecimiento del conocimiento humano no puede ser dividido así, en fases con circunscripciones estrictas [...] El progreso mental interactúa, en todas sus etapas, con la red completa del conocimiento humano y se alimenta, en todo momento, de los estímulos más variados y dispersos. La invención es un espectáculo montado en un escenario rebosante de personas.[30]

Las sugerencias de Polanyi fueron más allá de las licencias obligatorias para los nuevos productos y hacia la socialización de toda la investigación. Esta dirección, consecuente con su propia apertura a la planificación socialdemócrata, provocó que Wilhelm Röpke solicitara su expulsión de la SMP tiempo después.[31]

Las ideas de Plant y Polanyi hicieron eco en los trabajos de los neoliberales desde los años treinta hasta los cincuenta. Como citan Landes y Posner, en la primera reunión de la SMP Hayek se refirió a las patentes como un caso en el que era necesaria la intervención del Estado para fomentar la competencia.[32] En este punto, siguió a los líderes del ordoliberalismo de la Escuela de Friburgo, Walter Eucken y Alexander Rüstow, quienes mantenían una postura similar respecto a las patentes.[33] En un libro de 1942, Röpke citó a Plant para decir que "el régimen actual de patentes ha acabado por convertirse en un arma de los grandes contra los

[30] Citado en Fritz Machlup, *An Economic Review of the Patent System* (Washington, DC: United States Government Printing Office, 1958), 103-104. Para el original, véase Michael Polanyi, "Patent Reform", *The Review of Economic Studies* 11, N° 2 (1944).

[31] Adrian Johns, "Intellectual Property and the Nature of Science", *Cultural Studies* 20, N° 2-3 (marzo/mayo 2006): 153; Victor L. Shammas, "Burying Mont Pèlerin: Milton Friedman and Neoliberal Vanguardism", *Constellations* 25, N° 1 (2018).

[32] Hayek, "'Free' Enterprise and Competitive Order", 113.

[33] El núcleo de la propuesta era la obligatoriedad de las licencias. Véase Hans Otto Lenel, "Alexander Rüstows Wirtschafts- Und Sozialpolitische Konzeption", *Ordo* 37 (1986): 50.

pequeños".[34] Como muchos después de él, abogaba por una protección de las patentes más corta y por la concesión de licencias obligatorias "que permitieran a todo el mundo hacer un uso libre de la invención previo al pago de una tasa". La suposición de que los neoliberales eran escépticos de la PI estuvo muy extendida desde los años cuarenta hasta los sesenta. En 1952, Herbert Giersch, quien luego sería presidente de la SMP, describió la "transformación de la ley de asociaciones y patentes" como uno de los "instrumentos de la política de competencia [...] discutidos en los círculos neoliberales".[35] Un artículo estadounidense sobre el "neoliberalismo alemán" de 1960 identificó la reforma del derecho de patentes como uno de los pilares de su antimonopolio, que incluía el acortamiento de la protección de las patentes, la prevención del mal uso del derecho de patentes y, en general, su incorporación como parte de su perspectiva antimonopolio.[36]

Fritz Machlup y la invención de la economía del conocimiento

En el mundo neoliberal, quizás el crítico más influyente de la PI –y quien nunca cambió su parecer respecto de las patentes, a diferencia de los economistas de la Escuela de Chicago– fue el economista austríaco Fritz Machlup, un miembro del seminario de Mises junto a Hayek en la Viena de los años veinte y también miembro fundador de la SMP. Machlup nació en 1902, emigró a los Estados Unidos en los años treinta, fue profesor de la Universidad de Buffalo, la

[34] Wilhelm Röpke, *La crisis social de nuestro tiempo* (Madrid: Revista de Occidente, 1947), 318.

[35] Herbert Giersch, "Das Beste aus beiden Welten: Planung und Preismechanismus", *Weltwirtschaftliches Archiv*, N° 69 (1952): 227.

[36] Henry M. Oliver Jr., "German Neoliberalism", *Quarterly Journal of Economics* 74, N° 1 (febrero 1960): 142.

Universidad Johns Hopkins, la Universidad de Princeton y la Universidad de Nueva York, y falleció en 1983. En 1950 inició una correspondencia amigable con su estudiante, la economista Edith Penrose, sobre la tradición de lo que él llamó el "abolicionismo de patentes" entre los liberales del libre comercio en el siglo XIX.[37] Al regresar a este período anterior del activismo antipatente, Machlup encontró a los predecesores de su propio escepticismo respecto de la necesidad de patentes, que se argumentaba por las ideas de propiedad del derecho natural al igual que el incentivo a la invención y divulgación.

En 1958, Machlup expuso ante un subcomité del Congreso de los Estados Unidos acerca de la cuestión de lo que entonces se llamaba tanto "propiedad industrial" como propiedad intelectual. Al cuestionar las patentes, citó neoliberales de la SMP, desde Mises y Hayek hasta Plant y Robbins. Una ausencia llamativa en esta discusión fue la noción de que los derechos de propiedad se pudieran aplicar con la misma generalidad a las ideas y a las cosas. Tal como escribió en 1962, "si un bien público o social se define como uno que puede ser usado por personas adicionales sin causar ningún costo adicional, entonces, el conocimiento es del tipo más puro de estos bienes. La búsqueda del conocimiento, el crear, adquirir, transmitir o recuperar conocimiento, todas estas actividades suelen venir aparejadas de algún tipo de esfuerzo o sacrificio; es decir, no carecen de costo. Hacer uso del conocimiento existente, no obstante, no tiene costo".[38] La aparición de Machlup ante el Congreso conllevó a una pelea con John Van Sickle, otro miembro de la SMP, quien interpretó el hecho como un llamado a la eliminación de

[37] Fritz Machlup y Edith Penrose, "The Patent Controversy in the Nineteenth Century", *The Journal of Economic History* 10, N° 1 (1950).

[38] Fritz Machlup, *The Economics of Information and Human Capital*, vol. 3, *Knowledge, Its Creation, Distribution, and Economic Significance* (Princeton: Princeton University Press, 1984), 159.

toda patente.[39] Si bien esto no representa la postura de Machlup, este sí exigió que se redujera la protección de patentes, además de que se crearan esquemas para la obligatoriedad de las licencias. El principio rector era que los agentes económicos no necesitaban ser incentivados para innovar, ya que la competencia se encargaría de ello. El hecho de mantener o alcanzar el liderazgo en un campo abarrotado forzaría a las compañías a financiar la investigación y el desarrollo. En el caso de las patentes, el interés mayor del orden competitivo requería de derechos de propiedad más flexibles, no más estrictos.

De 1958 a 1968, Machlup recibió cerca de 400 000 dólares de financiamiento (que en los valores de 2017 serían cerca de 3 000 000) de una serie de fundaciones, entre ellas la Fundación Nacional de Ciencias de los Estados Unidos (NSF), para indagar sobre tecnología, lo que incluía la protección de patentes y derechos de autor.[40] El fondo de la investigación mostraba escepticismo respecto de los derechos de PI. Entre los resultados del proyecto figuraba una charla en la conferencia regional de la SMP en Caracas (1969) de Gerhard Prosi, estudiante de economía alemán, sobre "patentes y derechos de autor como obstáculos al desarrollo". Prosi argumentó sin rodeos que "de las teorías tradicionales no se podía derivar ninguna justificación para la protección de inventos extranjeros en países en desarrollo".[41] Machlup sigue inspirando a los críticos. Los opositores más radicales a la PI de los últimos años, los economistas Michele Boldrin y David K. Levine, presentan su libro como un diálogo extenso con el neoliberal austríaco.[42]

[39] Albert Hunold, carta a Wilhelm Röpke, fechada el 5 de marzo de 1962. Röpke Archive, archivo 238.

[40] Véase expediente 4702, caja 550, ser. 200, RG 1.2, Rockefeller Foundation records, Rockefeller Archive Center.

[41] Gerhard Prosi, "Patents and Copy-Right as Obstacles to Development", Conferencia de Caracas, 1969, Hayek Papers, caja 86, expediente 4.

[42] Michele Boldrin y David K. Levine, *Against Intellectual Monopoly* (Cambridge: Cambridge University Press, 2008), 243.

Aunque su trabajo sobre patentes fue influyente, el puesto de Machlup junto a Hayek como pensador líder sobre la cuestión del conocimiento en los círculos neoliberales se consolidó, sobre todo, con su libro de 1962 sobre la producción y distribución del conocimiento en los Estados Unidos, donde popularizó los términos "producción del conocimiento", "economía del conocimiento", e "industria del conocimiento", e introdujo un medio para cuantificar el conocimiento que la OCDE utiliza hasta nuestros días.[43] La propuesta de Machlup repensaba la economía como un todo, en un intento de desplazar la idea de una economía de tres sectores –extracción de materias primas, manufactura y servicios, respectivamente– desarrollada en los años treinta, por una con solo dos sectores: productor de conocimiento y no productor de conocimiento.[44] En el proceso llegó a la impactante conclusión de que el 29% del producto nacional bruto (PNB) de los Estados Unidos recaía en la industria del conocimiento. Machlup fue un pionero del cambio epistémico, al que le seguiría el cambio estructural, del foco de los Estados Unidos en la manufactura de objetos a la manufactura –y cobro de rentas– de ideas.

Si bien los términos "trabajador del conocimiento" y "producción del conocimiento" están hoy entre los favoritos de los académicos de izquierda, la primera respuesta de la izquierda a la terminología de Machlup fue la revuelta. Cuando el rector de la Universidad de California, Clark Kerr, usó los términos de Machlup, dio inicio a algunas de las primeras chispas del incendio

[43] Fritz Machlup, *The Production and Distribution of Knowledge in the United States* (Princeton: Princeton University Press, 1962); Dominique Foray, *Economics of Knowledge* (Cambridge, EE. UU.: MIT Press, 2004), 25. Para un análisis pormenorizado, véase Benoît Godin, "The Knowledge Economy: Fritz Machlup's Construction of a Synthetic Concept", *Project on the History and Sociology of S&T Statistics Working Paper*, N° 37 (2008).

[44] Sobre los orígenes intelectuales del modelo de "tres sectores", véase Rüdiger Graf y Kim Christian Priemel, "Zeitgeschichte in der Welt der Sozialwissenschaften. Legitimität und Originalitä teiner Disziplin", *Vierteljahrshefte für Zeitgeschichte* 59, N° 4 (octubre 2011): 497-499.

del Movimiento por la Libertad de Expresión de Berkeley, en el que los estudiantes jóvenes protestaron contra lo que ellos malentendieron como "fábrica de conocimiento" y su supuesta reducción del aprendizaje a los incentivos económicos y la conformidad de la estandarización.[45] En consecuencia, Machlup insistió en que usaba la analogía no de forma peyorativa, ni "en ningún sentido degradante del conocimiento intelectual y humanista", sino como un elogio.[46]

Posteriormente, Daniel Bell reparó en que la cifra de Machlup de casi el 30% del PNB era extremadamente alta.[47] ¿Cómo había llegado a este número? Si se examina con detenimiento, se pueden apreciar ciertos rasgos específicamente "austríacos" en su propuesta. Machlup partía su medición con lo que él llamaba "existencias de conocimiento". Intentó tabular una "biblioteca universal" de todos los libros y revistas científicas publicadas en la historia, para luego admitir que, de hecho, el "'conocimiento vivo', o lo que las personas vivas saben, puede ser la existencia relevante en la sociedad".[48] Antes de entregarse a la desesperación por no encontrar forma de mensurar este reservorio, determinó que tenía más sentido medir "flujos de información" en su lugar. Dado que el punto de referencia final era el PNB, estos flujos incluirían todo lo que tuviera precio.

Al medir los flujos de información, el énfasis de Machlup no estaba en la invención o creación de conocimiento nuevo, sino en la comunicación del conocimiento existente. En sus palabras, "los

[45] Fred Turner, *From Counterculture to Cyberculture: Stewart Brand, the Whole Earth Network, and the Rise of Digital Utopianism* (Chicago: University of Chicago Press, 2006), 12; Clark Kerr, *The Gold and the Blue: A Personal Memoir of the University of California, 1949-1967*, vol. 1 (Berkeley: University of California Press, 2001), 153.

[46] Fritz Machlup, *Knowledge and Knowledge Production*, vol. 1, *Knowledge, Its Creation, Distribution, and Economic Significance* (Princeton: Princeton University Press, 1980), XXIV.

[47] Daniel Bell, *El advenimiento de la sociedad post-industrial: un intento de prognosis social* (Madrid: Alianza, 1991), 249.

[48] Machlup, *Knowledge and Knowledge Production*, 1, 162-167.

empleos 'productores de conocimiento' incluían a todos los trabajadores involucrados en la comunicación o en cualquier otro tipo de actividad vinculada a la transmisión del conocimiento: analistas, intérpretes, procesadores, transformadores y transportistas de conocimiento, al igual que a los creadores originales".[49] En este sentido, los supuestos artesanos, como los litógrafos o los maquetadores, eran "productores de conocimiento" o, como les decía casi siempre, "trabajadores de cerebro". En el modelo de Machlup, el conocimiento nuevo es adjuntado casi *a posteriori*. El énfasis estaba en la extensión de la red o el sistema de transmisión del conocimiento más que en las condiciones de la creación del conocimiento. Bajo este prisma, se vuelve comprensible su resistencia a las leyes estrictas de PI. El punto no era proteger el conocimiento para su productor inicial, sino expandir su uso y circulación en el agregado.

El enfoque de Machlup era consistente con su trayectoria en el marginalismo austríaco, donde el foco no está en la labor del trabajador como productor de valor, sino en los fijadores y tomadores de precios, es decir, los emprendedores y los consumidores. La "industria del conocimiento" de Machlup disolvía el trabajo en una forma de intercambio. Se trasladaba de la teoría del valor-trabajo a una teoría del conocimiento-trabajo. El modelo de la economía del conocimiento de Machlup desplazaba la entidad de trabajo y disolvía la economía en información. Así, ofrecía una visión de la economía como una red plana, donde el trabajo era sinónimo de comunicación.

Hayek citó a Machlup, en cuanto a patentes y derechos de autor, hasta en el último de sus libros (publicado en 1988); y Machlup, por su parte, citó las ideas de Hayek sobre el conocimiento en los tres volúmenes de los diez que había planeado escribir para

[49] Fritz Machlup y Trude Kronwinkler, "Workers Who Produce Knowledge: A Steady Increase, 1900 to 1970", *Weltwirtschaft liches Archiv* 111, N° 4 (1975): 756.

su "Knowledge Project", interrumpido por su muerte en 1983.[50] A estos dos destacados neoliberales los unía una actitud escéptica frente a la propiedad intelectual, la cual se amparaba, en primer lugar, en su fe en la competencia y en la sospecha del monopolio y, en segundo lugar, en su creencia epistemológica en el conocimiento distribuido, compuesto de "conocimientos conocidos" y "conocimientos desconocidos", o para usar la categoría de Michael Polanyi, conocimiento tácito.[51] Debido a la importancia del conocimiento tácito, la PI pierde importancia relativa al tiempo que el uso del conocimiento siempre depende de un cierto conjunto de comprensiones y prácticas heredadas, ensambladas localmente, para volverse operativo. Los beneficios de un flujo de conocimiento libre generalmente superan los supuestos rasgos incentivadores de los derechos de PI.

Hayek y Machlup representan una tradición de crítica de la PI dentro de la teoría neoliberal. La tensión nunca se resolvió. Como decía Peter Lewin, economista y miembro de la SMP: "La situación de la PI en la cosmovisión austríaca no es inequívoca. Es una cuestión difícil".[52] El escepticismo de Hayek y Machlup fue apoyado por otros pensadores en la autoproclamada tradición libertaria, aquellos que cuestionaron la capacidad de los agentes del Estado para hacer eficientes las asignaciones de monopolio –lo que conllevaría, como suele ocurrir, a una búsqueda de rentas sin tapujos– y también quienes a veces critican los derechos de PI para redoblar la apuesta en los derechos de propiedad. El economista libertario, Stephan Kinsella, argumenta, por ejemplo, que si alguien es dueño de un *software*, debería poder distribuirlo

[50] Richard N. Langlois, "From the Knowledge of Economics to the Economics of Knowledge: Fritz Machlup on Methodology and on the 'Knowledge Society'", *Research in the History of Economic Thought and Methodology* 3 (1985).

[51] Michael Polanyi, *The Tacit Dimension* (Chicago: University of Chicago Press, 2009).

[52] Peter Lewin, "Review: Dina Kallay, the Law and Economics of Antitrust and Intellectual Property", *Review of Austrian Economics* 18, N° 3/4 (2005): 344.

y copiarlo a quien quisiera.[53] Detenerlos infringiría sus propios derechos de propiedad respecto del objeto comprado. Es más, incluso Ayn Rand, quien apareció para tomar una postura fundamentalista sobre los derechos de PI como "el derecho del hombre sobre el producto de su mente", admitía, no obstante, la necesidad de establecer límites de tiempo en la protección de las patentes y los derechos de autor para prevenir el "parasitismo".[54] Las recomendaciones del Instituto Cato al Congreso de los EE. UU. a principios de los 2000, sugerían "equilibrar los incentivos artísticos y empresariales a la creación con los intereses de la amplia comunidad de usuarios, en un intercambio de ideas y productos libre de obstáculos".[55]

La elección de la mayoría de los neoliberales, en especial dentro de la tradición del análisis económico del derecho, ha sido tomar una postura "consecuencialista" más que "axiomática", partiendo desde una evaluación pragmática de los posibles resultados más que de los rígidos principios primarios.[56] Liderados por Posner, estos economistas usan tanto la modelización como la observación histórica para abogar por políticas públicas a partir de la conclusión de que unos derechos de patentes bien diseñados van a incentivar la innovación. Esta es también la posición tomada por los ordoliberales tardíos, incluido el exdirector del Instituto

[53] Véase, por ejemplo, Boudewijn Bouckaert, "What Is Property?", *Harvard Journal of Law & Public Policy* 13 (1990). Stephan Kinsella, *Against Intellectual Property* (Auburn: Ludwig von Mises Institute, 2008).

[54] Ayn Rand, *Capitalismo: el ideal desconocido* (Buenos Aires: Grito Sagrado, 2009), 167-169.

[55] Instituto Cato, *Cato Handbook for Congress: Policy Recommendations for the 108th Congress* (Washington, DC: Instituto Cato, 2003), 411.

[56] Peter Lewin, "Creativity or Coercion: Alternative Perspectives on Rights to Intellectual Property", *Journal of Business Ethics* 71 (2007). Véase Landes y Posner, *The Economic Structure of Intellectual Property Law.*

Kiel, Horst Siebert, y en las páginas de la revista *Ordo*, fundada por Walter Eucken, un escéptico de la PI.[57]

El discurso neoliberal sobre PI es, sin embargo, contextual e internamente heterogéneo. Incluso el consenso sobre la postura utilitarista posneriana no es absoluto.[58] Como se mencionó anteriormente, el mismo Posner argumentaba que en los Estados Unidos podía haber un exceso de patentes. Los escritos de Douglass C. North, quien alguna vez fue miembro de la SMP y ganó el Premio Nobel de Economía en 1993, nos ofrece un ejemplo adicional. Mientras que North argumentaba a favor de la centralidad de las patentes para la innovación, también sugería que el sistema desarrollado en los Estados Unidos fracasaba en proporcionar incentivos adecuados.[59] En 2009 argumentó que "la mayoría de las patentes y derechos de autor tratan, en realidad, de la protección de los monopolios, no del fomento de un desarrollo más rápido".[60] Por medio de una referencia a Hayek, en cuanto a la importancia de la psicología cognitiva, también proclamó el edicto de la adaptación flexible de manera programática: "El mundo está evolucionando. Lo que tenía sentido y le daba estructura al juego ayer, no necesariamente funciona para hoy y mañana".[61]

[57] Horst Siebert, *The World Economy: A Global Analysis*, 3era edición (Londres: Routledge, 2007), 259. Para una distorsión de la opinión de Hayek sobre PI, véase Gerard Radnitzky, "An Economic Theory of the Rise of Civilization and Its Policy Implications: Hayek's Account Generalized", *Ordo* 38 (1987): 59. Thomas Oppermann y Jutta Baumann, "Handelsbezogener Schutz geistigen Eigentums ('TRIPS') im GATT: Ein neues Stück Weltmarktwirtschaft durch die GATT-Uruguay-Runde?", *Ordo* 44 (1993): 134.

[58] Para una crítica de Posner desde una perspectiva hayekiana por un miembro actual de la SMP, miembro directivo del I. Cato y vicepresidente de la Red Atlas, véase Tom G. Palmer, "Intellectual Property: A Non-Posnerian Law and Economics Approach", *Hamline Law Review* 12, N° 2 (primavera 1989): 261-304.

[59] Véase, por ejemplo, Douglass C. North, *Institutions, Institutional Change and Economic Performance* (Nueva York: Cambridge University Press, 1990), 75.

[60] Douglass C. North, "A Recommendation on How to Intelligently Approach Emerging Problems in Intellectual Property Systems", *Review of Law & Economics* 5, N° 3 (diciembre 2009): 1131.

[61] *Ibid.*, 1133.

Estamos lejos de la receta que sirve para todo que se le suele imputar a los neoliberales. No se necesita ver más allá del primer discurso de Hayek a la SMP, cuando dijo que "las patentes, en particular, son especialmente interesantes desde nuestro punto de vista, ya que proporcionan un caso claro e ilustrativo de cómo es necesario no *aplicar una fórmula prefabricada* en todas estas instancias, sino volver a la lógica del sistema de mercado y decidir, para cada tipo, cuáles derechos específicos han de ser protegidos por el gobierno".[62] Se piensa aquí también en la descripción de la economía que hace Milton Friedman como "un cuerpo de generalizaciones aceptadas provisionalmente", a diferencia de las inalterables leyes de la naturaleza (y del rechazo neoliberal al naturalismo descrito en la contribución de Beddeleem a este volumen).[63] Bajo esta comprensión, la actitud del intelectual neoliberal no es la del dogmatista, sino que comparte algunos de los rasgos de alerta que ellos le suelen atribuir al emprendedor (véase la contribución de Plehwe a este volumen). La permanente apertura del proceso evolucionario del capitalismo significa que la ideación de nuevos marcos de incentivos también es infinita. Para la mayoría de los neoliberales, no es la propiedad en sí lo que tiene un valor absoluto, sino el conjunto fluctuante de leyes hechas por humanos, requerido para revestir el orden competitivo.

Una explicación del cercamiento mundial de las ideas: el ADPIC contra el NOEI

En una charla en el Instituto Walter Eucken en Friburgo (Alemania) en 1967, F. A. Hayek habló de la necesidad de reglas y leyes en "el

[62] Hayek, "'Free' Enterprise and Competitive Order", 114.

[63] Milton Friedman, "The Methodology of Positive Economics (1953)", en *Essays in Positive Economics,* Milton Friedman (Chicago: University of Chicago Press, 1966), 39.

mar de ignorancia en el que nos movemos". Quince años después, literalmente se firmó un Derecho del Mar en las Naciones Unidas, un acuerdo no vinculante de gestión colectiva de los recursos de los océanos del mundo. Aunque parezca no haber relación alguna, las dos menciones al mar apuntan a un problema central, tanto del pensamiento neoliberal como del grueso de la economía política mundial del siglo XXI. Dada la imposibilidad de conocer la totalidad del conocimiento humano, ni la totalidad de los recursos del globo, ¿qué proporción de estos debe dejarse como bienes comunes, como parte del llamado patrimonio común de la humanidad?

Relacionar conocimiento y recursos naturales no es solo una elección poética. En 1974, la Asamblea General de la ONU promulgó una declaración sobre el Nuevo Orden Económico Internacional (NOEI) propuesto por la coalición G77 de naciones en desarrollo. Esta aprobaba un ambicioso conjunto de demandas para la redistribución mundial, el aumento de la asistencia, la estabilización de los precios de los productos primarios y la soberanía permanente sobre los recursos naturales.[64] El G77 hizo demandas por gestión colectiva y jurisdicción sobre los fondos marinos, la luna y la Antártica, además de aquellas por gestión centralizada de la información global. Las demandas de réditos del Tercer Mundo por el uso del espacio aéreo de los satélites occidentales que le orbitan encima, eran tan solo una de las maneras en las que la materialidad de la infraestructura de la información se cruzaba con el llamado mundo natural.

Los orígenes del régimen global actual de derechos de PI solo pueden distinguirse si se rastrea la movilización contra las demandas del hemisferio sur, a la par de los aportes de la teoría neoliberal. A fines de los años setenta, el G77 agregó a sus demandas la de un Nuevo Orden Mundial de la Información que se concentrara en la producción de noticias y, significativamente, la cuestión

[64] Sobre el NOEI, véase la edición especial de *Humanity* 6.1 (2005).

de los derechos de autor y las patentes. A principios de los años ochenta, comenzaron a presionar por la revisión de las convenciones de patentes y derechos de autor en la principal entidad responsable, la Organización Mundial de la Propiedad Intelectual (OMPI), la cual se volvió una agencia de la ONU en 1974.[65] Con el despegar del NOEI, las asociaciones industriales estadounidenses comenzaron a hacer *lobby* en Washington para reforzar la protección de la PI, recurriendo a una retórica negativa sobre la "piratería" en el Tercer Mundo, que contrastaba con la retórica positiva de los derechos naturales de los titulares de las patentes y autorías.

Si bien, como se demuestra arriba, el análisis económico recibido trataba de encontrar el balance entre recompensar la innovación y estrangularla, los lobistas por la protección mundial de la PI se envolvieron "en el manto de los derechos de propiedad".[66] El nuevo lenguaje de la PI en los ochenta lo perfilaba como "un sistema para proteger y excluir, más que uno basado en la competencia y la difusión".[67] La consigna era la *competitividad* nacional más que el orden competitivo, un cambio marcado por la Comisión Presidencial sobre Competitividad Industrial, creada en 1984, y el alza de los índices de competitividad y de la industria de asesoramiento en materia de competitividad.[68]

Mientras que los economistas neoliberales, como grupo, no siguieron los argumentos del derecho natural a la PI, *think tanks* de afiliación neoliberal, como el Instituto Cato (fundado por los miembros de la SMP Charles Koch, Ed Crane y Murray Rothbard) y la Fundación Heritage (fundada por el miembro y presidente de la SMP Edward Feulner), usaron su influencia a favor de la campaña

[65] Christopher May, *A Global Political Economy of Intellectual Property Rights: The New Enclosures?* (Londres: Routledge, 2000), 68, 83.

[66] Susan K. Sell, *Private Power, Public Law: The Globalization of Intellectual Property Rights* (Cambridge: Cambridge University Press, 2003), 51.

[67] *Ibid.*, 75.

[68] Véase William Davies, *The Limits of Neoliberalism: Authority, Sovereignty and the Logic of Competition* (Londres: Sage, 2014), capítulo 4.

corporativa. Douglas Bandow, miembro de la SMP, *senior fellow* del Instituto Cato y asistente especial de Ronald Reagan en la Tercera Conferencia de las Naciones Unidas sobre el Derecho del Mar (y luego desprestigiado por el escándalo Abramoff), relacionó el Derecho del Mar y el Nuevo Orden Mundial de la Información (al igual que los esfuerzos por "limitar los derechos de patente y marca comercial") con una campaña común por una "gestión totalitaria mundial".[69] Felicitó a los Estados Unidos por su rechazo a la firma de la Convención de las Naciones Unidas por el Derecho al Mar en 1982 y su retirada de la UNESCO dos años después, al tiempo que la entidad se unía a la presión por un Nuevo Orden Mundial de la Información. Uno de los autores de la Fundación Heritage denunciaba la "guerra a las patentes" y recomendaba crear "contrapropuestas específicas para las propuestas de las naciones en desarrollo (en especial, las del G77)".[70] Y contraatacar fue lo que hicieron las asociaciones industriales en su campaña para incluir la PI en la Ronda de Uruguay de las negociaciones del GATT, que comenzaron en 1985 y culminaron en la creación de la OMC en 1995. El resultado no fue bueno para el mundo en desarrollo. El "Gran Pacto" de la OMC, en el que el hemisferio sur cedía a las "disciplinas comerciales", en cuanto a PI y servicio, a cambio de reciprocidad en la agricultura y textiles, acabó por beneficiar desproporcionadamente al hemisferio norte.[71]

[69] Doug Bandow, "Totalitarian Global Management: The UN's War on the Liberal International Economic Order", *Cato Institute Policy Analysis* N° 61 (24 de octubre, 1985).

[70] Roger A. Brooks, "At the UN, a Mounting War on Patents", *The Heritage Foundation Backgrounder* (4 de octubre, 1982); Roger A. Brooks, "Multinationals: First Victim of the UN War on Free Enterprise", *The Heritage Foundation Backgrounder* (16 de noviembre, 1982). Véase también Thomas E. L. Dewey, "At WIPO, New Threats to Intellectual Property Rights", *The Heritage Foundation Backgrounder* (11 de septiembre, 1987).

[71] Véase Sylvia Ostry, "The Uruguay Round North-South Grand Bargain: Implications for Future Negotiations", en Daniel M. Kennedy y James D. Southwick, eds., *The Political Economy of International Trade Law* (Nueva York: Cambridge University Press, 2002).

El NOEI había hecho la afirmación radical de que gran parte del conocimiento del mundo era una parte inalienable del patrimonio común de la humanidad.[72] Los defensores de las empresas de la PI respondieron con una afirmación que era tan radical como contraria al discurso económico neoliberal y general: los derechos de PI eran simplemente análogos con los otros derechos de propiedad. El discurso económico de difusión fue usado para servir a los intereses privados. El único economista académico con un rol protagónico en la historia de la PI mundial, Jacques Gorlin, confesó haber actuado como un lobista en representación de un cliente y recurrió a la argumentación no sofisticada. En su opinión, el ADPIC no era un documento ni económico ni legal: "Es un documento político. La decisión de presentar un caso es política. La decisión de promover un caso en términos de apoyar una cierta interpretación es una decisión política".[73] Mientras que el giro de los economistas de la Escuela de Chicago hacia una perspectiva más solidaria respecto de la concentración del mercado y los monopolios ayudó a sentar las bases intelectuales para nuevas políticas, el cercamiento mundial de las ideas se llevó a cabo sin consultar a los teóricos originales de la economía del conocimiento.[74] Gracias al ADPIC, el "mar de ignorancia" de Hayek se parceló en bienes raíces.

[72] Peter Drahos y John Braithwaite, *Information Feudalism* (Londres: Earthscan, 2002), 112.

[73] Jacques J. Gorlin, "US Industries, Trade Associations and Intellectual Property Lawmaking", *Cardozo Journal of International Comparative Law* 10, N° 1 (2002): 11.

[74] Sobre la influencia de la Escuela de Chicago, véase Sell, *Private Power, Public Law*, 72; Van Horn y Klaes, "Intervening", 204.

Conclusión: tres formas de historizar el neoliberalismo

¿Dónde nos deja la historia de la propiedad intelectual? El desfase entre la discusión sobre la propiedad intelectual que dividió a los círculos neoliberales y la brusquedad de su aplicación en la política económica internacional, no debería hacer que nos agarremos la cabeza desesperados ante la incoherencia del neoliberalismo como categoría de análisis. Más bien, la confrontación neoliberal al problema intelectual puede ayudar a distinguir entre tres maneras de historizar el neoliberalismo en la investigación reciente.

La primera manera es ideacional. En este modelo, basado en el poder político de las ideas económicas, la teoría neoliberal se incuba en *think tanks* antes de ser transformada en políticas públicas. Si se hace un seguimiento de la difusión de los modelos de políticas, se puede pensar en una serie de ejemplos, desde la Curva de Laffer hasta la independencia del banco central, la austeridad, la formalización de la propiedad en el hemisferio sur, el desplazamiento hacia tipos de cambio flotantes y la globalización de todos los tipos de "zonas". Esta concepción de movilización intelectual refleja el discurso de los propios neoliberales. En 1986, Edwin Feulner habló de la "guerra de las ideas".[75] El Institute of Economic Affairs, fundado por Antony Fisher (miembro de la SMP), también se cuadra bajo esta premisa, ya que subtituló una colección reciente sobre *think tanks* como "Librar la guerra de ideas en el mundo" (sobre Fisher, véase la contribución de Djelic y Mousavi a este volumen; sobre tipos de cambio flexibles, véase la contribución de Schmelzer).[76]

[75] Edwin J. Feulner, "Waging and Winning the War of Ideas", *The Heritage Lectures*, N° 84 (1986).

[76] Colleen Dyble, ed., *Taming Leviathan: Waging the War of Ideas around the World* (Londres: Institute of Economic Affairs, 2008).

Una segunda manera, preferida por los académicos del área de economía política internacional, usa el lenguaje de la captura. Los críticos de ambos lados del espectro político usan esta categoría para criticar el régimen actual de PI.[77] Aquí los intereses especiales, usualmente los de los sectores más adinerados de la sociedad –pero también de los grupos de interés de industrias específicas, naciones o incluso individuos como Charles y David Koch–, capturan las políticas públicas a través de esfuerzos proactivos de *lobby*. El *think tank* es parte de este cuento, pero en un rol suplementario. Así como existe el poder político de las ideas económicas, esto podría llamarse el poder político del poder económico. Entre los ejemplos de esta trama se cuentan los estudios de la creación de tratados de comercio internacional, del derecho internacional de inversiones, de la OMC y de otras instituciones financieras internacionales, incluyendo la creación del ADPIC, donde el Instituto Cato y la Fundación Heritage jugaron un papel de soporte pero no crucial. En este análisis, el neoliberalismo se ve principalmente como la restauración del poder de clase; las ideas pasan a segundo plano ante las fuerzas del mercado.

Una última manera sigue una metodología que emerge, en parte, como una reacción contra la percepción de un énfasis excesivo en el poder de las ideas. Esta es una historización del auge del neoliberalismo basada en la contingencia. Aquí no se trata tanto del poder político de las ideas económicas o del poder económico, sino que del cúmulo de decisiones políticas de gobernanza *ad hoc*. Estos investigadores sugieren que buscar coherencia o consistencia teórica en el devenir histórico es una misión imposible, ya se trate de la reducción de impuestos de Reagan, de la crisis fiscal de Nueva York en los años setenta o de las decisiones de desregular la industria financiera o construir la Unión Monetaria Europea. Todas estas decisiones fueron tomadas por políticos

[77] Amy Kapczynski, "Intellectual Property's Leviathan", *Law and Contemporary Problems* 131 (otoño 2014).

acosados bajo fuertes presiones de gestión y no de acuerdo a planes preconcebidos.[78]

En algunos casos, se podría discutir que la reacción contra las explicaciones ideacionales va demasiado lejos. Kim Phillips-Fein, por ejemplo, en su excelente libro escribe que los líderes cívicos de Nueva York no pensaron en formas de gestionar la deuda mediante la austeridad "gracias a haber leído las críticas libremercadistas del economista Milton Friedman o la reflexión filosófica antigobierno del profesor de la Universidad de Virginia, James Buchanan".[79] Sin embargo, este relato se quiebra en el punto del rechazo tenaz de Gerald Ford, William Simon y Alan Greenspan a rescatar la deuda de la ciudad. Una historia de la contingencia choca contra una barrera de tres personas, que incluía a un adepto a Ayn Rand (Greenspan) y un miembro de la SMP (Simon) que escribió un tratado neoliberal con un prólogo escrito por Hayek mismo.[80] No necesitamos elegir entre contingencia, fuerzas materialistas y la influencia de las ideas; las formas de explicar pueden y deben actuar en conjunto.

La historia de la propiedad intelectual ofrece evidencias de que no hay un conjunto transhistórico de recetas políticas dentro del pensamiento neoliberal que pueda ser resumida en el Consenso de Washington o cualquier otra lista de puntos. De hecho,

[78] Véase Monica Prasad, "The Popular Origins of Neoliberalism in the Reagan Tax Cut of 1981", *Journal of Policy History* 24, N° 3 (2012); Jan-Otmar Hesse, "Wissenschaft liche Beratung der Wirtschaft spolitik", en Werner Abelshauser, ed., *Das Bundeswirtschaft sminsterium in der Ära der Sozialen Marktwirtschaft* (Berlín: De Gruyter, 2016); Greta R. Krippner, *Capitalizing on Crisis: The Political Origins of the Rise of Finance* (Cambridge, EE. UU.: Harvard University Press, 2012); Harold James, *Making the European Monetary Union* (Cambridge, EE. UU.: Belknap, 2012).

[79] Kim Phillips-Fein, *Fear City: New York City's Fiscal Crisis and the Rise of Austerity Politics* (Nueva York: Metropolitan, 2017), 161.

[80] La propia Phillips-Fein notó esto en su libro anterior. Kim Phillips-Fein, *Invisible Hands: The Making of the Conservative Movement from the New Deal to Reagan* (Nueva York: W. W. Norton & Company, 2009), 246.

la naturaleza misma de la meta final de un orden competitivo requiere flexibilidad. Parte de la capacidad del neoliberalismo para sobrevivir a lo que deberían haber sido crisis existenciales se debe a la adaptabilidad de sus recetas políticas básicas. Gracias a que los neoliberales creen que los mercados no son naturales, sino que se vuelven posibles por la intervención humana, también creen que circunstancias diferentes requieren soluciones diferentes. Justamente, debido a que la impredecibilidad de la evolución capitalista es un artículo de fe para los neoliberales de la cepa de Hayek, nunca puede haber un plan final.

Los neoliberales frecuentemente aluden a la idea de Hayek de los límites del conocimiento para justificar su adhesión a las reglas que prohíben soluciones a los problemas de la desigualdad mediante la redistribución, imposición progresiva o regulación más estricta del poder corporativo. Debido a que nuestro conocimiento es limitado, argumentan ellos, debemos respetar la sabiduría de los agentes privados en el mercado. Tales remilgos tienen sus hipocresías obvias, como la serie de rescates que han promovido el ciclo de auge y caída financiero de la última mitad de siglo y la socialización reiterada de la deuda privada. Aun así, la idea del "mar de ignorancia" también es una restricción genuina para llegar a la receta final. Tomar el mar de ignorancia en serio significa que su derecho está siempre abierto a modificarse, al menos en teoría.

Segunda parte

La subjetividad neoliberal más allá del *homo economicus*

4. Los valores familiares del neoliberalismo: asistencia social, capital humano y parentesco

Melinda Cooper

A fines de los años setenta, Gary Becker, economista neoliberal de la Escuela de Chicago, afirmaba que la "familia en el mundo occidental ha sido alterada radicalmente (algunos dicen que casi fue destruida) por los eventos de las últimas tres décadas".[1] El economista proseguía con una lista de varios males conocidos, desde el alza veloz de los divorcios y de los hogares encabezados por mujeres hasta el declive de las tasas de natalidad y la creciente participación de las mujeres casadas en la fuerza laboral, los cuales habrían "reducido el contacto entre los niños y sus madres y contribuido al conflicto entre los sexos en el empleo, así como en el matrimonio". Becker creía que tales cambios dramáticos en la estructura de la familia se relacionaban más con la expansión del Estado de bienestar durante el período de posguerra que con el feminismo *per se*, que se lo podía considerar una consecuencia más que un instigador de estas dinámicas. Como muchos de sus contemporáneos neoliberales y neoconservadores, Becker señalaba a la asistencia a las familias con niños dependientes (AFDC, por sus siglas en inglés), a la que se solía llamar "la pensión alimenticia de la mujer pobre", como una de las causas principales de la descomposición de la familia.[2]

Quince años después nos encontramos con Becker felicitando al presidente Bill Clinton por sus esfuerzos por terminar con la

[1] Gary S. Becker, *A Treatise on the Family*, edición extendida (Cambridge, EE. UU.: Harvard University Press, 1993 [1981]), 1.

[2] Becker, "Altruism in the Family", en *ibid.*, 357.

"asistencia social como la conocemos".[3] Estos esfuerzos rendirían frutos cuando Clinton implementó la ley de reforma de 1996 –la Personal Responsibility and Work Opportunity Reconciliation Act (PRWORA)–, la cual restringió de forma dramática el alcance del AFDC.[4] La ley de reforma a la asistencia social de Clinton pasó a la infamia por haber instalado la promoción del sistema de trabajo y el matrimonio en el corazón de la políticas sociales estadounidenses. Sin embargo, el PRWORA ha tenido implicancias menos conocidas. La primera, es que federalizó un principio de "alivio de pobres" que se remonta a las antiguas leyes de pobres: el principio de la *responsabilidad privada familiar* respecto del bienestar de los dependientes. La segunda, aún menos conocida, es el hecho de que Ronald Reagan había sido el primero en impulsar este proyecto cuando fue gobernador de California en los años setenta, en un intento de revivir las antiguas normas californianas de las leyes de pobres, que obligaban a los miembros de la familia a cuidar de sus parientes en situación de pobreza.[5]

Como defensores del orden competitivo de libre mercado, puede que a los neoliberales no les importara mucho la promoción activa del matrimonio, los programas de paternidad responsable y la caridad religiosa, todos ellos apoyados por los comunitaristas y conservadores sociales e incluidos dentro de la reforma asistencial de Clinton. Sin embargo, los neoliberales definitivamente estaban a favor de los esfuerzos para imponer las obligaciones de parentesco como alternativa a la redistribución de los ingresos por parte del Estado. Cuando los receptores de la asistencia rechazaban hacerse cargo de sí mismos dentro de la estructura adecuada de

[3] Gary S. Becker, "Unleash the Bill Collectors on Deadbeat Dads" (18 de julio, 1994), disponible en bloomberg.com.

[4] Personal Responsibility and Work Opportunity Reconciliation Act of 1996, H.R. 3734 104th Cong. (1995-1996).

[5] Gobernador de California (Ronald Reagan), *California's Blueprint for National Welfare Reform: Proposals for the Nation's Food Stamp and Aid to Families with Dependent Children Programs* (Sacramento, EE. UU.: Oficina del Gobernador, 1974).

la familia, los neoliberales creían que el Estado estaba en su derecho de aprovechar (o incluso *crear*) estas relaciones por la fuerza, al igual que estaba en su derecho de obligar a trabajar a aquellos que llevaran un tiempo prolongado sin empleo. Las madres solteras que procuraran la asistencia del Estado, primero deberían ser obligadas a buscar el apoyo de un "padre ausente" mediante demandas de manutención, antes de que el Estado desembolse fondos.

La preocupación persistente de Becker por los efectos destructivos del gasto fiscal en la familia representa un elemento clave de su microeconomía, aunque la literatura crítica lo ha pasado por alto de forma consistente. En diferentes momentos y en diferentes contextos, es posible encontrar a cada una de las figuras claves del neoliberalismo estadounidense refiriéndose a la idea de que las "obligaciones naturales" de la familia deberían servir como sustituto del Estado de bienestar; es más, que el "altruismo" de la familia representa una especie de póliza de seguro primitiva, que bien se podría revivir hoy en día.[6] De aquí deriva la noción, que hoy

[6] Richard Posner se refiere a la "función aseguradora del matrimonio", apuntando al hecho de que se espera que el matrimonio sirva como una forma de protección contra riesgos en esos contextos sociales "donde el parentesco ha retrocedido, pero el mercado y la seguridad social aún no es común" (o, podríamos agregar, ha disminuido de forma significativa). La "función aseguradora" del matrimonio, escribe, "surge del hecho de que la correlación de la salud y otros factores del bienestar de los esposos es menos que uno, por lo que dada una obligación mutua de apoyo y asistencia, el matrimonio sirve como una forma de seguro de salud, hambre y vida". Richard A. Posner, *The Economics of Justice* (Cambridge, EE. UU.: Harvard University Press, 1981), 190. Sobre la familia como un mecanismo natural de aseguración, véase también Becker, "Altruism in the Family". Según Richard Epstein, las leyes de asistencia social deberían "seguir el patrón básico de la obligación natural tal como se ha visto que surge dentro de las familias". El objetivo de la reforma asistencial neoliberal es "transformar [esta] inclinación en un deber" y así "derivar un 'es' desde el 'deber'". Richard Epstein, *Principles for a Free Society* (Nueva York: Basic Books, 1998), 23. Para el argumento de que "la responsabilidad y solidaridad familiar" se han debilitado debido al Estado de bienestar, véase James M. Buchanan, *The Public Finances* (Homewood, EE. UU.: Richard D. Irwin, Inc. 1960), 399. Sobre la relación entre la destrucción

impregna toda la práctica asistencial estadounidense, de que el Estado tiene el derecho a identificar y hacer cumplir las obligaciones legales de manutención marital y tenencia de los hijos, incluso cuando las partes afectadas no consienten, ni reconocen esta relación. Ante la ausencia de una estructura familiar adecuada, el Estado está autorizado a imponer el contrato sexual de la misma forma en que está autorizado a imponer el trabajo.

¿Cómo deberíamos interpretar el hecho de que los mismos pensadores neoliberales que exaltaron las virtudes del orden del libre mercado, también se hayan preparado para defender los vínculos económicos y legales del parentesco como obligaciones ineludibles y no contractuales? ¿Debería sorprendernos el descubrimiento de que los neoliberales estadounidenses se opusieron férreamente a la jurisprudencia sobre la privacidad sexual de los años setenta, la cual convirtió la libertad sexual en un derecho constitucional y dio inicio a la llamada revolución sexual en el derecho de familia? ¿O que Gary Becker y Richard Posner se opusieran al divorcio voluntario? Diría que esto solo es sorpresivo si omitimos el rol necesario de la responsabilidad familiar dentro de la visión neoliberal de un orden de libre mercado y solo si olvidamos la relación histórica entre el liberalismo económico y la tradición jurídica del derecho de pobres; una tradición que, en palabras de un historiador, confunde las "funciones económicas y morales de la familia".[7]

de la familia, la moral en declive y el Estado de bienestar, véase James M. Buchanan, "The Samaritan's Dilemma", en E. S. Phelps, ed., *Altruism, Morality, and Economic Theory* (Nueva York: Russell Sage Foundation, 1975), 71-85; James M. Buchanan, "Methods and Morals in Economics: The Ayres-Knight Discussion", en W. Breit y J. William Patton Culbertson, eds., *Science and Ceremony: The Institutional Economics of C. E. Ayres* (Austin, EE. UU.: University of Texas Press, 1976), 163-174.

7 M. A. Crowther, "Family Responsibility and State Responsibility in Britain before the Welfare State", *The Historical Journal* 25, N° 1 (1982): 135. Crowther se refiere específicamente a la nueva ley de pobres inglesa de 1834, la cual inspiró el sistema de ayuda pública estadounidense tras la guerra.

He argumentado en otras ocasiones que el neoliberalismo estadounidense, en su maduración a lo largo de los años setenta, debe entenderse como un intento de revivir y reinventar la tradición de las leyes de pobres como una alternativa al por mayor al Estado de bienestar de mediados del siglo XX. Este no era un proyecto que se evidenciara en los orígenes de la cuna del neoliberalismo estadounidense, la Escuela de Chicago, en los años treinta, y siguió sin ser evidente mucho después, como en 1970, cuando se podía encontrar a Milton Friedman colaborando con el presidente Nixon en el proyecto de un ingreso básico garantizado.[8] Más bien se cristalizó a mediados de los años setenta: un punto de inflexión en la política estadounidense, donde la tormenta perfecta entre la inflación, el desempleo y la creciente militancia de una nueva izquierda convencieron a los neoliberales de que debían articular una crítica mucho más potente contra la expansión del asistencialismo durante la Gran Sociedad del presidente Johnson. Fue en este punto que los neoliberales estadounidenses perfeccionaron su crítica insigne al Estado de bienestar y que el neoliberalismo estadounidense *per se* adquirió su forma madura, distinguible en muchos sentidos del neoliberalismo temprano de la Escuela de Chicago de la década del treinta. Y fue en este punto que alguien como Friedman abandonó por completo cualquier intento de reformar el Estado de bienestar en su forma existente. Por el contrario, los neoliberales estadounidenses se inspiraron en una tradición de leyes de pobres mucho más antigua para sus iniciativas de reforma asistencial. Esta tradición se remonta a las leyes de pobres de la reina Isabel I de Inglaterra y que habían proliferado por última vez a fines del siglo XIX, en la Edad de Oro del capitalismo estadounidense. Un principio rector de esta tradición de leyes de pobres era la noción de responsabilidad familiar.

[8] Marisa Chappell, *The War on Welfare: Family, Poverty and Politics in Modern America* (Filadelfia: University of Pennsylvania Press, 2010).

La responsabilidad familiar y las leyes de pobres de los Estados Unidos

¿Qué es la responsabilidad familiar? ¿Y cuál es la relevancia de la tradición de las leyes de pobres en la historia de la asistencia social estadounidense? El principio de la responsabilidad familiar sobre el bienestar tiene raíces profundas en las tradiciones de ayuda pública británica y norteamericana, y puede rastrearse en las leyes de pobres isabelinas de 1601, donde figura que "el padre y el abuelo, y la madre y la abuela, y los niños de toda persona pobre, vieja, ciega, lisiada y con necesidades urgentes, o cualquier otra persona que no pueda trabajar, teniendo habilidad suficiente, debe, a su propio cargo, aliviar y mantener a dicha persona pobre".[9] Las leyes de pobres distinguían entre el pobre impotente, quien era incapaz de trabajar y tenía derecho a ser cuidado en un asilo; el pobre sano, quien debía ser forzado a trabajar en un hospicio; y el pobre ocioso o vagabundo, quien podía ser encarcelado o encerrado en una *House of Correction*. Pero antes de que se activara cualquier recurso de trabajo forzado o encarcelamiento, estas tres poblaciones se sometían al principio de responsabilidad familiar. En otras palabras, antes de que la autoridad local tomase una decisión, los miembros de la familia serían instados a proveer tanto apoyo como fuera posible.

Las primeras colonias británicas en América importaron las leyes de pobres de forma casi literal y luego se incorporaron a los sistemas legales de los distintos estados durante la naciente República Americana. Estas leyes fueron revitalizadas de forma continua y adornadas para adaptarlas a lo que podríamos llamar episodios periódicos de revolución sexual. Es decir, en cada coyuntura histórica donde las obligaciones legales de la familia se veían debilitadas o amenazadas de alguna manera por la generalización

[9] 43 Eliz. 1, cap. 2, § VI (1601) (modificada).

del divorcio, por la menguante importancia del matrimonio o por la liberación de los esclavos no casados, las leyes de pobres se reforzaban para castigar a aquellos que amagaban con transferir los costes de su bienestar a los estados.[10] En la medida en que el divorcio se volvió más común durante el siglo XIX, las leyes de pobres se modificaron para exigir la manutención de los hijos tras el divorcio.[11] Cuando los esclavos fueron liberados en la década de 1860, se los instó inmediatamente a entrar en matrimonios formales y, en consecuencia, se los sujetó a nuevas normas legales de apoyo familiar y mutua dependencia.[12] En más de una ocasión, aquellos que no lograban cumplir con la obligación económica de las normas de responsabilidad familiar se vieron condenados a penas criminales, como el trabajo forzado o la prisión. Las leyes de pobres ayudaron a contener los costos de las cambiantes costumbres sexuales a través de la imposición del apoyo marital y familiar como obligación económica.

Si los pobres no estaban dispuestos a entrar en acuerdos vinculantes de matrimonio y parentesco de forma consensuada, los estados no tenían problema en hacer aparecer estas uniones por arte de magia e imponerlas como obligaciones legales de mutuo apoyo. Si un sirviente se rehusaba a pagar por la manutención de su presunto hijo bastardo, entonces sería citado para ejercer trabajo no remunerado para pagar sus deudas a la autoridad local.[13]

[10] Daniel R. Mandelker, "Family Responsibility under the American Poor Laws I", *Michigan Law Review* 54, N° 4 (1956): 497-532; Daniel R. Mandelker, "Family Responsibility under the American Poor Laws II", *Michigan Law Review* 54, N° 5 (1956): 607-632.

[11] Drew D. Hansen, "The American Invention of Child Support: Dependency and Punishment in Early American Child Support", *Yale Law Journal* 108, N° 5 (1999): 1123-1153.

[12] Katherine Franke, "Becoming a Citizen: Reconstruction Era Regulation of African American Marriages", *Yale Journal of Law and the Humanities* 11 (1999): 251-309.

[13] Mary Ann Mason, *From Father's Property to Children's Rights: The History of Child Custody in the United States* (Nueva York: Columbia University Press, 1994).

Si los esclavos recientemente liberados continuaban conviviendo sin casarse, los estados podían compelerlos a casarse y amenazarlos con trabajo forzado si se negaban a acatar.[14] Estas leyes siguieron con plena vigencia hasta mediados del siglo XX, cuando entraron en conflicto con los principios de seguridad social de administración federal que defendían los reformadores del New Deal. En más de una ocasión, no acabaron de anularse por completo.

De la responsabilidad familiar privada a la responsabilidad pública para la familia

La formas integrales de seguridad social, que ya se habían implementado en la Alemania de Otto von Bismarck en la década de 1880 y en otros países europeos en los decenios siguientes, se aceptaron con mayor lentitud en los Estados Unidos, donde tuvieron que superar el apego de la élite y el pueblo a las nociones de responsabilidad personal y familiar.[15] A lo largo del siglo XX, los opositores a la asistencia social argumentaron que la socialización del riesgo destruiría a la familia como una institución moral, ya que reemplazaría la solidaridad económica entre parientes. Incluso la asistencia pública a los dependientes no contribuyentes, como las viudas y ancianos, fue atacada por considerársela una amenaza a los valores de la responsabilidad familiar y la autosuficiencia.

Con la aprobación de la Ley de Seguridad Social de 1935, sus defensores se apuntaron una victoria decisiva. El New Deal introdujo formas integrales de seguridad social contra los accidentes

[14] Franke, "Becoming a Citizen".

[15] Para un recuento comparativo sobre el seguro social en la Alemania de Bismarck, otros países europeos y los Estados Unidos, véase John Fabian Witt, *The Accidental Republic: Crippled Workingmen, Destitute Widows, and the Remaking of American Law* (Cambridge, MA: Harvard University Press, 2004), 71-102.

de trabajo, el desempleo y el envejecimiento, y libró definitivamente a una clase de trabajadores (hombres blancos estándar) de ser sujetos de la responsabilidad familiar en el sistema de leyes de pobres. Con la esperanza de capitalizar esta victoria, los administradores federales del Consejo de Seguridad Social emprendieron un vigoroso asalto contra las leyes de pobres de los estados durante los años siguientes y buscaron limitar su uso en la medida de lo posible.[16] Sin embargo, muchos estados se resistieron a estas intromisiones y siguieron aplicando la responsabilidad familiar en los programas de asistencia pública para los pobres que no trabajaran o no fueran contribuyentes, lo que incluía, notablemente, el apoyo a los niños dependientes o ADC (luego renombrado como AFDC).[17]

La línea divisoria entre los programas de seguro social del gobierno federal y la asistencia pública de los gobiernos estatales se volvió cada vez más significativa en este período. En los tiempos en que el gobierno asumía la responsabilidad social total por los trabajadores hombres estándar y sus dependientes, los solicitantes de asistencia pública fueron relegados a una tradición más antigua de obligaciones familiares privadas (aunque bajo la obligación de los estados).[18] Cuando las madres solteras, los ciegos, los discapacitados, los enfermos mentales o los indigentes solicitaban asistencia pública, los departamentos de asistencia de los estados tenían autorización para investigar y hacer cumplir las obligaciones familiares privadas antes de desembolsar fondos públicos. Un hijo adulto podía ser llevado a tribunales para exigir el pago de los costes del geriátrico de un padre anciano; las tías y tíos podían ser responsabilizados por los costes de vivienda y educación

[16] Alvin Louis Schorr, *Filial Responsibility in the Modern American Family. US 96. Department of Health, Education and Welfare, Division of Program Research* (Washington, DC: US Government Printing Office, 1960), 23; R. Shep Melnick, *Between the Lines: Interpreting Welfare Rights* (Washington, DC: Brookings Institution Press, 1994), 67-68.

[17] Schorr, *Filial Responsibility*, 23; Melnick, *Between the Lines*, 69-70.

[18] Mandelker, "Family Responsibility under the American Poor Laws II", 626.

de un pariente ciego; y los padres podían ser forzados a contribuir al cuidado de un hijo demente. En algunos estados, el departamento de asistencia podía exigir compensación retrospectiva por las prestaciones pagadas o apoderarse de la herencia de un solicitante fallecido para reembolsar el dinero público.

Durante este período de liberalización veloz, el vilipendiado programa AFDC se mantuvo firmemente incrustado en la tradición de la ley de pobres. En vez de pasar de fase en cuanto a las disposiciones de responsabilidad familiar del AFDC, las legislaciones de los estados continuaron fortaleciéndolas tras la Segunda Guerra Mundial, reforzando así la idea de que las mujeres en situación de pobreza debían buscar apoyo en hombres individuales y no en los estados. Las normas del "padre sustituto" u "hombre en la casa" fueron impuestas a las madres beneficiarias desde los inicios del programa, lo que sirvió para crear una relación de derecho de responsabilidad paternal y marital sin el consentimiento de ninguna de las partes afectadas. De la década del cincuenta en adelante, muchos estados, incluida California, ampliaron sus leyes de responsabilidad familiar para incluir a los "padres ausentes": los exmaridos de las mujeres separadas o divorciadas y los padres biológicos de los hijos que habían nacido fuera del matrimonio.[19] Así, a las mujeres se les recordó que su bienestar económico dependía principalmente de su vínculo legal a un hombre, más que en ningún otro momento.

Sin embargo, la suerte del AFDC cambió dramáticamente alrededor de 1965, en gran parte gracias al ascenso de un nuevo tipo de abogado de interés público que trabajaba en estrecha colaboración con el incipiente Movimiento Nacional por los Derechos del Bienestar (National Welfare Rights Movement).[20] Al preparar su caso contra las leyes de asistencia pública, estos

[19] Melnick, *Between the Lines*, 96.

[20] Martha F. Davis, *Brutal Need: Lawyers and the Welfare Rights Movement, 1960-1973* (New Haven: Yale University Press, 1993); Mark Neal Aaronson, "Repre-

abogados apuntaron a los cambios recientes en el derecho de familia como un modelo de los tipos de libertades que se podrían ampliar a aquellos que recibían asistencia social. En efecto, el derecho de familia estaba pasando por un proceso extraordinario de liberalización durante este período. Tras más de un siglo prácticamente sin cambios, las leyes que restringían el divorcio, estigmatizaban las uniones no maritales y discriminaban contra los hijos ilegítimos, fueron derogadas o dejaron de aplicarse al cabo de una década (aproximadamente).[21] De la mano de la marginalización de las normas más viejas, basadas en el estatus, que regían sobre las relaciones sexuales, nació una nueva jurisprudencia que reconocía explícitamente la "libertad sexual" como un derecho protegido constitucionalmente. En dos resoluciones decisivas, *Griswold v. Connecticut* (1965) y *Eisenstadt v. Baird* (1972), la Corte Suprema creó un nuevo "derecho a la privacidad" que limitaba el poder de los estados para vigilar las relaciones íntimas y sexuales dentro del hogar. No obstante, ninguna de estas innovaciones se ampliaba a las mujeres en situación de pobreza que recibían asistencia social, quienes se veían sometidas a investigaciones salaces sobre su historial sexual, visitas sorpresivas a sus hogares y un control moral estricto bajo las leyes de los estados. En la medida en que el campo del derecho de familia entraba a una nueva era de libertades sexuales relativas, el derecho a la protección –que el jurista Jacobus tenBroek acertó en apodar como "el derecho de familia de los pobres"–[22] siguió reflejando el conservadurismo moral punitivo de la tradición de las leyes de pobres.

Haciendo eco de las voces más radicales dentro del Movimiento Nacional por los Derechos del Bienestar, los abogados

senting the Poor: Legal Advocacy and Welfare Reform during Reagan's Gubernatorial Years", *Hastings Law Journal* 64 (2013): 992.

[21] Jana B. Singer, "The Privatization of Family Law", *Wisconsin Law Review* 5 (1992): 1443-1568.

[22] Jacobus tenBroek, "California's Dual System of Family Law: Its Origin, Development, and Present Status: Part I", *Stanford Law Review* 16, N° 2 (1964): 257-284.

progresistas *pro bono publico* preguntaron por qué los beneficiarios de la asistencia y viviendas públicas todavía eran sometidos a formas tan intrusivas de vigilancia moral. Si la Corte Suprema ahora reconocía el derecho constitucional a la privacidad sexual, ¿por qué este derecho no habría de ampliarse a las mujeres que recibían asistencia? Si las mujeres de clase media ahora tenían la libertad de disolver matrimonios a voluntad y cada vez tenían mayores facultades para ganar un salario independiente en el mercado laboral, ¿por qué las mujeres pobres seguían presas de los límites privados de la dependencia económica? Si el matrimonio ya no contaba en la determinación del estado legal de los hijos de clase media, ¿por qué los hijos de madres beneficiarias todavía se clasificaban como ilegítimos y eran castigados por los pecados de los padres?[23] En síntesis, los abogados de la pobreza apuntaban a la liberalización del derecho de familia para argumentar contra la continuidad de la aplicación de las obligaciones familiares privadas en el ámbito de la protección social.

El ambiente institucional y judicial de los años sesenta fue extraordinariamente conducente para estas ambiciosas agendas de reforma social. Los litigantes *pro bono publico,* que buscaban reformar la protección social, encontraron una audiencia inusualmente receptiva en la Corte de Warren e incluso más en la liberal Corte Suprema de California. Su estrategia de litigio mediante casos de prueba[24] tornó la asistencia pública de los estados en una cuestión federal, lo que forzó a que la Corte Suprema se pronunciara

[23] Estos argumentos fueron expuestos lúcidamente por el profesor de derecho de Yale, Charles A. Reich, en "Individual Rights and Social Welfare: The Emerging Legal Issues", *Yale Law Journal* 74, N° 7 (1965): 1245-1257; y "Social Welfare in the Public-Private State", *University of Pennsylvania Law Review* 114, N° 4 (1966): 487-493.

[24] [N. de T.] La estrategia consiste en abrir casos polémicos sobre puntos en que la ley es ambigua. Dado que el derecho consuetudinario se basa en los fallos de los jueces, al obligar a un juez a tomar una decisión frente a esta ambigüedad se genera un precedente útil.

sobre materias a las que rara vez se había enfrentado en el pasado. El resultado de estos fallos fue tanto la federalización (y, por ende, la liberalización) del control de la protección social y una mayor compatibilidad con los cambios recientes en el derecho de familia. En el caso *King v. Smith* de 1968, el presidente de la Corte Suprema, Earl Warren, dictaminó que la norma del padre sustituto de Alabama violaba los términos de la Ley de Seguridad Social y se había distanciado del derecho de familia, que ya no buscaba castigar las relaciones extramaritales y tampoco reconocía ya ninguna distinción de estatus válida entre los hijos legítimos e ilegítimos.[25] En otro fallo, el juez Brennan se opuso a la aplicación de la manutención como una invasión a la privacidad.[26] Como resultado de estos fallos, hubo un aumento dramático del número de solicitantes de asistencia que se rehusaban a cooperar con los fiscales de distrito en cuestiones de manutención de hijos.[27]

Al poner las prestaciones sociales sobre una base más sólida y al librarlas de normas de comportamiento punitivas, las decisiones de la corte federal de esta época tuvieron por consecuencia la liberación de las mujeres de los límites de la dependencia familiar privada. El mensaje general transmitido por estos fallos era que el bienestar de las mujeres pobres era una responsabilidad pública tan importante como el bienestar de los trabajadores hombres estándar. Cualesquiera fuera su estado civil, historial sexual o raza, las mujeres en situación de pobreza eran tan merecedoras de un salario social como cualquier otro ciudadano. En un momento en que las mujeres de clase media se incorporaban a la fuerza laboral en números crecientes y alcanzaban cierto grado de independencia económica de los hombres, las mujeres no casadas, beneficiarias

[25] Melnick, *Between the Lines*, 84.

[26] *Ibid.*, 103.

[27] Gobernador de California, *California's Blueprint for National Welfare Reform*, VII.

de asistencia, también parecieron tener al alcance un salario social sin la mediación de un "marido sustituto".

Las prestaciones de asistencia pública, por muy insignificantes que fueran, funcionaban como un salario social para las mujeres no casadas; una configuración que no había sido vislumbrada en la Ley de Seguridad Social, y una que muchos percibieron como una perversión de su intención original. Como señala Stephanie Coontz, lo que hizo que una generación de reformadores sociales se pusiera en contra del Estado de bienestar, no fue tanto la *dependencia* de las mujeres del Estado, sino la creciente toma de conciencia de que la asistencia las *independizaba* de hombres individuales y las liberaba de las obligaciones de la familia privada.[28]

Esta afrenta particular al sistema de salarios familiares de Ford resultaba profundamente perturbador para las personas de todo el espectro político, y es justo decir que se cristalizó en un enorme retroceso del bienestar en los años setenta. Es en este período que se empezó a escuchar el argumento (del que tanto hicieron eco los neoliberales como Gary Becker y los neoconservadores como Daniel Bell y Daniel Patrick Moynihan) de que el gasto público en asistencia social les daba demasiada independencia a las mujeres respecto de sus presuntos maridos y padres y, por ende, lo que se subsidiaba era efectivamente la descomposición de la familia. Los neoliberales y neoconservadores eran aliados en su oposición a la expansión del Estado de bienestar bajo la premisa de la "libertad sexual", si bien sus motivaciones eran muy distintas. Los neoconservadores temían que el subsidio de los estilos de vida no normativos por el Estado de bienestar fuera a socavar los fundamentos morales del orden social. Los neoliberales estaban motivados principalmente por preocupaciones económicas: si un número creciente de mujeres demandaba

[28] Stephanie Coontz, *The Way We Never Were: American Families and the Nostalgia Trap* (Nueva York: Basic Books, 2000), 59.

hoy tanto igualdad de salarios como un salario social independiente, el resultado del crecimiento de estas demandas al Estado amenazaba con exacerbar el problema de la inflación.

El neoliberalismo y el resurgimiento de la responsabilidad familiar

La evolución de la postura de Milton Friedman respecto de la asistencia ejemplifica este giro. Hasta 1970, Friedman fue partidario de unos pocos elementos del Estado de bienestar del New Deal y, de hecho, se involucró activamente con Nixon en los esfuerzos para ampliar la asistencia pública a las familias con hijos dependientes. Su pragmatismo radicaba en mantener el consenso bipartidista en la premisa básica del bienestar social redistributivo que existió hasta fines de los años sesenta. Hasta este momento, los demócratas y los republicanos estaban comprometidos por igual con las políticas redistributivas del salario familiar, aunque no coincidían en la cuestión de si estas deberían ampliarse a los hombres afroamericanos. Para 1969, sin embargo, incluso el presidente Nixon (republicano) estaba convencido de que el programa de asistencia pública, AFDC, debía hacerse más inclusivo y cimentarse en una base federal más firme. Propuso un nuevo programa –el Plan de Asistencia Familiar (FAP, por sus siglas en inglés)–, que prometía ampliar las garantías de la renta básica a los hombres, a las familias con dos progenitores y a aquellos que ejercieran labores con salarios bajos.[29] Asimismo, prometía incluir, por primera vez en la historia nacional, a los hombres afroamericanos dentro de las prestaciones sociales. La reforma respondía tanto a las

[29] Hay varios estudios históricos excelentes sobre el FAP y el movimiento por los derechos al bienestar. Véase Chappell, *The War on Welfare*; Felicia Kornbluh, *The Battle for Welfare Rights* (Filadelfia: University of Pennsylvania Press, 2007); y Premilla Nadesan, *Welfare Warriors: The Welfare Rights Movement in the United States* (Londres: Routledge, 2005).

críticas progresistas como a las conservadoras al viejo programa AFDC: para que no se dijera que subsidiaba las vidas inmorales de las madres solteras, la ayuda social funcionaría ahora como una ampliación del salario familiar de Ford y buscaría reforzar las estructuras de parentesco normativas mediante la priorización de las familias intactas[30] y de los padres desempleados; paralelamente, la normativa estructura salarial de las familias se aplicaría también a los hombres afroamericanos.

Cuando se propuso por primera vez, el Plan de Asistencia Familiar (FAP) de Nixon atrajo a una alianza muy amplia de partidarios: el presidente republicano y conservador moderado Richard Nixon, el neoliberal Milton Friedman, el demócrata Moynihan, los liberales e izquierdistas del Movimiento Nacional por los Derechos del Bienestar, y los economistas liberales como John Kenneth Galbraith y James Tobin. Evidentemente, había claras diferencias de opinión entre los que apoyaban el Plan: Friedman, por ejemplo, tenía en mente una forma de redistribución del bienestar más frugal que la preferida por los liberales o los izquierdistas (en su correspondencia privada, admitió que veía el impuesto negativo sobre la renta como un paso pragmático hacia la eliminación de todos los programas de bienestar social).[31] Pero con la excepción de algunas voces feministas disidentes en el Movimiento Nacional por los Derechos del Bienestar, todos estaban de acuerdo en que el apoyo social, en su forma actual, socavaba la familia tradicional. Y todos coincidían en la necesidad de mantener algún tipo de sistema de asistencia social de carácter redistributivo. En los años sesenta, incluso Friedman reconocía la necesidad de un programa

[30] [N. de T.] Figura legal para designar la situación en que la persona responsable del o los hijos vive en la misma residencia que ellos. En otras palabras, donde no ha ocurrido una separación.

[31] Milton Friedman, carta a Patrick Buchanan, fechada el 25 de octubre de 1973, caja 22, expediente 11, Friedman Papers. Citado en Angus Burgin, *The Great Persuasion: Reinventing Free Markets Since the Depression* (Cambridge, EE. UU.: Harvard University Press, 2012), 197.

redistributivo de renta básica para mejorar los inevitables fallos de mercado de la caridad privada.

En su concepción general, el plan se inspiró en el trabajo del demócrata católico (y futuro neoconservador) Daniel Patrick Moynihan, que en su obra *The Negro Family: The Case for National Action*, había denunciado los efectos perjudiciales que las prestaciones sociales a las madres solteras traía sobre la masculinidad negra y la familia negra.[32] Al ampliar la elegibilidad a los maridos y padres afroamericanos, Moynihan esperaba incluirlos en las normas estabilizadoras de la familia y deshacer el daño moral infligido por el antiguo programa AFDC.[33]

Sin embargo, en sus aspectos prácticos, el Plan de Asistencia Familiar se basaba en la idea de un impuesto negativo sobre la renta, propuesto por primera vez por Friedman en 1962.[34] Friedman concebía el impuesto negativo sobre la renta como una forma de canalizar la redistribución del ingreso a través del sistema tributario federal, con lo que se eliminarían los excesivos costes administrativos asociados a los programas de bienestar social más específicos. Con cada declaración anual de impuestos, aquellos cuyos ingresos fueran inferiores a un umbral determinado, recibirían a cambio una suma de dinero que les garantizara un salario básico anual para vivir. Al sustituir la asistencia social en especies por la forma más líquida de prestación (el dinero en efectivo), Friedman pensaba que el impuesto negativo sobre la renta animaría a los pobres a comportarse como actores responsables del libre mercado. Con su sistema de redistribución minimalista pero, eficiente, el impuesto negativo sobre la renta evitaría el paterna-

[32] Daniel Patrick Moynihan, "The Moynihan Report. The Negro Family: The Case for National Action", en Lee Rainwater y William L. Yancey, *The Moynihan Report and the Politics of Controversy* (Cambridge, EE. UU.: MIT Press, 1967 [1966]), 39-124.

[33] Kornbluh, *The Battle for Welfare Rights*, 148.

[34] Milton Friedman y Rose Friedman, *Capitalismo y Libertad* (Madrid: RIALP, 1966), 242-248.

lismo incapacitante del Estado de bienestar y socavaría la arraigada base de poder de los burócratas que administran los programas del bienestar.[35] También eliminaría los riesgos morales del antiguo programa AFDC –el fomento de la falta de trabajo y la ruptura familiar– al ampliar los subsidios a quienes tienen un trabajo mal remunerado y a las familias intactas.

En 1970, la Cámara de Representantes, controlada por el Partido Demócrata, aprobó las recomendaciones de Nixon por una amplia mayoría. Sin embargo, el éxito del Plan de Asistencia Familiar fue efímero. Ese mismo año, el plan sufrió una rotunda derrota por parte de una coalición de republicanos y demócratas en el Senado, lo que presagiaba una reorganización a largo plazo de la izquierda y la derecha en el panorama político estadounidense. La versión final del Plan de Asistencia Familiar, diseñada para satisfacer a todas las partes interesadas, terminó por decepcionar a todo el mundo. Los activistas del derecho al bienestar objetaron que el plan reduciría las prestaciones por debajo del umbral de la pobreza para la mayoría de los beneficiarios, eliminaría el derecho a un juicio justo y reintroduciría poderes arbitrarios de vigilancia.[36] Los economistas del libre mercado, como Friedman, pensaban que el plan acabó por complicar, en lugar de agilizar, la burocracia de la asistencia social y no eliminaba los desincentivos al trabajo de forma suficiente.[37] Sin embargo, lo que hizo fracasar el plan no fueron estas objeciones específicas, sino la propia decisión de Nixon de abandonar el consenso político sobre la asistencia social en un contexto de inflación creciente.[38] En el primer año de su presidencia, Nixon

[35] Milton Friedman y Rose Friedman, *Libertad de elegir* (Barcelona: Grijalbo, 2004), 182.

[36] Chappell, *The War on Welfare*, 90-91.

[37] William Ruger, *Milton Friedman* (Londres: Bloomsbury Academic, 2011), 120-121.

[38] El cambio de rumbo de Nixon sobre el salario de las familias negras presagiaba un giro generalizado hacia la derecha dentro de su administración. Véase Kornbluh, *The Battle for Welfare Rights*, 148-150.

se había rodeado de asesores políticos, como Moynihan y Robert Finch, quienes lo convencieron de que una ampliación de los salarios familiares era la mejor manera de aplacar las tensiones raciales a la vez que le permitiría arrebatar al Partido Demócrata la adhesión tradicional de la clase obrera blanca. En su segundo año de gobierno, las perspectivas económicas se habían deteriorado y Nixon estaba menos convencido de que esta estrategia funcionara. En cambio, decidió, a puerta cerrada, abandonar cualquier intento de reformar el AFDC mientras supervisaba paralelamente algunas de las ampliaciones más generosas de la Seguridad Social en la historia del programa.[39] El Programa de Seguridad Social fue (y sigue siendo) uno de los menos polémicos dentro del New Deal, justamente porque se mantiene casi intocado por las cuestiones normativas de raza, género y formación de familia que se cruzaban en programas como el AFDC.

Cuando Nixon abandonó el programa de reforma de la AFDC, el consenso extraordinario que se había formado en torno al proyecto del salario familiar extendido se desmoronó y se reorganizó en distintas posiciones políticas. Cuando la pujante economía de mediados de los años sesenta dio paso a la inflación disparada de la década de 1970, el AFDC se convirtió en la piedra de toque de unos debates cada vez más encarnizados sobre la viabilidad de la redistribución del bienestar. En particular, las crecientes demandas del movimiento por los derechos del bienestar –junto con sus éxitos en los tribunales federales– convencieron a muchos, otrora partidarios pragmáticos del Estado de bienestar del New Deal, de que se había llegado a un punto de crisis. La introducción de los argumentos de la "libertad sexual" en la legislación sobre los derechos de bienestar social, abrió la posibilidad de que el gobierno federal se viera obligado a subvencionar la existencia de aquellas mujeres que decidieran vivir dolosamente sin el apoyo de un

[39] Jill Quadagno, *The Color of Welfare: How Racism Undermined the War on Poverty* (Oxford: Oxford University Press, 1994), 158.

hombre, lo que aumentaría enormemente la carga sobre las arcas estatales. En este sentido, el fenómeno de la estanflación (la combinación de inflación y desempleo) empezó a entenderse como mucho más que un problema macroeconómico en el sentido convencional del término: lo que reflejaba era una ruptura del mismísimo orden moral, una inflación insostenible de las demandas monetarias y libidinales más allá de los límites establecidos por el consenso keynesiano. Si uno se imaginaba una ampliación del gasto del Estado de bienestar para incluir a los hombres no blancos dentro de la categoría de sostén familiar, uno no podría cuestionar la premisa normativa de la familia con sostén masculino sin acabar por desbaratar la aritmética de un gasto público acotado y, por lo tanto, generar una inflación galopante.

En este nuevo contexto económico, los neoliberales del libre mercado como Friedman, que en otros tiempos aceptaron la necesidad pragmática de un salario familiar subvencionado por el Estado, comenzaron a formular una nueva filosofía política distinta, con valores familiares no redistributivos. Ahora consideraban que los "incentivos perversos" del Estado de bienestar de la Gran Sociedad eran responsables tanto de la pérdida de los valores familiares como de una inflación insostenible de las demandas monetarias. Con su oposición al Estado de bienestar del New Deal, exigieron la reinvención estratégica de una tradición mucho más antigua de responsabilidad familiar privada, la de las leyes de pobres, mediante el uso de los instrumentos combinados de la reforma a la asistencia social, los cambios fiscales y la política monetaria. En 1980, por ejemplo, Friedman, que había sido tan decisivo en la campaña a favor de un salario familiar amplio, reiteraba los argumentos de los opositores a la seguridad social de principios del siglo xx, según los cuáles esta era adversa a los fundamentos de la obligación familiar. Citando el ejemplo de la Seguridad Social, señaló que las obligaciones naturales de parentesco, que antes exigían que los hijos cuidaran de sus padres en la vejez, habían sido suplantadas por un sistema impersonal de seguro social, cuyo efecto a largo plazo era usurpar el papel de la familia:

> La diferencia entre la Seguridad Social y las disposiciones previas, es que aquella es obligatoria e impersonal, y estas, voluntarias y personales. La responsabilidad moral es una cuestión individual, no social. Los hijos ayudaban a sus padres por amor u obediencia. Ahora contribuyen al sostén de los padres de alguna otra persona por obligación y terror. Las primeras transferencias reforzaron los lazos familiares; las obligatorias, los debilitan.[40]

Al igual que Friedman, Gary Becker atribuye a la AFDC (junto con los programas de seguridad social y los servicios públicos, como la educación estatal) el debilitamiento de los compromisos familiares. Para Becker, la familia en su estado de equilibrio o de libre mercado podía entenderse como una suerte de función de seguro natural que se vio fatalmente perturbada cuando el Estado del Bienestar socializó el seguro.[41] A principios de la década de 1980, Becker culpaba al Estado de bienestar de la posguerra de destruir el altruismo natural de la familia, aunque suponía que el recorte de la asistencia, iniciado por Reagan, iba a obligar a los pobres a restablecer los lazos de parentesco como una fuente privatizada de bienestar.[42]

Una vez que nos enfoquemos nuevamente en la centralidad de la cuestión de la familia dentro de la crítica neoliberal a la asistencia social, estaremos en una posición mucho mejor para entender los matices de la postura neoliberal sobre la libertad sexual. Se tiende a asumir que los juristas neoliberales apoyaban

[40] Friedman y Friedman, *Libertad de elegir*, 153.

[41] Sobre la familia como un mecanismo de asistencia natural, véase Becker, "Altruism in the Family", 281-282.

[42] Becker, "The Evolution of the Family", en *A Treatise on the Family*, 360.

–e incluso eran responsables de– la jurisprudencia sobre la intimidad que transformó la libertad sexual en un derecho constitucional (limitado) a finales de los años sesenta y setenta. Así, un cierto tipo de crítica de la izquierda al neoliberalismo considera que este ha inspirado la ética individualista de la elección sexual que fundamentó ciertos casos emblemáticos, como el fallo de *Roe v. Wade* de 1973, y, por extensión, todos los demás casos que implicaban el reconocimiento de un derecho constitucional a la libertad sexual.[43] De hecho, ocurre todo lo contrario: un jurista como Richard Posner, quien en toda otra ocasión había apoyado la ampliación del contrato comercial privado (respecto del intercambio de drogas, sexo y bebés), era absolutamente opositor a la noción de un derecho constitucional a la libertad sexual, por el simple motivo de que podría imponerle al Estado una obligación de facilitar activamente y subsidiar dichas libertades.[44] Esto fue precisamente lo que ocurrió cuando la jurisprudencia sobre la intimidad sexual se extendió a los beneficiarios de la asistencia en los años setenta. En cambio, los neoliberales apoyan una noción más limitada, que sostiene que la libertad contractual privada (en contraposición a un derecho constitucional a la libertad) debe extenderse a todos los ámbitos de la vida social e íntima, con la condición de que los costes asociados sean plenamente internalizados por las partes contratantes. En su defecto, los neoliberales están tan dispuestos como los conservadores sociales a apelar a la necesidad de obligaciones no contractuales en el matrimonio

[43] Esta presunción está muy extendida en la literatura crítica sobre el neoliberalismo. Véase, por ejemplo, Anne Alstott, "Neoliberalism in US Family Law: Negative Liberty and Laissez-Faire Markets in the Minimal State", *Law and Contemporary Problems* 77, N° 4 (2014): 25-42. Para una refutación pormenorizada de esta postura al respecto de Richard Posner, véase Jean L. Cohen, *Regulating Intimacy: A New Legal Paradigm* (Princeton: Princeton University Press, 2004), 77-124.

[44] En las palabras de Posner, los "fallos de la Corte Suprema sobre la intimidad sexual no solo están mal pensados, sino mal informados". Richard A. Posner, *Sex and Reason* (Cambridge, EE. UU.: Harvard University Press, 1994), 7.

y la paternidad y están más que listos para solicitar su cumplimiento por parte del Estado.

Posner y Becker se opusieron rotundamente al divorcio voluntario, no por una preocupación moral manifiesta por el deterioro de la vida familiar (las crecientes tasas de divorcio de finales del siglo xx eran inevitables, según Becker), sino por los posibles costes sociales de mantener a las mujeres y a los niños dependientes.[45] Los neoliberales defienden excepcionalmente la imposición de obligaciones no contractuales cuando las mujeres y los hombres no privatizan los costes de su comportamiento sexual, sino que le transfieren estos costes al Estado. Por lo tanto, en los casos de disolución del matrimonio, las responsabilidades legales de la manutención de los hijos deben prevalecer sobre los deseos de las partes implicadas. Como señala el jurista de la Escuela de Chicago, Richard A. Epstein, las normas de la asistencia social deben "seguir el patrón básico de la obligación natural tal y como se percibe en el seno de las familias".[46] La tarea de la reforma neoliberal a la asistencia es "transformar [esta] tendencia en deber" y así "hacer que un 'es' derive en un 'debe'"; una traducción precisa de la filosofía de la caridad natural dentro de la familia, proveniente de la ley de pobres.[47]

[45] *Ibid.*, 181-189, y Gary S. Becker, "Finding Fault with No-Fault Divorce (1992)", en *The Economics of Life: From Baseball to Affirmative Action to Immigration, How Real-World Issues Affect Our Everyday Life*, ed. Gary S. Becker y Guity Nashat Becker (Nueva York: McGraw Hill Education, 1998), 98-100.

[46] Richard Epstein, *Principles for a Free Society* (Nueva York: Basic Books, 1998), 23.

[47] La redacción de Epstein sigue de cerca a la de una famosa sentencia de responsabilidad familiar dictada por el Tribunal Supremo de Illinois en 1896, *People v. Hill*, 163 Ill. 186 (1896). En ella se afirmaba que el objeto tanto de las leyes de pobres isabelinas originales como de las promulgadas por el estado de Illinois era "proteger al público de las pérdidas ocasionadas por el abandono de un deber moral o natural impuesto a los individuos, y hacerlo, transformando el deber moral imperfecto en una responsabilidad estatutaria y legal".

El resurgimiento de la responsabilidad familiar en la práctica: de Reagan a Clinton

La crítica neoliberal a la asistencia tuvo una influencia profunda sobre la historia subsecuente de las políticas sociales estadounidenses y permeó los esfuerzos directos por restablecer las leyes de pobres y también las intervenciones generales en el ámbito de la política fiscal y monetaria, lo que en su conjunto tuvo por efecto la transferencia de la responsabilidad económica a la familia. Cuando fue gobernador de California, entre fines de los año sesenta y setenta, Ronald Reagan fue uno de los primeros en implementar la desiderata de los neoliberales en lo que concernía a la asistencia. En 1971, promovió una ley integral de reforma a la asistencia mediante la legislatura californiana, con la intención de reactivar las prestaciones de la ley de pobres de ese estado. En las palabras de las fuerzas especiales de Reagan para la reforma a la asistencia, la intervención estaba diseñada para

> implementar el principio de que los miembros de la familia son los responsables de mantener a los parientes. En palabras simples, el argumento era que cada dólar aportado por un pariente a una persona que estuviera en el registro de la asistencia social, era un dólar que se ahorraba el contribuyente. Sin embargo, las metas de la reforma a la asistencia iban más allá e identificaban a la familia como la unidad básica de la sociedad, lo que reforzaba una mayor dependencia sobre la familia y eliminaba los aspectos del sistema de asistencia que incentivaran la descomposición de la familia.[48]

[48] Ronald A. Zumbrun, Raymond M. Momboisse y John H. Findley, "Welfare Reform: California Meets the Challenge", *Pacific Law Journal* 4 (1973): 769.

Las recomendaciones, extensivas a todos los programas de asistencia pública de California, hicieron que la reforma a la asistencia de Reagan terminase por reinstaurar las normas de responsabilidad familiar sobre las relaciones entre hijos adultos y padres mayores; abuelos, tías, tíos e hijos en situación de pobreza; madres solteras menores de edad y sus padres; al igual que padrastros y niños no adoptivos; y, en especial, a las madres solteras y sus "maridos ausentes".[49]

Una vez en la presidencia, Reagan intentó aplicar su proyecto californiano de reforma asistencial a nivel federal sin mayor éxito. En su lugar, el proyecto de Reagan fue concretado por el presidente Bill Clinton, cuya monumental reforma a la asistencia de 1996 federalizó de forma efectiva la tradición de la ley de pobres, lo que convirtió la burocracia asistencial de los Estados Unidos en un inmenso aparataje nacional para vigilar y hacer que los pobres con asistencia cumplan las obligaciones de manutención de sus hijos.

Más allá de estos esfuerzos directos para restablecer las leyes de pobres de los estados y la responsabilidad familiar, también se puede observar la influencia de la tradición de las leyes de pobres en muchos otros aspectos de la campaña neoliberal por la reforma fiscal y monetaria. Esto se aprecia en los esfuerzos por revocar el impuesto a la sucesión para el patrimonio heredado, una campaña que fue apoyada fuertemente por los pensadores neoliberales en los años setenta; en las revueltas contra los impuestos locales y estatales que comenzaron a fines de los años setenta en California y luego se extendieron a lo largo y ancho del país, y que limitaron permanentemente el poder del Estado para gastar, gravar y, lo más importante, redistribuir la riqueza; en la guerra de desgaste por sustituir la Seguridad Social y los seguros de salud, basados en el trabajo por estrategias de acumulación de activos privados; y en los esfuerzos para promover la propiedad de la vivienda como una

[49] *Ibid.*

forma de "asistencia basada en activos", bajo Clinton y George W. Bush. Tendemos a olvidar cuán central es la problemática de la familia en cada una de estas campañas, pero siempre estuvo al frente, y en primera línea, para los neoliberales a cargo de hacer políticas públicas, quienes veían la asistencia basada en activos como una forma de reemplazar los "vínculos impersonales" del seguro social por formas de acumulación y transmisión de riqueza de base familiar.[50]

Asimismo, podemos apreciar múltiples maneras en las que los recortes fiscales en salud, educación y asistencia social han presionado a más y más personas a volver a las formas de autocuidado y apoyo mutuo basadas en el parentesco, y en cómo la expansión de los créditos de consumo ha convertido el gasto deficitario de los hogares en un sustituto del gasto deficitario fiscal. Hoy en día, la responsabilidad familiar suele tomar la forma de una deuda intergeneracional, donde los padres y otros miembros de la familia se ven suscritos activamente a las obligaciones de deuda de los hijos, firmando como avales o declarando su patrimonio inmobiliario para financiar la movilidad social (o bien la estasis) de las generaciones más jóvenes. Aquí también juegan un rol importante las prescripciones de políticas públicas neoliberales, ya que Friedman y Becker estuvieron entre los primeros en sugerir que la inversión en "capital humano", como la educación, debía ser responsabilidad de la familia, ayudada e inducida por los mercados crediticios privados, no por el Estado. Sus prescripciones de políticas tuvieron una profunda influencia en el financiamiento de la educación superior en los Estados Unidos, dado que el gobierno federal y los estados han ido retirando el financiamiento público de forma progresiva y los mercados crediticios privados se han expandido para llenar ese vacío, con padres que frecuentemente

[50] Para un recuento pormenorizado sobre el rol de la familia en estas campañas, véase mi obra *Family Values: Between Neoliberalism and the New Social Conservatism* (Nueva York: Zone Books, 2017).

actúan como codeudores o avales de la deuda estudiantil. En el siguiente apartado se tratará en mayor detalle la cuestión del financiamiento de la educación superior, con el objetivo de mostrar cuán central es el concepto de "responsabilidad familiar" en la teoría del capital humano del pensamiento neoliberal.

El capital humano, el endeudamiento y la responsabilidad familiar

Hoy en día, la teoría del capital humano es casi un sinónimo del neoliberalismo de la Escuela de Chicago, gracias, en gran parte, a la publicación de los seminarios de Michel Foucault en el Collège de France.[51] A fines de los años cincuenta y durante los años sesenta, sin embargo, el concepto de "capital humano" se asociaba principalmente a la persona de Theodore Schultz, un economista que si bien trabajó junto a Friedman y Becker en la Universidad de Chicago, se lo podría describir como un neokeynesiano similar a Paul Samuelson, Robert Solow y Richard Musgrave. Schultz fue el primero en popularizar la idea de que el gasto en servicios humanos, como la educación, debía ser considerado como una inversión más que un consumo y, por lo tanto, la educación en sí debía considerarse una forma de activo fijo o que devenga interés.

En específico, Schultz creía que la inversión en educación podía ayudar a explicar lo que entonces era un problema complejo en el cálculo del crecimiento económico nacional, uno que había sido identificado por Solow, la figura fundacional del modelo del crecimiento neoclásico. En dos artículos pioneros en el área, Solow informaba que solo una pequeña parte del crecimiento acelerado de los Estado Unidos a principios del siglo xx se podría atribuir al

[51] Véase la discusión de Foucault sobre la teoría del capital humano de Gary Becker en Michel Foucault, *Nacimiento de la biopolítica* (Buenos Aires: Fondo de Cultura Económica, 2007), 249-276.

aumento del tamaño de la fuerza laboral o el capital físico; tradicionalmente se pensaba que las fuentes de inversión contaban en el crecimiento del PIB.[52] Schultz pensaba que el problema podía ser resuelto si se tomaba en consideración el aumento sostenido de la inversión privada y pública en educación que había ocurrido durante ese período, un aumento que no era el resultado de ninguna decisión política consciente, pero que aun así había tenido el efecto deseable de mejorar cuantiosamente el PIB. La inversión en capital humano, entonces, era el factor productivo que faltaba en la economía del crecimiento.

Las ideas de Schultz lo llevaron a un número de conclusiones prácticas respecto al rol de la inversión pública en la educación. Primero, razonaba que si la inversión al azar en la educación superior había sido responsable para semejante porción del crecimiento económico nacional, entonces, sería una buena idea que el gobierno federal implementara una política activa de inversión sostenida en el sector. Segundo, defendía que la subinversión selectiva en la educación de la clase trabajadora, los afroamericanos y las mujeres, podría dar cuenta de la discriminación que experimentaban estas poblaciones en el mercado laboral.[53] La subinversión en la educación no solo era un fuente de desigualdad económica, racial y de género, sino que también era un desperdicio de recursos humanos nacionales que podrían haber generado un enorme crecimiento del PIB de haberse empleado. Cuando Friedman, en uno de los borradores de Schultz, hizo la pregunta clave de si los retornos de la inversión en la educación se acumulaban principal-

[52] Robert M. Solow, "Technical Change and the Aggregate Production Function", *The Review of Economics and Statistics* 39 (1957): 312-320; y Robert M. Solow, "Technical Progress, Capital Formation, and Economic Growth", *The American Economic Review* 52 (1962): 76-86.

[53] Theodore W. Schultz, "Investment in Human Capital", *The American Economic Review* 51, N° 1 (1961): 13-14; Theodore W. Schultz, "Woman's New Economic Commandments", *Bulletin of the Atomic Scientists* XXVIII, N° 2 (1972): 29-32.

mente en el individuo o en el colectivo, Schultz respondió que esa inversión aumentaba el ingreso nacional y, por ende, actuaba en beneficio de todos. Además, la provisión de educación gratuita permitía que ricos y pobres cursaran estudios superiores con independencia de la riqueza familiar; el correspondiente aumento de los gastos en pos de los estudiantes pobres se podía justificar bajo el mismo razonamiento que los impuestos progresivos.[54]

Se puede decir que la teoría del capital humano de Theodore Schultz inspiró la Ley de Educación Superior de 1965, la cual duplicó el presupuesto federal para el sector, aumentó el número de becas disponibles para los estudiantes de bajos ingresos y creó un programa que garantizaba que los créditos estudiantiles se subsidiaran a través del gobierno federal. En 1972, el Congreso suplementó esta ley por medio de la aprobación de un programa de becas para estudiantes de bajos ingresos (luego rebautizadas como las becas Pell). Estas políticas tuvieron, por consecuencia, la recepción de un número sin precedentes de estudiantes de bajos ingresos, negros, latinos y mujeres en institutos y universidades, un cambio demográfico que pronto se reflejaría en las exigencias políticas y pedagógicas del movimiento estudiantil. Como Schultz había previsto, la inversión federal sostenida en la educación superior funcionaba de forma parecida a un "impuesto a la sucesión":[55] al redistribuir los costes de la educación a través de la base imponible, el presidente Johnson había hecho posible que los estudiantes sin patrimonio familiar pudieran acceder a una institución que otrora fuera un importante medio de reproducción de la clase social. Durante la década del setenta, las becas Pell eran lo suficientemente generosas para cubrir tanto los gastos educacionales

[54] Schultz, "Investment in Human Capital", 15.
[55] *Ibid.*

como los costos de vida, lo que liberaba a los estudiantes de la necesidad de apoyarse en las contribuciones de sus padres.[56]

Schultz siempre tuvo sus críticos. En particular, Friedman y Becker desarrollaron una perspectiva sobre el capital humano que destacaba el valor de los retornos privados en contraposición a los públicos a la inversión, lo que conllevaba a recomendaciones de políticas públicas radicalmente distintas a las de Schultz. En su libro de 1962, *Capitalismo y libertad*, Rose y Milton Friedman se pronunciaban claramente a favor de la inversión privada en capital humano. Allí argumentaban que los retornos a la inversión en educación beneficiaban exclusivamente al estudiante individual y que cualquier beneficio colectivo ostensible no eran más que la suma de las ganancias salariales privadas.[57] El estudiante individual debería, por lo tanto, ser responsabilizado por los costos de su educación. Los Friedman coincidían con Schultz en que había habido una subinversión enorme en la educación superior, pero discrepaban en que esta falla se pudiera remediar a través de la liberalización del crédito. El hecho de que los estudiantes de bajos ingresos no pudieran pagar por un grado y luego fueran discriminados en el mercado laboral se podía atribuir a "imperfecciones en el mercado de capitales", es decir, la ausencia de un mercado líquido en los créditos estudiantiles privados.[58] En el mejor de los casos, concedían los Friedman, el Estado podía jugar un rol mínimo en la solución del estado actual de las cosas, mediante créditos que se reembolsaran a través del sistema tributario y condicionado a las futuras ganancias.[59] Pero la dupla Friedman claramente veía

[56] Suzanne Mettler, *Degrees of Inequality: How the Politics of Higher Education Sabotaged the American Dream* (Nueva York: Basic Books, 2014), 53.

[57] Friedman y Friedman, *Capitalismo y libertad*, 132-133.

[58] *Ibid.*, 107.

[59] *Ibid.*, 102-105. La visión de Friedman de un programa de créditos estudiantiles administrado por el gobierno federal y vinculado al sistema tributario, se formalizó e implementó en Australia en 1989 como el "préstamo contingente a los ingresos".

el mercado crediticio privado como la fuente más eficiente de financiamiento para los préstamos estudiantiles y pensaban que los incentivos del gobierno a los bancos eran la mejor forma de estimular este mercado.

Becker tenía una posición muy similar a la de Friedman pero, al ser un microeconomista, siempre estuvo más atento a los apuntalamientos domésticos, íntimos, de la inversión en capital humano y, por lo tanto, se llevó el mérito de explicitar lo que quedaba sin decirse en la obra de otros neoliberales. La educación pública gratuita, argumentaba Becker, podía criticarse sobre la misma base que el impuesto progresivo a la renta, el cual (en sus palabras) "reduce la desigualdad en un principio", pero acaba aumentando el "nivel de equilibrio de la desigualdad [...] debido a que las familias dejan de invertir en sus descendientes".[60] Si tan solo se pudiera cerrar la llave del gasto gubernamental, entonces las familias redescubrirían su altruismo natural y empezarían a invertir en sus hijos de forma espontánea. El argumento era improbable y contrastaba con la evidencia, pero permitió que Becker identificara a los mercados crediticios privados como una alternativa lógica.[61] En el mundo ideal de Becker, los estudiantes volverían a recurrir a sus familias como una fuente de apoyo económico y, aun así, las viejas estratificaciones del patrimonio familiar se verían postergadas y elastizadas al expandir las oportunidades para la deuda privada.

La perspectiva microeconómica sobre la inversión en capital humano era un reflejo de otras teorías más conocidas de los neoliberales de las escuelas de Chicago y Virginia, quienes eran famosos por argumentar que el déficit presupuestario y la consecuente deuda nacional tenía el efecto desafortunado de "abarrotar" los mercados crediticios privados y desincentivar la inversión privada.

[60] Becker, "Inequality and Intergenerational Mobility", en *A Treatise on the Family*, 222.

[61] *Ibid.*

Pero mientras que Friedman y James M. Buchanan se referían principalmente a la inversión en los negocios, Becker hablaba de inversión privada para aludir a la inversión intergeneracional de las familias. Si tan solo el gobierno redujera la escala de sus inversiones en bienes públicos, suponía Becker, entonces la familia reanudaría su rol correspondiente de invertir en los hijos.[62] Además de esto, la responsabilidad económica tradicional de la familia de asegurar el bienestar de sus miembros, se vería expandida en gran medida por la estimulación de los mercados crediticios correctos. Con un poco de ayuda del gobierno, *la vieja tradición de responsabilidad familiar de las leyes de pobres podía reinventarse en la forma de una deuda intergeneracional de elasticidad infinita.*

En particular, Friedman tuvo una influencia directa en esta trayectoria del financiamiento de la educación superior en Estados Unidos. A fines de los años sesenta, Reagan (entonces gobernador de California) se manifestó en contra del movimiento estudiantil de Berkeley y citó la versión de Friedman de la teoría del capital humano para atacar las estructuras de financiamiento del sistema de la Universidad de California (UC).[63] Reagan creía que las matrículas gratuitas habían destruido las estructuras incentivadoras de la responsabilidad familiar privada y, en el proceso, habían avivado el antiautoritarismo del movimiento estudiantil. Así, pensaba que solo un regreso a lo privado, a la inversión parental en la educación de los hijos podía resolver los problemas fiscales y morales asociados con la educación pública.[64] Unos pocos días tras asumir como gobernador del estado de California, en 1967, Reagan aprovechó la oportunidad para anunciar un recorte del 10% al presupuesto

62 *Ibid.*

63 Ronald Reagan, "The Perils of Government-Sponsored Higher Education", en *The Creative Society: Some Comments on Problems Facing America* (Nueva York: Devin-Adair Company, 1968), 109-117; Milton Friedman, "'Free' Education", *Newsweek* (14 de febrero, 1967), 86.

64 Reagan, "The Generation Gap", en *The Creative Society*, 63.

anual de la UC y otros institutos del estado y, lo más polémico, presentó un plan para introducir el pago de matrículas como una forma de cubrir el déficit.[65]

El plan de Reagan de introducir el pago de matrículas fue derrotado, al final, por los rectores en agosto de 1967, aunque estos le permitieron aumentar los ingresos a través del aumento de las cargas administrativas existentes.[66] En términos económicos, la diferencia entre el plan de Reagan y la eventual solución de compromiso de los rectores resultó ser mínima. Aun así, la idea de introducir el pago de matrículas fue comprendido como un ataque simbólico devastador a la tradición de la educación superior gratuita. Una vez que las matrículas se aceptaran como principio, ¿cómo se podía mantener el compromiso con el ideal de la educación gratuita? ¿Y qué límites podrían estipularse en los aumentos anuales? El experimento de Reagan de reforma educativa a nivel estatal, luego sirvió como un plan para la intervención masiva de la educación superior que ejecutaría como presidente.[67]

Al observar la historia posterior del financiamiento de la educación superior en los Estados Unidos, nos sorprende la cercanía con que las reformas neoliberales siguieron las prescripciones de Friedman y Becker. A partir de las reformas a la educación superior de Reagan en 1980, la administración federal ha tendido a disminuir el poder adquisitivo de las becas Pell y promover, en su lugar, la expansión de los créditos estudiantiles federales y privados. Al mismo tiempo, los gobiernos de los estados han ido recortando

[65] Ray Zeman, "Reagan Pledges to Squeeze, Cut and Trim State Spending: Reagan Pledges Strict Government Economy", *Los Angeles Times* (6 de enero, 1967), 1, 20. El presupuesto de la UC para 1967-1968 eventualmente se redujo en 20 000 000 USD.

[66] Gladwin Hill, "Reagan Defeated on Tuition Plans: Regents Vote, 14-7, to Bar Fees at the University", *New York Times* (1 de septiembre, 1967), 13. Las cargas administrativas de entonces eran mínimas y solo podían emplearse en gastos que no fueran de instrucción, como la administración, servicios de salud y orientación.

[67] Michael Mumper, *Removing College Price Barriers: What Government Has Done and Why It Hasn't Worked* (Albany: SUNY Press, 1996), 94.

su inversión en las universidades públicas, por lo que aquellas instituciones que habían sido gratuitas para los residentes del estado hasta los años ochenta, ahora son, en realidad, privadas. Los efectos de este giro en las políticas, como muchos deben saber, han sido la inflación veloz de los costos de matrícula y una expansión enorme de la deuda estudiantil. Como bien nos explica el movimiento Strike Debt, la desigualdad hoy se tiende a manifestar en la forma de diversos grados de servidumbre por deudas más que a través de una exclusión total.

Sin embargo, Strike Debt no toma en cuenta el hecho de que la deuda llamada privada o personal, con mucha frecuencia, es una deuda intergeneracional o familiar. En la medida que los costos de las matrículas se han disparado y el umbral de acceso a los préstamos ha subido, tanto el gobierno federal como los prestamistas privados han empujado a los estudiantes hacia préstamos que acaban siendo firmados por los padres en nombre de sus hijos, y donde las obligaciones entre la figura parental y el hijo sirve como una especie de sustituto del seguro colateral.[68] Entonces, no se trata de sabotear las obligaciones de deuda de las altas finanzas a través de la valorización de nuestras "deudas [...] a nuestros amigos, familias y comunidades", como nos recomienda Strike Debt, ya que el mercado mundial de la deuda familiar titularizada depende por completo de nuestras obligaciones íntimas entre nosotros, especialmente a nivel familiar.[69] El hecho de que no queramos abandonar tales obligaciones cumple un rol asegurador de gran utilidad para el mercado del crédito titularizado, lo que garantiza que deudores de créditos de consumo van

[68] Marian Wang, Beckie Supiano y Andrea Fuller, "No Income? No Problem! How the Government is Saddling Parents with College Loans They Can't Afford", *Propublica* (4 de octubre, 2012), disponible en propublica.org.

[69] "Queremos una economía donde nuestras deudas sean con nuestros amigos, familias y comunidades; y no el 1%" (página principal de strikedebt.org).

a permanecer atados a un contrato por mucho más tiempo que los jugadores profesionales del mercado.

Por supuesto, no se puede responsabilizar a las figuras clave del neoliberalismo estadounidense por la enorme liberalización de los mercados financieros que se llevó a cabo desde los años ochenta en adelante. Pero, ciertamente, fueron los primeros en abogar por que el gasto deficitario fuese privado y no público, cuando se trataba de financiar la inversión en "capital humano", y los primeros en exigir el subsidio del crédito privado como una forma de satisfacer los deseos que una minoría había liberado en la revolución social de los años sesenta. Friedman y Becker no tenían forma de predecir la forma dramática en que se expandiría el mercado de los créditos de consumo en las décadas siguientes, ni podrían haber anticipado cuánto el mercado de los créditos estudiantiles se aproximaría a sus prescripciones de políticas públicas. Sin embargo, sí entendían claramente cómo los mercados crediticios privados podrían hacer las veces de una inclusión democrática sin perturbar las estructuras económicas del patrimonio familiar privado.

Hoy en día, los efectos de este giro en las finanzas públicas son evidentes a través de la experiencia. La Reserva Federal publicó recientemente un informe que buscaba explicar el hecho de que un número creciente de adultos jóvenes están viviendo con sus padres hasta los veintitantos años e incluso los treinta: una tendencia demográfica que se atribuye principalmente a la deuda educacional.[70] El giro desde la inversión pública a la privada, en el llamado "capital humano", ha revitalizado forzosamente la importancia de las redes de deuda familiar y la riqueza heredada como determinantes del destino social. La consecuencia de más de tres décadas de reforma económica neoliberal ha sido reinstalar la

[70] Zachary Bleemer, Meta Brown, Donghoon Lee y Wilbert van der Klaauw, *Debt, Jobs, or Housing: What's Keeping Millennials at Home?,* Federal Reserve Bank of New York Staff Reports (1 de noviembre, 2014), disponible en newyorkfed.org.

función legal y económica de la familia privada como la primera línea de provisión del bienestar, muy de acuerdo con las prescripciones de los propios neoliberales.

5. ¿El resurgir de Schumpeter? Cómo los neoliberales adaptaron la imagen del emprendedor

Dieter Plehwe

La conexión entre el neoliberalismo y el emprendimiento se ha convertido en un lugar común en la investigación. En consonancia con Michel Foucault, Wendy Brown ha reflexionado en torno a la sustitución del hombre político por el hombre económico: una noción universalizada del emprendimiento, dedicada a la automaximización del propio capital humano.[1] El análisis de Brown se limita a la Escuela de Chicago y se enfoca en Gary Becker, aunque reconoce las tradiciones neoliberales del ordoliberalismo alemán y la economía austríaca. En cambio, William Davies basa su tesis en los argumentos divergentes de Ronald Coase y Joseph Schumpeter, un miembro y un crítico de la Sociedad Mont Pèlerin (SMP), respectivamente. Tanto Coase como Schumpeter justificaban la competencia imperfecta y reemplazaban los formatos institucionales para la competencia con otros psicológicos.[2]

Si bien Davies relaciona a Coase y Schumpeter con los cambios contextuales en las políticas de competencia que se han empleado desde fines de los años setenta, no se ha pronunciado respecto de la paradoja del resurgimiento de Schumpeter. Después de todo, Schumpeter predecía el *fin* del capitalismo debido a la disminución del emprendimiento en el capitalismo gerencial. Davies informa del pesimismo de Schumpeter respecto del declive sociológico de la clase de los verdaderos empresarios. Aun así,

[1] Wendy Brown, *El pueblo sin atributos. La secreta revolución del neoliberalismo* (Barcelona: Malpaso, 2016), 4-6.

[2] William Davies, *The Limits of Neoliberalism: Authority, Sovereignty and the Logic of Competition* (Thousand Oaks: SAGE Publications, 2014), 54.

continúa dándole precedencia a la mentalidad visionaria de Schumpeter en su capítulo sobre las "psicologías competitivas", más allá de la esfera económica.[3]

El concepto esencialista de pequeños grupos de élites empresariales de Schumpeter, ha sido revivido mucho más allá de los confines del liderazgo en los negocios. Los gurús y consultoras empresariales han universalizado explicaciones seudoschumpeterianas de la fuerza impulsora del desarrollo económico, con el fin de promover estrategias de competitividad para las naciones y regiones. El concepto de las pequeñas élites se ha extendido al liderazgo político y cultural responsable del desarrollo humano en general.[4]

Si bien la ubicuidad del discurso empresarial es imposible de ignorar, las explicaciones académicas de sus orígenes han sido más elusivas. Ni Brown ni Davies se refieren al cambio en la atención de los neoliberales hacia cuestiones de contexto institucional y político que, desde los años setenta, han contribuido de forma decisiva a superar las versiones esencialistas del emprendimiento. Tampoco hacen seguimiento de las importantes conversaciones entre los neoliberales sobre el tópico del emprendimiento, que se efectuaron desde fines de los años cuarenta; un seguimiento que es necesario para comenzar a vislumbrar el esfuerzo neoliberal por hacer resurgir el emprendimiento. En estas conversaciones, Schumpeter jugó un rol central pero con vetas y cambios. Fue el némesis de aquellos que trataban de prevenir la aparente disminución del emprendimiento y también actuó como un economista experto que necesitaba ser corregido, con tal de tener la oportunidad de promover una teoría neoliberal alternativa sobre el emprendimiento.[5] Finalmente, Schumpeter fue inscrito como el testigo

[3] *Ibid.*, 51-54.

[4] *Ibid.*, 113.

[5] Max Hartwell, *A History of the Mont Pèlerin Society* (Indianápolis: Liberty Fund, 1995), 102. Johannes Großmann, *Die Internationale der Konservativen.*

principal para el resurgir del capitalismo, en una contradicción directa con su propia teoría de la disminución.

No poder desenredar este proceso en el que se revivió y adaptó a Schumpeter, implica que teorías del emprendimiento diversas y hasta contradictorias se presentan ahora bajo el estandarte común del neoliberalismo,[6] a pesar de que "no queda mucho del emprendedor de Schumpeter en las teorías del emprendimiento posteriores a Schumpeter. Solo ha sobrevivido la concepción de que el emprendedor no necesita ser el dueño".[7] Los críticos del neoliberalismo son, por ende, cómplices involuntarios de esconder dimensiones importantes de la historia intelectual del emprendimiento e ignoran el *quid* de la cuestión.

El propósito del resurgir del emprendimiento no era solo proponer las características económicas supuestamente universales de la humanidad. También se transformó en un esfuerzo por inducir un cambio conceptual de largo alcance en la comprensión de la gestión privada y pública. Las ambigüedades de la comprensión daimónica del propio Schumpeter sobre el emprendedor, se pierden en el blanqueamiento de la historia de la teoría del emprendimiento.[8] La integración exitosa de Schumpeter en la narrativa neoliberal de la gestión empresarial indica una autoconfianza neoliberal en constante aumento. A Schumpeter se lo

Transnationale Elitenzirkel und private Außenpolitik in Westeuropa seit 1945 (Berlín: De Gruyter Oldenbourg, 2014), 409-416.

[6] Matthew Eagleton-Pierce, *Neoliberalism: The Key Concepts* (Londres: Routledge, 2016), 56 y ss. Para un esfuerzo ilustrativo por distinguir los conceptos expansivos del emprendimiento a través de a) grupos de actores, b) contextos sociales e institucionales y c) niveles y funciones de gestión (sistemas de innovación), véase Richard Sturn, *Varianten des Unternehmertums in der Österreichischen Schule* (Graz: GSC Discussion Paper N° 18, 2017).

[7] Peter Swoboda, "Schumpeter's Entrepreneur in Modern Economic Theory", en Christian Seidl, ed., *Lectures on Schumpeterian Economics: Schumpeter Centenary Memorial Lectures Graz 1983* (Berlín: Springer, 1984), 17-28, 24.

[8] Robert Fredona y Sophus A. Reinert, "The Harvard Research Center in Entrepreneurial History and the Daimonic Entrepreneur", *History of Political Economy* 49, N° 2 (2017): 268-314.

anuló simbólicamente para abrir espacio a perspectivas neoliberales, mucho antes de que el prestigio de su nombre fuera integrado en una perspectiva neoliberal reforzada sobre la economía, política y sociedad.

Este capítulo explica la aparente paradoja de Schumpeter, siguiendo la evolución del resurgir del emprendimiento en las discusiones neoliberales de la posguerra. Junto a Schumpeter, esta historia la protagoniza otro economista emigrado de Austria: Ludwig von Mises. Así, se muestra cómo los economistas austríacos, como Mises e Israel Kizner (su estudiante en la Universidad de New York, nacido en el Reïno Unido), junto a economistas alemanes, como Günter Schmölders y Herbert Giersch, y una serie de nombres de otros investigadores neoliberales, refutaron, revivieron y reformularon la teoría del emprendedor de Schumpeter entre los años cincuenta y los años ochenta. Por un lado, tenemos lo que podría considerarse como el resurgimiento de un seudo-Schumpeter y un importante cambio de foco hacia las causas internas del desarrollo económico, la innovación y el crecimiento, realizado por los geógrafos económicos neoliberales de la Escuela de Kiel;[9] por ejemplo, los estudiantes de Mises, como Kirzner, ayudaron a resucitar una teoría funcional y contextual del emprendimiento, que necesitaba de mucha más atención para intentar explicar el surgimiento del sujeto emprendedor. Más allá de la historia intelectual, un grupo diverso de autores y hombres de negocios neoliberales (muchos de ellos miembros de la SMP) contribuyeron de forma decisiva a sacar el emprendimiento de los márgenes de la teoría económica y la elaboración de políticas públicas, y llevarlo al escenario principal.

[9] Dieter Plehwe y Quinn Slobodian, "Landscapes of Unrest", *Modern Intellectual History* (agosto 2017): 1-31; Swoboda, "Schumpeter's Entrepreneur", 24.

El marginal del emprendimiento: Ludwig von Mises

La figura central en el discurso neoliberal sobre el emprendimiento no es Schumpeter sino Ludwig von Mises. Al contrario de Schumpeter, quien se ha convertido en un sinónimo de emprendimiento, el grueso de la historia intelectual sobre este tema prácticamente no ha hablado de Mises. Esto puede deberse a que su libro insigne, *La acción humana*,[10] publicado en 1949, al momento de su aparición "ya era visto como un capítulo cerrado en la historia del pensamiento"[11] por sus seguidores. Su teoría del ciclo monetario y de los negocios había sido sepultada por John Maynard Keynes. Mises era considerado como el perdedor del debate sobre el cálculo en el socialismo frente a los seguidores de León Walras, y su teoría de precios fue reemplazada por la rival: la tradición austríaca de Friedrich von Wieser. El hecho de que Mises fracasara en conseguir un cargo profesional permanente en Viena o en Estados Unidos, lo condenó al ostracismo académico. En comparación con Schumpeter, titular de Harvard desde 1932, Mises era un afuerino en el campo educacional estadounidense, ya que solo era profesor adjunto en la Universidad de Nueva York y trabajaba, además, como consultor de la Fundación para la Educación Económica y de la Asociación Nacional de Manufacturas (NAM).

A pesar de su marginalidad profesional, las teorías de Mises tuvieron una influencia formativa en el resurgimiento de la escuela austríaca en los Estados Unidos y América Latina tras los años setentas.[12] En parte, lo que lo marginó en los años cuarentas (pero

[10] Ludwig von Mises, *La acción humana* (Madrid: Unión Editorial, 2010).

[11] Jeffrey M. Herbener, Hans-Hermann Hoppe y Josef T. Salerno, "Introduction to the Scholarly Edition", en Ludwig von Mises, *Human Action. The Scholarly Edition* (Auburn: Ludwig von Mises Institute, 1998) [en alemán: *Nationalökonomie: Theorie des Handelns und Wirtschaften* (Genf: Union, 1940)].

[12] Floyd A. Harper, Henry Hazlitt, Leonard Read, Gustavo R. Velasco y F. A. Hayek, eds., *Toward Liberty: Essays in Honor of Ludwig von Mises* (Menlo Park:

lo hizo atractivo para los renovadores austríacos más adelante) fue lo ambicioso de sus metas intelectuales. Su planteamiento, heterodoxo y de largo alcance, buscaba aclarar no solo las actividades económicas, sino la acción humana en general. Su libro principal, *La acción humana*, si bien fue ignorado por sus colegas, ha tenido éxito entre el público general: se lo tradujo a ocho idiomas y ha vendido más de 500 000 ejemplares.

Una comparación entre Mises y Schumpeter sobre el tema del emprendimiento resulta esclarecedora. Schumpeter apuntaba al declive de una clase particular de empresarios. Esto reflejaba un cambio en la estructura del capitalismo mundial y, en especial, del capitalismo estadounidense durante los años treinta y cuarenta. En parte, como resultado del avance de la planificación socialista y del conflicto ideológico entre el socialismo y el capitalismo, había un consenso creciente en torno a la gestión y la planificación macroeconómica a gran escala. La expansión de las burocracias en los sectores público y privado socavó el rol previo del emprendimiento individual y de las empresas familiares, las cuales, según Schumpeter, harían que la sociedad se volviese más emprendedora.[13] A nivel microeconómico, el tema de la modernización se reflejó en la nueva teoría de la empresa, en la disciplina de la administración y la economía. Al reemplazar el individualismo del emprendimiento, los intelectuales apuntaban a una dimensión organizacional a gran escala y a los complejos requerimientos para la gestión de negocios con múltiples divisiones de organización o lo que Alfred Chandler llamó el "modo M" (*M form*).[14] Con una orientación hacia la distribución de la responsabilidad, el secreto del progreso económico no yacía en el individualismo y el

Institute for Humane Studies, 1971).

[13] Joseph Schumpeter, *Teoría del desenvolvimiento económico: una investigación sobre ganancias, capital, crédito, interés y ciclo económico* (México: Fondo de Cultura Económica, 1944).

[14] Alfred D. Chandler, *Strategy and Structure: Chapters in the History of the American Industrial Enterprise* (Cambridge, EE. UU.: MIT Press, 1962), 42.

emprendimiento, sino en la coordinación de la gestión y la cooperación de los empleados.

El auge de la gran empresa y la gestión burocrática conllevaron a que Schumpeter predijera el fin del capitalismo.[15] Según él, los emprendedores individuales, quienes eran capaces de innovaciones importantes y de conseguir nuevas combinaciones en el mercado, a pesar de la resistencia (debido a la destrucción inevitable de las otrora existentes relaciones de mercado), eran la verdadera causa del progreso *macro*económico. El emprendedor exitoso habría de producir una rentabilidad considerable (monopolio temporal), lo que permitiría, eventualmente, la construcción de imperios (capital familiar) duraderos. Lo que se tiende a olvidar, es la actitud reservada de Schumpeter respecto del rol de los emprendedores en la sociedad en general. Aunque los consideraba agentes de cambio, no eran ni los iniciadores del progreso económico *per se* ni héroes (como sí lo eran para Ayn Rand).[16]

Si Schumpeter llegó a ver a los emprendedores como una clase condenada, Mises veía al emprendimiento como una característica general de la conducta humana, debido a la necesidad de tomar decisiones bajo condiciones de inevitable incertidumbre. Para Mises, todos eran emprendedores, literalmente. En *La acción humana*, Mises definía al emprendedor como el "individuo que actúa con la mira puesta en las mutaciones que las circunstancias del mercado registran".[17] En el núcleo de su función emprendedora yace la anticipación de la futura demanda del consumidor. A diferencia de Schumpeter, quien ponía el foco en la innovación y el cambio, para Mises la persona emprendedora no necesitaba más que las relaciones de mercado para ejecutar su rol en la economía y en la sociedad. La ejecución genera ganancias al emprendedor,

[15] Joseph Schumpeter, *Capitalismo, socialismo y democracia* (Barcelona: Página Indómita, 2010), capítulo XII.

[16] Fredona y Reinert, "The Harvard Research Center", 289.

[17] Mises, *La acción humana*, 309.

que no son más que el reconocimiento de su capacidad para hacer que la función de precio funcione. Esta es la razón por la que Mises reaccionó con hostilidad cuando las ganancias fueron consideradas expresiones del mal funcionamiento de los mercados, que debían ser superadas mediante el equilibrio. Para él, la defensa de las oportunidades de ganancia (y pérdida) era la clave para una economía y una sociedad libres.[18]

La teoría de Mises era marginal, por no decir totalmente ajena al grueso de la academia marshalliana-keynesiana de la síntesis neoclásica en los Estados Unidos de la posguerra. Aun así, más allá de que la lectura del público general le haya dado una importante vida después de su muerte, la teoría de Mises también ofrecía una fuente para que los neoliberales posteriores elaboraran una teoría general del sistema económico, que contrastara fuertemente con la teoría del equilibrio neoclásico, el materialismo histórico marxista y otros enfoques historicistas de la economía, como el de Schumpeter. A pesar de su aceptación limitada en la disciplina de la economía propiamente tal, y la creencia generalizada en su irrelevancia dentro de los círculos de Mont Pèlerin, la obra de Von Mises acabó por contribuir a uno de los proyectos neoliberales más importantes y duraderos de los años sesenta y setenta: el resurgimiento del concepto de "emprendimiento".

Sobre la base de Mises: Kirzner enfrenta a Schumpeter

El tema del emprendimiento llegó con cierta tardanza a las conferencias de la Sociedad Mont Pèlerin.[19] No se discutió explícitamente

[18] *Ibid.*

[19] Para trabajos más antiguos de los miembros de Mont Pèlerin, Otto von Habsburg (presidente del Centre Européen de Documentation et d'Information) y Arvid Fredborg (director del Institut d'Études Politiques Vaduz de Liechtenstein

hasta la conferencia general de Vichy en 1967, cuando Israel Kirzner hizo referencia a Mises y a Hayek en su artículo clave "El individualismo metodológico, el equilibrio de mercado y el proceso de mercado", en una sesión sobre la enseñanza de la economía en nuestro presente. Kirzner hacía una distinción entre la teoría de precios angloamericana, que se interesaba en las condiciones del equilibrio, y la teoría de precios austríaca, que se interesaba en el proceso de mercado. Kirzner sugería que, a diferencia del mundo angloamericano del equilibrio, que tenía un rol puramente calculador y economicista, el mundo austríaco de los procesos de mercado tenía un elemento emprendedor adicional, debido al hecho de que los individuos operan bajo condiciones caracterizadas por una ausencia del conocimiento necesario para calcular y decidir económicamente. Escribe que "el emprendedor es [...] el principal impulsor del proceso de mercado".[20]

Cabe destacar que el emprendimiento entró en el currículum de las escuelas de negocios justo en el momento en que algunos de los exponentes clave de la nueva literatura sobre emprendimiento, y en especial Kirzner, comenzaron a hablar de la enseñanza de la economía. Los primeros cursos sobre emprendimiento en los Estados Unidos fueron ofrecidos por las universidades de Stanford y Nueva York, en la segunda mitad de los años sesenta. El primer programa MBA de emprendimiento de los Estados Unidos se inauguró a principios de los años setenta en la Universidad del Sur de California. Una década después, en los Estados Unidos, varios cientos de escuelas de pregrado y universidades incluían cursos, cuando no programas completos, sobre emprendimiento.[21]

en los años sesenta), incluyendo los esfuerzos en pos del establecimiento de una "Universidad de la Libre Empresa" y una organización en la defensa del libre emprendimiento, véase Johannes Großmann, *Die Internationale*, 412.

[20] Israel Kirzner, "Methodological Individualism, Market Equilibrium, and Market Process", *Il Politico* 32, N° 1 (1967): 788.

[21] G. T. Solomon y L. W. Fernald Jr., "Trends in Small Business Management and Entrepreneurship Education in the United States", *Entrepreneurship Theory and*

(Cincuenta años después, la Universidad Francisco Marroquín en Guatemala nombraría su centro de emprendimiento en honor al mismísimo Kirzner).

Tras la conferencia de Vichy, Kirzner también presentó una ponencia titulada "Emprendimiento y el enfoque de mercado para el desarrollo", en la conferencia regional de la SMP en Caracas (1969). En esta ponencia, Kirzner criticaba el concepto del empresario innovador de Schumpeter. Según él, el hecho de que Schumpeter fallara en reconocer que el emprendedor es un tomador de decisiones y pusiera énfasis exclusivamente en la innovación disruptiva, dejaba las políticas de corrección del mercado a los planificadores. El concepto del propio Kirzner consideraba que el emprendimiento era decisivo para explicar los ajustes de equilibrio a lo largo del tiempo, reemplazando así el equilibrio estático por un equilibrio intertemporal. Kirzner distinguía dos problemas del emprendimiento: a) el descubrimiento del mejor curso de acción y b) la ejecución de actividades más allá de si son la mejor, la segunda o tercera mejor. Kirzner opinaba que el foco de la discusión existente sobre emprendimiento estaba sobre la primera dimensión (calculadora), al tiempo que concebía la necesidad de reconocer la segunda dimensión como la verdadera función emprendedora.[22] Kirzner sentía que era una diferencia que importaba, dado que Schumpeter y todos los otros expertos del cálculo *abstracto* no reconocían la dimensión *concreta* más importante del desarrollo, es decir, el aprovechamiento de las oportunidades que se presentaban en el proceso de mercado.[23]

Las observaciones de Kirzner sobre los emprendedores de la vida real habían sido precedidas por intervenciones neoliberales

Practice 15 (1991): 25-39. Para una comparación, véase la "Entrepreneurship Education Chronology" que ofrece la Saint Louis University, disponible en slu.edu.

[22] Israel Kirzner, "Entrepreneurship and the Market Approach to Development", en Floyd A. Harper *et al.*, ed., *Toward Liberty: Essays in Honor of Ludwig von Mises* (Menlo Park: Institute for Humane Studies, 1971), 201.

[23] *Ibid.*, 203.

en el debate sobre el desarrollo internacional. Desde fines de los años cincuenta, Peter Bauer, economista del desarrollo y miembro de la SMP, había usado una perspectiva sociológica similar a la de Schumpeter para desacreditar la noción de una falta de emprendedores en los países en desarrollo; una postura que también compartían varios miembros importantes de Mont Pèlerin, como Wilhelm Röpke.[24] Ignorando a los críticos progresistas, quienes ponían énfasis en la escasez de capital (nacional) más que en la ausencia de emprendedores, el énfasis de Bauer en el proceso de mercado y en el emprendimiento en el hemisferio sur apuntaba a promover una perspectiva económica neoliberal universal en el campo de la economía del desarrollo.

Si bien Kirzner atacó al eminente Schumpeter, también hizo un vehemente hincapié en cuán cerca estaba el énfasis de Schumpeter en el "desequilibrio dinámico"[25] y la innovación a su propio concepto de "vigilancia" (*alertness*) y a la independencia del emprendimiento de los factores de producción.[26] Según Schumpeter, solo los dueños del capital asumían los riesgos, algo que distinguía su razonamiento del de otros aportes sobre la incertidumbre, como, por ejemplo, el de Frank Knight de la Universidad de Chicago. Sin embargo, a diferencia de Schumpeter, Kirzner ponía el énfasis en el proceso de mercado, en el cual el emprendedor jugaba un rol, más que en la contribución innovadora del emprendedor en sí. Esto tenía un motivo: las observaciones de Schumpeter respecto del descenso del empresariado innovador y heroico

[24] Dieter Plehwe, "The Origins of the Neoliberal Economic Development Discourse", en *The Road from Mont Pèlerin : The Making of the Neoliberal Thought Collective* ed. Philip Mirowski y Dieter Plehwe (Cambridge, EE. UU.: Harvard University Press, 2009), 249.

[25] Harald Hagemann, "Capitalist Development, Innovations, Business Cycles and Unemployment: Joseph Alois Schumpeter and Emil Hans Lederer", *Journal of Evolutionary Economics* 25, N° 1 (enero 2015): 117.

[26] Israel Kirzner, *Competition and Entrepreneurship* (Chicago: University of Chicago Press 1973), 80.

durante la guerra y, en consecuencia, de las empresas familiares, hicieron que este esperase el auge de un socialismo de élite que, difícilmente, podría haber sido contrarrestado en la era del capital monopolista, de las grandes organizaciones y del gerencialismo. La debilidad principal de la sociología del emprendimiento de Schumpeter es, no obstante, una tendencia a naturalizar el talento y la calidad empresarial (la capacidad sustantiva de la clase de individuos innovadores y la relevancia macroeconómica, respectivamente). Esto ya no sería necesario si el emprendedor solamente reaccionara a las oportunidades del mercado en lugar de crearlas personalmente. El hecho de que Kirzner cambiara el foco hacia la cualidad simple de la "vigilancia" y la primacía de los procesos de mercado que presentan las oportunidades, redirigió el argumento hacia el sistema general de pensamiento de Ludwig von Mises.

De esta forma, no se necesitó de ninguna dimensión de innovación macroeconómica para alcanzar su umbral de emprendimiento abundante, y el proceso de mercado triunfó sobre la estructura de mercado, lo que se convirtió en una teoría contingente de un emprendimiento más o menos restringido. Tras este cambio, los miembros de Mont Pèlerin dirigieron progresivamente su atención hacia el amplio rango de *restricciones al emprendimiento.* En lugar del enfoque tradicional en el poder monopólico de las empresas como un impedimento al mercado, el movimiento sutil hacia la práctica mercantil permitió que las críticas pasaran a orientarse hacia cuestiones de políticas estatales, como la tributación, la regulación y la acción colectiva relativa a los sindicatos.

Günter Schmölders y la imagen del emprendedor

El tópico del emprendimiento como tal llegó a la Sociedad Mont Pèlerin en 1970, cuando Günter Schmölders, economista alemán, inauguró la conferencia sobre la "imagen del emprendedor", que se desarrolló entre el 30 de agosto y el 5 de septiembre de dicho año (sobre la primeras contribuciones de Schmölders a la economía conductual, véase la contribución de Graf a este volumen). El contenido de las ponencias de la conferencia de Múnich de la SMP no era solo una cuestión académica.[27] El foco en el emprendedor también era parte de un esfuerzo estratégico por establecer una agenda, por parte de los círculos intelectuales neoliberales, en interacción y colaboración estrecha con los líderes corporativos de la industria y la banca. Siemens, la compañía líder en tecnología de la Alemania Occidental, proporcionó espacio de sus oficinas y la logística. Un amplio rango de empresas alemanas, medianas y grandes, brindaron financiamiento. Schmölders usó el Aktionsgemeinschaft Soziale Marktwirtschaft (Grupo de Acción para una Economía Social de Mercado) y la Arbeitsgemeinschaft Selbständiger Unternehmer (Asociación de Emprendedores Autónomos) para obtener financiamiento. El primero es un *think tank* financiado por miembros corporativos, el cual se había fundado originalmente en 1953, para apoyar la versión neoliberal de una economía social de mercado de Ludwig Erhard.[28] La segunda es una asociación de negocios de empresas familiares, que ha hecho grandes contribuciones a los *thinks tanks*.[29] El apoyo de las grandes compañías y empresas familiares indican un interés intersectorial en el tema del emprendimiento en Alemania. En vez de una oposición entre la directiva de las grandes empresas y el emprendimiento familiar, hubo un consenso emergente respecto de la necesidad de una aproximación común al emprendimiento

[27] Las ponencias se publicaron en Günter Schmölders, ed., *Der Unternehmer im Ansehen der Welt* (Bergisch Gladbach: Gustav Lübbe Verlag, 1971).

[28] Ralf Ptak, "Neoliberalism in Germany: Revisiting the Ordoliberal Foundations of the Social Market Economy", en Philip Mirowski y Dieter Plehwe, eds., *The Road from Mont Pèlerin*, 98-138.

[29] Hartwig Pautz, "Revisiting the Think-tank Phenomenon", *Public Policy and Administration* 26 (2011): 419-435.

y a la gestión empresarial.[30] La conferencia sirvió para mostrar el valor y la utilidad de la investigación y la educación sobre emprendimiento en Alemania y a nivel internacional. Como era de esperar, muchos, si es que no todos los aportes a la conferencia defendieron a los emprendedores de las críticas y apuntaron a promover el emprendimiento desde una perspectiva normativa.[31]

En su discurso inaugural, Schmölders marcó tres puntos para apuntalar el nuevo foco en los emprendedores. Primero, el capitalismo de la posguerra había sido extremadamente exitoso, pero este éxito había eclipsado los fundamentos del sistema de mercado, que eran considerados anticuados o incluso reaccionarios por gran parte de la ciudadanía. Esto requería de un nuevo esfuerzo para examinar el funcionamiento del sistema, con los emprendedores como uno de los aspectos críticos. Segundo, este esfuerzo podría ayudar a expiar el pecado inmemorial de la omisión, es decir, la ausencia de un foco en los emprendedores y el emprendimiento en la economía. De forma similar a Kirzner, Schmölders planteaba que era necesario dejar de centrar la atención en las abstracciones, como el capital o las leyes económicas, y concentrarse en los agentes reales. Tercero, la opinión pública de los emprendedores era tan importante como el rol del emprendedor en el funcionamiento de la economía. Solo el conocimiento profundo de las "opiniones sobre hechos", permitía que los políticos responsables y sus asesores desarrollaran una comprensión sobre los procesos

[30] *Unternehmer und Bildung. Festschrift zum 60. Geburtstag von Ludwig Vaubel* (Colonia: Westdeutscher Verlag, 1968).

[31] B. R. Shenoy, de la India, fue el único que le dijo a la audiencia que la evasión tributaria de las empresas era un problema real y no una mera fantasía de la propaganda socialista. Es posible que su capítulo sea el que más se acerca al interés de Schumpeter en la historia de los negocios. Shenoy permitió vislumbrar el impacto histórico del sistema de castas y las restricciones institucionales en el emprendimiento para los miembros de castas que no pertenecían a la clase designada para el comercio (Vaishya). B. R. Shenoy, "Das Bild vom Unternehmer in Indien", en Günter Schmölders, ed., *Der Unternehmer im Ansehen der Welt*, 156-171.

de formación de preferencias en las cuestiones de economía y política económica.[32]

De esta manera, Schmölders planteó la doble tarea de investigar al emprendedor como agente crítico y también las opiniones sobre el emprendimiento en general. Los nombres de la conferencia fueron en línea con el doble propósito expresado por el presidente de la SMP. Un primer grupo de expositores se refirió a la relevancia y a la imagen del emprendedor en diferentes países, y un segundo examinó ciertos grupos particulares en la sociedad y cómo se podía mejorar la imagen de los emprendedores. El propio Schmölders habló de Alemania, Lawrence Fertig de Estados Unidos, François Bilger de Francia, Ralph Horwitz sobre el Reino Unido, Chiaki Nishiyama sobre Japón y B. R. Shenoy sobre la India (Peter Bauer hizo un aporte complementario sobre los países en desarrollo). James Buchanan y G. M. Wattles discutieron sobre la educación en los Estados Unidos. El segundo grupo de expositores incluyó a Gilbert Tixier, quien expuso sobre la perspectiva de los recaudadores de impuestos franceses, a Götz Briefs sobre los sindicatos, a Jean-Pierre Hamilius sobre los intelectuales y a Erich Streissler sobre la izquierda. Por último, pero no menos importante, Franz Böhm, Milton Friedman y Christian Gandil reflexionaron en torno a cómo mejorar la imagen del emprendedor. Por lo tanto, la conferencia de 1970 situó firmemente al emprendimiento en la agenda del movimiento intelectual neoliberal como materia de investigación analítica y también como objeto de esfuerzos de promoción popular.

En este punto de la historia, la agenda de resurgimiento que se desarrollaba, se puede resumir como un ejercicio de optimismo defensivo. Los expositores de la conferencia de la SMP de 1970 comentaron sobre un descenso de los dueños-emprendedores en la línea de las expectativas de Schumpeter. A diferencia de las

[32] Günter Schmölders, "Eröff nungsansprache zur Tagung der Mont Pelerin Society am 31. August 1970 in München", en *ibid.*, 7-11.

preocupaciones y miedos que se expresaban en los círculos neoliberales durante los años cincuenta y sesenta,[33] los expositores en Múnich destacaron unas inesperadas fuentes de optimismo respecto del futuro de la economía de mercado. Los autores apuntaban hacia un considerable emprendimiento en las grandes empresas y en la conducta cambiante de los ciudadanos promedios. Fertig comentó que el 12% de los estadounidenses eran dueños de acciones, por ejemplo, e informó de un fuerte incremento en el volumen de los fondos de inversión. Lo primero se interpretaba como una vista previa del discurso del sistema del "intraemprendimiento" y la innovación que se discutirá más abajo, y lo segundo indicaba una expansión inminente del rango de la discusión sobre emprendimiento.

Si bien el típico estado de ánimo trágico de los neoliberales está presente, los expositores también mostraron un gran entusiasmo al señalar ciertos indicios positivos. Schmölders enfatizó una creciente tasa de aprobación del rol de los emprendedores en Alemania, si bien estaba claro que otras profesiones eran más apreciadas. En comparación con los informes relativamente positivos para Alemania y Estados Unidos, las perspectivas británicas ofrecidas por Hamilius y Fisher eran poco prometedoras. Se culpó a las políticas de nacionalización de industrias, como las del carbón y del acero, de los estereotipos negativos del "avaro" o el "feligrés del dinero". En cambio, el panorama francés era más positivo. Una primera tanda de encuestas de opinión sobre el tema (como en Alemania) no mostraba el estereotipo esperado sobre el emprendedor francés (nacionalista y proteccionista). La valoración del rol y funcionamiento de las empresas y sus dueños era mixta, pero Bilger sugirió que el obstáculo mayor era una falta de conocimiento íntimo de las empresas francesas. Los viejos resentimientos basados en la lucha de clases iban a la baja,

[33] Großmann, *Die Internationale der Konservativen*, 406 y s.

pero se ponían de moda nuevas objeciones contra la eficiencia bajo el término de "americanismo". Tixier también indicó que en Francia había una ausencia de ideología del empleador, lo que dejaba a los emprendedores sintiéndose desamparados ante la animosidad. En cambio, se consideró que Japón sufría de un descenso pronunciado en el número de emprendedores, y una creciente importancia de las grandes compañías. Los comentarios de Kiuchi, una vez más, se mostraron a favor de una perspectiva ampliada del emprendimiento dentro del sector corporativo.

La perspectiva sociológica presentada se concentraba en las fuentes percibidas de la opinión pública negativa: intelectuales, educadores, autoridades tributarias, sindicatos y la izquierda (aunque Erich Streissler defendió explícitamente a Karl Marx y, en su lugar, inculpó a Rousseau de la hostilidad de la Nueva Izquierda hacia el emprendimiento). En un capítulo de amplio espectro sobre los intelectuales y emprendedores, Hamilius planteaba que, al volverse contra los emprendedores, los intelectuales serruchaban la rama sobre la cual estaban sentados. Böhm sugería que el esfuerzo de apoyar a los emprendedores necesitaba concentrarse en la imagen del orden de mercado. Ofreció tres razones por las que habría oposición intelectual a los emprendedores y al mercado: resentimiento, ideas utópicas y falta de conocimiento. Hamilius resumía los desafíos a los que se enfrentaban los emprendedores en una figura gráfica (Figura 5.1). De cara a desafíos múltiples e integrales, y a la alternativa antiintelectual del totalitarismo, Hamilius exigía que el emprendedor se convirtiera a sí mismo en un intelectual. Esto se puede interpretar fácilmente como una recomendación a los emprendedores para que refuercen sus propios cuerpos de intelectuales orgánicos, representados por el mismísimo grupo convocado en la conferencia de la SMP en Múnich.

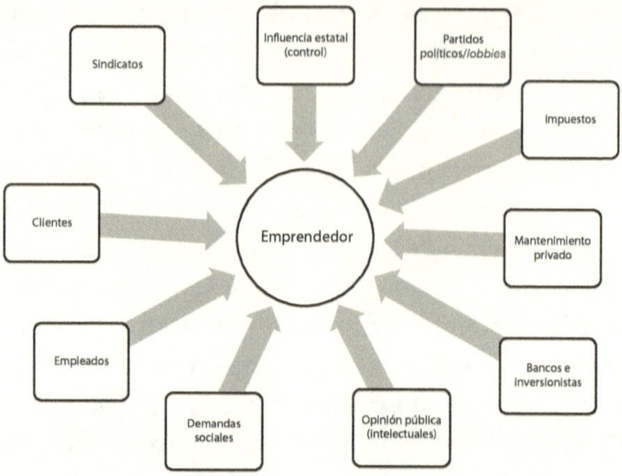

Figura 5.1 La liebre rodeada por los perros de caza.

Tras 1970, ya no se pensaba que el emprendimiento estuviera condenado debido al declive inevitable de la clase de emprendedores individuales. La postura esencialista de Schumpeter fue reemplazada de forma creciente por la postura de contingencia política de Mises. La verdad es que la época entre fines de los años sesenta y principios de los años setenta se suele considerar como una muy oscura para los neoliberales. Las revueltas estudiantiles y la acción colectiva obrera alcanzaron un nivel sin precedentes en muchos países, formando tendencias iliberales que los neoliberales lamentaron. Sin embargo, al leer las ponencias de la conferencia de Múnich, se aprecia no solo una preocupación, sino también un sentido claro de dirección en cuanto a cómo enfrentar los desafíos de forma estratégica.

En primer lugar, los intelectuales neoliberales usaron estudios de encuestas en diferentes países para dirigir su atención hacia los desafíos y ofrecer soluciones para contrastar las imágenes negativas. En segundo lugar, alcanzaron una claridad sobre la necesidad de defender la libertad económica y el sistema de mercado como un todo, más que al emprendedor individual; la función emprendedora por sobre la persona particular. En tercer lugar, esclarecieron las fuentes de imágenes negativas de los emprendedores, que iban desde los educadores, sindicatos y funcionarios fiscales a los intelectuales, lo cual también sirvió para desarrollar agendas que fueran adecuadas para enfrentar a audiencias particulares (por ejemplo, los docentes o periodistas), además del público general. Este trabajo fue asignado a las hordas crecientes de *think tanks* neoliberales.[34] En cuarto lugar, los autores confirmaron que los roles y funciones de los emprendedores y del emprendimiento son positivos a nivel micro y macroeconómico. En consonancia con el respaldo inequívoco al emprendimiento, se prestó cada vez más atención a las limitaciones que rodeaban a los emprendedores.

De esta manera, la conferencia de 1970 de la SMP marcó el fin del esencialismo y del pesimismo schumpeterianos e implicó un cambio de foco hacia las condiciones de la libertad económica y el emprendimiento. Además de entregar claridad sobre la necesidad de disminuir las limitaciones a las transacciones comerciales, la conferencia también marcó el inicio del revisionismo respecto a la innovación empresarial de Schumpeter y una nueva perspectiva en la gestión corporativa. Tal revisionismo, posiblemente, culminó en la obra de Herbert Giersch, el presidente de la Sociedad Mont Pèlerin en el período 1986-1988, cuando anunció una nueva era de Schumpeter en 1984.

[34] Richard Cockett, *Thinking the Unthinkable: Think-Tanks and the Economic Counter-Revolution, 1931-1983* (Londres: Harper Collins, 1994); Lee Edwards, *The Power of Ideas: The Heritage Foundation at 25 Years* (Ottawa, EE. UU.: Jameson Books, 1997); Arthur Seldon, ed., *The Prime Mover of Progress: The Entrepreneur in Capitalism and Socialism* (Londres: Institute of Economic Affairs, 1980). Un número importante de *think tanks* incluso reflejan este propósito en sus nombres. Algunos que se fundaron en la órbita de la Sociedad Mont Pèlerin son el Instituto de Empresas Competitivas (EE. UU., 1984), el Centro de Investigaciones sobre la Libre Empresa (México, 1984), el Instituto de Estudos Empresariais (Brasil, 1984), y el Institut für Unternehmerische Freiheit (Alemania, 2006), por nombrar algunos ejemplos.

Incorporar a Schumpeter: la fusión de Schumpeter y Mises por Herbert Giersch

La obra de Herbert Giersch marca la inversión de los anteriores enfoques de los neoliberales sobre las cuestiones del emprendimiento. Mientras que Mises, Kirzner, Schmölders y muchos otros inspeccionaban las restricciones con las que los emprendedores se enfrentaban, Giersch daba vuelta el partido para enfatizar las restricciones que los mismos emprendedores generaban a los reguladores y a otros enemigos de la libertad económica, más allá del nivel regional y nacional. El duradero presidente del Kiel Institute for the World Economy estaba en el centro de un renovado interés por la competitividad global, la innovación y las dinámicas de locación. A diferencia de figuras conocidas, como Michael Porter, Jeffrey Sachs y Paul Krugman, Giersch ha sido injustamente olvidado por la discusión anglosajona sobre la nueva economía del crecimiento y la nueva geografía económica.[35] Sus estudiantes, sus colegas y él mismo estuvieron en la primera línea del desarrollo de una nueva geografía económica (y, en el caso de Giersch, una decididamente neoliberal). También están en el centro de la historia intelectual del resurgir del emprendimiento en los años ochenta.

La obra de Giersch completa el ciclo descrito arriba. En un principio, Schumpeter vio a la innovación como disrupción y fue pesimista respecto del futuro del capitalismo. Luego, Kirzner refutó la creencia de Schumpeter en la función equilibrante del emprendimiento y afirmó que el futuro del capitalismo dependía de eliminar las restricciones del mercado. Finalmente, con Giersch vemos el llamado a la innovación schumpeteriana como el destino ineludible de todas las regiones económicas, debido a la competencia globalizada y a las realidades de la innovación tecnológica

[35] Karl-Heinz Paqué, "Die Weltals Kegel und Vulkan", en *Das Zeitalter von Herbert Giersch. Wirtschaftspolitik für eine offene Welt*, ed. Lars P. Feld, Karen Horn, y Karl-Heinz Paqué (Tubinga: Mohr Siebeck, 2013).

en la comunicación.[36] La economía mundial como un "objeto de experiencia" requiere sustituir la ideología nacionalista por una "función cosmopolita del bienestar (en la línea de Meade [...])", escribió Giersch,[37] lo que sugiere el ascenso de una nueva versión del capitalismo cosmopolita. No era el capitalismo en sí el condenado al fracaso, debido a la falta de una clase de emprendedores capaces, sino aquellas regiones y naciones que no tuviesen la voluntad o la capacidad para facilitar la competencia con miras a la innovación y promover la competitividad de sus entidades económicas locales.

En Alemania, a Giersch se lo considera un economista keynesiano moderno, pero su obra ha mostrado un viraje decisivo hacia la economía de la oferta y las perspectivas austríacas de los años setenta en adelante. Incluso con anterioridad a este cambio de rumbo, era íntimamente cercano a Hayek y mantuvo una amistad con él a lo largo de su vida. Por ejemplo, Friederike, doctora en economía y esposa de Giersch, informaba en una carta que los Giersch y Hayek se conocieron en enero de 1978 en el European Management Forum de Davos.[38] En 1983, Giersch volvió a presentar en el foro de Davos, esta vez sobre el tema del europesimismo. Esto fue poco antes de publicar su famoso diagnóstico de "euroesclerosis",[39] donde exigía y apoyaba la desregulación y la liberalización que se requería para facilitar la competencia transfronteriza y la transición hacia un único y más completo mercado europeo. A pesar de su fe en la fuerza movilizadora de la globalización, Giersch era un importante impulsor de programas

[36] Herbert Giersch, "Anmerkungen zum weltwirtschaft lichen Denkansatz", *Weltwirtschaft liches Archiv* 125, N° 1 (1989): 13.

[37] *Ibid.*, 15.

[38] Friederike Giersch, carta a Hayek, fechada el 31 de diciembre de 1977. Agradezco profundamente a los herederos de F. A. Hayek por permitirme citar su correspondencia.

[39] Herbert Giersch, "Eurosclerosis: The Malaise that Threatens Prosperity", *Financial Times* (2 de enero, 1985).

neoliberales sobre integración europea y políticas comerciales a nivel mundial.

Giersch publicó su texto pionero sobre la nueva era de Schumpeter en 1984,[40] lo que marcó el fin de la era de un optimismo meramente defensivo dentro del neoliberalismo de la SMP. Sobre la base de una lectura selectiva de Schumpeter, los neoliberales, como Giersch, pasaron a profesar orgullosamente una nueva confianza en la gran expansión de las nociones de emprendimiento. Para Giersch, la era de Keynes y la dirección macroeconómica habían llegado a su fin. Keynes fue presentado como un pesimista, mientras que Schumpeter fue convertido en un partidario fiel del resurgimiento capitalista tras la Segunda Guerra Mundial.

> Este punto sobre los "credos regenerativos" (planteado en 1946 [por Schumpeter contra Keynes]), destaca el optimismo de posguerra de Schumpeter. El punto es ganar más y más relevancia en nuestra fase actual de lento crecimiento económico mundial, una fase con dolores acumulados por el retraso en la adaptación. En dicha fase, la fe en las fuerzas regenerativas de un sistema de mercado descentralizado, se ha vuelto fundamental para la elección de un paradigma socioeconómico adecuado.[41]

El foco de la investigación de Giersch, desde la segunda mitad de los años setenta en adelante, estuvo en el cambio estructural de la economía mundial. Esto le ha permitido abordar las condiciones de la oferta en general y la actividad empresarial en particular. Así, fusionó la economía marginalista locacional de la tradición alemana de Thünen y Lösch con el dinamismo de la economía evolucionista de Schumpeter.

[40] Herbert Giersch, "The Age of Schumpeter", *The American Economic Review* 74, N° 2 (1984): 103-109.

[41] *Ibid.*, 105.

En el núcleo de la nueva geografía económica de Giersch estaba lo que él llamó el "volcán de Schumpeter": un centro de innovación en una ubicación específica, que le proporcionaría un monopolio temporal a una unidad empresarial o de negocios innovadora. Cuando la "lava" de la innovación fluía cuesta abajo y se enfriaba, la ventaja competitiva se perdía. Por ende, el volcán debía continuar produciendo innovaciones (nuevas tecnologías) o desplazarse hacia los márgenes en un proceso de competencia por posicionarse (*Standortwettbewerb*). Mientras que los "volcanes" establecidos pueden mantener su posición debido a la incumbencia, el marco de trabajo permite la imitación y la posibilidad de que emerjan nuevos centros y compitan de forma exitosa con las empresas, unidades de negocio y regiones ya existentes.

De esta manera, y en armonía con Mises, la innovación pasaba a ser una función facilitadora de factores y de la toma activa de oportunidades, más que un ingrediente esencial y excepcional del proceso económico. La mentalidad empresarial tiene que funcionar de forma permanente, o bien perder oportunidades y ceder el mando a otros. Evidentemente, Giersch retoma a Kirzner, aunque sin hacer referencia explícita a su noción de "vigilancia". Para este propósito, las entidades locales, regionales y nacionales pueden alinear sus políticas a favor de las prácticas competitivas. Se considera que el emprendimiento exitoso necesita de iniciativa y resolución pública y privada. Mientras que los economistas comerciales y los nuevos geógrafos económicos, como Krugman, desafiaban el libre comercio sobre una base similar, Giersch se mantuvo firme en su apoyo al irrestricto movimiento de capital, de bienes y, hasta cierto punto, de la mano de obra. El apoyo a regiones y a empresas innovadoras requeriría de la combinación de mercados abiertos y de políticas habilitantes para los participantes del mercado.[42]

[42] Paqué, "Die Weltals Kegel und Vulkan".

En respuesta a los lentos patrones de crecimiento de fines de los años setenta y principios de los ochenta, Giersch se opuso directamente a la economía keynesiana en su programa de nueve puntos, supuestamente basado en Schumpeter. Su tercer punto mencionaba:

> Lo más importante en las circunstancias actuales son las fuerzas impulsoras del desarrollo económico. Por lo tanto, el énfasis está en el crecimiento y difusión del conocimiento, en los empresarios que abren caminos y sus entusiastas imitadores, en la creación de crédito para la oferta de capital de riesgo y en la competencia schumpeteriana (por ejemplo, en la competencia monopolística e innovadora más que en la competencia perfecta y estéril, en la rivalidad oligopolista más que en el equilibrio colusorio y en el comercio agresivo más que en las transacciones de arbitraje). En la economía internacional, *que Schumpeter dejó bastante de lado*, el énfasis está en el libre comercio más que en el comercio justo (comercio sin competencia) y en la orientación hacia las exportaciones más que en la sustitución de importaciones.[43]

El último punto de Giersch, el número nueve, dice: "El talento empresarial es casi ilimitado, pero a menudo solo encuentra salidas productivas en el exterior, o usos menos productivos (e incluso contraproducentes) en la política y el gobierno, en burocracias públicas y privadas o en las fuerzas armadas".[44] Evidentemente, Giersch tomó este punto de Mises. Los emprendedores están en todos lados, tanto en el sector público como el privado: en la acción humana frenada o facilitada por la composición institucional de la sociedad. Una vez que quienes toman las decisiones adopten esta

[43] Giersch, "The Age of Schumpeter", 105. Énfasis nuestro.

[44] *Ibid.*, 106.

comprensión, la sociedad se podrá mover hacia el emprendimiento productivo. De lo contrario, la sociedad tendrá que vivir con un éxodo de talentos hacia mejores lugares y con una aplicación subóptima de los talentos restantes.

En los años ochenta, Giersch dividió el mundo en regiones innovadoras avanzadas (schumpeterianas), que en ese entonces eran Estados Unidos y Japón, regiones schumpeterianas menos avanzadas, como Taiwán y Singapur, y regiones keynesianas avanzadas y menos desarrolladas, las cuales obstaculizaban el emprendimiento. Las regiones adicionales fueron catalogadas como ricardianas, malthusianas o marxistas. El cambio progresista estaba por ocurrir en las regiones keynesianas (de Europa), por la desilusión con el Estado de bienestar y la sensatez creciente por la crisis fiscal, el crecimiento de la economía informal, el desempleo masivo y el crecimiento espectacular de los trabajadores autónomos y los empleados en nuevos negocios y, por último, pero no menos importante, por el potencial descentralizador de las nuevas tecnologías de telecomunicación.[45]

El razonamiento dinámico de Giersch ha sido reivindicado por el colapso de la Unión Soviética y por la transición generalizada y continua de los países de la OCDE, desde el capitalismo del Estado de bienestar hacia el neoliberalismo. Las dinámicas de cambio estructural desestabilizaron a la mayoría de las economías nacionales y regionales, las cuales, irónicamente, se han visto sujetas a una creciente planificación estratégica pública y privada, lo que precipitó el auge neonacionalista del populismo de derecha tras la crisis financiera. Al contrario de lo que sucede en la retórica antiestatista, al Estado (competitivo) se le ha asignado la tarea de promover las nociones neo y postschumpeterianas de emprendimiento mediante políticas regionales, educacionales, económicas e incluso sociales. El propio Giersch habla de un enfoque postschumpeteriano debido a las limitaciones y ambigüedades problemáticas del

[45] *Ibid.*, 108.

original. Mientras que las antiguas instituciones del Estado de bienestar se contraían y se siguen contrayendo, las instituciones de la nueva gestión pública y la gobernanza público-privada avanzan en todos los niveles de gobierno: supranacional, nacional, regional y local. La "competitividad" se ha vuelto la palabra de moda universal para las "unidades de mercado" de todo tipo, individuos, empresas, regiones, Estados y regiones mundiales.[46]

Respecto de la nueva geografía económica, basada en las ideas neo y postshumpeterianas (o sea, gierschianas), es importante enfatizar tanto la dimensión política como las dimensiones no locales o de apertura. A diferencia de Porter, Giersch no veía las ventajas competitivas en términos de una combinación local o nacional y de asignación de recursos. El mercado mundial era el referente clave, ya que atraía factores de producción móviles a la región más competitiva: capital y conocimiento. Las regiones flexibles tienen una movilidad ascendente y las regiones de rigidez marcada son propensas a descender. Las dotaciones locales pueden ser más o menos favorables al desarrollo local, pero no explican las trayectorias.

A diferencia del esfuerzo de Kirzner por restar importancia a la innovación y a la perturbación resultante, Giersch reinstauró al empresario-innovador sin considerar la pequeña clase social de los empresarios de élite de Schumpeter. En cambio, Giersch adoptó el largo y ancho enfoque al riesgo y a la responsabilidad de Knight y Mises, y el del emprendedor de talentos especiales de Kirzner, todos colegas suyos de la SMP. Todos estos elementos de una mentalidad empresarial individualista alimentaron la nueva perspectiva de la gestión empresarial, la colaboración en sistemas de innovación e "intraemprendimiento", o el "marco de Schumpeter 2.0".[47] La destrucción creativa ya no requeriría del auge y caída de la compañía. Giersch preguntaba: ¿hay "suficientes talentos emprendedores

[46] Véase Davies, *The Limits of Neoliberalism.*

[47] Sturn, *Varianten des Unternehmertums*, 10.

buenos y si es que no, [...] es posible producirlos a través de la formación de equipos?". Su respuesta "tentativa" es que "no hay una escasez de talento emprendedor, pero las resistencias institucionales y los requerimiento técnicos pueden crear situaciones complicadas que ninguna persona por sí misma, sino solo una combinación de ellas, logrará ejecutar el rol emprendedor con éxito".[48]

El emprendimiento de Herbert Giersch equivale a la paradoja del individualismo. La complejidad del capitalismo contemporáneo requiere de un esfuerzo colectivo disfrazado por un lenguaje de emprendimiento. Al dejar de lado la conducta emprendedora a nivel individual, la discusión se enfoca en la empresa, en el capital, en el conocimiento tecnológico y en las habilidades de gestión que permiten que el talento emprendedor funcione. Según Giersch, dado que, probablemente, "es más fácil que una persona adquiera habilidades de gestión a que acumule capital, parece evidente que los capitalistas contratarán emprendedores en condiciones normales. En este caso, el capital se vuelve el factor limitante y la barrera de acceso".[49] Nótese que, de golpe, la persona contrata habilidades de gestión y no talento emprendedor. La gestión empresarial de las compañías y regiones no es considerada en oposición a la intervención y a la planificación económica y política. El criterio empresarial simplemente reemplaza al criterio socioeconómico tradicional (por ejemplo, el PIB per cápita) para el desarrollo regional y nacional. Las regiones más débiles ya no son tratadas como iguales. Las regiones merecedoras son aquellas que apoyan el emprendimiento y forjan alianzas cada vez más estrechas entre agentes públicos y privados para este fin.

En todo caso, Giersch rechazó la invitación de varios autores para integrar el emprendimiento al ámbito de pensamiento del

[48] Herbert Giersch, "The Role of Entrepreneurship in the 1980s", *Kiel Discussion Papers* (agosto 1982): 5.
[49] *Ibid.*, 6.

equilibrio macroeconómico neoclásico. El importante vínculo entre Schumpeter, Mises, Kirzner, Schmölders y Griesch es el énfasis en el proceso de mercado y en su dinámica y cambio. La visión vastamente ampliada del emprendimiento individual, que ya se encontraba en los escritos de Mises y era expresada por algunos expositores en la conferencia de la SPM en 1970, se consolidó así en una postura teórica y quedó lista para ser proyectada a clases de ciudadanos mucho más amplias, tanto dentro de las empresas (intraempredimiento) como fuera de estas. Los subempleados y desempleados son convertidos en autónomos, siempre y cuando las instituciones políticas se reformaran de manera adecuada y los incentivos fueran los correctos. Giersch llama a esto la demanda por el emprendimiento, "la demanda permitida, inducida o provocada de forma activa por la estructura socioeconómica y el entorno político y cultural".[50] La demanda por emprendimiento, en otras palabras, depende de los acuerdos sociales en pos de la libertad económica. "La pregunta central es [...] ¿Qué marcos institucionales son los más adecuados para aprovechar las reservas de vigilancia emprendedora que ciertamente se presentan en los miembros de la sociedad? La respuesta es que el talento emprendedor se 'enciende' por la perspectiva de 'ganancia pura' que, en su definición más amplia, puede incluir la fama, el prestigio, o incluso la oportunidad de servir a una causa o ayudar a otros".[51] El progreso a favor del emprendimiento puede, entonces, medirse por las reformas orientadas a facilitar la perspectiva de ganancia pura, promover la libertad económica en su sentido amplio y extender el alcance hacia el sector sin fines de lucro, en pos de promover el emprendimiento social y el compromiso civil. Las restricciones a la libertad económica incluían el Estado de bienestar y todo el

[50] *Ibid.*, 15.

[51] Israel Kirzner, "The Primacy of Entrepreneurial Discovery", en Seldon, ed., *The Prime Mover of Progress*, Resumen/Extractos 1-2.

repertorio de medidas legales regulatorias que afectaran las señales de precio.[52]

Conclusión

El proceso de indagar y reconstruir el discurso del emprendimiento entre los años sesenta y ochenta, complementa la narrativa existente sobre el ascenso de las ideas de valor para el accionista en los Estados Unidos. Aparte de los estudiantes estadounidenses de Ludwig von Mises, como Israel Kirzner, varios de los agentes clave se ubicaban en Europa. El ascenso de la literatura en alemán sobre el tema del emprendimiento (*Unternehmertum*) durante las décadas de los setenta y ochenta, posiblemente se debió a los desafíos que provenían de las restricciones institucionales, como los acuerdos corporativos y de codeterminación. Paradójicamente, las relaciones de mercado, basadas en la plena competencia, dieron pie al gerencialismo y a la planificación en los Estados Unidos, mientras que las instituciones de capitalismo coordinado generaron una fuerte simpatía por el rol y la relevancia de los empresarios.

Pero la nueva conducta empresarial ciertamente no quedó al simple arbitrio de los individuos. Instituciones estatales y privadas de toda índole (las involucradas en el desarrollo regional y empresarial, en educación e incluso en los seguros de desempleo y en bolsas de trabajo) participaron en la elaboración de las nuevas agendas empresariales de forma bastante armónica con el

[52] La historia de la institucionalización de los instrumentos políticos a favor del emprendimiento –como, por ejemplo, el Índice de Libertad Económica, desarrollado por el Fraser Institute (Canadá) con financiamiento del Liberty Fund (EE. UU.) durante la segunda mitad de los años ochenta y principios de los noventa– sigue sin escribirse. Véase Steve H. Hanke y Stephen J. K. Walters, "Economic Freedom, Prosperity, and Equality: A Survey", *Cato Journal* 17, N° 2 (otoño 1997): 117-146, y Jim Stanford, *Economic Freedom for the Rest of Us* (Halifax: Canadian Autoworkers Union, 1999), disponible en www.csls.ca.

pensamiento y la asesoría de intelectuales neoliberales como Herbert Giersch. Tomemos a Alemania como ejemplo: las transferencias de recursos para el desarrollo económico ya no se distribuyen uniformemente a lo largo del espacio y población. Se redirigen a ubicaciones y a empresas prometedoras.[53] Las compañías privadas, por su parte, proporcionan incentivos para el intraemprendimiento: la mayoría de las unidades de la empresa ahora se organizan según el principio del centro de costos para simular las relaciones de mercado dentro de las empresas. En consecuencia, el significado y la práctica del gerencialismo ha cambiado considerablemente. Las universidades del sector público reciben financiamiento adicional, específicamente para el establecimiento de cátedras sobre emprendimiento, y tanto las escuelas y universidades públicas como un número creciente de privadas participan de la educación empresarial y brindan apoyo a las *startups*.[54]

Tras las reformas en seguridad social y seguros de desempleo de Hartz en Alemania, a las personas en una situación prolongada de desempleo se les ofrecen pagos mensuales, por un máximo de tres años, para que empiecen su propio negocio. Cientos de miles de nuevas empresas pequeñas, llamadas Ich-AG (yo-empresa), han sido fundadas, aunque con resultados mixtos. En todo caso, está claro que el emprendimiento y la conducta empresarial no se dejan a la suerte o al desarrollo natural. Hoy en día, hay una comprensión común y evidente, a lo largo de los principales partidos políticos, de que se deben transformar las instituciones públicas y

[53] Neil Brenner, "Building 'Euro-Regions': Locational Politics and the Political Geography of Neoliberalism in Post-Unification Germany", *European Urban and Regional Studies* 7, N° 4 (2000): 319-345.

[54] Jasmina Haus, *Förderung von Unternehmertum und Unternehmensgründungen an deutschen Hochschulen* (Lohmar: Josef Eul Verlag, 2006). Para el 2017, las universidades alemanas registraban 133 cátedras de emprendimiento. Si bien los Estados Unidos ya habían alcanzado la cifra de 400 en 2004, ahora el número de cátedras *per cápita* es casi el mismo en los EE. UU. y Alemania. Para una comparación de las tablas y estadísticas, véase FGF e.V. Disponible en línea en fgf-ev.de.

privadas para apoyar el emprendimiento. Solo la falta de iniciativa y vigor políticos justifican el pesimismo, sin ánimo de ofender a Schumpeter.

Si bien en este actual resurgimiento a Mises no se lo menciona con la misma frecuencia que a Schumpeter, es el primero quien sonríe. Tras la teoría general de *La acción humana*, los neoliberales adhieren a su afirmación axiomática, según la cual, la oferta *potencial* de emprendimiento es infinita. La demanda se puede aumentar, según Giersch, al poner fin al incremento de las reglas y las regulaciones restrictivas, sobreponerse al "imperialismo doméstico del Estado de bienestar", detener "el aumento de la burocracia dentro de la industria, que en gran parte, pero no totalmente, es provocada por la burocracia gubernamental" y terminar "las presiones salariales excesivas por parte de los trabajadores organizados".[55] La libertad de acción, entonces, se convierte en una libertad para la gestión con ánimo de lucro, y el yo empresarial se retrae hacia la autovalencia y la responsabilidad individual de aquellos que no tuvieron la fortuna de forjar una alianza con los dueños del capital.

[55] Giersch, "Role of Entrepreneurship", 12.

6. El comportamiento humano como límite y medio para la intervención estatal: Günter Schmölders y la economía del comportamiento

Rüdiger Graf

A lo largo de los últimos quince años, los economistas del comportamiento han prestado sus servicios con cada vez más frecuencia a los hacedores de políticas públicas. Así, se usa la heurística y los sesgos de los procesos de toma de decisiones de las personas con el fin de influenciarlas o, en palabras de Richard Thaler y Cass Sunstein, "darles un empujoncito" (*nudge*) en el tenor de lo que llamaron "paternalismo libertario".[1] En una crítica a este enfoque, el economista francés Gilles Saint-Paul planteó que la influencia creciente de las ciencias sociales y del comportamiento en la elaboración de políticas públicas podía conllevar a una "tiranía de la utilidad".[2] Haciendo referencia a *Camino de servidumbre* de F. A. Hayek, Saint-Paul describe a la economía como la guardiana de la libertad individual y los valores de la Ilustración. El autor sugiere que los desarrollos recientes amenazan estos ideales: "Si las tendencias actuales continúan, preveo una eliminación gradual de la libertad individual en la medida de que la 'ciencia social' logre su cometido de documentar los sesgos de comportamiento,

[1] Richard H. Thaler y Cass R. Sunstein, "Libertarian Paternalism", *The American Economic Review* 93, N° 2 (2003); Richard H. Thaler y Cass R. Sunstein, *Un pequeño empujón. El impulso que necesitas para tomar mejores decisiones sobre salud, dinero y felicidad* (Bogotá: Taurus, 2017). Quiero agradecer a Ralf Ahrens, Dieter Plehwe y Quinn Slobodian por sus útiles sugerencias y comentarios críticos a este capítulo.

[2] Gilles Saint-Paul, *The Tyranny of Utility: Behavioral Social Science and the Rise of Paternalism* (Princeton: Princeton University Press, 2011); Thaler y Sunstein, *Un pequeño empujón.*

medir la felicidad y evaluar los efectos de las políticas coercitivas".[3] Mientras que Hayek le temía a la socialdemocracia, al comunismo y al nacionalsocialismo, Saint-Paul ve la tiranía al acecho en las políticas del comportamiento de nuestros días. Las críticas neoliberales al intervencionismo hacen eco de este rechazo. En 2014, por ejemplo, cuando Angela Merkel anunció la creación de una unidad gubernamental para la política del comportamiento (poniéndose al día con los desarrollos que ya habían acontecido en la mayoría de los países occidentales),[4] Philip Plickert, miembro de la Sociedad Mont Pèlerin, se opuso inmediatamente a la idea por estar impulsada por una intrusión paternalista en la vida privada.[5]

El origen del conflicto entre la economía del comportamiento –o, más ampliamente, la política pública del comportamiento– y el neoliberalismo parece evidente a simple vista. Después de todo, los economistas del comportamiento rechazan al ***homo economicus*** de la economía neoclásica sobre el cual se supone que se erigen los planteamientos neoliberales.[6] Los economistas del comportamiento sostienen que los individuos poseen solo una "racionalidad limitada" o acotada que restringe su capacidad de actuar libremente, ya que los procesos de toma de decisiones están influenciados por factores irrelevantes. De forma sistemática y predecible, la gente no logra elegir lo que es mejor para ella. Si las capacidades humanas para apreciar los costos y beneficios, evaluar las probabilidades o ejercer el autocontrol están fuertemente limitadas por principios de comportamiento más allá del control individual, uno

[3] Saint-Paul, *The Tyranny of Utility*, 4.

[4] Mark Whitehead *et al.*, "Nudging all over the World: Assessing the Global Impact of the Behavioral Sciences on Public Policy", disponible en changingbehaviours.files.wordpress.com.

[5] Philip Plickert, "Paternalisten", *Frankfurter Allgemeine Zeitung* (27 de agosto, 2014).

[6] S. Mullainathan y Richard H. Thaler, "Behavioral Economics", en N. J. Smelser y P. B. Baltes, eds., *International Encyclopedia of the Social & Behavioral Sciences*, vol. 2 (Ámsterdam: Elsevier Science, 2001), 2, 1095.

solo está "libre para elegir" (como Milton y Rose Friedman titularon su popular libro y serie de TV), en un sentido acotado de la palabra libertad.[7]

Aun así, al examinar detenidamente se revela una relación más compleja, que demuestra que la brecha entre la economía del comportamiento y el pensamiento neoliberal no es tan ancha como parece. Hayek, el padre fundador de la SMP, rechazaba la abstracción del *homo economicus* en pos de un subjetivismo característico de la economía austríaca. También pensaba que era imposible alcanzar el conocimiento total y veía las imperfecciones de la racionalidad humana como razones para promover al mercado como mecanismo de compensación entre las perspectivas e intereses contrarios.[8] De ahí que, en 1986, los editores del primer manual de economía del comportamiento citaban a Hayek en un tono aprobatorio.[9] Más recientemente, Hayek incluso ha sido descrito como un economista del comportamiento de primera generación, en la línea de Herbert Simon, George Katona, Harvey Leibenstein, Richard Nelson y Sidney Winter.[10]

Este capítulo ofrece una contribución adicional al estudio de la relación ambivalente entre el neoliberalismo y la economía

[7] Sören Brandes, "'Free to Choose': Die Popularisierung des Neoliberalismus in Milton Friedmans Fernsehserie (1980/90)", *Zeithistorische Forschungen/Studies in Contemporary History* 12, N° 3 (2015).

[8] F. A. Hayek, "Economics and Knowledge" (London Economic Club, 10 de noviembre de 1936), en *Individualism and Economic Order* (Chicago: University of Chicago Press, 1948); Hayek, "Individualismo: el verdadero y el falso", *Estudios Públicos* 22 (1986); Hayek, "The Overrated Reason", *Journal of the History of Economic Thought* 35, N° 2 (2013).

[9] Benjamin Gilad y Stanley Kaish, eds., *Handbook of Behavioral Economics: Behavioral Microeconomics* (Greenwich, CT: Jai Press, 1986), xx-xxi: "Ya para 1945, el famoso ensayo de Hayek, *El uso del conocimiento en la sociedad,* defendía que la función más importante del sistema de mercado era 'la utilización del conocimiento que no le es dado a nadie en su totalidad'".

[10] Roger Frantz, "Frederick [sic] Hayek's Behavioral Economics in Historical Context", en *Hayek and Behavioral Economics*, ed. Roger Frantz y Robert Leeson (Basingstoke: Palgrave Macmillan, 2013), 1.

del comportamiento a través del análisis de la figura poco conocida de Günter Schmölders, un experto en finanzas e impuestos de Alemania, quien también fue presidente de la SMP entre 1968 y 1970. Como profesor en Colonia en la década de 1950, Schmölders fundó su propio instituto de investigación en "socioeconomía empírica" o "investigación en economía del comportamiento", en un intento de integrar los hallazgos de las ciencias sociales y antropológicas en el razonamiento económico y desarrollar así una versión temprana y ahora largamente olvidada de la economía del comportamiento.[11] Se examinarán los extensos escritos de Schmölders sobre economía a lo largo de tres regímenes políticos distintos y se intentará contestar la pregunta sobre cómo Schmölders reconciliaba el rechazo al *homo economicus* con el énfasis en la necesidad de investigar el comportamiento bajo el enfoque económico, lo que lo convirtió en un miembro destacado de lo que se suele describir como el colectivo de pensamiento neoliberal.[12] Por un lado, se defiende que, al igual que el ordoliberalismo alemán, Schmölders criticaba ciertas formas de intervención estatal, pero en general prefería un Estado fuerte para garantizar el funcionamiento de los mercados. Por otro lado, resulta que el hecho de reconocer los sesgos de comportamiento y rechazar al tomador de decisiones egoísta y racional, puede ser un motivo tanto para rechazar como para fortalecer la intervención estatal. Por lo tanto, la economía del comportamiento puede servir promiscuamente a políticas económicas de diversa índole.

Tras resumir la etapa formativa académica de Schmölders en la República de Weimar y los inicios de su carrera bajo el

[11] La historia de la economía del comportamiento, de Floris Heukelom, ni siquiera menciona a Schmölders, quien tuvo una acogida limitada en el mundo angloparlante. Floris Heukelom, *Behavioral Economics: A History* (Cambridge: Cambridge University Press, 2014).

[12] Philip Mirowski, "Postface: Defining Neoliberalism", en *The Road from Mont Pèlerin: The Making of the Neoliberal Thought Collective*, ed. Philip Mirowski y Dieter Plehwe (Cambridge, EE. UU.: Harvard University Press, 2009).

nacionalsocialismo, se analiza por qué y cómo desarrolló su teoría de la economía conductual, comparándola con la emergencia simultánea, aunque independiente en su mayor parte, de la concepción de "racionalidad limitada", de Herbert A. Simon, en los Estados Unidos.[13] Posteriormente, se examina hasta qué punto el análisis del comportamiento humano de Schmölders, el cual recogía los resultados de las disciplinas cercanas, dio forma a su expertícia económica y asesoría política en la República Federal Alemana. En conclusión, se tratará de analizar tanto la versión del neoliberalismo conductual particular de Schmölders como la relación entre el neoliberalismo y la economía del comportamiento a un nivel más general.

Alcohol, impuestos y política de precios: Schmölders en Weimar y el Tercer Reich

Nacido en 1903, Günter Schmölders era hijo de un abogado y nieto de August Franz Schmölders, orientalista de Breslavia.[14] Schmölders estudió economía política (*Staatswissenschaften*) en Berlín y Tubinga y se doctoró en 1926 con un estudio sobre los diferentes sistemas de prohibición en Europa del Norte. Seis años después, Schmölders escribió su tesis de habilitación sobre el potencial fiscal del impuesto a las bebidas alcohólicas y luego se convirtió en profesor de economía política en la Universidad de Breslavia. En 1940 asumió la prestigiosa cátedra de economía política en la Universidad de

[13] Herbert A. Simon, "Behavioral Model of Rational Choice", *Journal of Economics* 69 (1955).

[14] [N. de T.] Si bien la ciudad de Wroclaw pertenece a Polonia en la actualidad, en ese entonces se la conocía como Breslau y era considerada uno de los enclaves industriales y culturales más importantes de Alemania. Asimismo, fue una de las ciudades donde el liberalismo progresista tuvo mayor influencia en el período previo a la República de Weimar. Luego Breslavia se convertiría en un bastión del nazismo.

Colonia, entonces con un foco en las finanzas. Miembro del Partido Nacionalsocialista Obrero Alemán (NSDAP, por sus siglas en alemán) desde mayo de 1933, al igual que de las *Schutzstaffel* (SS) desde 1933 hasta 1937, cumplió funciones varias como asesor económico durante el Tercer Reich. Sin embargo, durante la guerra, Schmölders también esbozó un programa económico para la recuperación de Europa durante la posguerra para el opositor Círculo de Kreisau. Tras 1945, Schmölders volvió a su puesto en Colonia, a partir de 1950 dirigió el Instituto de Investigación Financiera, en 1958 fundó el Centro de Investigación en Socioeconomía Empírica (*Forschungsstelle für empirische Sozialökonomik*) y se convirtió en rector de dicha universidad en 1965 y 1966. Permaneció en Colonia hasta su jubilación en 1973, prestó servicios como miembro del Consejo Asesor Científico del Ministerio Federal de Hacienda de Alemania entre 1949 y 1972 y de la dirección de la Federación de Contribuyentes Alemanes de 1951 a 1991. Por invitación de Hayek, presentó una ponencia sobre impuestos progresivos en la conferencia de la Sociedad Mont Pèlerin de Seelisberg (Suiza) en 1953 y se convirtió en miembro.[15] En su séptima conferencia en Aviemore (Escocia) en 1968, Schmölders fue elegido presidente y organizó la conferencia siguiente en Múnich (Alemania) en 1970, respecto de la cual sugirió que fuese dedicada al "emprendedor en la economía y la sociedad modernas".[16]

En sus primeros trabajos durante la República de Weimar, Schmölders analizó los efectos económicos y fiscales junto con los efectos políticos y sociales en general de la prohibición e impuesto a las bebidas alcohólicas, tocando temas a los que se dedicaría por el resto de su vida como economista, asesor político

[15] El comunicado y la ponencia están en Hoover Institution, Stanford CA, Schmölders (Günter) papers 1940-1985, 85017 [de ahora en más Hoover Institution, Schmölders papers], caja-expediente 179.

[16] Sobre la conferencia, véase la contribución de Plehwe a este volumen.

e intelectual público.[17] Schmölders criticaba la prohibición debido a que fracasaba en cuanto a reducir el consumo abusivo de alcohol y tenía efectos colaterales negativos, como socavar la autoridad estatal, dañar la economía y disminuir los ingresos fiscales. En particular, el "experimento sociológico masivo" en los Estados Unidos no había logrado cambiar los "hábitos profundamente enraizados en toda la humanidad".[18] En su tesis de habilitación, al comparar el impuesto a las bebidas alcohólicas en distintos países, Schmölders concluía que estos no podían reducir el consumo de alcohol de forma efectiva, sino que solo contribuían a aumentar los ingresos fiscales.[19] En general, Schmölders sostenía que era una paradoja usar la tributación para influenciar los patrones de consumo y mejorar la salud pública, ya que alcanzar el objetivo no fiscal disminuía simultáneamente el efecto fiscal. Peor aún, la tributación para propósitos no fiscales mermaba la voluntad de la gente de pagar impuestos, al igual que su lealtad al Estado.[20] En su cátedra inaugural en la Universidad de Berlín, en enero de 1932, Schmölders hizo aún más extensivos estos resultados, al argumentar que había una moral específica de los impuestos que se distinguía de las concepciones de moralidad de otras áreas.[21] Esta moral tributaria podía debilitarse fácilmente si la gente se sentía sobrecargada o tratada injustamente, o incluso si el Estado gastaba los ingresos fiscales sin prudencia. Schmölders desarrolló

[17] Günter Schmölders, *Prohibition im Norden: Die staatliche Bekämpfung des Alkoholismus in den nordischen Ländern* (Berlín: Unger, 1926).

[18] Günter Schmölders, *Die Prohibition in den Vereinigten Staaten: Triebkräfte und Auswirkungen des amerikanischen Alkoholverbots* (Leipzig: C. L. Hirschfeld, 1930), v.

[19] Günter Schmölders, *Die Ertragsfähigkeit der Getränkesteuern: Vergleichende Übersicht über die Voraussetzungen der Alkoholbesteuerung im Deutschen Reich, in Großbritannien, Frankreich, der Schweiz, Dänemark und den Vereinigten Staaten: ein Beitrag zur deutschen Finanzreform* (Jena: Fischer, 1932), 4-5.

[20] *Ibid.*, 2-4 y 232-234.

[21] Günter Schmölders, *Steuermoral und Steuerbelastung* (Berlín: C. Heymann, 1932).

estas creencias entre sus 25 y 30 años, al tiempo que la legitimidad de la República de Weimar se erosionaba debido a los ataques de los extremistas de izquierda y de derecha, al igual que por el creciente descontento de las élites conservadoras con el sistema parlamentario. Estas ideas seguirían guiando su investigación académica e intervenciones políticas en la República Federal de Alemania.

En el intertanto, como muchos otros académicos de su generación, Schmölders ofreció su experticia con entusiasmo para la construcción de un Estado y orden económico nacionalsocialista. Se unió al NSDAP en mayo de 1933 y a las SS[22] en noviembre de ese mismo año. Asimismo, se convirtió en miembro de la Asociación de Abogados Nacionalsocialistas (*NS-Rechtswahrerbund*), de la Liga de Catedráticos Nacionalsocialistas (*NS-Dozentenbund*), de la Academia para el Derecho Alemán (*Academicé für Deutsches Recht*) en 1938, trabajó para el Frente Laboral Alemán (*Deutsche Arbeitsfront*, DAF) y operó como asesor para Josef Wagner, el *Gauleiter*[23] de Silesia.[24] Luego de que Schmölders enviara una tarjeta que anunciaba el nacimiento de su primera hija a *Das Schwarze Korps* (el boletín de las SS) en 1936, se inició una investigación debido a que su permiso de matrimonio no figuraba en los registros de la *SS Rasse- und Siedlungshauptamt.* Schmölders se defendió con vehemencia, alegando que él había solicitado y recibido permiso tras haber obtenido una opinión experta de un investigador racial del Ministerio del Interior sobre su esposa, nacida en Francia, que carecía de documentación sobre sus ancestros.[25] Sin

22 [N. de T.] Las SS (*Schutzstaffel*; escuadrones de protección) eran originalmente una organización paramilitar que brindaba seguridad al Partido Nazi.

23 [N. de T.] Designa al "jefe de zona" en la organización nazi.

24 Bundesarchiv, Berlin-Lichterfelde (de ahora en más BArch), Centro Documental Sammlung de Berlín: PK/Parteikorrespondenz, VBS 1/1170012440, Q 0065.

25 BArch, Centro Documental Sammlung de Berlín: Personenbezogene Unterlagen der SS und SA, R 9361-III/180670, F 0473.

embargo, Schmölders abandonó las SS de forma voluntaria antes de que se resolviera la cuestión, por presuntos problemas de salud.

Durante la guerra, Schmölders ganó influencia como asesor económico en el curso de Jens Jessen en la Academia para el Derecho Alemán, donde dirigió un grupo de trabajo sobre política de precios. El grupo se conformaba de figuras centrales del ordoliberalismo alemán, tales como Walter Eucken y Franz Böhm, quienes criticaban la economía controlada de la guerra. Después de la guerra, Schmölders describió reiteradamente el funcionamiento de este grupo como resistencia contra el Tercer Reich, refiriéndose en especial a una conferencia en la que estaba presente un futuro conspirador contra Hitler, Peter Graf Yorck von Wartenburg.[26] La publicación de sus actividades bajo el título de "La competencia como un medio para fortalecer el rendimiento y la selección en economía", que defendía la superioridad del mecanismo de mercado como estimulación del rendimiento económico por sobre los monopolios estatales y los controles de precio fue, de hecho, muy valiente, como lo fue toda crítica bajo las condiciones de la dictadura nacionalsocialista. No obstante, las contribuciones produjeron apenas resistencia al Tercer Reich, ya que los nacionalsocialistas solo tenían unas pocas ideas fijas sobre política económica y el libro ofrecía sugerencias sobre cómo mejorarla, con un foco especial en el orden económico para la posguerra.[27]

En 1941, Schmölders, calibrando cuidadosamente sus sugerencias en función de las ideas nacionalsocialistas, incluso declaró, en una conferencia pública, que celebraba la toma del poder por

[26] Günter Schmölders, *Lebenserinnerungen: "Gut durchgekommen?"* (Berlín: Duncker & Humblot, 1988), 1, 64-82; Hoover Institution, Schmölders papers, caja-expediente 127.

[27] Ludolf Herbst, *Der Totale Krieg und die Ordnung der Wirtschaft: Die Kriegswirtschaft im Spannungsfeld von Politik, Ideologie und Propaganda 1939-1945* (Stuttgart: Deutsche Verlags-Anstalt, 1982); Ralf Ptak, *Vom Ordoliberalismus zur Sozialen Marktwirtschaft: Stationen des Neoliberalismus in Deutschland* (Wiesbaden: VS Verlag für Sozialwissenschaften, 2004), 61-62.

parte de los nacionalsocialistas y que la actual "administración elástica del precio tope" era la más adecuada para cumplir la exigencia de Hitler de "estabilidad del precio del salario".[28] En el mismo discurso, Schmölders alabó la política económica nacionalsocialista y reconoció la exigencia del Führer de que la economía tenía que servir a la política. Afirmó que el primer plan cuatrienal había sido el ejemplo más magnífico de política económica en toda la historia y animó a que se lo estudiara en mayor profundidad, dado que había revolucionado las teorías existentes sobre ciclos económicos.[29] Según Schmölders, la política económica nacionalsocialista era superior porque el Estado autoritario ofrecía mejores oportunidades para una tecnocracia. Schmölders afirmaba que, al contrario de los sistemas democráticos y parlamentarios, no había necesidad de acomodar políticos y grupos de interés en una dictadura, ya que el gobierno podía apoyarse exclusivamente en la asesoría de los expertos en economía.[30] Para Schmölders, los expertos en economía de Alemania eran superiores a aquellos que poblaban el *Brain Trust* de Franklin D. Roosevelt, debido a que podían depender de los "poderes creativos del espíritu alemán, con su acucioso sentido de la planificación sistemática" y de la organización.[31]

Tomar las declaraciones públicas de Schmölders al pie de la letra y concluir que era un defensor antiliberal de la planificación centralizada sería pasar por alto la naturaleza de la dictadura nacionalsocialista. Por el contrario, Schmölders criticaba las tendencias monopolistas y colectivistas y prefería un sistema económico orientado al mercado, como lo demuestra su memorando de 1942-1943

[28] Günter Schmölders, *Wirtschaft slenkung als angewandte Wirtschaft swissenschaft: Festrede gehalten bei der Feier des Tages der nationalen Erhebung verbunden mit der feierlichen Immatrikulation für das Trimester 1941 am 29. Januar 1941* (Colonia: Oskar Müller Verlag, 1941).

[29] *Ibid.*, 16.

[30] *Ibid.*, 23.

[31] *Ibid.*, 26.

para el Círculo de Kreisau, titulado "La economía y el liderazgo económico en un bloque europeo después de la guerra".[32] Schmölders defendía que la competencia económica, en una economía de mercado, se adecuaba de forma ideal para aumentar la eficiencia y estimular el crecimiento, dado que el mecanismo de precios premiaba los mejores resultados y castigaba a los peores de manera más adecuada que cualquier institución planificadora.[33] Si bien consideraba que era necesario estimular y fortalecer el rendimiento económico individual, Schmölders rechazó planes, órdenes y otros incentivos externos. Más bien, debería liberarse el deseo innato de ganar dinero y alcanzar el reconocimiento social. Aunque la competencia fuera el principio fundamental para engendrar la prosperidad económica, Schmölders reconocía que podía producir ineficiencias e injusticia y, por lo tanto, necesitaba de un Estado fuerte que fijara un orden de derecho para garantizar su funcionamiento. En este ámbito, su visión del futuro orden económico iba en la línea de otros ordoliberales, como Ludwig Erhard, Alfred Müller-Armack y la Escuela de Friburgo, quienes luego ayudaron a crear la "economía social de mercado" en la República Federal.[34] Varios años después del fin de la guerra, Schmölders todavía veía la "necesidad de cierta conducción de la producción", al menos en algunas "partes de la economía". Esto debía hacerse por medio de subsidios y beneficios que, en principio, no perturbasen el mecanismo de precios.[35] En síntesis, los primeros escritos de Schmölders muestran tanto una adhesión a los principios nucleares del ordoliberalismo (superioridad de los mercados y

[32] Günter Schmölders, "Wirtschaft und Wirtschaft sführung in einem Europa-Block nach dem Kriege", en *Personalistischer Sozialismus: Die Wirtschaft sordnungskonzeption des Kreisauer Kreises der deutschen Widerstandsbewegung* (Colonia: Westdeutscher Verlag, 1969), 67-91; afirmaciones similares en Hoover Institution, Schmölders papers, caja-expedientes 21-23.

[33] *Ibid.*, 76.

[34] Ptak, *Vom Ordoliberalismus*, 90-132.

[35] Schmölders, *Wirtschaft und Wirtschaftsführung*, 88.

necesidad de un Estado fuerte para asegurar la competencia económica) como una flexibilidad para adaptarlos a las distintas circunstancias políticas. Aparentemente, su liberalismo económico no tenía una conexión intrínseca con las libertades civiles y las instituciones políticas democráticas, como se evidenciará en sus intervenciones posteriores como intelectual público.

La investigación en economía del comportamiento y la socioeconomía empírica en Colonia

Desde su posición de profesor en Colonia y tras asumir la dirección del Instituto de Investigación Financiera de la universidad en los años cincuenta, Schmölders se dedicó a dos intereses de investigación diferentes pero vinculados estrechamente. Por un lado, escudriñó diferentes métodos de tributación para poder ofrecer asesoría política para la reforma del sistema tributario alemán. Por otro, se propuso desarrollar un nuevo campo académico, al que llamó "investigación en economía del comportamiento" (*ökonomische Verhaltensforschung*) o, más adelante, "socioeconomía empírica" (*empirische Sozialökonomik*). Mediante la comparación de distintos sistemas tributarios de varios países, Schmölders desarrolló una "Teoría general del impuesto" que supuestamente brindaría orientación científica para la "Gran" o la "Reforma orgánica de impuestos" en la República Federal. Según Schmölders, y muchos colegas suyos, era necesaria una renovación general del sistema tributario alemán, ya que los niveles de recaudación resultantes de la "dictadura y la economía de guerra", impedían la racionalización y la toma de riesgos.[36] En su informe para el Ministerio de Finanzas alemán, la mayoría de los expertos tributarios coincidían

[36] Günter Schmölders, *Die große Steuerreform* (Bad Nauheim: Vita-Verlag, 1953), 5-6.

en que unos impuestos excesivamente altos socavarían la propia economía de mercado.[37] Aunque algunas voces disentían, argumentando que el potencial para cambiar la distribución de la riqueza era más alto mediante los impuestos, la mayoría de los expertos asumieron que si se superaba un "punto de quiebre psicológico" bastante bajo, la resistencia a los impuestos se recrudecería y la moral tributaria disminuiría.[38]

Cuando Arthur Laffer todavía era un niño, el principal interés de investigación de Schmölders era situar este punto de quiebre psicológico y, por ende, deducir el nivel ideal de tributación. En su "Teoría general del impuesto", defendía que el propósito esencial de la tributación era proporcionar recursos financieros al Estado para satisfacer su funcionamiento básico, es decir, garantizar la libertad y la seguridad de la población y ofrecer un marco legal para el acontecer económico y social.[39] En consonancia con el ordoliberalismo alemán, Schmölders no negaba la necesidad y legitimidad de los impuestos como medio para sostener estas funciones vitales del Estado. Sin embargo, al mismo tiempo criticaba vigorosamente los impuestos para "propósitos no fiscales", en especial aquellos cuyo objeto era influenciar la conducta de las personas. Tal como en su cátedra inaugural e inspirado en los trabajos iniciales de Wilhelm Gerloff y otros, Schmölders era enfático en que si los propósitos no fiscales prevalecían, las "precondiciones económicas y psicológicas, de las cuales dependía cada impuesto", prevendrían la generación de ingresos estatales.[40] Si la carga tributaria aumentaba, la "moral tributaria" de la gente disminuiría

[37] Wissenschaftlicher Beirat beim Bundesministerium der Finanzen, ed., *Organische Steuerreform: Bericht an den Herrn Bundesminister der Finanzen* (Bonn, 1953), 12. Fritz Terhalle dirigía el consejo asesor y Günter Schmölders estuvo entre los miembros que redactaron el informe final.

[38] *Ibid.*, 12.

[39] Günter Schmölders, *Allgemeine Steuerlehre* (Stuttgart: Humboldt-Verlag, 1951).

[40] *Ibid.*, 44.

e intentarían evitar el pago de impuestos. Como ya había estudiado el movimiento de contribuyentes suecos en los años veinte, Schmölders se convirtió en uno de los padres fundadores de su contraparte alemana, la Asociación de Contribuyentes de Alemania.[41] Al mismo tiempo, amplió el alcance de su investigación sobre "psicología tributaria" hacia una psicología financiera general.[42]

Schmölders argumentaba que, para poder entender la actividad financiera y económica de las personas, no era adecuado concebirlas como maximizadoras de utilidades racionales en una presuposición de "hedonismo primitivo". Bajo su perspectiva, tal concepción de los seres humanos se había tornado obsoleta con los avances de la psicología en el siglo XX.[43] Además, Schmölders criticaba los "psicologismos eclécticos" que proponían otros economistas, en especial John Maynard Keynes, quien usaba términos como "preferencia por la liquidez", "propensión al ahorro", "incentivo a invertir/ahorrar", o "propensión al consumo".[44] En su lugar, los economistas deberían tomar en consideración la totalidad del espectro de actitudes emocionales y motivaciones psicológicas, aprovechando las técnicas psicológicas más sofisticadas y avanzadas que se pudieran encontrar en los intercambios interdisciplinares.[45] Según Schmölders, la idea del *homo economicus* racional resultaba absurda después del surgimiento de la psicología profunda. Comentó irónicamente que era incluso más absurdo asumir que un ser humano "da con gusto" o "es estúpido",

[41] Günter Schmölders, *Ursprung und Entwicklung der Steuerzahlerbewegung*, 2ª edición (Bad Wörishofen: Holzmann, 1977).

[42] Günter Schmölders, "Das neue Finanzwissenschaftliche Forschungsinstitut", en Wilhelm von Menges, ed., *Finanzwissenschaftliche Forschung und Lehre an der Universität zu Köln 1927-1967* (Berlín: Duncker & Humblot, 1967), 41.

[43] Günter Schmölders, "Finanzpsychologie", *FinanzArchiv/Public Finance Analysis*, New Series 133, N° 1 (1951/52): 2; Günter Schmölders, *Das Irrationale in der öffentlichen Finanzwirtschaft: Probleme der Finanzpsychologie* (Hamburgo: Rowohlt, 1960).

[44] Schmölders, "Finanzpsychologie", 2.

[45] *Ibid.*, 2.

un "*homo libenter contribuens*" o un "*homo stultus*", como algunos hacedores de políticas públicas aparentemente hacían.[46] Contrario a estas idealizaciones o incluso caricaturas, Schmölders puso el acento en la necesidad de investigación empírica sobre el comportamiento de los agentes económicos en situaciones del mundo real, como se efectuó en su Centro de Investigación en Socioeconomía Empírica.

En 1953, Schmölders publicó su primer artículo programático sobre "investigación en economía del comportamiento" en la revista *Ordo*, fundada por Walter Eucken y Franz Böhm tras la Segunda Guerra Mundial y que le dio su nombre al ordoliberalismo alemán.[47] La publicación en *Ordo*, sin embargo, no significaba que otros ordoliberales respaldaran sus ideas. Al contrario, Fritz W. Meyer y Hans Otto Lenel, quienes habían estudiado con Walter Eucken en Friburgo y ahora funcionaban como editores de *Ordo* (Meyer era, además, miembro de la SMP), se distanciaron explícitamente del artículo de Schmölders en el prefacio: "Un artículo de este volumen hace un llamado a la investigación en economía del comportamiento. Debemos confesar que no coincidimos con el autor en cuestiones clave, pero esperamos que el artículo pueda estimular a la discusión sobre este tema particular".[48]

A diferencia de lo entendido por los editores, Schmölders no había pretendido escribir un tratado sobre un tema especializado. Más bien, proponía una reorientación a conciencia de la investigación y la enseñanza de la economía en la academia. Según Schmölders, en ninguna otra área del conocimiento la brecha entre teoría y práctica era tan grande como entre la investigación económica y la política económica, debido a que los economistas se

[46] *Ibid.*, 22.

[47] Günter Schmölders, "Ökonomische Verhaltensforschung", *Ordo. Jahrbuch für die Ordnung von Wirtschaft und Gesellschaft* 5 (1953).

[48] Fritz W. Meyer y Hans O. Lenel, "Vorwort", *Ordo. Jahrbuch für die Ordnung von Wirtschaft und Gesellschaft* 5 (1953), IX.

habían retirado a una "torre de marfil, hecha de abstracciones matemáticas y logicismos hipotéticos".[49] La investigación en economía del comportamiento era un intento de tender un puente sobre esta brecha y superar el predicamento. Schmölders tuvo cuidado en distinguir su enfoque de aquella comprensión más acotada del conductismo tradicional. Los economistas deberían hacer uso de todas las "ciencias antropológicas" que vislumbraran los motivos, incentivos e ímpetus de la actividad económica: "La psicología de lo consciente y lo inconsciente (incluso sus ramas conductuales), la ciencia biológica y del cerebro, [...] al igual que la sociología, la historia, la antropología social, la lingüística y la etología y sociología comparativa animal".[50]

Para Schmölders, el punto arquimediano del que la economía había carecido hasta entonces, sería encontrado en las "leyes de la naturaleza humana", es decir, en los elementos invariables del comportamiento económico.[51] La primera víctima de aquel enfoque "realista" a los fenómenos económicos era la figura del *homo economicus*. Esta se había vuelto implausible, y no solo para la psicología moderna. La investigación etnográfica también sugería que la variada gama de intercambios económicos en las diferentes culturas se podía plasmar de forma adecuada bajo la presunción de un "*homo institutionalis*", gobernado por las leyes morales sin escribir y dictadas por las costumbres.[52] Aunque no hizo referencia a Hayek, Schmölders era cercano a las ideas de este sobre la primacía evolutiva de las costumbres y los hábitos por sobre la razón.[53] Es más, incluso se refirió a algunos etólogos cuyos experimentos supuestamente habrían probado que ciertos simios mostraban formas de conducta económica que usualmente se atribuían a los

[49] Schmölders, "Ökonomische Verhaltensforschung", 204.
[50] *Ibid.*, 205.
[51] *Ibid.*, 206.
[52] *Ibid.*, 221.
[53] Hayek, "The Overrated Reason"; véase también Hayek, "Individualism".

seres humanos.[54] Por lo tanto, inspirado en la conservadora antropología filosófica de Arnold Gehlen, Schmölders sugería que la economía nunca debería postular un tomador de decisiones idealizado, ni partir desde el acto de la elección económica individual. A diferencia de Hayek, él no defendía que los economistas pudieran "derivar una clasificación exhaustiva de todas las formas de conducta inteligible (al menos en principio) desde el conocimiento de nuestra propia mente de forma 'a priori', 'deductiva' o 'analítica'".[55] En su lugar, Schmölders sugiere que los economistas deberían usar los medios de las cercanas ciencias sociales para analizar empíricamente la "conducta predecible, regular y, hasta cierto punto, evocable que podríamos llamar cuasiinstintiva o cuasiautomática".[56]

Los paradigmáticos argumentos para la petición de Schmölders de introducir los conocimientos de la psicología y el comportamiento al razonamiento económico venían del ámbito de las finanzas públicas y privadas, con un foco en la moral tributaria, en la confianza en el dinero y en la psicología del ahorro. Mientras que estos campos formaban el eje de su agenda de investigación, el Centro de Investigación en Socioeconomía Empírica también incursionó en otras áreas. Diez años después de presentar su programa de investigación, Schmölders publicó los logros del instituto nuevamente en *Ordo*.[57] Tras reconocer que su artículo anterior no había logrado iniciar un debate en la revista, Schmölders presentó con orgullo cincuenta y siete publicaciones sobre lo que entonces llamaba "investigación socioeconómica del comportamiento" (*sozialökonomische Verhaltensforschung*), producidas en Colonia.

[54] Günter Schmölders, *Der verlorene Untertan: Verhaltensforschung enthüllt die Krise zwischen Staatsbürger und Obrigkeit* (Düsseldorf: ECON, 1971), 14-15.

[55] F. A. Hayek, "The Facts of the Social Sciences" (Cambridge, 19 de noviembre de 1942), en *Individualism and Economic Order*, 68, fn. 8; véase también Frantz, "Frederick Hayek's Behavioral Economics", 15.

[56] Schmölders, "Ökonomische Verhaltensforschung", 214.

[57] Günter Schmölders, "10 Jahre sozialökonomische Verhaltensforschung in Köln", *Ordo. Jahrbuch für die Ordnung von Wirtschaft und Gesellschaft* 14 (1963).

En un trabajo conjunto con institutos de investigación de opinión pública y mercado, tales como Emnid y Allensbach, sumado al Instituto de Matemática Aplicada, el centro de investigación de Schmölders había efectuado un gran número de encuestas. Estas analizaban la actitud de la gente respecto de los impuestos y el Estado, el conocimiento y las opiniones de los tomadores de decisiones respecto de los impuestos y, en general, cómo los hogares individuales gastaban su dinero y sus actitudes hacia el consumo y el ahorro.

Con su enfoque no conductista del análisis del comportamiento empíricamente observable, Schmölders era una figura bastante solitaria en la economía académica alemana de su época.[58] Sin embargo, sí fue parte de la tendencia internacional de los años cincuenta de naturalizar la conducta y analizarla a través de los medios de las ciencias sociales. Especialmente en Estados Unidos, donde un esquema de financiamiento iniciado por la Fundación Ford lanzó una "revolución del comportamiento", en la que se reorganizó gran parte de las ciencias sociales y humanas bajo la etiqueta de "ciencias del comportamiento", con el fin de mejorar la comprensión de todos los aspectos del comportamiento humano.[59] No obstante, los economistas neoclásicos solían rehuir de la colaboración interdisciplinar sobre el comportamiento humano.[60] Una excepción a la regla fueron los miembros de la Comisión Cowles de la Universidad de Chicago y los protagonistas de los

[58] Hayek tuvo el mismo cuidado de distinguir su enfoque del conductismo clásico. Hayek, "The Facts of the Social Sciences", 65.

[59] Bernard R. Berelson, "Behavioral Sciences", en *International Encyclopedia of the Social Sciences*, vol. 2 (1968), 2; Jefferson Pooley, "A 'Not Particularly Felicitous' Phrase: A History of the 'Behavioral Sciences' Label", *Serendipities* 1 (2016).

[60] Jefferson Pooley y Mark Solovey, "Marginal to the Revolution: The Curious Relationship between Economics and the Behavioral Sciences Movement in Mid-Twentieth-Century America", *History of Political Economy* 42 (suplemento anual) (2010): 200.

inicios de la investigación de consumidores, como George Katona.[61] Tras haber asesorado a la Fundación Ford respecto de su particular programa para las ciencias del comportamiento, Herbert A. Simon formuló una agenda de investigación que se asemejaba a la investigación en economía del comportamiento de Schmölders. Simon, que había trabajado en teorías de la organización y la administración, sugirió en 1955 "reemplazar al 'hombre económico' u 'hombre administrativo' por un organismo elector de conocimiento y capacidades limitadas. Las simplificaciones que este organismo hace del mundo real con el propósito de elegir, introducen discrepancias entre el modelo simplificado y la realidad; y estas discrepancias, por su parte, sirven para explicar muchos de los fenómenos del comportamiento organizacional".[62] Simon quiso desarrollar un modelo teórico de "comportamiento racional que sea compatible con el acceso a la información y la capacidad de computar que los organismos poseen verdaderamente, incluido el hombre, en los tipos de ambientes en los que ellos existen".[63] Si bien esta idea de la "racionalidad limitada" se volvió influyente por el ascenso de la economía del comportamiento en los años ochenta, Schmölders no tuvo tanto éxito y su socioeconomía empírica figura más bien como un capítulo en la historia de la economía alemana.[64]

Schmölders afirmaba que no había sido consciente de la existencia de Simon, ni de los esfuerzos de la Fundación Ford, con anterioridad a la publicación de su problemático texto en *Ordo*.

[61] Heukelom, *Behavioral Economics*, 48-82; Esther-Mirjam Sent, "Behavioral Economics: How Psychology Made Its (limited) Way Back into Economics", *History of Political Economy* 36, N° 4 (2004); Philip Mirowski, *Machine Dreams: Economics Becomes a Cyborg Science* (Cambridge: Cambridge University Press, 2002), 242-255, 266.

[62] Simon, "Behavioral Model of Rational Choice", 114.

[63] *Ibid.*, 99.

[64] Matthias Klaes y Esther-Mirjam Sent, "A Conceptual History of the Emergence of Bounded Rationality", *History of Political Economy* 37, N° 1 (2005).

Sin embargo, después lo vio como una bendición a su propia postura.[65] A pesar de las diferencias de alcance intelectual, ambición teórica y estilo, había notables coincidencias entre los nacientes intentos de Schmölders y Simon de establecer un programa de investigación en economía del comportamiento. De partida, ambos rechazaban el ideal del *homo economicus* por ser inadecuado, al tiempo que abogaban por el análisis empírico de las decisiones de las personas reales en situaciones concretas. Además, se desviaban del individualismo metodológico, que centraba la atención en el acto de elección individual, para buscar patrones de elección o principios de comportamiento en grupos más grandes, que volvieran predecibles las acciones individuales. Asimismo, no consideraban que estos patrones de conducta fuesen exclusivos de los seres humanos; algunos de ellos, supuestamente, también se habrían descubierto en simios o, como Simon sugería, incorporado a las máquinas. Lo característico de Simon es su noción de "organismos electores".[66] Finalmente, para comprender los principios del comportamiento humano, ambos buscaron ayuda metodológica e inspiración teórica en las disciplinas cercanas y exigieron una apertura interdisciplinar de la economía. En especial, abogaron por la reintroducción de la psicología en la economía. Sin embargo, a diferencia de la teoría del valor subjetivo que los precedía, argumentaron que los motivos psicológicos del comportamiento económico no deberían determinarse mediante la introspección, sino a través de los métodos más avanzados de las ciencias sociales y del comportamiento.[67]

[65] Günter Schmölders, *Ökonomische Verhaltensforschung* (Colonia y Opladen: Westdeutscher Verlag, 1957), 41.

[66] Simon, "Behavioral Model of Rational Choice", 114. En *Machine Dreams*, Mirowski plantea que Simon "simulaba el funcionamiento de un número de tareas de solución de problemas como si se tratara de la manipulación de símbolos sobre algo que se aproximaba mucho a una arquitectura de Von Neumann en serie" (464).

[67] Sent, "Behavioral Economics".

Los límites del comportamiento a la intervención estatal

Las afirmaciones e intervenciones políticas de Günter Schmölders demuestran que la presunción del *homo economicus*, o más bien de los agentes racionales y egoístas, no es una condición necesaria para la defensa neoliberal de los mecanismos de mercado. Por el contrario, el propio Hayek enfatizó en múltiples ocasiones en que los límites del conocimiento individual hacían que los mecanismos del mercado fuesen necesarios para ubicar el conocimiento y negociar la oferta y la demanda.[68] Para Hayek, la economía trataba de dar respuesta a la pregunta que él consideraba central para todas las ciencias sociales, a saber, "¿cómo puede una combinación de fragmentos de conocimiento, que existen en mentes distintas, generar resultados que, si fueran causados de forma deliberada, necesitarían ser conocidos por parte de una mente directora que ninguna persona puede poseer?".[69] Schmölders, que no se centraba en la economía como un todo, sino en los agentes económicos individuales, planteaba que las elecciones económicas eran influidas por factores irracionales, que circunscribían la libertad para elegir lo que era mejor para ellos.[70] Mientras que otros neoliberales (como Gary Becker) mantuvieron sus predicciones bajo la presunción de que el comportamiento en línea con el *homo economicus* todavía podía producir resultados válidos,[71] Schmölders alegaba que una explicación rara vez podía quedarse dentro de los límites de la hipótesis de la racionalidad económica, sino que debía incor-

[68] F. A. Hayek, "The Pretense of Knowledge" (Discurso de aceptación del Premio Nobel, Estocolmo, 11 de diciembre de 1974), en *New Studies in Philosophy, Politics, Economics and the History of Ideas* (Chicago: University of Chicago Press, 1978).

[69] Hayek, "Economics and Knowledge", 54.

[70] Schmölders, *Das Irrationale in der öffentlichen Finanzwirtschaft*, 9.

[71] Gary S. Becker, "Irrational Behavior and Economic Theory", *Journal of Political Economy* 70, N° 1 (1962).

porar factores sociológicos y psicológicos.[72] Para Schmölders, estos principios no económicos del comportamiento humano no solo tenían influencia sobre la actividad económica individual, sino que también cumplían una función más importante: establecer los márgenes para la intervención del Estado en la economía.

El argumento respecto de los límites del comportamiento a la intervención estatal, que como asesor político e intelectual público Schmölders usó en reiteradas ocasiones, ya había sido insinuado en su investigación inicial sobre la prohibición o el impuesto sobre las bebidas alcohólicas. En esta, Schmölders había tratado de mostrar que las costumbres y los hábitos de la gente eran más fuertes que los medios del Estado para influenciarla. Esta postura se generaliza en su psicología financiera, donde Schmölders argumenta que los políticos no pueden, ni deben, imponer impuestos que ignoren o contradigan los principios básicos de la "naturaleza humana".[73] Los impuestos altos, inevitablemente, resultarían en evasión fiscal, reducirían los ingresos estatales e incluso debilitarían la lealtad de los ciudadanos a las instituciones del Estado. Usando los términos de Nietzsche, Schmölders afirmaba que en un mundo imperfecto, el Estado y sus oficiales tenían que considerar los factores "humanos, demasiado humanos". Así, declaraba que era un error ver a los ciudadanos solo como contribuyentes, cuyo comportamiento podía cambiarse con facilidad al fijar incentivos financieros.[74] En una referencia al sociólogo alemán Hans Freyer, quien había defendido una "revolución desde la derecha" en la República de Weimar y retornó al conservadurismo tras su desilusión con el nacionalsocialismo, Schmölders rechazó la creencia en la "maleabilidad de todo" (*die Machbarkeit aller Dinge*). Consideraba

[72] Schmölders, "10 Jahre sozialökonomische Verhaltensforschung in Köln", 265.

[73] Schmölders, "Finanzpsychologie", 8.

[74] Günter Schmölders, "Der Staatsbürger als Steuerzahler: Wandlungen des Menschenbildes in Finanzwissenschaft und Steuerpraxis", *FinanzArchiv/Public Finance Analysis* 27, N° 1/2 (1968): 121.

errado concebir a los ciudadanos como un mero material para el diseño político.[75] Es más, Schmölders argumentaba que la naturaleza humana fijaba restricciones a la intervención política en la sociedad y la economía. Su investigación socioeconómica sobre el comportamiento, en cambio, era el medio para establecer los principios fundamentales del comportamiento humano y, por ende, los límites al intervencionismo.

En los años cincuenta y sesenta, el instituto de Schmölders llevó a cabo encuestas sobre el comportamiento de consumo y ahorro de los obreros y de los empleados de clase baja y media, con el propósito de evaluar la factibilidad de los programas estatales para fomentar el ahorro privado. Si bien no solía oponerse a estos programas, sí establecía diferencias significativas en sus efectos sobre la acumulación de riqueza personal entre obreros y empleados. Mientras que los trabajadores de bajos ingresos y de cuello blanco se comportaban de manera similar en cuanto a gastar los aumentos de salario en consumo inmediato, una vez superado cierto nivel de ingresos el comportamiento difería. Aunque los obreros seguían consumiendo más, los empleados comenzaban a ahorrar dinero y a acumular ahorros personales. Entonces, Schmölders concluyó que el aumento del salario global no conllevaría a una acumulación de riqueza entre los obreros. De acuerdo a lo anterior, las políticas estatales para promover la acumulación de propiedad y ahorro privado solo podían dirigirse a los empleados de ingresos medios, ya que "las masas de obreros y empleados de menor rango no tienen hoy los prerrequisitos internos necesarios que los empoderarían a acumular capital; su naturaleza es gastar el aumento de sus ingresos en consumo".[76] Schmölders sostenía que era imposible instigar un comportamiento que no tenía base en los mundos en los que vivía el estrato de la

[75] *Ibid.*, 138.

[76] Günter Schmölders, "Zur Psychologie der Vermögensbildung in Arbeiterhand", *Kyklos: International Review for Social Sciences* 15 (1962): 179.

sociedad en cuestión. A pesar de buscar orientación de conducta en las clases altas, los obreros solo incorporaban los indicadores visibles del éxito, pero no el comportamiento del ahorro. Además, según Schmölders, los múltiples beneficios adicionales, como los aguinaldos de Navidad o por enfermedad, desincentivaban sistemáticamente el "comportamiento del ahorro responsable".[77] De esta manera, una mezcla de factores naturales, políticos, sociales y culturales era responsable de la imposibilidad de promover la acumulación de riqueza entre los trabajadores. Las medidas "bienintencionadas" que ignorasen los patrones de comportamiento de las personas no tendrían éxito en "imponer un cierto comportamiento".[78]

Si bien la mayoría de sus estudios se enfocaban en el comportamiento económico en la República Federal de Alemania, Schmölders llegó a conclusiones parecidas respecto de las teorías del desarrollo económico. Para fines de los años cincuenta, las experiencias, en cuanto a política de desarrollo, habían establecido claramente que la inyección de capital y tecnología no bastaba para inducir crecimiento económico. En público, Schmölders rechazaba los intentos de explicar las diferencias en el desarrollo económico a través de las teorías sobre raza y clima, y reconocía que los talentos estaban distribuidos equitativamente por los diferentes pueblos.[79] Sin embargo, afirmaba que, al igual que existía el carácter personal, también había un "carácter del pueblo" (*Volkscharakter*), que consistía en las actitudes, normas, costumbres y valores que se podían constatar a través de la investigación

[77] *Ibid.*, 180. Sus argumentos contra los subsidios estatales, que supuestamente habrían producido una "mentalidad del subsidio" y que debía ser contrarrestada con una "pedagogía del subsidio", eran similares; Schmölders, "Das neue Finanzwissenschaftliche Forschungsinstitut", 41.

[78] Schmölders, "Zur Psychologie der Vermögensbildung", 175.

[79] Sus apuntes de clase sugieren que mostraba cierta apertura a estas ideas. Hoover Institution, Schmölders Papers, caja-expediente 70.

socioeconómica del comportamiento.[80] Este carácter del pueblo podía explicar las diferencias en el desarrollo económico, ya que determinaba la "voluntad de una mayoría de reemplazar las formas de vida a las que estaba acostumbrada por otras más lucrativas", trabajar más y reubicarse, sumado a la habilidad de apropiarse de nuevas tecnologías.[81]

Si bien Schmölders no veía ninguna posibilidad efectiva de influenciar el comportamiento de ahorro de los obreros, sí elaboró una meta más ambiciosa para la política de desarrollo. Se esperaba que la investigación sobre el comportamiento desarrollara métodos para "influenciar, de forma efectiva y responsable, los motivos y actitudes de los agentes económicos".[82] Además de la política de desarrollo, Schmölders también abogaba por más comparaciones internacionales de psicología financiera para poder distinguir distintas mentalidades respecto de los impuestos, que sirvieran para determinar la aceptación y la efectividad de las distintas cargas fiscales.[83] Desde su perspectiva, había aspectos constantes del comportamiento humano que no se podían alterar en lo absoluto, y partes variables que se formaban e influenciaban por factores políticos, sociales y culturales, que estaban sujetas a cambios y podían cambiarse de forma intencionada.[84]

Como se mencionó anteriormente, Schmölders, en su calidad de presidente de la Sociedad Mont Pèlerin, sugirió el tema del "emprendedor en la economía y la sociedad modernas" para la conferencia de Múnich en 1970. Tras recaudar un sólido apoyo

[80] Günter Schmölders, "Der Beitrag der Verhaltensforschung zur Theorie der wirtschaftlichen Entwicklung", Norbert Kloten *et al.*, eds., *Systeme und Methoden in den Wirtschafts- und Sozialwissenschaften: Erwin von Beckerath zum 75. Geburtstag*, (Tubinga: Mohr, 1964), 371.

[81] *Ibid.*, 368-370.

[82] *Ibid.*, 385.

[83] Günter Schmölders y Burkhard Strümpel, *Vergleichende Finanzpsychologie: Besteuerung und Steuermentalität in einigen europäischen Ländern* (Wiesbaden: Akademie der Wissenschaften und der Literatur, 1968).

[84] Schmölders, "10 Jahre sozialökonomische Verhaltensforschung in Köln", 260.

monetario de empresas alemanas para el ambicioso programa de la conferencia, Schmölders vio la instancia del "colectivo de pensamiento neoliberal" como una oportunidad para presentar su agenda de investigación sobre socioeconomía empírica a una audiencia internacional. En su discurso inaugural, Schmölders explicó que no bastaba con analizar la función real del emprendedor dentro de la economía, sino que dentro la opinión pública, que influía los procesos de toma de decisiones y la política económica.[85] Partiendo por los hallazgos del instituto de Schmölders, los expositores del primer día informaron sobre la "imagen del emprendedor" en Alemania, Estados Unidos, Francia, Gran Bretaña, Japón, India, Sudáfrica y los "países [pobres] subdesarrollados", y luego otros se concentraron, en particular, sobre la imagen del emprendedor dentro de ciertos grupos. Lo que sí, Schmölders no tuvo mucho éxito en convencer a los otros neoliberales de seguir su agenda de investigación.

Ante la perspectiva del fin de su carrera universitaria, a principios de los años setenta Schmölders se tornó en un intelectual público cada vez más expresivo, difundiendo sus ideas en publicaciones escritas para un público más amplio. Su investigación sobre comportamiento debía esclarecer lo que él, como muchos otros conservadores de su tiempo, consideraban una "crisis [fundamental] entre ciudadanos y autoridades".[86] Esta supuesta crisis provenía del hecho de que los legisladores olvidaban la naturaleza de sus ciudadanos. Schmölders comentó con ironía que parecía que estos hacían las leyes para "superhumanos" (*Übermenschen*), albergando una confianza sin límites en la sabiduría y la fuerza

[85] Véase la contribución de Plehwe a este volumen.

[86] Schmölders, *Der verlorene Untertan*; Michel Crozier, Jōji Watanuki y Samuel P. Huntington, *The Crisis of Democracy: Report on the Governability of Democracies to the Trilateral Commission* (Nueva York: University Press, 1975); Johannes Großmann, *Die Internationale der Konservativen: Transnationale Elitenzirkel und private Außenpolitik in Westeuropa seit 1945* (Múnich: De Gruyter Oldenbourg, 2014).

de voluntad de la gente.[87] Con la expansión del Estado de bienestar, el número de leyes y normas había aumentado y, en su opinión, se restringía gravemente la libertad de acción de los ciudadanos. Las autoridades sobreestimaban, o bien, sobrecargaban a sus ciudadanos y a veces, incluso, trataban de embaucarlos. En consecuencia, las personas se convertían en astutas sinvergüenzas (*schlitzohrige Staatsbürger*) o desertaban y enviaban su dinero al exterior (*abtrünnige Staatsbürger*). Desde la perspectiva de Schmölders, estos comportamientos deleznables se generaban porque el gobierno no tomaba en consideración la naturaleza humana, que ponía los límites a su influencia. La investigación sobre comportamiento, supuestamente, definiría esos límites.[88]

Schmölders afirmaba que si el Estado no tomaba en consideración los principios básicos del comportamiento humano, erosionaba sus propios fundamentos. Incluso antes de que la inflación se disparara tras 1973, Schmölders sugería que aumentar los impuestos sin garantizar la estabilidad del valor del dinero inevitablemente debilitaría la moral tributaria.[89] En consonancia con la ortodoxia monetaria emergente en los años setenta, razonaba que la inflación era el problema central que las economías industrializadas modernas debían controlar.[90] Sostenía que, a diferencia de los principios del keynesianismo, el desempleo y la inflación no eran opuestas sino males que se fortalecían mutuamente y que se derivaban de una misma fuente.[91] Por sobre todo, argumentaba que el keynesianismo había fracasado debido a sus presunciones demasiado simplistas sobre el comportamiento y la psicología humanos. Incluso si los Estados democráticos rechazaban el keynesianismo, Schmölders se mostraba escéptico de que fueran

[87] Schmölders, *Der verlorene Untertan*, 10.

[88] *Ibid.*

[89] *Ibid.*, 11.

[90] Günter Schmölders, *Die Inflation: Ein Kernproblem in Wirtschaft und Gesellschaft* (Paderborn: Schöningh, 1976).

[91] *Ibid.*, 28.

capaces de ejecutar las reformas económicas necesarias. Repitiendo una crítica que ya había sido expresada por los ordoliberales contra la República de Weimar, Schmölders sostenía que la Alemania Occidental y otros países industrializados eran "democracias de complacencia" (*Gefälligkeitsdemokratien*), inherentemente corruptas en sus intentos de dar en el gusto a los grupos de interés.[92]

Para Schmölders, que las democracias con altas tasas de inflación fueran derrocadas de forma dictatorial por juntas militares, era un indicador de que las democracias simplemente no era capaces de ejecutar las reformas duras que se necesitaban para volver a una moneda fuerte. Tras viajar a Chile en 1981, publicó un informe favorable para la revista conservadora *International Background* sobre la "restauración del orden" tras "la aniquilación de la dictadura de Salvador Allende, dominada por el comunismo". Con el apoyo de la experticia de los llamados "Chicago Boys", la junta militar se las había ingeniado para fijar las condiciones de un desarrollo económico que Schmölders comparó al milagro económico de la Alemania Occidental bajo la dirección de Ludwig Erhard.[93] Detrás del elogio de Schmölders al Chile de Pinochet, acechaba la fascinación por el potencial tecnocrático de las dictaduras, que ya había expresado en sus primeros escritos bajo el nacionalsocialismo. Schmölders sostenía que las cuestiones de finanzas y moneda eran demasiado complejas para que los representantes en los parlamentos pudieran entenderlas, así que sería mejor que fueran los expertos quienes establecieran las reglas para la economía.[94]

A principio de los años ochenta, Schmölders veía el Estado de Bienestar moderno como un estancamiento fatal, ya que los gobiernos habían vivido más allá de sus medios económicos.

[92] *Ibid.* Véase también Ptak, *Vom Ordoliberalismus*, 36-37.

[93] Günter Schmölders, "A Visit to Santiago de Chile", *International Background* 8, N° 6 (1981).

[94] Günter Schmölders, *Einführung in die Geld- und Finanzpsychologie* (Darmstadt: Wissenschaftliche Buchgesellschaft, 1975), 154.

Los socialdemócratas, en especial, se habían dejado dominar por una "creencia infantil" en la maleabilidad de todo e ignoraban las supuestas realidades económicas.[95] Schmölders apoyó abiertamente el famoso artículo de Lambsdorff, que hacía un llamado en pos de medidas económicas neoliberales y que contribuyó al desmoronamiento de la coalición de gobierno social y liberal en la Alemania Occidental en 1982. Sin embargo, no atribuía la crisis solo a la expansión del Estado de bienestar y a la política fiscal keynesiana, que había producido déficits públicos sin precedentes a lo largo de la década anterior. Más bien, en el fondo, yacía un descontento más general con la intromisión de un Estado regulador en la vida pública y privada. Schmölders criticaba que, en todos los ámbitos, el Estado sobrecargaba a sus ciudadanos con un número creciente de reglas y normas de comportamiento que contradecían las formas de comportamiento supuestamente naturales. Aparentemente, se veía restringido en sus libertades y se sentía humillado e insultado a un nivel casi personal por las normas que lo rodeaban dondequiera que fuese:

> Solo se permite cruzar la calle en los cruces y pasos de peatones. En parpadeos rojos y verdes, los semáforos exudan el mismo ritmo monótono a lo largo del día y a veces hasta entrada la noche. Órdenes y reglas por doquier. En caso de un atasco en el tráfico, su propósito se vuelve un sinsentido en un instante. Encogiéndose de hombros, el ciudadano acepta que tiene que obedecer a robots bajo la amenaza de multas, aunque las máquinas no sean lo suficientemente flexibles para ajustarse a las cambiantes condiciones del tráfico: [el ciudadano] ha aprendido a obedecer.[96]

[95] Günter Schmölders, *Der Wohlfahrtsstaat am Ende: Adam Riese schlägt zurück*, 3ª edición (Múnich: Langen-Müller/Herbig, 1983), 9. Aquí concuerda plenamente con Hayek, "The Pretense of Knowledge".

[96] Schmölders, *Der Wohlfahrtsstaat am Ende*, 150.

Mientras que la libertad usualmente es consideraba como el valor más importante para el neoliberalismo, aparentemente Schmölders defendía la libertad de forma muy selectiva. Al visitar Santiago de Chile no solo había atestiguado cómo "muchos policías regulaban el tráfico y garantizaban el orden público", sino que no había oído ninguno de los "gritos de los torturados [...] atravesando los gruesos muros de la prisión", como los informes de prensa habrían insinuado.[97] Sin embargo, en casa, hasta la regulación del tráfico parecía ser tan agobiante que se volvía insoportable. A pesar de compartir la crítica de Hayek sobre la "pretensión de conocimiento" del keynesianismo, Schmölders mostraba una gran confianza en su propia capacidad para ofrecer las recetas correctas para la política económica nacional.

Conclusión: la economía del comportamiento y el neoliberalismo

La investigación en economía del comportamiento se ha disparado desde mediados de los años setenta. El auge comenzó con los estudios de Daniel Kahneman y Amos Tversky sobre la "heurística y sesgos" en la toma de decisiones de las personas bajo condiciones de incertidumbre. Kahneman y Tversky argumentaban que las decisiones de las personas se desvían sistemáticamente de las expectativas de la racionalidad económica y no por simple descuido, algo que probaron mediante el uso de encuestas en el aula con problemas de decisión sencillos, entre otras herramientas.[98] Si bien los economistas del comportamiento suelen reconocer a Harbert A. Simon como uno de los primeros precursores y algunos, incluso, afirman que su concepto de la racionalidad limitada es

[97] Schmölders, "A Visit to Santiago de Chile", 183 y s.

[98] Amos Tversky y Daniel Kahneman, "Judgment Under Uncertainty: Heuristics and Biases", *Science* 185 (1974).

superior a la aproximación de Kahneman y Tversky, no hay referencias a la obra más temprana de Günter Schmölders. Incluso en Alemania, el reciente aumento de la economía del comportamiento remonta sus raíces a la recepción de Reinhard Selten de la economía experimental estadounidense y el concepto de Simon de la racionalidad limitada.[99] En muchos aspectos, la nueva forma de economía del comportamiento difiere significativamente del enfoque de Schmölders. Mientras que Schmölders intentaba describir el comportamiento normal de las personas en circunstancias económicas específicas, la escuela que se originó con Kahneman y Tversky, tiene un interés específico en producir ideas contraintuitivas respecto de las desviaciones del modelo del *homo economicus*.[100] Esta última escuela aplica un cálculo matemático más estricto con el objetivo de realizar una investigación básica sobre los principios de la toma de decisiones como tal. En cambio, la investigación de Schmölders era mucho menos ambiciosa desde el punto de vista teórico y con una orientación evidente hacia las políticas públicas.

Sin embargo, desde sus inicios en los años setenta y ochenta, los defensores de la economía del comportamiento han subrayado la importancia de sus investigaciones para la formulación de políticas; por lo menos para conseguir financiación. En 1986, los editores del primer manual de economía del comportamiento afirmaron que "varios estudios sugieren una nueva lógica para la intervención del gobierno en la economía, dado el fracaso de los mercados para promover una optimización clásica, debido al sesgo

[99] Gerd Gigerenzer y Reinhard Selten, eds., *Bounded Rationality: The Adaptive Toolbox* (Cambridge, EE. UU.: MIT Press, 2001); Axel Ockenfels y Abdolkarim Sadrieh, eds., *The Selten School of Behavioral Economics: A Collection of Essays in Honor of Reinhard Selten* (Berlín, Heidelberg y Nueva York: Springer, 2010).

[100] Floris Heukelom, "Three Explanations for the Kahneman-Tversky Programme of the 1970s", *The European Journal of the History of Economic Thought* 19, N° 5 (2012).

del juicio individual".[101] Reconocer que los mercados pueden fracasar a la hora de proveer para el bien común, debido a que los individuos son incapaces de actuar de acuerdo con las reglas de la lógica económica y sus propios intereses plenamente comprendidos, es notable para una época de desregulación, en la que la mercantilización y el neoliberalismo supuestamente triunfaron.[102] Simultáneamente, los economistas del comportamiento prometieron brindar los medios para utilizar y superar los sesgos de juicio de las personas a través del diseño de la arquitectura de la elección del mercado. Así, en un momento en que los costes del bienestar subían y las capacidades financieras del Estado para llevar a cabo la política económica bajaban, estos economistas ofrecieron una forma de bajo costo y supuestamente no intrusiva para aumentar la intervención del gobierno. A pesar de los esfuerzos de Thaler y Sunstein por describir su programa político como un paternalismo *libertario*, que no disminuye la libertad de elección de las personas, sino que solo reorganiza la arquitectura de la elección y el ambiente del comportamiento, a muchos neoliberales les huele a paternalismo de vieja escuela. Mientras que para Hayek los límites del conocimiento individual ofrecían una razón para asumir que solo la interacción del mercado puede producir un resultado deseable, los economistas del comportamiento suelen aceptar la capacidad del gobierno para definir un resultado deseable y organizar el mercado en función de este. El conflicto, tal y como lo describe P. W. Zuidhof, consiste en que los neoliberales quieren asegurar y gobernar a través de los mercados, mientras que los economistas del comportamiento intentan ofrecer

[101] Gilad y Kaish, *Handbook of Behavioral Economics*, xx.

[102] Daniel T. Rodgers, *Age of Fracture* (Cambridge, EE. UU.: Belknap Press of Harvard University Press, 2011), 41-76.

medios para gobernar los mercados a través de la influencia directa en las elecciones de los agentes.[103]

En algunos debates recientes, la aplicación de los conocimientos sobre el comportamiento a las políticas públicas aparece, sobre todo, como un medio para ampliar y reforzar la capacidad de regulación estatal, lo que suscita el temor a la manipulación y el control. Sin embargo, como muestra el caso de Günter Schmölders, la economía del comportamiento, o investigación socioeconómica del comportamiento/socioeconomía empírica, como la llamó Schmölders, no necesariamente se opone a un proyecto neoliberal. El análisis empírico del comportamiento económico puede servir tanto para aumentar la intervención del Estado en áreas de elección individual, que antes se consideraban impenetrables en las democracias liberales, como para intentar definir los límites de la intervención estatal. Schmölders pretendía establecer empíricamente los principios del comportamiento humano que no se podían cambiar y, por lo tanto, tampoco ser objeto de política económica. En su enfoque, coincidía con los antiguos ordoliberales alemanes, quienes no creían en la abstracción del *homo economicus*, sino que sostenían que los mercados competitivos producían los mejores resultados económicos, dadas las limitaciones del conocimiento y la racionalidad humana. Por lo tanto, el enfoque del comportamiento en la economía es políticamente polivalente y atractivo para todo el espectro político. Esta es una de las principales razones de su éxito reciente en la consultoría política.

[103] Peter-Wim Zuidhoff, "Behaviouralizing Europe: Behavioural Economics Enters EU Policy-making", en Holger Strassheim y Silke Beck, eds., *Handbook of Behavioral Change and Public Policy* (Cheltenham, Reino Unido: Edward Elgar Publishing 2019).

Tercera parte

El internacionalismo neoliberal más allá del Consenso de Washington

7. La incrustación del neoliberalismo temprano: una reconsideración de los orígenes transnacionales de la Agenda del liberalismo

Hagen Schulz-Forberg

Introducción: el Coloquio Walter Lippmann y el neoliberalismo temprano

El Coloquio Walter Lippmann (CWL) de París, en 1938, es ampliamente reconocido como el nacimiento del neoliberalismo, como un proyecto intelectual y político. Entre los participantes del CWL figuraron varios futuros miembros de la Sociedad Mont Pèlerin (SMP), incluyendo a F. A. Hayek, Wilhelm Röpke, Ludwig von Mises, Michael Polanyi, Alexander Rüstow, Michael Heilperin y Jacques Rueff. También incluyó a actores que serían más prominentes en la posguerra, ligados a distintas organizaciones, como Walter Lippmann (Fundación Ford), Stefan Possony (asesor del Pentágono por un largo período, miembro y director de la Institución Hoover en los años setenta), Robert Marjolin (OECE, CE)[1] y Raymond Aron (quien se unió a la SMP en 1951 pero la abandonó en 1956). La lista estaba repleta de industrialistas, banqueros y expertos variados, desde Ernest Mercier y Louis Marlio a Alfred Schütz y John Bell Condliffe. A pesar de sus distintos trasfondos y puntos de partida, al concluir el taller los participantes acordaron una "Agenda del liberalismo", que resumía las características esenciales de esta postura común. Tras las protestas de algunos, se decidió utilizar la etiqueta de "neoliberalismo".[2]

[1] [N. de T.] La Organización Europea para la Cooperación Económica y la Comisión Europea, respectivamente.

[2] Sobre el Coloquio Walter Lippmann véase, por ejemplo, François Denord, *Néo-libéralisme version française. Histoire d'une idéologie politique* (París:

Es sabido, no obstante, que el nacimiento es precedido por el embarazo y usualmente involucra parteras. Este artículo trata sobre el período previo al parto, que ha sido largamente ignorado por los investigadores. Si bien puede que el neoliberalismo haya sido bautizado en el CWL, sus características tempranas habían sido elaboradas y discutidas con anterioridad dentro de una red de élite transnacional, compuesta por intelectuales e instituciones vinculadas a la Sociedad de las Naciones. Los primeros neoliberales eran parte de un esfuerzo mayor de dar forma a los conceptos núcleo para un nuevo orden liberal a nivel nacional y mundial. Los "conceptos núcleo", como los entiende Reinhart Koselleck, sirven como puntos de referencia fundamentales en todo sistema político, ya que su interpretación proporciona legitimidad para la acción política. Debido a su rol como puntos de referencia normativos, los conceptos núcleo son cuestionados, sus interpretaciones conllevan disputas y cambian a lo largo del tiempo. Los conceptos núcleo se caracterizan por su habilidad para crear atemporalidad o, en otras palabras, hacer de sus afirmaciones verdades universales.[3] Asimismo, su carácter en disputa crea el impulso de

Demopolis, 2007), 112-125; Serge Audier, *Néo-libéralisme(s). Une archéologie intellectuelle* (París: Grasset, 2012), 59-164, y Serge Audier, *Le Colloque Lippmann. Aux origines de néo-libéralisme* (Lormont: Editions Bord de l'Eau, 2008). Véase también la traducción al inglés del texto del protocolo, publicado recientemente por Jurgen Reinhoudt y Serge Audier, *The Walter Lippmann Colloquium: The Birth of Neo-Liberalism* (Londres: Palgrave, 2017). Para un primer esfuerzo de contextualización, véase Hagen Schulz-Forberg, "Laying the Groundwork: The Semantics of Neoliberalism in the 1930s", en *Re-Inventing Western Civilisation: Transnational Reconstructions of Liberalism in Europe in the Twentieth Century*, ed. Hagen Schulz-Forberg y Niklas Olsen (Newcastle Upon Tyne: Cambridge Scholars Press, 2014), 13-39. Walter Lippmann, *Die Gesellschaft freier Menschen*, trad. E. Schneider (Berna: A. Francke Verlag, 1945), "*Einführung*" por Wilhelm Röpke, 25-33, 28. Véase también "Centre International d'études pour la rénovation du libéralisme, Le néo-libéralisme", discusión inaugural del 8 de marzo de 1939, reimpreso en *Les Essais. Cahiers bimestriels* (Nancy: Didry y Varcollier, 1961), 86-108, 94.

[3] Véase Reinhart Koselleck, *Crítica y crisis: un estudio sobre la patogénesis del mundo burgués* (Madrid: Trotta, 2021); *Futuro pasado: para una semántica de los*

producir juicios de valor mientras se negocian los significados.[4] La nueva conceptualización de los conceptos liberales durante la década de 1930 incluyó estas negociaciones semánticas y un anuncio activo de lo que los primeros neoliberales (y sus interlocutores internacionales) llamaron "valores".

¿Qué clase de valores debería representar el nuevo orden liberal? La formación de los conceptos núcleo neoliberales aún necesita de una comprensión más acabada. Se puede formular una serie de preguntas que faciliten dicha comprensión de las semánticas de los conceptos núcleo neoliberales en los años treinta y de la red de actores e instituciones en la que estos conceptos maduraron. En este capítulo se observa el contenido normativo que los neoliberales asociaron a una "buena sociedad"[5] y se explora en qué grado el CWL fue parte de un debate más amplio. En un segundo paso, se destaca la incrustación institucional del CWL a través de aspectos biográficos de sus participantes y una ilustración de la impresionante red de conocimiento y elaboración de políticas públicas de la Sociedad de las Naciones, construida alrededor del Comité Internacional de Cooperación Intelectual (CICI) y el Instituto Internacional de Cooperación Intelectual (IICI). En un tercer paso, el capítulo se enfoca en la expertica particular de los primeros neoliberales en la investigación de los ciclos económicos, entendidos como un programa amplio para el estudio del cambio cíclico y estructural. Finalmente, se plantean algunas reflexiones finales y preguntas que ofrecen pun-

tiempos históricos (Barcelona: Paidós, 1993); *Sediments of Time: On Possible Histories*, trads. Sean Franzel y Stefan-Ludwig Hoffmann (Stanford: Stanford University Press, 2018).

[4] Véase Walter Bryce Gallie, "Essentially Contested Concepts", *Proceedings of the Aristotelian Society* 56 (1955-1956): 167-198.

[5] La investigación detrás de este capítulo se hizo posible gracias al generoso financiamiento de la Fundación VELUX, Dinamarca, de un proyecto de investigación más extensivo titulado *Towards Good Society: Constructing the Social through the Economic since the 1930s.*

tos relevantes para las futuras investigaciones sobre la evolución del neoliberalismo, en general, y sobre el rol y la fundación de la SMP, en particular.

El neoliberalismo temprano antes y después del Coloquio Walter Lippmann

Según la agenda del neoliberalismo acordada en 1938, la "buena sociedad", en términos normativos, contenía cinco elementos, la mayoría de los cuales eran relativos al rol del Estado. Más allá de su responsabilidad de, primero, proteger el *mecanismo de precio*, el Estado debe, segundo, establecer y garantizar un *orden legal* para salvaguardar el desarrollo del mercado y justificar legalmente cualquier intervención. Tercero, el *liberalismo político* debe adoptar el derecho como base de la legitimidad y la codificación del derecho debe estar basada en debates representativos, capaces de establecer normas generales. Cuarto, dicho régimen legal constituye el método liberal de "*controlar lo social*"; y quinto, un Estado liberal es responsable de proveer continuamente a la sociedad de cinco elementos esenciales, que puede gravar con impuestos: *defensa nacional, seguro social, servicios sociales, educación* e *investigación científica*.[6]

Aunque no figuraba en su agenda, los primeros neoliberales también situaron los conceptos de la "persona humana" y la "dignidad humana" en el corazón del asunto. Para muchos, estos eran conceptos fundamentales y la "libertad" era la mejor forma de lograrlos, en especial en épocas de regímenes autoritarios y guerra. Otros, como Hayek, veían en la "libertad" un concepto fundamental en sí mismo. Por supuesto, Hayek pensaba que la dignidad del

[6] Lippmann en el CWL, en Reinhoudt y Audier, *The Walter Lippmann Colloquium*, 177-179.

individuo era fundamental, pero rechazaba –como siempre– las prescripciones fijas sobre cómo asegurarla o a qué libertad exacta servir. Según Hayek, la libertad necesitaba ser entendida como un concepto fundamental, no como una manera de implementar otros conceptos fundamentales, ya que en una sociedad libre uno también tiene la elección de actuar mal.[7] Más cercano a otros primeros neoliberales es su argumento de que ciertos valores forman la base del orden moral, que es mantenido y representado por un orden legal. Como preguntó en la discusión sobre "Liberalismo y cristiandad" durante la primera conferencia de la SMP en 1947: "¿Presupone el liberalismo algún conjunto de valores que sea comúnmente aceptado como una fe, pero incapaz de ser demostrado racionalmente por sí mismo?". Hayek y los otros participantes de la discusión coincidieron. Luego, Hayek planteó estratégicamente que: "No hay chances de ningún apoyo extensivo a un programa liberal, a menos que se tienda algún puente sobre la brecha entre liberales y cristianos. Este antagonismo es una adición accidental al liberalismo y no uno de sus principios fundamentales".[8]

Aun así, para Hayek el concepto de libertad era central, incluso más que la dignidad del hombre por sí sola. Hayek sospechaba que, sin el concepto de libertad como piedra angular del sistema de valores liberal, era probable que se iniciaran esfuerzos por definir una conducta moral sólida desde arriba. Otros fueron menos precavidos y vieron la dignidad humana como un fin por el cual luchar durante tiempos funestos.[9] Baudin también pensaba

[7] F. A. Hayek, *Los fundamentos de la libertad* (Madrid: Unión Editorial, 2014), 179.

[8] Hayek durante la discusión "Liberalism and Christianity", 1947, Liberaal Archief, expediente 01-1-08-14-01.

[9] Marjolin en el CWL, en Reinhoudt y Audier, *The Walter Lippmann Colloquium*, 113.

que la "libertad, sin embargo, es solo un medio, mientras que el fin es una cierta noción de desarrollo de la personalidad humana".[10]

En general, los primeros neoliberales siguieron la tendencia de la época y adoptaron los conceptos de Hombre, de "dignidad humana", de "persona humana" y de "inviolabilidad", una posición desarrollada en el derecho internacional, en particular por Hans Kelsen con su concepto de "norma básica" y también por el pensamiento cristiano.[11] En 1942, el Papa Pío XII puso el concepto en el centro de su mensaje de Navidad,[12] pero ya contaba con uso creciente para entonces. El sociólogo alemán Alexander Rüstow resumió la postura general desarrollada en el CWL al decir que

> las discusiones conllevaron a la convicción común que, de todos los posibles sistemas económicos, el sistema del liberalismo, de la economía del libre mercado, es el que combina las siguientes ventajas: 1. Es un sistema que es perdurable por sí mismo, ya que existe en equilibrio estable. 2. Asegura el grado máximo de productividad y el estándar más alto de vida. 3. Es el único que es reconciliable con la libertad y la dignidad del hombre.[13]

Rüstow había desarrollado esta posición respecto del concepto de persona humana en un diálogo crítico con Carl Schmitt, el filósofo del derecho, quien había erigido un edificio de pensamiento anti-

[10] Baudin en el CWL, en Reinhoudt y Audier, *The Walter Lippmann Colloquium*, 113.

[11] Hans Kelsen, *Teoría general del derecho y del Estado* (México: UNAM, 1958); *Teoría pura del derecho: introducción a la ciencia del derecho* (Buenos Aires: EUDEBA, 1960 [1934]). Nuevamente, Hayek es una excepción aquí. Para una elaboración sobre las visiones contrarias de Hayek y Kelsen, véase Richard A. Posner, *Law, Pragmatism and Democracy* (Cambridge EE. UU.: Harvard University Press, 2003), 275-284.

[12] Véase Samuel Moyn, *Christian Human Rights* (Filadelfia: University of Pennsylvania Press, 2015).

[13] Rüstow en el CWL, en Reinhoudt y Audier, *The Walter Lippmann Colloquium*, 157.

liberal a lo largo de los años veinte y a quien Rüstow había admirado por algún tiempo. En una carta a Schmitt del 4 de julio de 1930, Rüstow comentó sobre la relación entre el Estado de derecho, basado en los valores, y una noción autocontenida de "lo político". Escribía: "Me parece que la idea de un Estado democrático, basado en el concepto de humanidad, representa no solo una utopía posible, sino que inevitable en cierta forma".[14] Otros de los primeros neoliberales siguieron una lógica similar, en particular Röpke, quien desarrolló su "Civitas *Humana*" sobre el mismo concepto fundamental que a veces llamó "humanismo económico" o "economía humana".[15] En su obra de 1938 sobre la filosofía de la historia, Aron argumentaba que no hay una "comprensión del devenir sin una doctrina del hombre".[16]

Más cercano al CWL, *La buena sociedad* de Lippmann resuena con los conceptos de dignidad humana y de persona humana, a los que posiciona como el fundamento de la civilización y lo que al final constituye el Occidente y necesitaba reconstruirse. Él insistía en que "es justo aquí donde se agrega el último asunto sobre la pregunta de si los hombres deben ser tratados como personas inviolables o como cosas descartables".[17] En su discurso de apertura en el CWL, Lippmann volvió a enfatizar que:

> Los hombres civilizados tendrán que someter las concepciones que encontraban novedosas antes de la guerra a un nuevo examen, con la determinación de descubrir aquellas que son y

[14] Rüstow, carta a Schmitt, fechada el 4 de julio de 1930, Fondo Carl Schmitt, Archivo Estatal Renania del Norte-Westfalia, Duisburgo, RW 265-11879/3.

[15] Wilhelm Röpke, *Civitas Humana. Grundfragen der Gesellschafts- und Wirtschaftsreform* (Zúrich: Eugen Rentsch, 1944); *Mass und Mitte* (Zúrich: Eugen Rentsch, 1950); *Jenseits von Angebot und Nachfrage* (Zúrich: Eugen Rentsch, 1958).

[16] Raymond Aron, *Introducción a la filosofía de la historia: Ensayo sobre los límites de la objetividad histórica* (Buenos Aires: Siglo veinte, 1984 [1938]),14.

[17] Walter Lippmann, *An Inquiry into the Principles of the Good Society* (Boston: Little, Brown & Co., 1937), 375.

> aquellas que no son compatibles con las necesidades vitales y la idea permanente de humanidad. Es gracias a estas necesidades vitales y a este ideal permanente, y no a las doctrinas del siglo XIX, a las que uno debe referirse para acometer la reconstrucción del liberalismo.[18]

Rougier es probablemente quien resumió mejor lo que el liberalismo reconstruido debería ser: "Es ser un activista, es luchar por la salvaguarda y la renovación del único sistema económico y político compatible con la *vida espiritual, la dignidad humana, el bien común, la paz de los pueblos y el progreso de la civilización: el liberalismo*".[19]

Los primeros neoliberales tuvieron una posición unánime en que los valores fundamentales que representaban un orden moral, necesitaban ser adoptados y situados en los orígenes de una sociedad liberal. Hubo desacuerdos sobre si el concepto de libertad era o no un valor fundamental, o si era un medio para un fin, es decir, la realización del concepto fundamental de la dignidad humana y la persona humana, de la forma en que el hombre puede, posiblemente, vivir a su máximo potencial. Hayek coincidía en cuanto a la construcción misma de la sociedad y sus normas básicas: "Al igual que todos los restantes valores, nuestra moral no es un producto, sino un presupuesto de la razón, una parte de los fines para cuyo servicio ha sido desarrollado el instrumento de nuestro intelecto. En cualquier fase de nuestra evolución, el sistema de valores dentro del cual hemos nacido, suministra los fines que nuestra

[18] Lippmann en el CWL, en Reinhoudt y Audier, *The Walter Lippmann Colloquium*, 105.

[19] Louis Rougier en el CWL, en Reinhoudt y Audier, *The Walter Lippmann Colloquium*, 102. Veáse también Röpke, *Civitas Humana*; véase también las discusiones en la conferencia inaugural de la Sociedad Mont Pèlerin sobre el liberalismo con relación a la cristiandad, Liberaal Archief, expediente 01-1-08-14-01.

razón debe servir".[20] También estaba profundamente impresionado por el filósofo e historiador católico liberal, Lord Acton, quien situó la dignidad humana en el núcleo de su pensamiento. Hayek también definía el "individualismo verdadero", basado en el concepto del hombre como un ser social más que un individuo aislado y puramente autosuficiente.[21] Aun así, Hayek no llamó a su libro de 1960 *Los fundamentos de la dignidad humana* sino *Los fundamentos de la libertad.* Desconfiando de lo que los proactivos juristas harían con el concepto –es decir, prescribir y deletrear lo que la dignidad humana supuestamente era–, Hayek siempre puso énfasis en el peso del concepto de libertad como fundamento y no solo como medio para un fin, como lo entendían varios de sus compañeros del neoliberalismo temprano.

La persona humana, su inviolabilidad y dignidad, era, no obstante, el concepto que dominaba a nivel mundial en aquellos tiempos, en particular en el derecho internacional.[22] Cualquier derecho positivo, cualquier constitución se basa últimamente en presuposiciones morales básicas. El neoliberalismo temprano construyó su ideología económica y política sobre la misma norma básica. Röpke dijo explícitamente que la economía era "de segundo orden", siendo el primer orden la imposición de una autoridad moral.[23] Jacques Rueff no podría estar más de acuerdo, dado que,

[20] En 1960, Hayek se volvería más crítico de una cierta forma de emplear el concepto de dignidad humana. Véase Hayek, *Los fundamentos de la libertad,* 142-143.

[21] F. A. Hayek, "Wahrer und falscher Individualismus", *Ordo* 1 (1948): 23.

[22] Véase Moyn, *Christian Human Rights*; Martti Koskenniemi, "International Law as Political Theology: How to Read *Nomos der Erde*?", *Constellations* 11, N° 4 (2004): 492-511; "International Law and Hegemony: A Reconfiguration", *Cambridge Review of International Affairs* 17, N° 2 (2004): 197-218; Patrick Capps, *Human Dignity and the Foundations of International Law* (Oxford: Hart, 2009); Stephen Riley, *Human Dignity and Law: Legal and Philosophical Investigations* (Oxford: Routledge, 2017).

[23] Röpke en discusión con Rueff, Rougier y Baudin, en una reunión con representantes empleadores de Francia en Aviñón, del 1 al 3 de abril de 1948, lo

según él, si el hombre no impusiera una autoridad moral este no sería civilizado.[24] Para evitar las catástrofes políticas y demasiada voluntad política arbitraria, el Estado de derecho fue conceptualizado como una supervisión de la política, que la domestica y la mantiene dentro de un marco establecido de normas y líneas rojas. El Estado de derecho era visto como la mejor manera de garantizar la inviolabilidad de la persona humana.[25] Los primeros neoliberales añadieron el mecanismo de precio a la fórmula: su funcionamiento óptimo e ininterrumpido era el punto de referencia para la sociedad y la economía liberales.

Este "neoliberalismo temprano", como lo denomino, captura el período del neoliberalismo autoproclamado desde los años treinta a los sesenta. Semánticamente, se diferencia bastante de aquel que hoy asociamos al concepto cuando se usa para criticar y apuntar al resto o a ciertas condiciones y políticas de ser neoliberal. Aun así, en su nacimiento y durante su adolescencia, el neoliberalismo era autorreferente. Entre los años treinta y los años sesenta se puede rastrear a sus proponentes por varios foros y debates, y se sigue encontrando una mención y defensa activas de la etiqueta.[26] Como Louis Baudin les recordó a Röpke y Rueff en 1948 durante otro coloquio más, el término ya era conocido por el mundo y uno no podía retirarlo de circulación.[27]

que explica cuál era el *quid* de la primera conferencia de la SMP. "Le Colloque d'Avignon", Fondo Rougier, Chateau de Lourmarin, Caja R3, Anexo.

[24] Jacques Rueff, *L'Ordre Social* (París: Librairie de Médicis, 1949), 563.

[25] Véase Ben Jackson, "Freedom, the Common Good, and the Rule of Law: Lippmann y Hayek on Economic Planning", *Journal of the History of Ideas* 73, N° 1 (2012): 47-68.

[26] Véase las actas del Coloquio de Ostende en 1957 y Alexander Rüstow, "Paläoliberalismus, Kollektivismus und Neoliberalismus", en Franz Greiß y Fritz W. Meyer, eds., *Wirtschaft, Gesellschaft und Kultur. Festgabe für Alfred Müller-Armack* (Berlín: Duncker & Humblot, 1961), 61-70.

[27] Baudin en el Coloquio de Aviñón, en discusión con Röpke y Rougier sobre el término "neoliberal".

Para ejecutar la agenda del liberalismo, el neoliberalismo temprano rechazó la noción de *laissez-faire* como el medio predilecto para servir al individuo humano. En su lugar, el orden competitivo, un marco moral y legal hecho por el hombre, dentro del cual los mercados serían tan libres como fuera posible, fue identificado como el nuevo medio para un fin.[28] Asimismo, el neoliberalismo temprano estaba consciente de las preocupaciones sociales y le asignaba al Estado responsabilidades sociales al igual que la protección del orden de libre mercado. Tal y como los participantes del CWL argumentaron en una discusión tras el acuerdo sobre los cinco puntos esenciales de la agenda del liberalismo, "la utilidad máxima es un bien social, pero no necesariamente el único que debe buscarse".[29] Al admitir que la economía está formada para construir una sociedad de un cierto tipo, los primeros neoliberales se comprometieron con la construcción consciente de un Estado para salvaguardar el llamado orden competitivo, tanto en su configuración interna como en sus relaciones con otros Estados. Este orden competitivo bien podía funcionar de acuerdo con ciertas metas sociales y sobre la base de ciertas convicciones sociales, pero la operacionalización necesitaba ejecutarse según un guion neoliberal. Cualquier agencia estatal tenía que basarse en el intervencionismo liberal, evitando decisiones políticas arbitrarias y la acción caso a caso. El llamado era a la intervención legal bajo principio y conforme al mercado, que no pusiera en peligro el mecanismo de precio.

[28] Véase la discusión que le sigue a la ponencia introductoria de Hayek en la Sociedad Mont Pèlerin, 1 de abril de 1947, Liberaal Archief, expediente 01-1-08-14-01; también Milton Friedman, "Neo-Liberalism and its Prospects", *Farmand* (febrero 1951): 1-4; para el caso alemán del ordoliberalismo como orden competitivo, véase los comentarios de Eucken en la primera sesión de la Sociedad Mont Pèlerin y Franz Böhm, *Die Ordnung der Wirtschaft als geschichtliche Aufgabe und rechtsschöpferische Leistung* (Stuttgart y Berlín: Kohlhammer, 1937).

[29] Lippmann en el CWL, en Reinhoudt y Audier, *The Walter Lippmann Colloquium*, 178.

La incrustación en el Coloquio Walter Lippmann

Es importante enfatizar que las ideas principales de la Agenda del Liberalismo no se resolvieron solo con el CWL. El CWL formaba parte de un paisaje institucional transnacional, que se erigió por y para la Sociedad de las Naciones tras la Primera Guerra Mundial. El taller mismo tuvo lugar en el Instituto Internacional para la Cooperación Internacional (IICI), una organización transnacional y cuerpo consultor de la Sociedad de las Naciones, que agrupaba a investigadores e instituciones de investigación que trataban cuestiones de orden y paz mundial.[30] La relación entre el Estado y la economía, desde la perspectiva de su función global, fue el tópico central en la Conferencia de Estudios Internacionales (ISC, por sus siglas en inglés), un ciclo permanente del IICI durante los años treinta. Los cimientos para la Agenda del liberalismo se prepararon dentro del universo del IICI/ISC.

La historiografía existente sobre el neoliberalismo ha luchado por explicar la composición del CWL, o bien se ha concentrado en un puñado de participantes, usualmente los intelectuales y economistas más conocidos.[31] Sin embargo, ¿qué pasa con los demás?

[30] Akira Iriye, *Cultural Internationalism and World Order* (Baltimore: The Johns Hopkins University Press, 2000); Daniel Laqua, "Transnational Intellectual Cooperation, the League of Nations, and the Problem of Order", *Journal of Global History* 6 N° 2 (2011): 223-247; Michael Riemens, "International Academic Cooperation on International Relations in the Interwar Period: the International Studies Conference", *Review of International Studies*, N° 37/2 (2011): 911-928; Katharina Rietzler, "Experts for Peace: Structures and Motivations of Philanthropic Internationalism in the Interwar Years", en Daniel Laqua, ed., *Internationalism Reconfigured: Transnational Ideas and Movements between the World Wars* (Londres: I. B. Tauris, 2011), 45-65; Jo-Anne Pemberton, "The Changing Shape of Intellectual Cooperation: From the League of Nations to UNESCO", *Australian Journal of Politics and History* 58, N° 1 (marzo 2012): 34-50; Schulz-Forberg, "Laying the Groundwork".

[31] Angus Burgin, *The Great Persuasion. Reinventing Free Markets since the Depression* (Cambridge EE. UU.: Harvard University Press, 2012), 71.

¿Qué pasa con José Castillejo, el abogado español? ¿Qué pasa con aquel grupo de industrialistas, banqueros e investigadores jóvenes de Francia, como Étienne Mantoux y Robert Marjolin, este último conocido por su período en la OECE y la Comisión Europea, pero no tanto por su neoliberalismo? Ante la dificultad de dar cuenta de la presencia de la mayoría de los participantes, la historiografía existente los ignora o se limita a enumerarlos. Pero si la Agenda del liberalismo representa al neoliberalismo temprano, entonces, ¿quiénes fueron todos aquellos participantes al lado de los protagonistas más conocidos? ¿Acaso no eran neoliberales? A fin de cuentas, todos se pusieron de acuerdo en la misma agenda. En esta sección se hará seguimiento de sus trayectorias a través de la red transnacional del IICI y la ISC.

El Coloquio Walter Lippmann tuvo semejanzas y conexiones concretas con la Conferencia de Estudios Internacionales desarrollada por el Comité Internacional de Cooperación Intelectual (CICI), establecido en enero de 1922 y el IICI, inaugurado en París en 1926 como el brazo ejecutivo del CICI. De 1931 en adelante, los grupos de estudio de la ISC trabajaron temas de su elección a lo largo de un ciclo de dos años. Los ciclos de estudio elegidos fueron: "El Estado y la vida económica" (1932-1933), "La seguridad colectiva" (1934-1935) y "Las políticas económicas en relación con la paz mundial" (1938-1939). En la conferencia de 1939 en Bergen, llevada a cabo en el momento preciso en que la Alemania nazi invadía Polonia, el tema acordado para el ciclo 1940-1941 fue "Organización internacional". Asimismo, originalmente se esperaba que el CWL diera pie a una conferencia internacional de mayor envergadura sobre el mismo tema en 1939.[32]

[32] Rougier, el organizador del CWL, mencionó este plan en su carta de invitación. Véase Audier, *Le Colloque Lippmann*, 140.

Para 1937, 38 Comités Nacionales de Cooperación Intelectual (CNCI) estaban en funcionamiento.[33] El alcance del sistema era mundial, ya que surgieron CNCI en Argentina, China, Cuba, India, Irán, Japón, México, Siria y Sudáfrica. A los expertos de las instituciones afiliadas se les comisionó que escribieran memorandos sobre temas y preguntas asignadas. Una vez que se enviaran todos los memorandos (solían ser bastante voluminosos), un ponente general asignado por la ISC y financiado por la Fundación Rockefeller, resumiría los puntos de vista principales en una cátedra inaugural, que preparara el escenario para las discusiones durante la conferencia.[34]

A fines de la década de 1930, el IICI y la ISC habían ganado una experiencia considerable y crecido hasta convertirse en una gran estructura institucional para el conocimiento y la elaboración de políticas públicas. La décima conferencia ISC de 1937, por ejemplo, necesitó diez reuniones preliminares sobre subtemas específicos en Ginebra, Londres, París y Viena. Luego, la conferencia tuvo que asimilar más de 100 memorandos de Australia, Canadá, Estados Unidos y trece países europeos. En total, 142 participantes llegaron a París desde el 27 de junio y el 3 de julio, representando a veinte institutos nacionales de investigación y comités nacionales de coordinación. Provenían principalmente de Europa, pero también de Australia, Brasil, Canadá y EE. UU. Cinco países enviaron expertos u observadores invitados: Alemania, China, Italia, Japón y México. Asimismo, las organizaciones bajo el IICI, que se aglomeraron bajo el título de "internacionales", también participaron o enviaron expertos: el Fondo Carnegie, la Fundación Rockefeller, el Pacific Institute of International Affairs, el Institut des Hautes Études Internationales (IHEI) de Ginebra, la Academia de Derecho Internacional de

[33] Sociedad de las Naciones, *National Committees on Intellectual Co-operation* (Ginebra, 1937).

[34] Sexta Conferencia de Estudios Internacionales de la Sociedad de las Naciones, *A Record of a Second Study Conference on the State and Economic Life* (París: IICI, 1934), XIV-XV.

La Haya, el New Commonwealth Institute (el cual publicó el ensayo de Hayek sobre el efecto de las federaciones interestatales en la economía, visto por muchos como un guión original para el neoliberalismo contemporáneo)[35] y la Organización Internacional del Trabajo (OIT) asistieron a las ISC.[36]

El ambiente de las conferencias fue de discusión abierta sin expectativas de unanimidad. Se esperaba que hubiese diálogo y disputa. El hecho de que se llegara a un acuerdo sobre la nueva "Agenda del liberalismo" en el CWL fue una gran sorpresa para Louis Rougier, el organizador del CWL, incluso cuando su contenido no era ninguna novedad. La cuestión de la intervención estatal legítima, en particular, había sido tema de reflexión en múltiples ocasiones, previo al CWL. En la ISC de Londres en 1933, por ejemplo, las sesiones trataron extensivamente sobre distintos "aspectos filosóficos de la intervención estatal" al igual que "aspectos prácticos de la intervención estatal".[37] Entre los participantes del CWL, Baudin, Condliffe, Heilperin, Mises y Piatier ya habían trabajado como autores expertos para el IICI en otras ocasiones.[38] Asimismo, el IHEI (de donde Baudin, Heilperin, Röpke y Mises fueron reclutados para el CWL) actuó como una fuente fiable para gran parte de la investigación comisionada.

[35] Véase Wolfgang Streeck, *Gekaufte Zeit. Die vertagte Krise des demokratischen Kapitalismus* (Berlín: Suhrkamp, 2013), 141; de forma similar, Lars Magnusson y Bo Strath, *A Brief History of Political Economy: Tales of Marx, Keynes and Hayek* (Cheltenham: Edward Elgar, 2016), 119-121.

[36] Emanuel Moresco, *Peaceful Change International Studies Conference, Vol. III, Colonial Questions and Peace* (París: IICI, 1939).

[37] IICI, *Second Study Conference on the State and Economic Life*, 181-263.

[38] Louis Baudin, *Free Trade and Peace* (París: IICI, 1939); el primer informe de Condliffe de 1930, titulado *International Collaboration in the Study of International Relations* (Archivos del IICI, París, FR PUNES AG 1-IICI-C-88); Michael Heilperin, *Economía monetaria internacional* (Buenos Aires: Sudamericana, 1946); Heilperin ya había escrito para la décima ISC en 1937 sobre cambio pacífico, esta vez sobre *Les Aspects Monétaires du Problèmes des Matières Premières* (París: IICI, 1937); André Piatier, *Report on the Study of Exchange Control* (Archivos del IICI, París, FR PUNES AG 1-IICI-K-XII-12.a).

Hoy en día, cuando las interpretaciones del CWL tratan de conectar a los diferentes individuos que asistieron al coloquio de París de 1938 y darle sentido al grupo heterogéneo de participantes, ignoran el marco institucional dentro del cual se efectuó el CWL.[39] En la lista de participantes en París figuraba la mezcla internacional de expertos característica del IICI, que ya se había visto involucrado con la Sociedad de las Naciones de una forma y otra, con la inclusión de representantes de instituciones elaboradoras de conocimiento y políticas públicas y otros profesionistas de bancos o grandes industrias. Cuando la lista de invitados se alargó para incluir a todos aquellos que no pudieron (o no quisieron) atender al coloquio, el peso del IICI de la Sociedad de las Naciones y de la Fundación Rockefeller se vuelve aún más evidente. Para el CWL, Rougier le envió invitaciones a Luigi Einaudi, Johan Huizinga, Tracy Kittredge, Francesco Nitti, José Ortega y Gasset, William Rappard, Charles Rist y Lionel Robbins (esta lista nos brinda dos nuevos participantes de la conferencia inaugural de la SMP, Rappard y Robbins).[40]

Además de contener dos figuras prominentes de la historia política e intelectual de Italia y la luminaria española del pensamiento conservador europeo, esta lista incluye a Robbins, uno de los protagonistas de los primeros años de la SMP, y a Rist, una de las figuras más influyentes en la academia francesa e internacional al igual que de los asuntos financieros. Con Huizinga y Rappard, la lista de invitados también incorpora a dos miembros del Comité Ejecutivo de Ginebra del CICI (el cual, de hecho, también actuaba como órgano rector del IICI).[41] Rappard era el director del departamento de mando de la Sociedad de las Naciones y codi-

[39] La presentación más reciente sobre el CWL nuevamente evita todo tipo de reflexión institucional sobre los orígenes del neoliberalismo. Véase el ensayo introductorio por Reinhoudt y Audier, *The Walter Lippmann Colloquium.*

[40] Audier, *Le Colloque Lippmann*, 140.

[41] Véase biblio-archive.unog.ch/Dateien/CouncilDocs/C-3-1939EN.pdf, 8.

rector del IHEI.[42] El segundo codirector era Paul Mantoux, quien también es director del departamento político de la Sociedad y padre de Étienne Mantoux, participante del CWL.

Un miembro del Comité Ejecutivo de CICI, José Castillejo, incluso logró llegar a París. Al leer el protocolo palabra por palabra, uno se pregunta de dónde viene su autoconfianza y franqueza como orador. Especializado en derecho romano, ni su conocimiento sobre asuntos económicos ni el pensamiento liberal eran su mayor fuerte profesional. La respuesta puede ser que Castillejo, quien había emprendido la fundación (también a través del cofinanciamiento de los fondos del gobierno y Rockefeller) del Instituto de Estudios Internacionales y Económicos de España a principios de 1931,[43] era un miembro de larga data del Comité Ejecutivo del CICI y poseía la más alta autoridad institucional entre los participantes.[44] Por último, Tracy Kittredge fue el Director Asistente de la oficina de la División Europea de Ciencias Sociales de la Fundación Rockefeller desde 1931 a 1942 y participante de algunas ISC. En 1919, Kittredge fue parte del personal del Supremo Consejo Económico durante la Conferencia de Paz de París.

Casi todos los participantes del CWL provenían de las redes transnacionales existentes del IICI/ISC. Esto es cierto en el caso de Condliffe, quien fue contratado por el Institute of Pacific Relations para unirse al IICI/ISC como ponente y gestor de investigación (aparece todo el tiempo en la correspondencia entre Rockefeller y IICI) en 1931. También es cierto para el caso de Heilperin desde el IHEI

[42] Susan Pedersen, *The Guardians: The League of Nations and the Crisis of Empire* (Oxford: Oxford University Press, 2015). Pedersen es enfática en que además de los mandatos, el asunto más importante y menos investigado es el rol de la Sociedad de las Naciones en el pensamiento económico y la elaboración de políticas públicas.

[43] José Castillejo, carta a Ortega y Gasset, fechada el 31 de enero de 1931, a la cual adjuntó una nota explicativa sobre la organización y el financiamiento del instituto. Véase *Epistolario de José Castillejo, Vol. III, Fatalidad y Porvenir*, 1913-1937 (Madrid: Editorial Castalia, 1999), 673-677.

[44] Archivos de la Sociedad de las Naciones, Ginebra, caja R4000, 5B/25160/9508.

en Ginebra y de Castillejo desde el CICI. Bruce Hopper estaba afiliado con Harvard, la Sorbona y además el Pacific Institute. Mises y Hayek trabajaron en dos de los institutos de investigación que lideraban el aporte de ideas a la IICI. Es probable que Marcel van Zeeland haya actuado más como un representante de su hermano Paul, el primer ministro belga hasta 1937 y autor del "Informe Van Zeeland" desde enero de 1938, en torno al cual Rougier organizaría el siguiente coloquio de 1939 (no hay mayores evidencias empíricas del evento, salvo la bendición y las felicitaciones de Lippmann).[45] Marcel trabajó para el Banco Nacional de Bélgica (y luego se unió al Banco de Pagos Internacionales).

Los economistas y filósofos Rüstow, Röpke, Mises y Hayek han sido asociados con la Fundación Rockefeller o la Sociedad de las Naciones o ambas, como fue el caso de Röpke, quien recibió un gran fondo de la Fundación y luego su teoría de los ciclos económicos fue traducida al inglés por iniciativa de la Sociedad. Rüstow y Röpke se hicieron amigos en Estambul, donde compartieron la experiencia del exilio (y el privilegio de fundar una facultad de ciencia social entera en la Universidad de Estambul). Mises y Hayek trabajaron en las dos instituciones de investigación más prominentes de la Sociedad dentro de la red IICI/ISC, el IHEI de Ginebra y la London School of Economics (LSE). También estaban vinculados al Business Cycle Research Institute, que habían fundado en Viena y cuya experticia fue aprovechada por la Sociedad.

Antes de fijarnos en los trece participantes franceses del CWL, tenemos a Michael Polanyi, Stefan Possony y Alfred Schütz. Los dos últimos habían atendido los seminarios privados de Mises en Viena y estaban exiliados al momento del CWL. Ambos habían sido autores de estudios recientes vinculados al tema del CWL. Possony había escrito y publicado sobre la economía de guerra en 1938, mientras que Schütz (quien también estudió con Hans Kelsen y

[45] Walter Lippmann, carta a Louis Rougier, fechada el 28 de octubre de 1938, caja R1, fondo Rougier, Château de Lourmarin.

escuchó a Max Weber en Viena) era amigo de Fritz Machlup y Erich Vögelin, y había estado en París desde marzo de 1938. Schütz no era uno de los primeros macroeconomistas, pero sí un experto en epistemología, inspirado en von Mises y, en especial, en fenomenólogos, como Edmund Husserl. Los aportes de Schütz al pensamiento neoliberal temprano estaban dentro de la teoría social y se acercan a *La acción humana* de von Mises y a la teoría de la praxeología más que a la investigación de los ciclos económicos.[46] A fines de los años treinta, Polanyi, polímata y hermano mayor de Karl, se había trasladado desde su especialidad principal, la química, hacia las ciencias sociales. Al momento del CWL, se encontraba filmando su película *Unemployment and Money,* financiado por la Fundación Rockefeller. También había ido a la Unión Soviética en múltiples ocasiones en los años treinta, donde había visto la alternativa al camino liberal y formó su propia opinión sobre el tipo de sociedad en la que creía y el rol de la ciencia en esa sociedad.[47]

Los trece participantes franceses pueden ser organizados en grupos. Primero, hay un trío de investigadores jóvenes y brillantes: Raymond Aron, Étienne Mantoux y Robert Marjolin. Aron acababa de defender su tesis de doctorado en la primavera de 1938. Su relación con Célestin Bouglé es fundamental para vincularlo al IICI. Bouglé no solo era un miembro del Comité Nacional para la Cooperación Intelectual de Francia, sino que también era asesor de la Sociedad y un participante regular (y un discutidor franco) en las conferencias anuales ISC/IICI como el delegado oficial del gobierno francés en el IICI.[48] La figura académica que le sigue en importancia respecto de Aron era un buen amigo de Bouglé: Élie Halévy. Halévy era un filósofo e historiador especializado en pensamiento

[46] Véase Alfred Schütz, *La construcción significativa del mundo social* (Barcelona: Paidós, 1993); Ludwig von Mises, *La acción humana* (Madrid: Union, 2011). De hecho, tiene base en Schütz.

[47] Véase Michael Polanyi, "USSR Economics: Fundamental Data, System and Spirit", *The Manchester School* 6, N° 2 (diciembre 1935): 67-88.

[48] IICI, *Second Study Conference on the State and Economic Life*, 416.

económico y político, que se abocaba profundamente a la pregunta sobre cómo se podía hacer cuadrar el círculo de la justicia social y la libertad económica. De hecho, Halévy, quien falleció de una enfermedad cardíaca en 1937, fue maestro de los jóvenes participantes franceses del CWL y todos quedaron fascinados por sus capacidades intelectuales y humanas.[49] En 1921, Bouglé fundó el Centre de Documentation Sociale (CDS) en la École Normale Supérieure de la cual fue director adjunto. Aron se unió al CDS cuando escribía su tesis doctoral sobre la filosofía de la historia en relación a la teoría social, específicamente sobre Max Weber, Émile Durkheim, Wilhelm Dilthey y el pensamiento alemán en particular. La tesis doctoral de Aron era representativa de la epistemología neoliberal temprana en muchos sentidos y especialmente cercana a la fuerte crítica de Popper al "historicismo".[50]

Crítico del paradigma liberal con raíces en el *laissez-faire* y en la filosofía de la historia que se basaba en la interpretación del concepto de naturaleza, Aron, en perfecta consonancia con sus colegas del neoliberalismo temprano (véase la contribución de Martin Beddeleem a este volumen), argumentaba a favor de un desarrollo consciente de valores sobre los que se pudiera construir una sociedad que fuese una consecuencia de la crítica a las epistemologías y comprensiones liberales de la ciencia de la historia, hechas por el liberalismo anterior.[51] El CDS era el sitio idóneo para este tipo de investigación y es otro buen ejemplo de la estrategia de financiamiento de Rockefeller en ese entonces. En un inicio financiado por el banquero Albert Kahn, Rockefeller se hizo cargo del apoyo financiero al CDS tras la crisis financiera de 1929.

[49] Robert Marjolin, *Le travail d'une vie. Mémoirs 1911-1986* (París: Robert Laffont, 1986), 54. Las cátedras de Halévy de 1936 sobre la "era de la tiranía" fueron especialmente formativas para Aron, Marjolin y Mantoux. Véase la obra póstuma de Halévy (con su prefacio de Bouglé), *L'Ère des tyrannies. Etudes sur le socialisme et la guerre* (París: Gallimard, 1938).

[50] Karl Popper, *La miseria del historicismo* (Madrid: Alianza, 1973).

[51] Aron, *Introducción a la filosofía de la historia.*

La concesión ayudaba al empleo de ayudantes de investigación y la fundación tenía ciertas ideas respecto a la naturaleza de la investigación que debía desempeñarse en el centro. La sociología había sido identificada por Rockefeller como una de las disciplinas capaces de desarrollar "métodos para el control social" y brindaba un apoyo especial a la investigación en el área de "sociología inductiva".[52]

Étienne Mantoux era reconocido entre los círculos de los primeros neoliberales como un investigador muy prometedor, principalmente por su ensayo sobre la afirmación de Keynes de que Alemania no podía pagar las compensaciones exigidas tras la Primera Guerra Mundial. Mantoux defendía lo contrario (al igual que otros economistas del neoliberalismo temprano, en especial Rueff y Heilperin).[53] Educado en el Instituto de Estudios Políticos de París como estudiante de Halévy, a quien admiraba y visitaba frecuentemente de forma privada, se desplazó a Londres a mediados de los años treinta para estudiar con Harold Laski y Hayek en la LSE.

Al momento del coloquio, Marjolin trabajaba como asistente en jefe para el instituto de investigación de Charles Rist. Ciertamente, Rist figuraba entre las influencias intelectuales de Marjolin, quien asimismo tomaba elementos de Keynes y Hayek, al igual que de Knut Wicksell, Gunnar Myrdal y John Hicks para su pensamiento económico.[54] Al momento del CWL, Marjolin acababa de cumplir veintisiete años y ya era un especialista en macroeconomía y en la teoría de los ciclos económicos, al igual que en la

[52] Véase Marcel Fournier, *Marcel Mauss: A Biography* (Princeton: Princeton University Press, 2006), 293.

[53] Étienne Mantoux, *La paix calomniée ou les conséquences économiques de M. Keynes* (París: Gallimard, 1946). Mantoux falleció en abril de 1945. Su obra, publicada póstumamente, fue traducida al inglés de inmediato como *The Carthaginian Peace or the Economic Consequences of Mr Keynes* (Oxford: Oxford University Press, 1946), y luego alabada al instante por sus colegas primeros neoliberales en una serie de reseñas para revistas académicas.

[54] Marjolin, *Le travail d'une vie*, 52.

relación entre políticas socialmente conscientes y mercados liberales. Estaba en pleno desarrollo de su proyecto doctoral, que finalmente publicó en 1941.[55] Era amigo de toda la vida de Aron, con quien afirma haber estado completamente de acuerdo en el plano intelectual.[56]

El segundo grupo de participantes franceses del CWL fueron los industrialistas. Estos eran Louis Marlio, Marcel Bourgeois, Auguste Detœuf y Ernest Mercier. Marlio, a pesar de trabajar para la industria energética francesa, probablemente era el más académico entre ellos y también tenía el antecedente de haber trabajado para la Sociedad de las Naciones. Se le confirió la misión de convertirse en el primer presidente del Centre International d'Études pour la Rénovation du Libéralisme (CIRL) en 1939 tras el CWL, y probablemente era de los campeones más entusiastas del término "neoliberalismo" junto a Baudin y Rüstow.[57]

Detœuf, fundador y director de larga data del gigante energético francés, Alstom, había ganado cierta reputación intelectual a través de sus actividades dentro de una plataforma intelectual interdisciplinar de los años treinta, llamada Groupe X-crise. Había publicado una fuerte crítica del capitalismo y el liberalismo, ya que no creía en su supervivencia. Rougier le envió una copia de *La buena sociedad* de Lippmann para convencerlo de que todavía había formas de rediseñar el liberalismo y Detœuf se unió al CWL como seguidor de las ideas de Lippmann y crítico de Mises.[58] Ernest Mercier estaba vinculado a Marlio y Detœuf por medio de Groupe X-crise, pero incluso más a través de otra plataforma,

[55] Robert Marjolin, *Producción, dinero y precios en los movimientos económicos de larga duración* (México: Aguilar, 1950).

[56] Marjolin, *Le travail d'une vie*, 56.

[57] Louis Marlio, "Le Néo-libéralisme", charla en el CIRL en París, 1939, en *Les Essais. Cahiers bimestriels*, 86-108.

[58] Véase sus discusiones en Reinhoudt y Audier, *The Walter Lippmann Colloquium*. Para la aproximación de Rougier a Detœuf, véase también caja R1, fondo Rougier, Château de Lourmarin.

llamada Redressement français, de la cual Mercier era fundador y fue presidente hasta 1932. Su objetivo era dar forma y unir a la élite al igual que educar a las masas y gobernar el país de una forma tecnócrata y corporativa. Mercier era director de la Compagnie Française des Pétroles (CFP), la predecesora de Total, el grupo petrolero francés. Marcel Bourgeois estaba vinculado a la industria química francesa, pero también era cofundador de la Librairie de Médicis, la editorial liberal francesa que publicó la traducción al francés de *La buena sociedad* (*La Cité Libre*) y las actas del CWL en 1939.[59]

El tercer grupo de participantes franceses se caracteriza por su estatus académico de mayor trayectoria y sus vínculos con la Sociedad de las Naciones y las organizaciones internacionales afiliadas a esta. Estos son Roger Auboin, Louis Baudin, Bernard Lavergne, André Piatier, Louis Rougier y Jacques Rueff. Auboin había sido designado como Gerente General del Banco de Pagos Internacionales (BIS, por sus siglas en inglés) a principios de 1938. Desde su fundación en 1930, los representantes del banco habían estado involucrados en las conferencias y diálogos de la Sociedad. A mediados de los años treinta, el asesor económico del BIS, Per Jacobsson, estaba presente en el círculo de agentes más amplio que seguía la conferencia de Annecy de Rockefeller, en 1936, sobre los ciclos económicos y el concepto de la economía mundial.[60]

Baudin era un economista de reconocimiento internacional a fines de los años treinta, autor de un memorando para el IICI y figuraba entre los usuarios más entusiastas del término neoliberalismo, "premisa central" de la cual, explicaba tras la guerra en

[59] Véase François Denord, "Aux origines du néo-libéralisme en France. Louis Rougier et le Colloque Walter Lippmann de 1938", *Le Mouvement Social* 195, N° 2 (2001): 9-34.

[60] Para una descripción pormenorizada véase Jérôme Wilson, *Robert Triffin. Milieux académiques et cénacles économiques internationaux 1935-1951* (Fond Camille Gutt: Editions Versant Sud), en especial, el capítulo 2: "Naissance d'un économiste (1932-1935)".

1953, "es el rescate de la persona humana".[61] Estaba afiliado a la Sorbona y al IHEI de Ginebra al igual que a la Sociedad de las Naciones donde, junto a Oskar Morgenstern y Bertil Ohlin, formó parte de un grupo de expertos con un nombre de maravillosa extensión: el Committee of Economists to assist the Fiscal Committee in the Enquiry on the Behaviour of Tax Systems (Comité de Economistas en apoyo al Comité Fiscal en la Investigación sobre el Comportamiento de los Sistemas Tributarios).[62]

Bernard Lavergne también era un graduado de la Sorbona, un colaborador de Rist y un amigo de Halévy con quien intercambiaba correspondencia con regularidad.[63] Lavergne se dedicaba principalmente al campo de los movimientos corporativos y del concepto y rol del consumidor.[64] De hecho, la *co-opératif* era una idea especialmente elaborada (y también practicada) en el pensamiento económico francés. Durante las conferencias IICI/ISC, Bouglé se aseguró de enumerar al movimiento corporativo como uno de los ejemplos clave de la posible coexistencia de los mercados libres con los elementos de la economía que tuvieran mayor control social.[65]

[61] Louis Baudin, *L'Aube d'un nouveau libéralisme* (París: Librairie de Médicis, 1953), 146.

[62] Véase biblio-archive.unog.ch/Dateien/CouncilDocs/C-3-1939_EN.pdf, 7.

[63] Por ejemplo, en 1936, Lavergne recurrió a Halévy en un puñado de cartas sobre su candidatura para el Collège de France. Véase el fondo documental de Élie Halévy en la École Normale Supérieure, caja 7 (1930-1937).

[64] Véase, sobre la base de su tesis doctoral de la facultad de derecho, *La revolución cooperativa, o el socialismo de Occidente: tratamiento general del cooperativismo de consumo: instituciones y doctrinas* (México: Universitaria, 1962); *L'hégémonie du consommateur: vers une renovation de la science économique* (París: Presses Universitaires de France, 1958).

[65] Para Francia, enumeró cuatro fuerzas poderosas que debían reconocerse a la hora de dar forma a las políticas económicas: "peasants, democrats, trade-unionists and co-operators". Célestin Bouglé, en Sociedad de las Naciones, *The State and Economic Life with Special Reference to International Economic and Political Relations* (París: IIIC, 1932), 46.

André Piatier es una figura menos conocida que aparece en las fuentes como un experto joven que trabajaba para el IICI/ISC en el Estudio Económico del Danubio, como autor de un memorando de la conferencia de 1939 y en el CWL. También era graduado de la Sorbona y el primer secretario de la sede parisina del International Institute of Public Finance (IIPF), fundado en 1937 (por el omnipresente William Rappard, entre otros) por iniciativa de Edgard Allix, el decano de la Facultad de Derecho de la Universidad de París. Ante la muerte inesperada de Allix a mediados de 1938, Piatier, su asistente, asumió el cargo.[66]

Los últimos actores a considerar son Louis Rougier y Jacques Rueff. Ambos son figuras clave de la historia del neoliberalismo. Por ahora, Rougier ha recibido más atención por parte de los investigadores que Rueff, debido principalmente a que era el organizador del CWL. Aunque políticamente empañó su imagen durante la guerra a través de su colaboración con el régimen de Vichy, permaneció afiliado a las redes transnacionales de economistas.[67] Rougier reapareció a mediados de los años cincuenta luego que se le permitiera volver a enseñar en Francia y participó en la discusión del neoliberalismo en Oostende, Bélgica, a mediados de septiembre de 1957, veinte años después de la publicación de *La buena sociedad* de Lippmann.[68]

Rueff era más importante e influyente en el plano intelectual y político. Experto renombrado en temas monetarios, era la mente maestra tras el cambio del viejo al nuevo franco en 1960. En su país, clavó a martillazos el mensaje clave y transversal a todo el neoliberalismo temprano: que el mecanismo de precio necesita permanecer como el elemento decisivo que indica una sociedad

[66] "IIPF History", disponible en iipf.net.

[67] Véase su *Mission Sectète à Londres. Les Accords Pétain-Churchill* (Ginebra: Les Editions du Cheval Ailé, 1946).

[68] *Travaux du Colloque International du Libéralisme Economique* (Bruselas: Editions du Centre Paul Hymans, 1957), 279-93, allí seguiría haciendo la distinción entre "neoliberalismo" y "liberalismo en el sentido estricto".

liberal, aunque este mecanismo de precio podía coexistir pacíficamente con ciertas formas de intervención (del tipo liberal) e incluso tarifas.[69] Asimismo, también era intensamente activo como elaborador de políticas públicas y dentro de organizaciones internacionales. Y, por supuesto, era bien conocido por ser el asesor económico de Charles de Gaulle y un ferviente defensor del patrón oro.

En cuanto a la Sociedad de las Naciones, Rueff sirvió (junto con Morgenstern y Ohlin, como se dijo) como miembro de la Special Delegation of the Financial and Economic Committees for the Study of Economic Depressions.[70] Prosiguió su labor política como un fuerte defensor de la integración europea y el primer presidente del Consejo Internacional de Estudios en Filosofía y Humanidades (ahora CIPSH) de la UNESCO, donde, en conversación con colegas de otras disciplinas y con orígenes más globales, repitió su mensaje más influyente sobre el rol del mecanismo de precio en la salvaguarda de la civilización, y continuó su reflexión profunda sobre el mismo rol y función de los conceptos núcleo de las sociedades y sus interrelaciones.[71] Mientras que su claridad y la fuerza de sus convicciones en esta área lo calificaban para ser miembro de la Sociedad Mont Pèlerin, lo que prevaleció en su calificación para la lista de economistas de la Sociedad y el CWL fueron sus aptitudes en el campo de la macroeconomía *avant la lettre*.

[69] Para las intervenciones de Rueff, véase Reinhoudt y Audier, *The Walter Lippmann Colloquium* y, especialmente, *L'Ordre Social* (París: Librairie de Médicis, 1949) y *Épitre aux Dirigistes* (París: Gallimard, 1949).

[70] [N. de T.] *Delegación Especial para los Comités Financiero y Económico para el Estudio de las Depresiones Económicas.*

[71] Archivo de la UNESCO. Véase, por ejemplo, el "Report of the Meeting of the Committee on the Philosophical Analysis of Fundamental Concepts", 3-7 de mayo de 1949, París, caja CISHP 1, UNESCO/PHS/12.

La incrustación de los primeros neoliberales en los orígenes de la "economía macrodinámica"

Los vínculos de Jacques Rueff con la Sociedad de las Naciones eran compartidos por muchos de los presentes en París en 1938. Desde sus orígenes, la Sociedad había buscado expertos en lo que Ragnar Frisch bautizó como economía "macrodinámica". El economista noruego fue el primer laureado con el Premio Nobel de Economía en 1969 (véase la contribución de Philip Mirowski a este volumen). A principios de los años treinta, Frisch sirvió como director del Instituto de Economía de la Universidad de Oslo, que había sido financiado por "fondos generosos" de la Fundación Rockefeller junto a una fuente noruega, A/S Norsk Varekrig.[72] Como explicaba en 1933:

> Al aproximarnos al estudio de los ciclos económicos con la intención de llevar a cabo un análisis que sea realmente dinámico y determinado [...], tenderemos de forma natural a distinguir entre dos tipos de análisis: el tipo microdinámico y el macrodinámico. El análisis microdinámico es un análisis por el cual tratamos de explicar en detalle el comportamiento de una cierta sección del enorme mecanismo económico [...]. El análisis macrodinámico, en cambio, trata de dar cuenta de las fluctuaciones del sistema económico completo; esto es, tomado en su totalidad.[73]

Para la Sociedad, el "sistema económico completo" era, de hecho, global y entre la generalidad de los expertos en "economía dinámica", solo un número reducido de los primeros neoliberales tuvieron injerencia para dar forma a las políticas de la Sociedad (hasta

[72] Ragnar Frisch, "Propagation Problems and Impulse Problems in Dynamic Economics", *Publications of the University Institute of Economics*, N° 3 (1933): 1-35.
[73] *Ibid.*, 2.

la intervención de cierto Mr. Keynes). Aparte de la Sociedad, la creciente casta transnacional de los economistas "macrodinámicos" encontró un hogar académico en la Econometric Society, fundada a fines de 1930 por el mismo Ragnar Frisch, con Joseph Schumpeter, Keynes y Rueff como miembros fundadores.[74] La Econometric Society prosiguió al servicio de la UNESCO como una organización consultiva una vez que el IICI fue desmantelado y la UNESCO se volvió su sucesora.

Las formas de análisis macro del neoliberalismo temprano tenían diferencias fundamentales con la *Teoría General* de Keynes y otras derivadas de la nueva disciplina del momento, como, por ejemplo, la de Schumpeter.[75] El foco de Keynes en la enmienda de las crisis –la fase de "caída" en su ciclo económico– es diametralmente opuesto a la aproximación neoliberal al ciclo económico. Para ellos, lo que importaba eran las políticas que mueven el timón durante la fase de auge. La intervención debía concentrarse en crear un marco para el crecimiento y no basarse en las necesidades sociales urgentes tras el golpe de una crisis. Asimismo, los neoliberales reconocían algunas de las ideas de Keynes, en particular su noción de que una política puramente monetaria para prevenir la deflación no sería suficiente para los casos en que hay una depresión profunda. Entonces, el "cómo" de las políticas importaba y se disputaba.[76] A pesar de sus objeciones a la corriente principal emergente, los primeros neoliberales eran parte de un equipo transnacional de expertos que proveían modelos de análisis de ciclos económicos para Ginebra. De hecho, al ver de nuevo

[74] Véase el memorando por Frisch y Schumpeter en www.dev.econometricsociety.org.

[75] John Maynard Keynes, *Teoría general del empleo, el interés y el dinero* (Madrid: Aosta, 1998); Joseph Schumpeter, *Ciclos económicos: análisis teórico, histórico y estadístico del proceso capitalista* (Zaragoza: Prensas de la Universidad de Zaragoza, 2002).

[76] Véase "Between Mises and Keynes: An Interview with Gottfried von Haberler", *Austrian Economics Newsletter* 20, N° 1 (primavera 2000), disponible en mises.org.

a los participantes del CWL, la experticia en las primeras formas de macroeconomía (en ese entonces era un campo más bien difuso, que estaba lejos de los modelos de base matemática de la econometría actual) es lo que une a la mayoría de los economistas presentes en París.

La teoría austríaca del ciclo económico fue desarrollada por Hayek y Mises en los años veinte y la principal contribución de Hayek al área vino poco después.[77] Argumenta, en síntesis, que la razón detrás de toda crisis del capitalismo no yace en el momento y contexto de la crisis en sí. El tratamiento debería ser para el auge, no para la caída. Las crisis, entonces, se volvían deformidades de los procesos de crecimiento mal manejados y la responsabilidad por ellas podía dejarse en la puerta de la política. Como resultado de semejante postura (que Hayek reformuló a lo largo de los años treinta tras una racha de críticas), aquellos que padecían las crisis económicas quedarían sin ningún apoyo hasta que los mercados se reequilibraran y surgieran empleos nuevos. Además de los críticos más obvios a esta postura, como su colega macroeconomista y teórico del bienestar John Hicks,[78] hasta Milton Friedman criticó después la teoría austríaca del ciclo económico por supuestamente prescribir que "el mundo entero perdiera su razón de ser".[79, 80]

En 1927, el Österreichisches Institut für Konjunkturforschung (de ahora en más, el Institut) inició sus funciones con Hayek como director y Mises como *spiritus rector*. En sus primeras etapas, el Institut estuvo financiado por los contactos de Mises en la Cámara de Comercio de Viena, el Banco Nacional de Austria y la Federación de Ferrocarriles. Luego, recibió apoyo de la Fundación

[77] F. A. Hayek, *Precios y producción* (Madrid: Unión, 1996).

[78] John Hicks, "The Hayek Story", en *Critical Essays in Monetary Theory* (Oxford: Clarendon Press, 1967), 203-215.

[79] [N. de T.] Expresión idiomática en inglés: "*the bottom drop out of the world*".

[80] Milton Friedman, "Mr. Market", *Hoover Digest* 1999/1, disponible en hoover.org.

Rockefeller y se convirtió en uno más de una serie de institutos sobre el ciclo económico financiados a lo largo de Europa, los cuales formaron el Standing Committee of Business Cycle Institutes, presidido por Charles Rist.[81]

La Sociedad atrajo activamente recomendaciones de políticas públicas sobre la base de investigaciones que iban desde la obra pionera de los economistas suecos, Knut Wicksell y Carl Gustav Cassel (el pionero intelectual que redescubrió el paradigma de la paridad del poder adquisitivo, que fue especialmente influyente en la Sociedad durante los años veinte),[82] hasta los escritos de Gottfried Haberler sobre los ciclos económicos solicitados por la Sociedad. La tendencia del Institut, junto a los más prominentes economistas suecos del momento, proporcionó la información para la aproximación de la Sociedad a la Europa Central y Oriental en los años treinta. Haberler se desplazó de la postura original de Hayek, pero como miembro del círculo de Viena de Mises y empleado del Business Cycle Institute, nunca se distanció demasiado. El Institut se volvió especialmente importante para la Sociedad durante el proyecto Estudio Económico del Danubio, una comparación a gran escala de los países del Danubio al este de Austria, que el Institut había propuesto a la Sociedad en 1934 y que se puso en marcha tras la conferencia de la ISC de 1935 en Copenhague. El Institut también postuló formalmente a la ISC en marzo de 1936 para convertirse en un "miembro indirecto", representado por medio de la institución austríaca oficial, la *Konsularakademie*, la escuela diplomática líder con un cuerpo estudiantil internacional, que servía como el principal punto de acceso

[81] Neil de Marchi, "League of Nations Economists and the Ideal of Peaceful Change in the Decade of the 'Thirties'", en Craufurd D. Goodwin, *Economics and National Security: A History of their Interaction* (Durham: Duke University Press, 1991), serie: History of Political Economy Annual Supplement (libro 23), 143-178, 149.

[82] Gustav Cassel, "Abnormal Deviations in International Exchanges", *The Economic Journal* 28 (1918): 413-415.

de investigación del IICI en el área de los estudios internacionales en Austria.[83]

La economía "macrodinámica" temprana, que en los años treinta incluía el análisis de los ciclos económicos junto con las estadísticas como sus métodos principales, también se vinculó con la ISC cuando la Fundación Rockefeller accedió a apoyar el Estudio Económico del Danubio y fue incluida dentro del ciclo de estudio sobre "Cambio pacífico" entre 1935 y 1937. En la segunda conferencia del grupo de estudio, con sede en París, se debían presentar los resultados.[84] El Estudio Económico del Danubio fue dirigido por Oskar Morgenstern, quien había sucedido a Hayek como director del Institut cuando este último se fue a la LSE en 1931. Morgenstern compartía con Hayek su molestia metodológica hacia los datos estadísticos, cuyas primeras publicaciones fueron en este campo y recordaba lo "difuso" de la información y la teoría que se usa para el análisis de los ciclos económicos.[85] Pero, como de todas maneras la investigación de los ciclos económicos era destacada por la Sociedad, Morgenstern se convirtió en un miembro del Committee of Statistical Experts de la Sociedad.[86]

El Estudio Económico del Danubio llamó la atención de los economistas interesados en la teoría de los ciclos económicos –o, como lo llamaba la Fundación Rockefeller, en "el problema del cambio cíclico y estructural"– y estaba vinculado a la red de institutos del ciclo económico coordinados por Rist. En la primavera de 1937, durante los preparativos de la conferencia de París, la prolongación del financiamiento se discutió nuevamente y el

[83] Véase Rockefeller Foundation Archive, RG1, S100, caja 110, expediente 1002 y, en especial, la carta interna de Tracy Kittredge, fechada el 10 de diciembre de 1935.

[84] Véase International Studies Conference, *Peaceful Change: Procedures, Populations, Raw Materials*, Colonies (IICI: París, 1938), 214-257.

[85] Oskar Morgenstern, *International Financial Transactions and Business Cycles* (Princeton: Princeton University Press, 1959), 10.

[86] Véase biblio-archive.unog.ch/Dateien/CouncilDocs/C-3-1939_EN.pdf, 6.

interés de economistas como Wilhelm Röpke y John Bell Condliffe –quienes luego participarían en el CWL– fue percibido por Rockefeller.[87] Röpke fue introducido al rango de expertos de la Sociedad debido a que su trabajo sobre la teoría de los ciclos económicos le había valido el reconocimiento internacional como experto en el área. La traducción del texto original en alemán escrito por Röpke (1931) fue puesto en marcha por iniciativa de Ragnar Nurske (de la Sociedad) y se publicó finalmente en 1936, año de la conferencia de Annecy sobre economía internacional.[88] En esta conferencia, a Röpke se le asignó la tarea de iniciar la investigación sobre "proteccionismo agrario e industrial de posguerra".[89] Llevó a cabo la investigación bajo el auspicio del IHEI en Ginebra de 1937 en adelante. Luego postuló al financiamiento de la Fundación Rockefeller para efectuar el estudio de la mejor manera posible. En marzo de 1938, Rockefeller solicitó a un grupo de expertos que evaluara la propuesta de Röpke. Se reunieron el 19 de marzo en París, en el Institut de Recherche Économiques et Sociales dirigido por Rist, y decidieron que el proyecto ameritaba financiamiento. A Röpke le fue asignado un fondo de 60 000 USD.[90] Los evaluadores de la propuesta de Röpke pertenecían al comité permanente de los *Instituts de conjuncture* (institutos del ciclo económico), mencionados arriba. Entre ellos estaban Charles Rist, John Condliffe y William Rappard. De hecho, durante la parte de este relato que trata sobre el ciclo económico, reúne al CWL, la ISC y Rockefeller nuevamente. No solo había participantes e invitados del CWL dentro de las trincheras más profundas de la red de financiamiento y de los *Instituts de conjucture*, sino que también habían

[87] RG1, S100, caja 110, expediente 1002, véase la resolución propuesta del 12 de enero de 1937.

[88] Wilhelm Röpke, *Cycles and Crises* (Londres: W. Hodge, 1936), IV.

[89] Véase el prefacio en Wilhelm Röpke, *International Economic Disintegration* (Londres: W. Hodge, 1942).

[90] Charles Rist, carta a Tracy B. Kittredge, fechada el 9 marzo de 1938, IICI Archives, expedientes K.1.3.

estado en la conferencia de Annecy en 1936. Mises, Röpke y Condliffe participaron en ambas, Annecy y París, en 1938. Rappard, Rist y Robbins fueron, al menos, invitados a París y participaron en Annecy.[91]

En resumen, el relato de la teoría del ciclo económico y su conexión, tanto con el neoliberalismo temprano como con la Sociedad de las Naciones, muestra que aquellos primeros neoliberales que estaban en París para el CWL eran, entre otras cosas, expertos en el campo emergente de lo que Frisch había llamado la economía "macrodinámica" y lidiaban con esfuerzos empíricos y teóricos para controlar la economía global. Esto fue un acierto en términos del foco de interés de la Sociedad. Al observar la lista de participantes e invitados del CWL, se puede ver que Condliffe, Hayek, Marjolin, Mantoux, Mises, Rist, Röpke y Rappard ya estaban involucrados en el análisis del ciclo económico. Todos ellos fueron invitados a unirse al CWL, aun cuando no todos lograron presentarse.

Conclusión

Al hacer una lectura del Coloquio Walter Lippmann en su contexto temporal, se aprecia que este no cayó de los cielos en el verano de 1938 como si fuera la primera semilla de una cosmovisión robusta e inmutable, que luego se convertiría en una flora ideológica de crecimiento perpetuo en la Sociedad Mont Pèlerin. Muestra que el neoliberalismo se atrincheró desde el comienzo en redes de élites transnacionales, cuya meta era (y es) definir ideas de estado normativo y gobernanza liberal que permitieran mantener la política dentro de sus "límites apropiados", al tiempo que aseguraban que

[91] Véase De Marchi, "League of Nations Economists", 149-150.

los Estados nación compartieran un ADN biológico sin llegar a ser idénticos.[92]

Los primeros neoliberales tenían plena conciencia de la escala de su proyecto. Estaban haciendo Estados y economías. Aunque sus ambiciones nunca fueron pequeñas, tuvieron la confianza en su proximidad a poderosas fuentes políticas y financieras. Debido a esta conciencia se los puede pensar como actores normativos con pleno conocimiento de su propia elaboración de normas. A la cepa liberal de la "buena sociedad" había que darle forma y moldearla, como a cualquier otra sociedad. Conscientes de lo fundamental de su trabajo, construyeron los elementos ideológicos del lenguaje y del discurso neoliberal.

El neoliberalismo temprano se incrustó en las redes de expertícia transnacional que emergieron en los años treinta de varias maneras. Se incrustó institucionalmente a través de la Sociedad de las Naciones, sus cuerpos consultores del CICI y el IICI, y se inspiró particularmente por la ISC, vinculada y desarrollada en un diálogo con la nueva disciplina en formación de los estudios internacionales. En esta última, también hubo una incrustación conceptual, que elaboraba su semántica ideológica junto a las tendencias generales en derecho internacional, teoría política y relaciones internacionales. A pesar de las caracterizaciones posteriores de Karl Polanyi y los neoliberales como opuestos ideológicos y metodológicos, el foco institucional de los primeros neoliberales sugería, incluso, la incrustación de la economía en un sentido que recuerda a Polanyi. Por supuesto, Karl Polanyi abogaba por diferentes formas de incrustación y los primeros neoliberales claramente estaban a favor de retener la tierra, la mano de obra y el capital como productos básicos (la causa primordial de la crisis del capitalismo

92 Carl J. Friedrich, "The Political Thought of Neo-Liberalism", *The American Political Science Review* 49, N° 2 (1955): 509, 525.

según Polanyi),[93] pero también estaban plenamente conscientes de que los Estados nación estaban para quedarse y que había que incrustarse política y económicamente en las economías nacionales para que calzaran con las otras economías nacionales, en una cancha económica mundial. La Agenda del Liberalismo fue su propuesta para alcanzar tal orden institucional.

Asimismo, el neoliberalismo temprano encontró sustento en las teorías de análisis del ciclo económico, entendidas como un programa de investigación sobre el cambio económico cíclico y estructural. En general, las ideas normativas sobre la condición de Estado –la necesidad de construir Estados de cierta manera para garantizar el éxito económico y con este la paz interna– comienzan a prosperar dentro de la red institucional de la Sociedad al tiempo que se buscaban respuestas a las preguntas que surgían de la construcción de Estado europea tras la desintegración de los imperios en Europa Central, Oriental y Suroriental, y del Mandato de la Sociedad de las Naciones, el cual requería definir cómo las otrora colonias podrían lograr la plena independencia.[94]

Un número de los primeros neoliberales que participaron en el CWL prosiguió su carrera dentro de las redes mundiales de élite. Rueff se convirtió en el primer director del Consejo Internacional de Estudios en Filosofía y Humanidades de la UNESCO. Marjolin asumió como el primer director de la OECE. Auboin ejerció como director general del BIS hasta 1958. Sin embargo, surgen nuevas interrogantes. Si el neoliberalismo ya se había atrincherado profundamente en las redes mundiales de gobernanza, entonces, ¿qué necesidad había de la SMP? Una respuesta es que la incrustación que se llevaba a cabo junto a la reconstrucción de la posguerra, las

[93] Karl Polanyi, *La gran transformación: los orígenes políticos y económicos de nuestro tiempo* (México: Fondo de Cultura Económica, 1992).

[94] Véase Antony Anghie, *Imperialism, Sovereignty and the Making of International Law* (Cambridge: Cambridge University Press, 2007); Quinn Slobodian, *Globalists: The End of Empire and the Birth of Neoliberalism* (Cambridge, MA: Harvard University Press, 2018).

instituciones de Bretton Woods, la ONU y los comienzos del proceso de integración europea no era el tipo de liberalismo incrustado que los primeros neoliberales apoyaban plenamente.[95] Si bien sus ideas eran la corriente principal a fines de los años treinta, para 1945 se habían vuelto marginales. Las tasas de cambio fijas pero ajustables de Bretton Woods, la prevalencia de la macroeconomía keynesiana y la creciente limitación del alcance del mecanismo de precio por las prácticas del Estado de bienestar y varios planes dentro del proceso de reconstrucción europea, pueden haber provocado que algunos de los primeros neoliberales purificaran su doctrina y juntaran sus fuerzas en la SMP (véase la contribución de Matthias Schmelzer a este volumen), mientras que otros permanecieron como poderosos elaboradores de políticas públicas, como Marjolin, y toleraban una aproximación más pragmática. Aun así, esta purificación debe ser vista como uno de los muchos desenlaces posibles de la Agenda del Liberalismo original de 1938 y no como su destino escrito en piedra. Poner al Coloquio Walter Lippmann en contexto revela la importancia de una historia conceptual con un enfoque más global con conciencia de las condiciones y posibilidades institucionales. Debemos situar los orígenes del neoliberalismo dentro de un campo de pensamiento en disputa más que intentar rastrear una supuesta esencia pura. El neoliberalismo nació del diálogo con otras perspectivas y así es, también, como se lo debe estudiar.

[95] John Gerard Ruggie, "International Regimes, Transactions, and Change: Embedded Liberalism in the Postwar Economic Order", *International Organization* 36, N° 2 (1982): 379-415.

8. ¿Qué viene después de Bretton Woods? Los neoliberales debaten y pelean por el sistema monetario del futuro

Matthias Schmelzer

¿Quién mató a Bretton Woods?[1] Los investigadores aún no entregan su último veredicto sobre la pregunta de cómo y por qué pasamos de la era de los tipos de cambio fijos pero ajustables y controles de capital, diseñados por John Maynard Keynes y compañía en 1944, a la era en que vivimos hoy, con tipos de cambio flexibles y movimientos de capital libres; un cambio que ha demostrado ser fundamental para la contrarrevolución neoliberal en general. Tras la Gran Depresión y a mediados de la década de 1960, a la mayoría de los economistas y elaboradores de políticas públicas le parecía que los mercados libres para los flujos de capital y moneda internacionales eran demasiado desestabilizadores para lograr un capitalismo robusto y funcional. Los neoliberales alrededor de la Sociedad Mont Pèlerin (SMP) no estaban de acuerdo con esto y el sistema de Breton Woods era una gran piedra en el zapato. De hecho, los neoliberales consideraban que los controles sobre el capital y las tasas de cambio eran una de las amenazas fundamentales, tanto para el sistema de mercado como para la civilización occidental.

A pesar de su consternación, los neoliberales se mantuvieron como una minoría en asuntos de sistema monetario internacional hasta principios de los años setenta, cuando las arcas estadounidenses sufrieron una hemorragia de oro, que junto a la persistente sobrevaloración del dólar empujaron a la administración de

[1] Quiero agradecer los útiles comentarios sobre el manuscrito de Quinn Slobodian, en particular, pero también de Dieter Plehwe, Harmut Kaelble y Alexander Nützenadel.

Richard Nixon a buscar soluciones drásticas, lo que culminó en el cierre de la ventana del oro y el inicio de la transición hacia los tipos de cambio flexibles. En 1982, Milton Friedman hizo el famoso comentario de que cuando "ocurre una crisis, las acciones que se toman dependen de las ideas que circulan alrededor". La meta era "desarrollar alternativas a las políticas existentes para mantenerlas vivas y disponibles hasta que lo políticamente imposible se convierta en políticamente inevitable".[2] Friedman expuso su dictamen clave a través de la referencia a la desintegración de Bretton Woods: "Una crisis semejante surgió en 1971. Si la alternativa de los tipos de cambio flexibles no se hubiera explorado del todo en la literatura académica [...] no queda claro qué solución se habría adoptado".[3]

La campaña neoliberal para terminar con el sistema Bretton Woods de "liberalismo incrustado" fue un ejemplo de la puesta en práctica de la estrategia de Friedman y ofrece uno de los ejemplos más tempranos y exhaustivos de política empresarial neoliberal exitosa en los círculos académicos, políticos y de negocios.[4] ¿Cómo es que Friedman y otros economistas neoliberales se volvieron influyentes? ¿Qué significaba, en la práctica, "poner las alternativas a disposición"? Junto a los intereses nacionales de los Estados Unidos, los investigadores han destacado la importancia de la perspectiva ideológica de quienes fueron los actores clave de la administración de Nixon en cuanto a la decisión de desmantelar Bretton Woods. Se ha señalado la influencia de individuos como Herbert Stein, Paul McCracken, William Fellner (todos miembros del Consejo de Asesores Económicos), Gottfried Haberler (director del Grupo de Trabajo sobre Políticas de Balanza de Pagos de los Esta-

[2] Milton Friedman, *Capitalism and Freedom* (Chicago: University of Chicago Press, 1982), IX.

[3] Milton Friedman y Rose D. Friedman, *Two Lucky People: Memoirs* (Chicago: University of Chicago Press, 1998), 220.

[4] John Gerard Ruggie, "International Regimes, Transactions, and Change: Embedded Liberalism in the Postwar Economic Order", *International Organization* 36, N° 2 (1982): 379-415.

dos Unidos de Nixon) y Milton Friedman.[5] Estos economistas, junto con sus redes en la academia y en *think tanks*, fueron capaces de posicionar sus interpretaciones, argumentos y estrategias dentro de la administración Nixon y retratar a los tipos de cambio flexibles como un recurso atractivo para los elaboradores de políticas públicas de los EE. UU., en tiempos de crisis en la balanza de pagos.

Algo en lo que no se ha reparado tanto es en el hecho de que casi todos estos individuos eran miembros de la Sociedad Mont Pèlerin y que su participación en los debates sobre el futuro del sistema monetario dentro de la SMP se remonta a los años cuarenta. Si bien el mensaje final pudo haber sido que "no hay alternativa", los debates, primero, abordaron en qué consistía aquella opción política para la cual no había alternativa. La pregunta era más bien complicada, arcana y aparentemente técnica. De hecho, la pregunta por el sistema monetario internacional fue la más controversial y divisiva para los neoliberales organizados durante las décadas de la posguerra. Resultó ser, de hecho, la controversia interna más larga y contenciosa entre dos bastiones enfrentados en lo fundamental, que dominó muchas de las conferencias anuales de la SMP en el período de la posguerra y amenazó con separar la internacional neoliberal en su etapa emergente durante los años sesenta. Por ende, aunque esté documentada como una victoria política considerable, este capítulo muestra que los neoliberales no siempre hablan con una sola voz. Aunque unidos en torno a la necesidad de libertad para los movimientos internacionales de capital, inversiones y dinero, los neoliberales no pudieron ponerse

[5] Véase, por ejemplo, Carol M. Connell, *Reforming the World Monetary System: Fritz Machlup and the Bellagio Group* (Abingdon: Routledge, 2013); Eric Helleiner, *States and the Reemergence of Global Finance: From Bretton Woods to the 1990s* (Ithaca: Cornell University Press, 1994); Robert Leeson, *Ideology and the International Economy: The Decline and Fall of Bretton Woods* (Nueva York: Palgrave Macmillan, 2004); John S. Odell, *US International Monetary Policy: Markets, Power, and Ideas as Sources of Change* (Princeton: Princeton University Press, 1982).

de acuerdo de inmediato en la naturaleza específica de la alternativa al sistema de Bretton Woods.

La controversia enfrentó a los propulsores del patrón oro, dirigidos por Ludwig von Mises, Wilhelm Röpke y F. A. Hayek, contra los defensores más destacados de los tipos de cambio flexibles, Milton Friedman, Fritz Machlup y Gottfried Haberler. Eventualmente, los defensores de los tipos de cambio flexibles se impusieron. Argumentaron que, a la larga, los tipos de cambio establecerían una disciplina de mercado para la política fiscal y monetaria del país, porque habría límites en cuanto al uso de la devaluación como una salida fácil a la falta de competitividad. Y al presionar por que los bancos centrales fueran "independientes" y siguieran reglas fijas en vez de recurrir a la toma democrática de decisiones, los monetaristas también podrían controlar la oferta de dinero y dejarlo así dentro de límites estrictos y restringir esa inflación que, según ellos, era causada por las crecientes demandas sociales que exigían gasto fiscal.

Luego de que los defensores neoliberales de las tasas flexibles ganaran los debates internos, lanzaron una notable campaña transnacional para convencer a los principales tomadores de decisiones y expertos de los méritos de este sistema pos-Bretton Woods. La campaña se llevó a cabo por académicos y expertos de instituciones financieras. Los miembros de la SMP destacaron en la coordinación de la campaña, que incluía una estrategia de comunicación concertada y esfuerzos de publicación de gran envergadura a ambos lados del Atlántico. También se apoyó en la organización de la serie de conferencias académicas más influyente de la época en cuanto a cuestiones monetarias, que estaba dirigida a economistas, banqueros centrales y la comunidad de bancas privadas. Para cuando el sistema Bretton Woods colapsaba, a principios de los años setenta, la coalición del discurso en pos de los tipos de cambio flexibles había construido una poderosa alianza internacional con una alternativa preparada. Ejerció su influencia a través de expertos y asesorías clave en la administración Nixon, la cual acabó por terminar con la paridad entre el oro y el dólar estadounidense en 1971, para nunca más volver a un régimen de tipos de cambio fijos a nivel mundial. Aunque los neoliberales no fueran los principales responsables de la muerte de Bretton Woods, sí fueron cómplices entusiastas de su eutanasia.

Del clásico patrón oro a Bretton Woods: el contexto histórico

Si bien las opiniones dentro del pensamiento del colectivo neoliberal de la SMP convergían en la mayoría de los asuntos, la cuestión del sistema monetario demostró ser una excepción. En su historia desde adentro de la SMP, Max Hartwell mencionaba que los únicos dos tópicos que gatillaban controversias constantes eran el patrón oro y la cuestión asociada de los "tipos de cambio fijos versus flexibles".[6] En la conferencia de Cambridge en 1984, John Davenport todavía podía sacar "una carcajada al comentar que los pèlerinenses podrían estar de acuerdo en todo, salvo en las materias de Dios y el oro".[7] ¿Por qué el tema monetario era tan importante? El primer punto, aunque obvio, es que los neoliberales no eran los únicos interesados. Las cuestiones del orden monetario, la estabilidad del comercio internacional y la balanza de pagos estaban entre los temas más relevantes y ampliamente discutidos en la comunidad transnacional de políticas públicas entre los años cincuenta y los setenta.[8] Sin embargo, una razón

[6] Max Hartwell, *A History of the Mont Pèlerin Society* (Indianápolis: Liberty Fund, 1995), XVII; véase también 114, 119.

[7] Greg Kaza, "The Mont Pelerin Society's 50th Anniversary", *The Freeman* 47, N° 6 (junio 1997), disponible en https://archive.li/4RBCN.

[8] Harold James, *International Monetary Cooperation since Bretton Woods* (Nueva York: Oxford University Press, 1996).

más específica contribuye a esclarecer la relación entre el emergente colectivo de pensamiento neoliberal y los temas de democracia y libertad.

El patrón oro –el orden económico liberal que dio forma a la primera fase de la globalización entre 1871 y 1914, y duró hasta el estallido de la Primera Guerra Mundial y fue resucitado en el período de entreguerras– era fundamentalmente antidemocrático. Con tal de permitir el libre flujo internacional de capitales a un nivel sorprendentemente alto –por 1900 tenía un nivel similar al del año 1990 en términos proporcionales–, este sistema de tipos de cambio fijos y respaldo en oro establecía límites estrictos a las políticas económicas nacionales.[9] Karl Polanyi ha dado una descripción conmovedora de lo que esto significaba para la clase obrera y los pobres: si la balanza de pagos, los volátiles mercados de capitales internacionales y la estabilización de las tasas de cambio exigían mesura a nivel nacional, entonces se toleraba el alto desempleo y la reducción de los salarios.[10] Como se plantea en un manual estándar, la "estabilidad de los tipos de cambio se apoyaba en la sumisión de la política económica nacional al dictado del ajuste de la balanza de pagos".[11]

Barry Eichengreen ha demostrado cómo el sistema monetario del patrón oro se volvió cada vez más disfuncional con el ascenso de las democracias, los sindicatos fuertes y el paso a la prevalencia de las teorías y prácticas estatales intervencionistas y (proto)keynesianas alrededor del mundo. Bajo estas nuevas circunstancias, los gobiernos tuvieron dificultades para alinear sus políticas monetarias solamente para estabilizar la cantidad necesaria de oro y defender la paridad monetaria, cuando las

[9] Barry Eichengreen, *Golden Fetters: The Gold Standard and the Great Depression, 1919-1939* (Nueva York: Oxford University Press, 1992).

[10] Karl Polanyi, *La gran transformación: los orígenes políticos y económicos de nuestro tiempo* (México: Fondo de Cultura Económica, 1992).

[11] Rolf Caspers, *Zahlungsbilanz und Wechselkure* (Múnich y Wien: Oldenbourg Verlag, 2002).

demandas que ganaban importancia eran el pleno empleo y el crecimiento económico.[12] El patrón oro dejó de funcionar durante la Primera Guerra Mundial y todos los esfuerzos para reinstalar el patrón de cambio del oro durante la década de 1920 –es decir, todos los intentos para contener el poder político de los sindicatos y los votantes– fracasaron debido a una falta de armonización entre los bancos centrales, los controles de capital proteccionistas y un nuevo balance social del poder.[13] En respuesta a lo que se percibía como un fracaso generalizado de las políticas del *laissez-faire*, que habían llevado a la Gran Depresión, los gobiernos del mundo promulgaron nuevas políticas que incluían programas sociales extensivos, nuevas formas de intervención gubernamental y tarifas, y abandonar el patrón oro para así desterrar el "liberalismo económico por medio siglo".[14]

En la conferencia de Bretton Woods en 1944 se diseñó un nuevo orden económico internacional para el período de posguerra; el acuerdo se basó en un consenso general que rechazaba tanto el patrón oro como los tipos de cambio flexibles puros, en pos de priorizar las metas políticas nacionales –en especial, el pleno empleo– y la necesidad de controles de capital generalizados. El rechazo dominante a las dos opciones discutidas por los neoliberales muestra cuán lejanas eran sus posturas respecto del consenso económico a mediados del siglo XX y, por ende, amerita una explicación en profundidad.

[12] Eichengreen argumenta que las condiciones principales que cimentaban el funcionamiento del patrón oro eran que el derecho a voto estuviera limitado, que los partidos y sindicatos obreros fueran débiles, que los salarios y precios fueran altamente flexibles y que había voluntad de aceptar un desempleo alto. Véase Barry Eichengreen, *Globalización del capital: historia del sistema monetario internacional* (Barcelona: Antoni Bosch, 2000).

[13] Matt Hampton, "Hegemony, Class Struggle and the Radical Historiography of Global Monetary Standards", *Capital & Class* 30, N° 2 (2006): 131-164; Maurice Obstfeld y Alan M. Taylor, *Global Capital Markets: Integration, Crisis, and Growth* (Cambridge: Cambridge University Press, 2004), 37.

[14] Eric J. Hobsbawm, *Historia del siglo XX* (Buenos Aires: Crítica, 1999), 101.

Alrededor de 1945, la creencia en que las fuerzas del mercado se equilibraban automáticamente y que el control gubernamental a los movimientos de capital era peligroso se consideraba históricamente obsoleta. Harry Dexter White, el líder de la delegación estadounidense de la conferencia, argumentó notablemente que las objeciones a la interferencia a los movimientos de capital y oro eran "vestigios de un credo económico decimonónico, que sostenía que los ajustes económicos internacionales, si se los dejaba tranquilos, se acomodarían solos hacia un 'equilibrio' con un mínimo de daño al comercio y prosperidad mundiales".[15] En una publicación influyente de la Sociedad de las Naciones, Ragnar Nurkse explicaba que la opinión profesional dominante de la época era que la "política monetaria internacional [debía] conformarse a la política económica y social nacional y no al revés".[16]

El rechazo a los tipos de cambio flexibles era igual de fuerte, en particular porque la breve experiencia de inflación galopante en la década de 1920 se interpretaba como la responsable causal de la Gran Depresión. Los economistas argumentaron contra los peligros de la devaluación competitiva y los movimientos de capital especulativos y desestabilizadores. Nurkse captó el *zeitgeist* al escribir que "si hay algo que la experiencia entreguerras ha demostrado con claridad, es que los tipos de cambio del papel no pueden dejarse fluctuar libremente". Hacer esto, continuaba, "casi seguro resultará en un caos".[17] De ahí que la creencia subyacente al sistema Bretton Woods fuera que la estabilidad del orden monetario y comercial internacional solo se podía garantizar a través de los tipos de cambio fijos, que debía ser gestionado por los bancos centrales –con el apoyo del Fondo Monetario Inter-

[15] Citado en J. Keith Horsefield *et al.*, *The International Monetary Fund 1945-1965: Twenty Years of International Monetary Cooperation* (Washington: International Monetary Fund, 1969), vol. 3, 64.

[16] Ragnar Nurkse, *International Currency Experience: Lessons of the Inter-War Period* (Princeton: League of Nations Publications Department, 1944), 230.

[17] *Ibid.*, 118, 128.

nacional (FMI)– y a través de intervenciones deliberadas en los mercados de divisas.

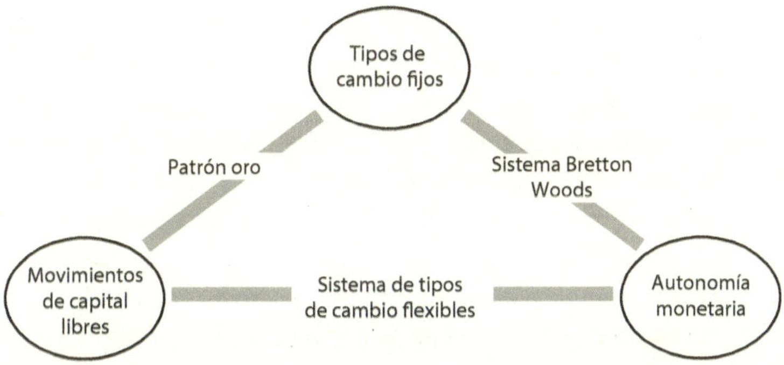

Figura 8.1. El trilema imposible y los tres sistemas monetarios.

Al rechazar la disciplina del patrón oro y la inestabilidad de los tipos de cambio flexibles, la reunión internacional de hacedores de políticas públicas en Bretton Woods estableció un sistema monetario que combinaba dos objetivos políticos: por un lado, permitir políticas económicas soberanas, autónomas y democráticas orientadas al pleno empleo y, por otro, tipos de cambio fijos pero ajustables, que estuvieran vinculados al dólar estadounidense, el que, por su parte, tenía un patrón oro (emparejado con la asistencia del FMI). La opinión dominante en Bretton Woods era que se necesitaban controles de capital estrictos para hacer que las políticas fiscales y monetarias democráticas de los países fueran compatibles con los tipos de cambio fijos, y "casi todos los analistas" consideraban que "el control de los movimientos de capital sin límite de tiempo" era un prerrequisito para la restauración de un comercio internacional estable.[18]

[18] James, *International Monetary Cooperation*, 38.

Como indica el trilema imposible desarrollado mucho después, según el cual los gobiernos solo pueden realizar dos de los tres objetivos políticos, que son los tipos de cambio fijos, los movimientos libres de capital y la autonomía monetaria, el sistema de Bretton Woods sacrificaba los movimientos libres de capital (véase la figura 8.1).[19] En ese momento, esto no era entendido como un sacrificio por la mayoría de los economistas y políticos. Al contrario, se invitaba a los gobiernos a controlar todos los movimientos internacionales de capital.[20] En consecuencia, las décadas de la posguerra fueron el período con los controles de capital más densos en la historia del capitalismo internacional.[21]

Era precisamente el asunto de los controles al capital el que era visto como una amenaza principal al orden liberal por los neoliberales promotores del patrón oro y los tipos de cambio flexibles. Dos puntos recurrentes pueden ser considerados como axiomas fundamentales del pensamiento monetario neoliberal. Primero, el rechazo a cualquier forma de control de divisas o capitales. Segundo, el intento de usar mecanismos automáticos de mercado para impedir o retrotraer las políticas económicas democráticas (y keynesianas) y así reintroducir la austeridad fiscal y monetaria. Si bien el rechazo a los controles gubernamentales solía ser constitutivo de las cosmovisiones liberales –y el *pathos* detrás de estos argumentos por la libertad dentro del contexto de la Guerra Fría no se puede subestimar–, los controles al capital resultaban especialmente preocupantes para los neoliberales. Hayek destacaba el estatus especial de los controles internacionales de divisas en uno de los textos

[19] El trilema fue desarrollado originalmente a principios de los años sesenta por Fleming y Mundell. Recuentos más recientes incluyen a Obstfeld y Taylor, *Global Capital Markets*; James, *International Monetary Cooperation.*

[20] Helleiner, *States*, 49. Véase también Eichengreen, *Globalización del capital*, 131-190.

[21] Jörg Huffschmid, *Politische Ö konomie der Finanzmärkte* (Hamburgo: VSA-Verlag, 2002), 117; Obstfeld y Taylor, *Global Capital Markets.*

fundacionales del neoliberalismo, *Camino de servidumbre*.[22] Así, argumentaba que los controles de divisas eran la mejor prueba para su tesis de que el control gubernamental de la economía o la "planificación" llevaban a la esclavitud. Hayek escribía que los controles gubernamentales de los cambios de divisas eran "un avance decisivo en el camino del totalitarismo y de la supresión de la libertad individual. Es, en efecto, la entrega completa del individuo a la tiranía del Estado, la supresión final de todos los medios de escape; no solo para el rico, sino para todos".[23] En la misma línea, Friedman defendía en *Capitalismo y libertad* que los controles cambiarios eran la "amenaza más seria a la libertad en los EE. UU.", y que, incluso, "la forma más efectiva de convertir una economía de mercado en una sociedad económica era comenzar a imponer controles directos a los cambios de divisas".[24] Friedman y Haberler argumentaban que los controles "paralizarían la sangre del capitalismo norteamericano",[25] podrían conllevar al abandono del sistema de mercado[26] y, en palabras de von Mises, incluso al colapso de la civilización occidental.[27]

Dice mucho de la noción neoliberal de libertad que estos identificaran a la regulación gubernamental de los tipos cambiarios como la amenaza más poderosa a la libertad de los individuos y de la civilización occidental, es decir, a las regulaciones instauradas en un esfuerzo por potenciar la estabilidad económica y el

[22] F. A. Hayek, *Camino de servidumbre* (Madrid: Unión Editorial, 2008). Las reseñas biográficas de todos los economistas de la SMP, discutidos en este capítulo, se pueden encontrar en Matthias Schmelzer, *Freiheit für Wechselkurse und Kapital. Die Ursprünge neoliberaler Währungspolitik und die Mont Pèlerin Society* (Marburgo: Metropolis, 2010), 217-225.

[23] Hayek, *Camino de servidumbre*, 250.

[24] Friedman y Friedman, *Capitalismo y libertad*, 79-80.

[25] En Milton Friedman y Robert Roosa, *El balance de pagos* (Buenos Aires: El Ateneo, 1970), 142.

[26] Fritz Machlup, "Three Concepts of the Balance of Payments and the so-called Dollar Shortage", *The Economic Journal* 60 (marzo 1950): 46-68.

[27] Ludwig von Mises, *Teoría del dinero y crédito* (España: Zeus, 1961).

bienestar general, lo cual no implicaba mayor restricción para aquellos que no participaban en la inversión y el comercio internacional. Aun así, para la SMP estos controles eran una amenaza clave, y sus debates internos y su promoción externa giraban en torno a la cuestión de qué sistema monetario podía hacer que los controles al capital y al cambio de divisas se volvieran superfluos o incluso imposibles.[28]

Junto con los controles de capital, Bretton Woods estableció un marco internacional para las políticas intervencionistas nacionales del régimen fordista de "liberalismo incrustado". Se podría decir que esta era la institucionalización internacional de lo que Hayek había tildado de "nacionalismo monetario" desde la década de 1930: la idea de que una política monetaria autónoma y democrática era posible dentro de las fronteras de los Estados nación.[29] El keynesianismo y el nacionalismo monetario fueron "construidos sobre el orden internacional de la posguerra", planteó Hayek en su única publicación sobre estos asuntos durante la era de Bretton Woods.[30] Desde la perspectiva de Hayek y muchos de sus colegas de la SMP, el sistema de Bretton Woods prácticamente forzaba a los gobiernos a seguir un camino de política monetaria inflacionista y expansionista que, por su parte, conlleva a la expansión del aparato del Estado y aumenta el peligro de un devenir colectivista y totalitario.[31]

[28] Philip Mirowski, "Postface: Defining Neoliberalism", en *The Road from Mont Pèlerin: The Making of the Neoliberal Thought Collective*, ed. Philip Mirowski y Dieter Plehwe (Cambridge, EE. UU.: Harvard University Press, 2009), 417-455.

[29] F. A. Hayek, *El nacionalismo monetario y la estabilidad internacional* (Madrid: Unión, 1996).

[30] F. A. Hayek, "Bemerkungen über die Funktion von Währungsreserven und den Begriff der internationalen Liquidität", en *Was mit der Goldwährung geschehen ist. Ein Bericht aus dem Jahre 1932 mit zwei Ergänzungen* (Tubinga: J. C. B. Mohr, 1965), 31-34. Véase también Mises, *Teoría del dinero.*

[31] Véase F. A. Hayek, "Opening Address to Mont Pelerin Conference, 1947", Liberaal Archief, Ghent, MPS-files (en adelante LA). Tras el colapso de Bretton Woods, Hayek comenzó a presionar por una banca libre, a través de divisas

En lugar de un orden mundial que permitiera la experimentación y expansión económica nacional, los neoliberales apuntaban a dar vuelta la cadena causal y establecer un orden monetario internacional que forzara a las sociedades a seguir un camino liberal de mercado y antiinflacionario. La pregunta clave que dio forma a los debates neoliberales por el siguiente cuarto de siglo fue planteada por Hayek en la reunión fundacional de la SMP: "¿Cómo se puede hacer que la política monetaria sea automática y esté fuera del espectro de las políticas?".[32] El patrón oro había sido la solución clásica para el par de demandas neoliberales de flujos libres de capital y mecanismos de mercado automáticos, con el fin de retrotraer las políticas económicas democráticas. Aun así, tras 1945, los neoliberales lanzaron un debate intenso y perdurable, en el que la solución clásica fue criticada como poco realista y fue desplazada progresivamente por otra propuesta: la de los tipos de cambio flexibles.

"Los pèlerinenses podrían estar de acuerdo en todo, salvo en las materias de Dios y el oro": los debates internos en las décadas de la posguerra

Para entender apropiadamente los debates sobre sistemas monetarios internacionales alternativos entre los neoliberales, es menester situarlos en el clima intelectual general de las décadas de la posguerra. Incluso dentro de un ánimo prevalente de escepticismo hacia las fuerzas de mercado, el sistema de precios y los mercados de capital liberalizados y desregulados, había un rechazo particularmente fuerte hacia el patrón oro y los tipos de cambio flexibles. Esta situación se mantuvo hasta bien entrada la década de

competitivas, para superar así el monopolio del gobierno sobre la creación e impresión de dinero. F. A. Hayek, *Denationalization of Money* (Londres: IEA, 1976).

[32] Hartwell, *A History of the Mont Pèlerin Society*, 37.

1960.[33] Había un entendimiento generalizado de que el patrón oro era un artefacto obsoleto del pasado y solo era apoyado por una minoría extremadamente pequeña de economistas; las estimaciones indican que bien abajo del 1%. Un defensor del patrón oro, Murray Rothbard de la SMP, hizo una descripción adecuada en 1962: "Ahora [el patrón oro] es considerado como un anacronismo absurdo, una reliquia de un fetiche tribal".[34]

En la misma línea, los tipos de cambio flexibles eran desestimados e ignorados de forma casi universal, como resumía el economista estadounidense Richard Cooper: "Al principio, Friedman estaba casi solo en su postura. La mayoría de los economistas contemporáneos preferían los tipos de cambio fijos y temían la inestabilidad que los tipos de cambio flexibles podrían traer o revelar".[35] Un historiador argumenta que, hasta los años sesenta, "hubo una aceptación transversal por parte de los economistas de la academia y del FMI de que los tipos de cambio flexibles eran una especie de conducta contra las reglas".[36] Esta visión escéptica era más pronunciada entre los políticos y la gente de negocios que entre los economistas. Salvo por la Francia de De Gaulle en los años sesenta, quien invocó la idea del patrón oro, y la experiencia de Canadá con su divisa flexible durante los años cincuenta, estas prácticas fueron ignoradas por completo. Dentro de este clima intelectual más bien hostil, que desestimaba al patrón oro y a los tipos de cambio flexibles, la comunidad de neoliberales

[33] Leeson, *Ideology and the International Economy*, 20; Odell, *US International Monetary Policy*, 22.

[34] Murray N. Rothbard, "The Case for a Genuine Gold Dollar", en Leland Yeager, ed., *In Search of a Monetary Constitution* (Cambridge, EE. UU.: Harvard University Press, 1962), 94.

[35] Richard N. Cooper, "Exchange Rate Choices", Conference Series, Federal Reserve Bank of Boston (junio 1999), 103. Véase también Milton Friedman, Edward M. Bernstein, Milton Gilbert, "Discussion", *The American Economic Review* 55, N° 1/2 (1965): 183; Friedman y Roosa, *El balance*, 155.

[36] Anthony M. Endres, *Great Architects of International Finance: The Bretton Woods Era* (Londres y Nueva York: Routledge, 2005), 9.

organizados se esforzó por llegar a una solución acordada a los desafíos propuestos por el orden monetario internacional existente de Bretton Woods.

En un inicio, casi todos los neoliberales fueron *fans* del oro. En la conferencia inaugural de la SMP de 1947, casi todos los asistentes coincidieron en que la reintroducción del clásico patrón oro con movimientos liberalizados de capital sería el sistema monetario consistente con los valores nucleares de la nueva sociedad, mientras que los tipos de cambio flexibles eran vistos como keynesianos, nacionalistas e inestables. En esta primera conferencia ya hubo disenso, ya que el renombrado economista de Princeton, Frank Graham, presentó la idea de un "patrón de reserva de productos básicos" como una alternativa al patrón oro.[37] Graham murió en 1949 y no pudo elaborar más el proyecto, pero fue retomado por Milton Friedman, cuyos argumentos en pos de los tipos de cambio flexibles, desarrollados en los años que siguieron a la fundación de la SMP, tenían un parecido innegable con los de Graham.[38] Friedman formuló su postura en un memorando escrito como parte de su servicio como asesor de la Organización Europea para la Cooperación Económica (OECE), en el cual hizo la provocadora sugerencia de que el problema de la balanza de pagos alemana se resolvería flexibilizando el marco alemán; una sugerencia que recibió poca simpatía de las autoridades alemanas. Terminado tras la conferencia de la SMP en 1950, su artículo pionero "Argumentos a favor de los tipos de cambio flexibles" se publicó en 1953.[39]

En los años subsiguientes, Friedman, con el apoyo de Friedrich Lutz y Albert Hahn, economistas alemanes y otrora defensores del patrón oro, desarrolló su argumento en favor de los tipos de

[37] Schmelzer, *Freiheit für Wechselkurse und Kapital*, 76-78.

[38] Leeson, *Ideology and the International Economy*; Anthony M. Endres, "Frank Graham's Case for Flexible Exchange Rates: A Doctrinal Perspective", *History of Political Economy* 40, N° 1 (1 de enero, 2008): 133-162.

[39] Milton Friedman, "The Case for Flexible Exchange Rates", en *Essays in Positive Economics* (Chicago: University of Chicago Press, 1953), 157-203.

cambio flexibles, que fue discutido en distintas conferencias de la SMP. En específico, Friedman argumentaba que si bien el patrón oro funcionaría de forma completamente automática en teoría y garantizaría "libertad del control político" bajo las circunstancias sociales y políticas prevalentes, uno podía preguntarse si los gobiernos iban a seguir esas reglas.[40] Friedman defendía la estabilidad de los tipos de cambio flexibles a través de un argumento de dos puntos. Por un lado, reinterpretó las experiencias históricas de la década de 1920, concentrándose en la "inestabilidad subyacente de las condiciones económicas". Por otro lado, criticó la noción teórica de que las especulaciones de divisas fueran desestabilizantes, defendiendo que las especulaciones lucrativas podrían, de hecho, estabilizar el sistema.[41]

Ambos conjuntos de argumentos –el de que los defensores del patrón oro se basaban en suposiciones poco realistas y el de que los tipos de cambios flexibles eran una alternativa viable y estable– moldearon el debate en las décadas que siguieron y fueron repetidos una y otra vez por Friedman y otros discípulos de los tipos de cambio flexibles. En muchos casos, estos eran acompañados por una insistencia en el monetarismo doméstico, como la estratégica "lógica" de contrapartida, que también apuntaba a distanciar este conjunto de políticas de las propuestas keynesianas de tipos de cambio flexibles, promovidas principalmente por James Meade.[42]

Para mediados de los años cincuenta, los defensores de la flexibilidad parecían haberse ganado a los dos austríacos americanos, Gottfried Haberler y Fritz Machlup, dos ex alumnos de von Mises y ex defensores del patrón oro, que se volvieron protagonistas clave en la cruzada neoliberal por los tipos de cambio flexibles. A ellos

40 Milton Friedman, "Commodity Reserve Money", 1950, LA.

41 *Ibid.*; Friedman, "The Case for Flexible Exchange Rates", 177.

42 Friedrich Lutz, "Comment", 1950, LA; Friedman, "The Case for Flexible Exchange Rates", 158; James Meade, *El balance de pagos* (Buenos Aires: Ateneo, 1976).

se unieron otros de la tradición alemana de la escuela de ordoliberalismo de Friburgo, incluidos Friedrich Lutz y Fritz Meyer.[43] Sin embargo, en las conversaciones dentro de la SMP la postura siguió siendo impopular. Como se informó respecto de la conferencia de 1957 en St. Moritz, "los defensores de los tipos de cambio flexibles [eran una] minoría" y fueron "acusados de nacionalismo monetario por el Prof. Heilperin".[44]

No obstante, aún más economistas de la SMP se convirtieron a los tipos de cambio flexibles, en parte convencidos por los argumentos de sus colegas, en parte debido a los eventos del mundo real, como la inflación creciente en Alemania Occidental y los problemas de la balanza de pagos de EE. UU. Entre estos conversos figuraba Ludwig A. Hahn, un economista alemán occidental, operador de bolsa y banquero, quien usó su éxito financiero privado para ganar autoridad en los debates monetarios e introdujo el argumento de la "inflación importada" debido a los tipos de cambio rígidos en países con monedas fuertes, como la República Federal Alemana.[45] De manera similar, Fritz Meyer, el ordoliberal alemán y ex alumno de Walter Eucken, cambió de opinión a principios de los años cincuenta y promovió los tipos de cambio flexibles cuando fue miembro de la junta de asesores expertos del gobierno de la República Federal Alemana (*Sachverständigenrat*) de 1954 en adelante.[46] Otro ejemplo de conversión fue William

[43] Gottfried Haberler, *Currency Convertibility* (Washington: AEI, 1954); Schmelzer, *Freiheit für Wechselkurse und Kapital*, 88-90. Sobre Machlup, véase, en particular, Connell, *Reforming the World Monetary System*.

[44] *Neue Zürcher Zeitung* (16 de septiembre, 1957), 10.

[45] Ludwig A. Hahn, "Autonomous Monetary Policy and Fixed Exchange Rates", 1957; Ludwig A. Hahn, "Gold-Revaluation and Dollar-Devaluation?", 1960, LA; Jan-Otmar Hesse, "Some Relationships between a Scholar's and an Entrepreneur's Life: The Biography of L. Albert Hahn", *History of Political Economy* 39 (2007): 215-233.

[46] "Sachverständigenrat zur Begutachtung der gesamtwirtschaft lichen Entwicklung", *Jahresgutachten 1964/65* (1964), reimpreso en 1994 por Schmidt Periodicals GmbH, Bad Feilnbach; Fritz W. Meyer, "Die internationale Währungsordnung im

Fellner, economista de Yale, *émigré* de Europa Central, protagonista clave de los debates transnacionales de los años sesenta y luego miembro del Consejo de Asesores Económicos de Nixon.[47]

Algunos miembros nuevos de la SMP también se unieron al bando de los defensores de los tipos de cambio flexibles; los más importantes fueron: Egon Sohmen, quien fue influido por sus mentores Machlup, Haberler y Fellner, y jugó un rol clave a nivel internacional al volver la flexibilidad aceptable por medio de conferencias, charlas públicas y redes políticas;[48] James Buchanan, estudiante de Friedman y Frank Knight en Chicago, y fundador de la Escuela de Economía Política de Virginia, quien ayudó a publicitar el mandato de Friedman dentro y más allá de la SMP;[49] y Leland B. Yeager, el cofundador (junto a Buchanan) de la Escuela de Virginia, quien cobró una importancia crucial para la formalización y diseminación académica de los argumentos de Friedman, en especial mediante su manual de 1966.[50] Finalmente, una disputa interna dentro de la SMP sobre las perspectivas políticas para la sociedad –la llamada crisis Hunold-Hayek de 1960– llevó a que

Dienste der stabilitätspolitischen Grenzmoral und die Möglichkeiten einer Reform", en *25 Jahre Marktwirtschaft in der Bundesrepublik Deutschland*, ed. Dieter Cassel *et al.* (Stuttgart: Fischer, 1972), 283-296.

[47] William Fellner, *Amerikanische Erfahrungen mit der Lohninflation in den Fünfziger Jahren* (Tubinga: J. C. B. Mohr, 1962); William Fellner, "Limitación de la flexibilidad del tipo de cambio", en *Mantenimiento y restauración de la balanza de los pagos internacionales*, ed. William Fellner *et al.* (Barcelona: Gustavo Gili, 1969), 137-150. Véase también James N. Marshall, *William J. Fellner. A Bio-Bibliography* (Westport: Greenwood Press, 1992).

[48] Egon Sohmen, *Flexible Exchange Rates: Theory and Controversy* (Chicago: University of Chicago Press, 1961).

[49] James M. Buchanan, "Staatliche Souveränität, nationale Planung und wirtschaft liche Freiheit", *Ordo* 14 (1963): 249-258. Este artículo es una versión publicada de una ponencia en una conferencia de la SMP. Agradezco a Quinn Slobodian por esta referencia. Véase también *Washington Post* (19 de mayo, 1967), D9.

[50] Leland B. Yeager, *International Monetary Relations: Theory, History, and Policy* (Nueva York: Harper & Row, 1966).

ciertos promotores clave del patrón oro, Wilhelm Röpke y Alexander Rüstow entre otros, fueran excluidos de la SMP.[51]

La controversia que enfrentaba a los defensores del oro contra los del cambio flexible culminó en la discusión más larga de la historia de las conferencias generales de la SMP, en 1961 en Turín, que cristalizó las dinámicas internas y los argumentos principales.[52] Algunos elementos merecen ser destacados. Primero, muchos expositores hicieron énfasis en que la incapacidad de los neoliberales para ponerse de acuerdo en estas cuestiones básicas era una "vergüenza" y que esta "controversia amarga" dentro del bando neoliberal había "ayudado y envalentonado al enemigo común".[53] Los conflictos debían resolverse de forma interna, argumentaron los participantes, mientras que en público se debía apuntar a poner el énfasis en los rasgos en común.[54] Aun así, durante el debate, la estrategia dominante fue la de desacreditar la postura neoliberal contraria. Los promotores de los tipos de cambio flexibles argumentaron que el patrón oro era imposible "frente al poder político fortalecido de los sindicatos".[55] Por otro lado, los promotores del patrón oro acusaban a sus oponentes de basar sus argumentos en la presunción poco realista de que la política monetaria podía funcionar de manera estable y

[51] Bernhard Walpen, *Die offenen Feinde und ihre Gesellschaft. Eine hegemonietheoretische Studie zur Mont Pèlerin Society* (Hamburgo: VSA-Verlag, 2004), 131-151.

[52] Al menos trece hombres presentaron, entre ellos los defensores del patrón oro Michael Heilperin, Philip Cortney, Jacques Rueff, Henry Hazlitt, Alexander Loveday, Hans Sennholz y Arthur Kemp; y los defensores de los tipos de cambio flexibles Friedman, Lutz, Machlup, Hahn y Hans Ilau. Es la única conferencia general de la cual existe un registro auditivo, lo que permite un análisis detallado.

[53] Cortney en SMP, "Audio Recordings of the General Meeting 1961", 1961, disponible en brunoleoni.it.

[54] Arthur Kemp, "The International Monetary Order", 1961, LA.

[55] Ilau en SMP, "Audio Recordings"; Fritz Machlup, "International Liquidity and International Money Creation", 1961, LA.

antiinflacionaria sin la disciplina de un sistema monetario basado en el oro.[56]

Lejos de ser un bloque homogéneo con una única intención, el colectivo de pensamiento neoliberal estaba profundamente dividido. Ambos bandos argumentaban que solamente su propuesta permitiría los flujos libres de capital y que la postura de sus oponentes no era compatible con los valores nucleares liberales y, por ende, apoyaba secretamente a las políticas dirigistas y colectivistas.[57] El bando del patrón oro se dividió cuando no pudo llegar a un acuerdo respecto de si el precio del oro necesitaría de un aumento sustancial (una postura promovida fervientemente por Philip Cortney, Heilperin y Rueff) o si dicha movida conllevaría a un desastre inflacionario (como defendía Arthur Kemp y otros cercanos al *think tank* estadounidense, The Economists' National Committee on Monetary Policy).

La controversia continuó a lo largo de los años sesenta, pero el apoyo a la opción del patrón oro disminuyó de forma consistente, en especial tras la conferencia de la SMP de Stresa en 1965. Haberler y Machlup actuaron como mediadores clave en el debate al filtrar suposiciones y ofrecer argumentos, contraargumentos y conclusiones lógicas. Sus intentos de diplomacia tuvieron un éxito parcial. Tras la conferencia de 1965, los debates sobre el orden monetario adecuado acabaron por disolver amistades de larga data, incluidas la de Mises con Machlup, quien había sido un amigo cercano de Mises y su esposa Vera desde los años de Viena, y la de Mises con Haberler, quien había sido testigo de la boda de Mises en Ginebra.[58] Incluso el intento de Friedman de resolver la controversia en la conferencia de 1968 al presentar una "lista

[56] Michael Heilperin, "Monetary Reform in an Atlantic Setting", 1961; Hans Sennholz, "From Dollar Gap to Dollar Glut", 1961, LA.

[57] Friedman en SMP, "Audio Recordings"; Kemp, "International Monetary Order".

[58] Fritz Machlup, "Ludwig von Mises: The Academic Scholar Who Would Not Compromise", *Wirtschaft spolitische Blätter* 28, N° 4 (1981): 13.

de propuestas acordadas por los defensores y opositores a los tipos de cambio libres" no logró reconciliar aquellas posturas incompatibles en sus fundamentos.[59]

¿Cómo se explica la profundidad del sentimiento desatado por la cuestión monetaria? Las diferencias generacionales ofrecen algunas pistas. Al observar las cohortes por edad, se aprecia que el patrón oro era promovido principalmente por economistas nacidos antes de 1900, quienes habían experimentado no solo un patrón oro funcional, sino, más importante aún, las catástrofes de los tipos de cambio flexibles durante la década de 1920, y quienes habían sido socializados antes de que el keynesianismo empezase a moldear la disciplina de la economía.[60] Los economistas nacidos en la primera década del siglo XX constituyen un grupo intermedio, que defendió el patrón oro hasta los años cincuenta o principios de los sesenta antes de cambiar su preferencia a los tipos de cambio flexibles.[61] Los economistas más jóvenes, nacidos tras 1910 y socializados durante el auge del keynesianismo y el intervencionismo, tendieron a promover los tipos de cambio flexibles de forma casi exclusiva, ya que los consideraban más realistas frente a las circunstancias predominantes.[62]

La combinación de defensores jóvenes y conversos de la cohorte generacional del medio significó que, con el paso del

[59] Milton Friedman, "Free vs Fixed Exchange Rates. List of propositions agreed to by both proponents and opponents of free exchange rates", 1968, LA. Para un análisis detallado de todas las conferencias de la SMP durante este período, véase Schmelzer, *Freiheit für Wechselkurse und Kapital*, 74-118.

[60] Este grupo incluye a Ludwig von Mises (nacido en 1891), Henry Hazlitt (1894), Philip Cortney (1895), Jacques Rueff (1896), Otto Veit (1898), Wilhelm Röpke (1899), F. A. Hayek (1899) y William Hutt (1899). Una excepción más joven fue Michael Heilperin (1909).

[61] Gottfried Haberler (1900), Friedrich Lutz (1901), Fritz Machlup (1902), William Fellner (1905) y Fritz Meyer (1907).

[62] George Stigler (1911), Milton Friedman (1912), Enoch Powell (1912), Paul McCracken (1915), Herbert Stein (1916), Herbert Giersch (1921), Leland B. Yeager (1923), Arnold Harberger (1924) y Egon Sohmen (1930).

tiempo, los tipos de cambio flexibles se alzaran en las conferencias de la SMP como la propuesta neoliberal favorecida para un nuevo sistema monetario internacional. Al proveer un espacio para debatir y, más que nada, superar las divisiones atrincheradas, las conferencias ayudaron a crear una red de élite transnacional de defensores para los tipos de cambio flexibles que, según la definición de Peter Haas, se podría caracterizar como una comunidad epistémica: una coalición de activismo con supuestos y principios normativos compartidos (todos estos compartidos con toda la SMP), creencias causales compartidas, nociones de validez compartidas (las dos ampliamente divergentes del bando del patrón oro) y, finalmente, "una empresa política común".[63]

La derrota de la propuesta de volver al modelo decimonónico del patrón oro ofrece evidencias sólidas de que el neoliberalismo no era solo el retorno al *laissez-faire* o el renacer del liberalismo clásico, sino una respuesta genuinamente novedosa a circunstancias que cambiaron. Incluso en este punto, el proceso de crear una opinión interna común no fue absoluto. Como demostraron los eventos posteriores, el bando perdedor mantuvo su relevancia en los debates sobre una unión monetaria en Europa Occidental (que también fue divisivo para los círculos neoliberales) y en discusiones sobre cajas de conversión y dolarización en el hemisferio sur. Así, el debate sobre el orden monetario muestra la existencia de comunidades epistémicas divergentes dentro del pensamiento colectivo de la SMP y también el hecho de que su compromiso a un conjunto de valores nucleares todavía mantenía al grupo unido.[64] Ofrece una visión hacia el pensamiento neoliberal como una doctrina en

[63] Peter M. Haas, "Introduction: Epistemic Communities and International Policy Coordination", *International Organization* 46, N° 1 (1992): 3; Schmelzer, *Freiheit für Wechselkurse und Kapital*, 118-127.

[64] Dieter Plehwe, "Transnational Discourse Coalitions and Monetary Policy: Argentina and the Limited Powers of the 'Washington Consensus'", *Critical Policy Studies* 5, N° 2 (2011): 127-148; véase también Dieter Plehwe, "Neoliberal Thought Collectives: Integrating Social Science and Intellectual History", Damien Cahill,

constante proceso de convertirse en algo más, ya que no se trata de extraer textos fundacionales escritos en piedra, sino de rehacer constantemente de acuerdo a los cambios en las condiciones.

Conferencias, *think tanks* y la administración de Nixon: los libertadores en acción

Cuando Milton Friedman publicó un artículo que abogaba por tipos de cambio flexibles en 1953, menos del 5% de los economistas del mundo estuvieron de acuerdo con él; para fines de los años sesenta, cerca del 90% de los economistas coincidían y a ellos se unieron figuras poderosas dentro del gobierno y la comunidad bancaria.[65] Los primeros debates neoliberales y luego la campaña para promover los tipos de cambio flexibles sentaron las bases epistemológicas y organizacionales para el fin de Bretton Woods. Durante los años sesenta y principios de los setenta, la campaña se manifestó en un grado sorprendente de actividad y se volvió uno de los primeros puntos álgidos de influencia neoliberal.[66] El trasfondo organizacional de los protagonistas de la agenda dentro la SMP es clave para entender la amplitud y la coordinación de sus actividades. Estas incluían una gran serie de clases, artículos, panfletos y libros académicos y periodísticos, peticiones públicas en los diarios, debates y apariciones públicas en los medios y conferencias internacionales en todos los países occidentales, todo esto orientado no solo al público general, sino, en particular, a los académicos, banqueros privados y políticos.

Melinda Cooper, Martijn Konings y David Primrose, eds., *Sage Handbook of Neoliberalism* (Los Ángeles: Sage, 2018).

[65] Schmelzer, *Freiheit für Wechselkurse und Kapital*, 96.

[66] Connell, *Reforming the World Monetary System;* Schmelzer, *Freiheit für Wechselkurse und Kapital*, 129-196.

El origen del esfuerzo colectivo por presionar en pos de tipos de cambio flexibles puede rastrearse hasta 1963 cuando, tras una serie de publicaciones de Robert Triffin y los hacedores de políticas de los grandes países industrializados, despegó un debate de reforma internacional e inició un estudio fundamental sobre el sistema monetario internacional en la reunión del FMI de ese año. Se argumentó que el estudio debía ser escrito por economistas del gobierno, ya que, según ellos, los académicos eran incapaces de ponerse de acuerdo y este debía basarse en el consenso de que la estructura fundamental de los tipos de cambio fijos y un precio establecido para el oro debían mantenerse como la base de los acuerdos futuros.[67] Esto gatilló la ambición de un grupo de académicos en torno a Machlup, Fellner y Triffin de organizar lo que se convirtió en las conferencias de Bellagio para recuperar la autoridad de los académicos en estos debates y –algo importante, pero ignorado por la literatura– ampliar el rango del debate, al integrar a los tipos de cambios flexibles y el patrón oro como dos de las cuatro opciones a discutir.[68]

Más adelante, Charles Kindleberger llamaría a esto una "industria nueva": "la celebración de conferencias sobre el sistema monetario internacional por economistas académicos con una adición ocasional de banqueros centrales y comerciales".[69] Los neoliberales fueron el motor principal de la industria nueva. Desde la plétora de conferencias que siguieron, tres son consideradas como las más importantes del período de posguerra: las conferencias de Bellagio

[67] Fritz Machlup y Burton Malkiel, eds., *International Monetary Arrangements: The Problem of Choice. Report on the Deliberations of an International Study Group of Thirty-two Economists* (Princeton: Princeton University Press, 1964), 5.

[68] *Ibid.*; Connell, *Reforming the World Monetary System*; Carol M. Connell y Joseph Salerno, eds., *Monetary Reform and the Bellagio Group: Selected Letters and Papers of Fritz Machlup, Robert Triffin and William Fellner*, 5 vols. (Londres: Taylor & Francis Group, 2014).

[69] Charles Kindleberger, "Review of Mundell/Swoboda", *Journal of International Economics* 1 (1971): 127-140.

del grupo de los 32 economistas, en 1963 y 1964; las conferencias de Bellagio, que sucedieron desde 1964 en adelante, que apuntaban al diálogo entre economistas, banqueros centrales y políticos; y las conferencias de Bürgenstock en 1969, que estaban orientadas principalmente a los banqueros privados y representantes de empresas del mundo.[70] Los miembros de la SMP no solo iniciaron y organizaron todas estas conferencias, también dominaban en cuanto a personal y contenido, ya que contaban con ocho de los 32 participantes de la conferencia de Bellagio, cuatro de catorce de los economistas centrales de las conferencias subsiguientes con políticos, y ocho de los diecisiete economistas de la conferencia de Brügenstock. Los únicos economistas que participaron en las tres series de conferencias –excepto Harry Johnson de Chicago– eran todos miembros de la SMP: Machlup, Haberler, Fellner y Lutz.[71] Si bien no estuvo presente personalmente en todas las conferencias, Friedman jugó el papel clave de "extremista" intransigente.[72]

Aunque no eran mayoría, los neoliberales fueron especialmente influyentes, ya que, al ser iniciadores, oradores principales y organizadores, tuvieron puestos clave y, a diferencia de los otros participantes, operaban como una comunidad epistémica organizada en red. Estos "'pocos pero valiosos' en la gran batalla de las ideas" recibieron el apoyo de la red entera de economistas y políticos de la SMP y todos promovían los movimientos y tipos de cambio libres para el capital con argumentos parecidos, en estas conferencias y más allá, como si fueran "muchos apóstoles".[73] Este

[70] Connell, *Reforming the World Monetary System; Endres, Great Architects, 7; Leeson, Ideology and the International Economy*, 48; Odell, *US International Monetary Policy*, 92, 182.

[71] Solo había otro grupo organizado de economistas: la Institución Brookings. En la primera conferencia Bellagio, solo participó un economista de Brookings. En la conferencia de Bürgenstock solo lo hicieron dos. Los economistas que participaron en dos de las conferencias clave fueron Egon Sohmen (SMP), Robert Triffin, Walter Salant, Jürg Niehans, Alexandre Lamfalussy y Peter B. Kenen.

[72] *New York Times* (23 de mayo, 1971).

[73] Hartwell, *A History of the Mont Pèlerin Society*, 228.

grupo incluía a Rómulo Ferrero, Eugenio Gudin, Arnold Harberger, Bertrand de Jouvenel, Wolfgang Kasper, Paul McCracken, Allan Meltzer, Frank W. Paish, Herbert Stein, George Stigler y Thomas F. Johnson. Otras instituciones clave para la difusión del evangelio de los tipos de cambio flexibles fueron la Sección de Finanzas Internacionales en la Universidad de Princeton, encabezada por Machlup, que celebró muchas conferencias clave, y el Departamento de Economía de la Universidad de Chicago, donde ensañaban Friedman, Johnson, Stigler, Meltzer y Stein. A estos se sumaron los *think tanks,* como el American Enterprise Institute (AEI), el Institute of Economic Affairs de Gran Bretaña y el Instituto Walter Eucken en Alemania Occidental.[74]

La importancia de estas conferencias, sus esfuerzos publicitarios y el proceso de seguimiento con los políticos, banqueros centrales y el sector privado durante el resto de los años sesenta, no puede ser sobreestimado. En este esfuerzo, los promotores neoliberales, conectados organizacionalmente mediante la SMP, jugaron un rol clave. Como resumió Triffin: "Estas discusiones iniciaron sin lugar a duda una evolución lenta pero radical en el pensamiento de nuestros colegas oficiales, lo que al menos los preparó para las decisiones que finalmente les fueron forzadas por las circunstancias más que como una elección deliberada muchos años después, en 1971 y 1973".[75]

El involucramiento de los economistas de la SMP en estas conferencias fue una expansión explícita del proyecto neoliberal a círculos más amplios. También era una traducción notable de la autoridad privada en el poder público, que antecede al ascenso de

[74] Véase Schmelzer, *Freiheit für Wechselkurse und Kapital,* para más detalles de sus actividades respectivas en la publicación de panfletos, celebración de seminarios y conferencias, organización de debates, etc.

[75] Robert Triffin, "The Impact of the Bellagio Group on International Reform", en Jacob S. Dreyer ed., *Breadth and Depth in Economics. Fritz Machlup–The Man and His Ideas* (Lexington: Lexington Books, 1978), 145-158; Marshall, *William J. Fellner,* Schmelzer, *Freiheit für Wechselkurse und Kapital.*

los *think tanks* conservadores de los años ochenta. Esta forma de aproximarse fue un presagio de las prácticas posteriores. Como Machlup explicó en el simposio monetario celebrado en el American Enterprise Institute en 1965, si los políticos no tenían "voluntad de discutir y menos de adoptar" tipos cambiarios flexibles, sus defensores no debían caer en un "período de inacción de diez años, sino que, en cambio, tenían que ponerse las pilas en enseñar a los políticos", ya que estos "se quedan atrás en su desarrollo intelectual".[76] De manera similar, Friedman planteaba que había dos posibilidades para introducir los tipos de cambio flexibles: o se hacía durante una crisis económica seria –pero solo si esta era reconocida académicamente y los tomadores de decisiones ya se habían acostumbrado a la idea–, o se hacía durante el primer mes de un gabinete del partido contrario. Solo tres años después, Friedman le escribió un memorando a Nixon con este propósito.[77] Los investigadores han documentado que la influencia de los economistas de la SMP culminó con el gobierno de Nixon y su decisión unilateral de abandonar el patrón oro e introducir tipos cambiarios flexibles en 1971. La política de los tipos de cambio flexibles, que al principio había sido una postura minoritaria no solo dentro de la economía en general, sino incluso dentro del bando neoliberal, se hizo realidad. Un proceso de persuasión, que emergió polémicamente entre los neoliberales, ayudó a redefinir el orden monetario del mundo.

[76] Fritz Machlup, "International Monetary Systems and the Free Market Economy", en *International Payments Problems. A Symposium Sponsored by the American Enterprise Institute for Public Policy Research* (Washington: AEI, 1966), 153-176, 159 y s.

[77] Milton Friedman, "Discussion", en *International Payments Problems. A Symposium*, 87-90. Para más información sobre este tipo de elaboración de políticas, véase Naomi Klein, *La doctrina del shock: el auge del capitalismo del desastre* (Barcelona: Paidós, 2007), 109-176.

Conclusión

En su libro sobre el declive y caída de Bretton Woods, Robert Leeson planteó que los intelectuales, economistas y académicos se "comportaban 'como si' fueran miembros de una coalición coordinada que presionara por los tipos de cambio flexibles".[78] El análisis de estas personas en sus contextos organizacionales dentro de la SMP vuelve plausible esta tesis. En efecto, los economistas clave, involucrados en el proceso de propagar los tipos de cambio flexibles, eran casi todos miembros de una red transnacional neoliberal que debatió teorías y estrategias en las reuniones regulares de la SMP y que colaboró íntimamente en popularizar su visión para atenuar la democracia y liberalizar el capital.

Si bien la decisión de desmantelar el sistema Bretton Woods no puede atribuirse directamente a los neoliberales, sus debates internos y, en especial sus presiones, pavimentaron el camino y, por ende, probaron ser una condición necesaria. Al diseminar asiduamente la idea de los tipos de cambio flexibles, ayudaron a extender el plano de lo posible. Es decidor que Hayek viera algo similar en el colapso del patrón oro de 1930. Como planteó en 1932, el hecho de que "los líderes de los bancos centrales, que siempre han sido tan conservadores, se alejen hoy de las normas tradicionales de la política monetaria sin mayor pesar, debe atribuirse a la influencia de nuevas ideas de política monetaria propagadas por los académicos".[79] Se podría argumentar por analogía que el abandono de las normas de Bretton Woods puede también adjudicarse a la influencia de nuevas ideas monetarias propagadas por neoliberales conectados a nivel transnacional, ideas que ganaron una gran prominencia durante los años sesenta.

[78] Leeson, *Ideology and the International Economy*, 2.

[79] F. A. Hayek, "Was der Goldwährung geschehen ist", en *Was mit der Goldwährung geschehen ist. Ein Bericht aus dem Jahre 1932 mit zwei Ergänzungen* (Tubinga: J. C. B. Mohr, 1965), 7.

¿Cuáles fueron los efectos a largo plazo del triunfo del argumento neoliberal? Los tipos de cambio flexibles se convirtieron en la norma en gran parte del mundo a lo largo de las décadas subsiguientes, con la excepción notable de la Europa Oriental. En Europa Occidental, una concepción neoliberal divergente ganó influencia mediante el poder creciente del Bundesbank de la Alemania Occidental y la creación del Sistema Monetario Europeo, un experimento que sigue generando divisiones internas en la opinión neoliberal.[80] Es más, la adopción generalizada de los tipos de cambio flexibles se convirtió en la precondición central para la liberalización rápida de los movimientos mundiales de capital y, por ende, la explosión de los mercados financieros, que han sido descritos adecuadamente como la palanca de la contrarrevolución neoliberal de las próximas décadas.[81]

La adopción de este nuevo orden, donde la especulación y los llamados flujos de dinero caliente se convirtieron en la regla y no en la excepción, produjo las condiciones para la hiperglobalización financiarizada que ha ayudado a exacerbar los abismos crecientes de la desigualdad económica a lo largo del mundo y que puso al orden económico mundial al borde del colapso en 2008. Una comprensión histórica de cómo estos nuevos paradigmas, resistidos en un principio, se convirtieron en la nueva normalidad, es esencial para alertar sobre cómo nuevas formas de sentido común están siendo creadas hoy en día. Desentrañar los debates internos, como los del orden monetario, ofrece un profiláctico contra la atribución de niveles irreales o superhumanos de consistencia, disciplina partidista o adivinación a los neoliberales. En efecto, parte de la eficacia de la estrategia neoliberal se aprecia en un

[80] Kathleen R. McNamara, *The Currency of Ideas: Monetary Politics in the European Union* (Ithaca: Cornell University Press, 1998); Emmanuel Mourlon-Druol, *A Europe Made of Money: The Emergence of the European Monetary System* (Ithaca: Cornell University Press, 2012).

[81] Helleiner, *States*; Huffschmid, *Politische Ökonomie*; Obstfeld y Taylor, *Global Capital Markets*.

proceso flexible de dos pasos, que distinguimos aquí: la SMP ofrece primero un espacio para feroces debates internos y luego una base para la movilización unificada.

9. El sucedáneo neoliberal de Premio Nobel

Philip Mirowski[1]

La gente necesita a sus héroes; o como lo dijo Thomas Carlyle, "la historia del mundo se reduce a la biografía de los grandes hombres".[2] Las tendencias historiográficas se han ablandado y endurecido frente a esta propuesta desde 1840, pero debería ser obvio que el grueso del público general aún prefiere entender sus esperanzas, sus cosmovisiones y sus complejos compromisos doctrinales a través de las biografías de pensadores ejemplares. La mayoría de las personas prefiere mostrar sus lealtades a través de alianzas con unos pocos personajes heroicos, ya sea un gurú religioso, una estrella de cine, un político o, en algunos casos, un "intelectual público". Los historiadores que apelan al mercado inagotable de biografías de políticos e intelectuales clave tienen un entendimiento implícito de esto. Los héroes siempre han funcionado como baluartes para las ideas; y nunca de forma tan evidente como en la economía.

En este punto haremos una breve pero pormenorizada historia institucional a la antigua usanza para describir el rol y el significado del Premio de Ciencias Económicas del Banco de Suecia en Memoria de Alfred Nobel, al que se le suele referir erradamente como el "Premio Nobel de Economía". Esta confusión nominal por sí sola debería indicar que algo extraño ocurre en esta instancia; pero el rol del Colectivo de Pensamiento Neoliberal (CPN) en este

[1] Le estoy muy agradecido a Gabriel Söderberg, Quinn Slobodian y Beatrice Cherrier por su ayuda con los problemas de archivo.

[2] Thomas Carlyle, *Los héroes: el culto de los héroes y lo heroico en la historia* (Madrid: Fernández y Lasanta, 1893), disponible en https://bibliotecadigital.jcyl.es/es/catalogo_imagenes/grupo.do?path=10465660

relato es algo que se pasa por alto de forma casi universal.[3] De hecho, se argumenta que este sucedáneo de Premio Nobel ha sido un componente muy efectivo de la caja de herramientas con la que los neoliberales construyen un régimen alternativo de verdad, en particular con respecto a la cara pública y al contenido de la ortodoxia económica y su propio rol en esto. Debido a que el CPN comprende el rol integral del culto al héroe en la construcción del entendimiento público de las ideas, su intervención en este caso particular nos ayuda a comprender cómo los conceptos neoliberales se han establecido como la sabiduría genérica del sentido común de principios del siglo XXI.

Los verdaderos Premios Nobel

Incluso la gente que no tiene idea de ciencia y literatura (ni le interesa tenerla) sabe de los Premios Nobel: se los cita con regularidad en la mayoría de las culturas contemporáneas como el acto de reconocimiento definitivo del valor y la consecuencia intelectual. Alfred Nobel, a su muerte en diciembre de 1896, dejó el grueso de su considerable fortuna para instituir *cinco* premios anuales para aquellos que:

> Hayan conferido el mayor beneficio a la humanidad. Dicho interés será dividido en cinco partes iguales, que será repartido como sigue: una parte a la persona que haya hecho el descubrimiento o invento más importante dentro del campo de la

[3] Pero no por completo. Quisiera destacar que el libro de Avner Offer y Gabriel Söderberg, *The Nobel Factor* (Princeton: Princeton University Press, 2016) se refiere al tópico. Debo admitir que yo originalmente fui miembro del equipo de ese proyecto, pero decidí renunciar debido a mi insatisfacción con la forma en que Offer lidiaba con la política del Premio. Por supuesto, gran parte de los detalles históricos expuestos aquí coinciden con los de su libro; este artículo corresponde a un intento de establecer mi versión de los eventos relativos al Premio.

> física; una parte para la persona que haya hecho el descubrimiento o desarrollo químico más importante; una parte para la persona que haya hecho el descubrimiento más importante dentro del área de la fisiología o medicina; una parte a la persona que haya producido en el campo de la literatura la obra más destacada de tendencia idealista; y una parte para la persona que haya hecho la mayor o mejor obra en pos de la fraternidad entre las naciones, por la abolición o reducción de los ejércitos permanentes y por mantener y promover las conferencias de paz.[4]

Asimismo, estipuló que los premios de física y química serían otorgados por la Real Academia de las Ciencias de Suecia, el premio de medicina por el Instituto Karolinska, el premio de literatura por la Academia Sueca y el premio de la paz por un comité electo por el Parlamento de Noruega. De acuerdo con el historiador de los premios, Robert Marc Friedman, en sus primeras décadas los premios no tuvieron la importancia mundial que tienen hoy. Hubo asuntos de política "interna" –por ejemplo, se percibía la tendencia a entregar ciertos premios a suecos, a quienes los extranjeros no consideraban a la altura del estándar global–[5] al igual que de política "externa" –como el escándalo y vergüenza tras otorgarle el premio de química en 1919 a Fritz Haber, el responsable de la investigación sobre gas venenoso durante la Primera Guerra Mundial–[6]. Esta parecía ser justamente la herencia belicosa (el origen del legado de la dinamita y otras industrias de guerra) que los premios Nobel debían borrar. También estaba la pregunta de si Suecia contaba con las capacidades para seguir activando los premios durante la disruptiva Segunda Guerra Mundial y no se

[4] Testamento de Alfred Nobel, citado en Robert Marc Friedman, *The Politics of Excellence* (Nueva York: Times Books, 2001), 13-14.

[5] Véase, por ejemplo, *ibid.*, 56 y ss.

[6] *Ibid.*, 111-115.

entregó ningún premio, en ninguna categoría, entre 1940 y 1942. Aunque las sumas del dinero del premio eran considerables, se puede afirmar con propiedad que, excepto por el premio de física, los Nobel fueron tratados como una conmemoración local escandinava en sus primeras décadas.

Según R. M. Friedman, el aumento de la estima pública por los premios se produce en el período que sigue inmediatamente a la Segunda Guerra Mundial, en especial en los Estados Unidos.[7] Esta coyuntura corresponde a la destrucción de la ciencia alemana, la ejecución militar de la política científica en los EE. UU. y la fascinación con el rol de la ciencia en la Guerra Fría.[8] Ante estos giros dramáticos, Suecia buscó realinearse a sí misma en función de estas nuevas hegemonías mundiales; los vientos de la política adoptaron una predilección clara por Estados Unidos. Este fue el período en el que los Nobel fueron promovidos ampliamente al público general como la canonización de los héroes que ejemplificaban lo mejor de la raza humana. Se dice con frecuencia que los Nobel eran conferidos a los logros, no a las *personas*; pero tanto el testamento del mismo Alfred Nobel como la ceremonia que enmarca los premios modernos sugieren lo contrario. Hoy, una multitud variopinta espera que todos los noviembres se anuncie una nueva piedra en el panteón de los héroes, bajo una noción romántica de individuos geniales.

Los Nobel han sido promovidos como el indicador prístino de aquello que es verdadero y virtuoso en la empresa intelectual humana; pero, por supuesto, no lo son. Más bien, se trata de otro instrumento humano construido para apuntalar un régimen de veridicción humana. En palabras de Friedman:

[7] *Ibid.*, 251y ss.

[8] Para la importancia de este giro en la ciencia estadounidense, véase Philip Mirowski, *ScienceMart* (Cambridge, MA: Harvard University Press, 2011), capítulo 3.

> No hay evidencias de base histórica para asegurar que los laureados constituyan una población única de los mejores en la ciencia; menos aun para imbuirlos, como clase, con el estatus de genios [...] Se suele repetir que el prestigio del premio ha reflejado la habilidad de la Real Academia de las Ciencias de Suecia para elegir a los ganadores correctos, pero esto simplemente no resiste análisis alguno.[9]

Esta es la reflexión del principal historiador de los verdaderos Nobel de ciencias naturales. Entonces, ¿qué se puede decir de la existencia de un *sucedáneo* de Premio Nobel, uno que fue instituido sesenta y ocho años después de los premios, construido explícitamente para echarse sobre la gloria reflejada por los Nobel de verdad? El sucedáneo de premio tuvo un origen tan controversial que la Fundación Nobel tuvo que pronunciarse para insistir de que *ningún Nobel nuevo* sería jamás aceptado por la Fundación a futuro.[10] ¿Qué era aquello tan vergonzoso como para requerir este espasmo de represión maníaca? Esta es la pregunta que se explora en el resto de este capítulo.

[9] Robert Marc Friedman, *The Politics of Excellence* (Nueva York: Times Books, 2001), 267.

[10] "Cada tanto hay propuestas para establecer Premios Nobel adicionales, por ejemplo, en matemáticas o ciencia medioambiental. Tanto la fundación como el jurado han rechazado estas solicitudes. Se consideran a sí mismos obligados por el testamento y se preguntan a qué conllevaría la creación de nuevos Premios Nobel o equivalentes [...]. Sin embargo, hubo una ocasión en la que se han apartado de este principio, respecto del premio en economía. Este premio no debe ser tratado como un Premio Nobel y por este motivo se lo tituló Premio de Ciencias Económicas del Banco de Suecia en Memoria de Alfred Nobel [...]. Hubo reparos considerables entre los comités del Nobel respecto de aceptar el premio. Las actividades de propaganda fueron intensas, en especial por parte del gobernador del Banco Central, Per Åsbrink [...]. El premio en economía sigue causando controversia". Lars Gyllensten (otrora miembro de la Fundación Nobel) *Minnen, bara minnen* (Estocolmo: Albert Bonniers förlag, 2000), 281 (traducido del sueco). Véase también, Agneta Levinovitz y Nils Ringertz, eds., *The Nobel Prize: The First 100 Years* (Londres: Imperial College Press, 2001).

El Banco de Suecia se manda solo

Hay solo dos fuentes académicas en inglés que dan indicios de que podría haber algo un poco sospechoso sobre el Premio del Banco de Suecia. La primera, por Assar Lindbeck,[11] fue escrita como una defensa del premio, aunque tiene inserta en ella una única cláusula que afirma que existía "un cierto escepticismo hacia la idea de un nuevo premio sobre algunos científicos naturales en la Academia". Este potente acto de reconocimiento indica algo que se ausenta, algo importante, algo que es clave para entender el rol definitivo del propio Lindbeck en la estabilización del premio. Lidiaremos con la contribución central de Lindbeck en breve. La otra intervención fue por Yves Gingras,[12] quien se aproximó al premio desde la postura contraria. En un artículo breve, indicó que deberíamos clavar los ojos en el Banco de Suecia como un personaje principal en el origen del premio y que el proceso requería ser entendido en términos de los efectos que procurara generar: "Este premio no existe: y más encima, [...] este supuesto 'Premio Nobel' es un caso de estudio extraordinario de una transformación exitosa del capital económico en capital simbólico, una transformación que infla enormemente el poder simbólico de la disciplina de la economía a ojos del público".[13]

Ninguno de los artículos se molestó en explorar en profundidad estos indicios y esto es especialmente llamativo, dado el tiempo transcurrido desde que fueron publicados. Al ahondar un poco más en las fuentes originales, se revela una narrativa mucho más rebuscada a la indicada por los analistas. El nombre del premio es

[11] Assar Lindbeck, "The Prize in Economic Science in Memory of Alfred Nobel", *Journal of Economic Literature* 23 (1985): 38.

[12] Yves Gingras, "Nobel by Association: Beautiful Mind, Non-existent Prize", *Open Democracy* (23 de octubre, 2002), disponible en opendemocracy.net.

[13] *Ibid.*

la primera pista: el relato debería comenzar con la historia del Riksbank.

Este no es el lugar para enredarse en exceso con la historia económica de Suecia, si bien un mínimo de historia monetaria es un prerrequisito necesario para comprender el premio. El punto de partida es reconocer un hecho que separó al Riksbank de otros bancos centrales europeos a principios del siglo XX: el Banco Central de Suecia pertenecía completamente al Estado sueco. El gobierno vigente asignaba el mando a una corte de directores, mientras que el Parlamento elegía a los otros seis directores. En sus intentos por establecer una política económica tras la Primera Guerra Mundial, el banco fue anulado por el Parlamento en varias ocasiones.[14] Uno no debería asumir que había una opción política de un banco central con independencia pura en ninguna otra parte del mundo desarrollado, previo a los años setenta; más bien, los diferentes bancos centrales gozaban de distintos grados de sujeción a sus respectivos gobiernos. Hasta los años treinta, la creencia dominante era que el "patrón oro" volvía innecesaria la independencia de las políticas; aun así, el Banco de Inglaterra se las había ingeniado para abrirse un mínimo espacio para maniobrar, argumentando que mantenía un estado de propiedad privada. Los desajustes recurrentes del patrón oro hasta la Gran Depresión, ciertamente erigieron la posibilidad de que los bancos centrales pudieran ejecutar un rol gestor más activo. En cualquier caso, prácticamente no había una tradición teórica de un servicio al "interés público" por parte de estos bancos; en su mayoría, se entendían a sí mismos como garantes de los intereses de sus bancos privados locales, no como los protagonistas de alguna especie de "política macroeconómica" abstracta, dictada por economistas. Es más, el giro hacia la doctrina del imperativo político del banco

[14] Véase Martin Eriksson, "A Golden Combination: The Formation of Monetary Policy in Sweden after WWI", *Enterprise & Society*, N° 16 (2015): 556-579.

central independiente solo se puede fechar de los años ochenta en adelante.[15]

El Riksbank comenzó a rebelarse contra sus patrones del Parlamento sueco tras la Segunda Guerra Mundial. Con el nombramiento del nuevo gobernador del banco central en 1955, Per Åsbrink, el banco daba la bienvenida a un renegado del Partido Socialdemócrata (oficialismo). Åsbrink luego establecería hábilmente unas prerrogativas bancarias que el Riksbank de hoy llama, en su sitio web, "el golpe de las tasas de interés" de 1957.

Los detalles del golpe serían una distracción innecesaria;[16] basta con mencionar que en 1957 Åsbrink persuadió a su directorio para alzar la tasa de descuento en un 1% sin antes notificar a su propietario nominal, el gobierno. Esto derivó en una crisis política para el Partido Socialdemócrata; la mano derecha de Åsbrink, el economista Erik Lindahl, al igual que el joven economista Erik Lundberg, contraargumentó que no había lugar para la intromisión política en las políticas monetarias, y ambos argumentaron que el banco central debería ser sometido a un régimen de despolitización. En la historia sueca, esto se suele representar como el primer impacto de artillería del bombardeo a las políticas económicas de izquierda del Partido Socialdemócrata en el período de posguerra. Por numerosas razones, el gobierno optó por no castigar a Åsbrink y se le permitió mantenerse como gobernador del Riksbank.

El éxito del golpe de las tasas de interés fortaleció el peso político de Åsbrink, pero también tuvo una consecuencia acciden-

[15] Véase, por ejemplo, James Forder, "Why is Central Bank Independence so Widely Approved?", *Journal of Economic Issues*, N° 39 (2005): 843-865. Forder vincula este punto directamente al realce de la profesión económica, lo que combina bien con el argumento de este artículo.

[16] Véase Gabriel Söderberg, "Constructing Invisible Hands: Market Technocrats in Sweden 1880-2000", *Acta Universitatis Upsaliensis (Uppsala Studies in Economic History)* 98 (2013). Gran parte de los detalles descriptivos de los tres párrafos siguientes provienen de esta fuente.

tal. Tras 1957 vino un período de prosperidad para Suecia; con las tasas de interés altas vinieron ingresos considerablemente mejores para el banco central en los años subsiguientes, de entre 20 y 40 millones de dólares al año. El aumento progresivo de los excedentes se convirtió en un muro de contención entre el banco y su propietario nominal, el gobierno. El banco concedía que estaba obligado a entregar cierta fracción del excedente a la Tesorería, pero insistía en privado de que él mismo debería controlar el resto, argumentando de que estaba en una mejor posición para decidir cómo y cuándo debería gastarse. Nuevamente, los socialdemócratas contravinieron que el Directorio no poseía el poder discrecional para tomar esa decisión. El Riksbank zanjó el asunto autoritariamente al anunciar públicamente la creación del Jubileumsfond, un fondo de investigación para celebrar la proximidad del tricentenario del banco en 1968. Algunos miembros del Parlamento quedaron estupefactos al enterarse del plan a través del periódico y la radio, ya que su aprobación no había sido solicitada para un fondo semejante; otros se quejaron de que el Riksbank se estaba comportando de forma temeraria, como si fuera un "Estado dentro de un Estado", algo que de ninguna manera estaba dentro de sus facultades. Sin embargo, tras arduas objeciones, en abril de 1962 el Parlamento votó a favor del fondo propuesto. El banco, luego, procedió a construirse un nuevo fuerte de granito negro con una parte de los fondos y reflexionó sobre cómo asignarle la otra mitad a la "investigación".

El Banco de Inglaterra había encargado la escritura de una historia académica de la institución para su aniversario N° 250; pero Åsbrink tenía planes mucho más fastuosos para la celebración del cumpleaños del Riksbank de 1968, que incluía un juego de poder incluso más audaz que el golpe de las tasas de interés o el Jubileumsfund. Mientras el banco barajaba abiertamente la publicación subsidiada de un número de libros de economía por encargo Åsbrink comenzó a interrogar de forma subrepticia a algunos de los actores clave sobre la posibilidad de un Premio Nobel de Economía, dedicado y financiado por el banco. Ningún otro actor político del momento pensó que el premio fuera otra cosa que un delirio, mucho menos una forma sensata de gastar los ingresos que el banco había acumulado mediante políticas monetarias restrictivas. Los verdaderos Nobel, después de todo, habían sido la consecuencia de una donación privada. Lindbeck, entonces profesor de la Escuela de Economía de Estocolmo y un asesor del banco desde 1964, informa que Åsbrink se le acercó en 1967 o a principios de 1968 para evaluar la posibilidad de que semejante premio fuera financiado por completo con los excedentes del Riksbank. Como era de mal gusto que el gobernador del Riksbank sentase las bases de un premio semejante a hurtadillas, sin ningún mandato político previo de ningún tipo, se enlistó a Lindbeck como un intermediario entre Åsbrink y la Fundación Nobel. Lindbeck consultó al director de la Fundación Nobel, Nils Ståhle, y a su asesor financiero, Jacob Wallenberg, pero este último se negó rotundamente a agregar otro Nobel. Tras intensas negociaciones, se alcanzó un "compromiso": el banco podía financiar un premio "diferente" que, a pesar de todo, podía ser sospechosamente similar a un Nobel de verdad; es decir, un sucedáneo del premio en paralelo; el "Premio del Banco de Suecia en Ciencias Económicas en Memoria de Alfred Nobel". El que Alfred Nobel se retorciera en su tumba solo era un inconveniente menor.

Algo sobre la "celebración" olía raro; pero Åsbrink, siempre empresarial, una vez más reveló su desdén por las reglas y el protocolo de una forma casi tan despótica y prepotente como en los casos anteriores del golpe de las tasas de interés y el Jubileumsfund. En síntesis, la burocracia del Riksbank recurrió al engaño y artimañas peores para pavimentar el camino del premio. Casi todos los implicados se oponían en 1968: la Fundación en cierto grado, la familia Nobel, la infraestructura existente del Nobel y el Parlamento. El primer truco fue tender una emboscada a los intereses organizados en contra del premio. Al tiempo que se negociaba en secreto, el banco anunció la existencia del premio en la prensa como un *fait accompli* ¡dos semanas antes de que el acuerdo se firmara con la Fundación Nobel el 14 de mayo de 1968! Algunos de los directores fueron luego presionados hasta cumplir, ya que no se permitió hacer pública la disputa sobre una conspiración ilícita. Además, Åsbrink usó su poder regulatorio sobre la Fundación para hacerla acceder; normas tributarias existentes previnieron que la Fundación invirtiera en ciertos valores, lo que causaba que la dotación quedara cercada; el banco cambió a su favor las normas pertinentes a la gestión del capital de la Fundación.[17]

El segundo truco consistía en neutralizar a la familia Nobel. En 2010, Peter Nobel emitió el siguiente comunicado:

> ¿Cuál era la postura de la familia Nobel? Tres días antes de la reunión del 26 de abril, el entonces director de la Fundación Nobel, Nils Ståhle, se reunió con dos miembros de la familia y habló por teléfono con un tercero. Su postura era que "no debía convertirse en un sexto Premio Nobel", pero si el premio de economía podía mantenerse claramente separado de los Premios Nobel, entonces, se podía aceptar la idea. El 10 de mayo, Ståhle y el presidente de la Fundación Nobel, von Euler, visitaron a la pariente de más edad, Martha Nobel, que entonces tenía 87 años –y graves problemas de audición, pero cuyo intelecto estaba en buena forma–. Obtuvieron su aprobación por escrito del premio de economía "bajo ciertas condiciones", es decir, que el premio nuevo se mantuviera separado del premio Nobel en todos los documentos y afirmaciones oficiales y se lo llamara el "premio en ciencias económicas en memoria de Alfred Nobel". En una conversación telefónica con un sobrino, Martha Nobel dijo que toda la cosa estaba arreglada

[17] Gabriel Söderberg, correo al autor, 2 de noviembre de 2010.

> de antemano y era imposible oponerse, así que no se podía hacer otra cosa que confiar en que cumplirían su palabra y no se generaran confusiones con el verdadero premio Nobel. No hubo aprobación de la familia Nobel en su totalidad. Se nos informó mucho después.[18]

Peter Nobel ha afirmado en público que este era un ejemplo sin precedentes de infracción de uso de marca; pero era mucho más que eso. Los miembros de las organizaciones, designados formalmente como jurado para los verdaderos Nobel, fueron dejados de lado al pavimentar el camino del otro premio. Unos pocos notables, como el profesor Sten Friberg, rector del Instituto Karolinska, intentaron pronunciarse en contra sin éxito. El tercer truco del banco fue usar la fuerza contra su propietario nominal, el Estado de Suecia. El Riksbank se había extralimitado al montar una prensa de cancha completa para crear un sucedáneo de Nobel; algún tipo de aprobación era necesaria. Un comité especial señaló que la carta de constitución del banco lo limitaba a ejercer servicios bancarios, impresión y producción de dinero; cualquier otra cosa exigía legislación especial. Un proyecto de ley fue mandado con prisa al Parlamento y los *votos se emitieron sin ningún debate público.*[19] El 11 de abril de 1969 la primera cámara tuvo 79 votos a favor, 20 en contra y 18 abstenciones; el 16 de abril la segunda cámara tuvo 152 votos a favor, 28 en contra y 28 abstenciones. Superado este último obstáculo, el Riksbank pudo construir un Nobel que se pareciera lo más posible al de verdad.

[18] Jorge Buzaglo, "The Nobel Family Dissociates itself from the Economics Prize", *Real-World Economics Review Blog* (22 de octubre, 2010). También hay información sin confirmar sobre que los funcionarios de gobierno aprovecharon los problemas tributarios de Martha Nobel para hacerle una oferta que no pudiera rechazar.

[19] Gabriel Söderberg, correo al autor, 24 de junio de 2013. Al margen, Assar Lindbeck ("The Prize", 38) informa erradamente que la sanción final del gobierno ocurrió en enero de 1969. Por lo tanto, uno puede asumir que se trata de una fuente poco confiable para la cronología relativa a estos eventos.

Este intento para hacer que el premio fuera "similar, pero no idéntico a los Nobel de verdad", fue diseñado directamente por el banco, *no* por ninguna de las otras partes involucradas. La declaración impresa de Lindbeck de que "los procedimientos para la elección del ganador del premio de economía son las mismos que para los premios Nobel originales" no es, por ende, del todo correcta.[20] Si fuera cierto, esto violaría los términos del acuerdo original, que no podía albergar semejanza alguna de base con los verdaderos Nobel. Es cierto que el banco se las ingenió para que la fecha del premio fuera idéntica a la de los otros Nobel –el 10 de diciembre– y garantizó que el Premio del Banco de Suecia fuera otorgado en la misma ceremonia que los Nobel de verdad. Un conformismo simulado tiende a enmascarar las maneras pequeñas pero decidoras que indican el carácter sucedáneo del Premio del Banco de Suecia. Una señal pequeña es que la medalla del Banco de Suecia, reproducida en la figura 9.1, tiene un diseño con diferencias sutiles respecto de las otras medallas de los verdaderos Nobel.

Figura 9.1. La medalla del Premio del Banco de Suecia.

[20] *Ibid.*, 45.

Mas importante aún, la constitución del comité del premio no se equiparaba a la de los otros Nobel. El testamento de Alfred Nobel estipulaba que los comités de los premios fueran escogidos y contratados por la Real Academia pertinente a la ciencia de cada Nobel. Al no haber una Real Academia de Economía de Suecia, se podía asumir que, si de verdad se buscaba imitar a los Nobel de ciencia, el premio debió de haber sido controlado por la Real Academia de Ciencias. Sin embargo, en retrospectiva pareciera que el mismo banco tuvo un rol activo en constituir el comité original del premio de economía. Por ejemplo, un personaje clave en la narrativa, Assar Lindbeck, *no* era un miembro de la Real Academia de Ciencias cuando se lo designó para el comité; de acuerdo con su propia biografía, eso no ocurrió hasta 1971. Otro miembro, Ragnar Bentzel, no fue inducido hasta 1972. Gran parte de esto sugiere que la membresía de la Academia fue otorgada *tras* haberlos nombrado parte del comité del Banco de Suecia para esconder la violación a las reglas. Dado que la composición del comité del premio juega un rol dominante en nuestra narrativa subsecuente, esta divergencia de los Nobel verdaderos no es un detalle insignificante. El banco, habiéndose tomado tantas molestias para instituir el premio, no se iba a retirar sin antes estipular qué clase de economistas se iban a beneficiar de él, al menos en un inicio.

La pregunta recurrente para el historiador es por qué Åsbrink, Lindbeck y unos pocos más volarían tan cerca del sol solo para dilapidar una gran suma de fondos públicos en un premio para *economistas.* (La teoría de la elección pública luego nos sugeriría que podría simplemente haberlo malversado.) La campaña de relaciones públicas del Riksbank de la época exageró en su argumento en pos de un aumento del prestigio de Suecia, pero dado que los potenciales beneficiarios eran economistas, esta justificación parece un poco débil. Al mismo Åsbrink se le desafió con frecuencia a explicar la lógica de un premio así y su respuesta fue de un gran descaro dogmático:

> No me parece especialmente difícil dar motivos para el premio nuevo. El dominio, es decir, el objeto de la ciencia económica, es central e importante para todas las personas y todas las sociedades alrededor del mundo. ¿Alguno se atrevería a decir que los avances en esta área son menos importantes o menos urgentes que los avances, por ejemplo, en medicina, física o química? Por supuesto, puedo entender si alguno pensara que estas cosas no se pueden comparar o incluso si alguien encuentra que otras circunstancias, por ejemplo, las dificultades para separar políticas y ciencia en esta área particular, vuelve problemático entregar un premio en economía. Pero a mí todavía me gustaría creer que la ciencia económica de hoy está tan desarrollada y establecida como una disciplina científica, que dichas advertencias no pueden ser decisivas.[21]

Nuestro protagonista se acerca a la estructura profunda de las políticas del premio, pero no puede decir lo obvio. Pocas personas en 1968 hubieran concedido que la economía, como se constituía entonces, gozaba de una importancia intelectual equiparable a la medicina, la física o la química. Sin embargo, el propósito del premio no era "reconocer" ese hecho, sino más bien invocar una apariencia de importancia similar, al proveer un premio que imitara minuciosamente los premios ya existentes, que sí gozaban de estima a los ojos del público. *El propósito del premio era enaltecer la importancia de la profesión económica, no reconocer su estatus ya consagrado.* Se suponía que a los espectadores la economía les parecería una ciencia y el premio era solo un medio para el cambio de imagen. Pero eso parece rogar que nos preguntemos: ¿Por qué Åsbrink hizo esto?

[21] Per Åsbrink, carta a Gez Holzer, fechada el 27 de mayo de 1968. Correspondencia de Per Åsbrink, Archivo del Banco de Suecia.

Si se echa un vistazo a nuestra breve historia, se descubrirá que Åsbrink, Lindbeck, Lindahl y Lundberg formaban parte de una escuela de pensamiento que estaba convencida de que los socialdemócratas y los llamados "modelo sueco" amenazaban la estabilidad económica de Suecia, que el Estado de bienestar social, que distinguía al país en el extranjero, debía ser reducido y retraído, y que una forma inmediata de lograr ese fin era darle independencia al banco central de su propietario nominal, el Estado sueco. Pero eso implicaría basar la independencia del banco en la dirigencia irrestricta de expertos como ellos, libres de los grilletes de la subordinación política. En 1968, la mayoría de los suecos no hubiese aceptado el credo de que los economistas con credenciales sabían naturalmente más que el ciudadano de a pie cómo dirigir la economía sin ningún aporte democrático. Por lo tanto, promover indirectamente la disciplina de la economía como una ciencia viva y exitosa era del interés del Rikskbank sueco, así el público general eventualmente se sometería a su experticia y dejaría que el banco central se las arreglara y manejara las cosas sin perturbaciones, de la forma que considerara conveniente.

De hecho, convenientemente, la fortificada profesión económica envió a su facción de macroeconomistas a argumentar explícitamente a favor de la *necesidad* de un banco central independiente como un prerrequisito para la política monetaria racional en los años setenta y ochenta. Pero en un círculo "virtuoso" (¿o vicioso?), los bancos centrales comenzaron a contratar enormes falanges de economistas como parte de su personal y, cada vez con más frecuencia, incluso como sus gobernadores. Después de todo, el propósito de la "independencia" era actualizar la experticia. Así los economistas profesionales gozaron de nuevos caminos hacia el poder, libres de responsabilidad política, y los bancos centrales, por su parte, destinaron recursos a aumentar la credibilidad intelectual de los economistas. Como Forder ha señalado, "la idea de la independencia del banco central y las doctrinas que la rodean contribuyen de formas significativas a la jerarquía y autoestima de la profesión económica".[22] Se podía culpar a las fechorías de los externos, con sus intervenciones políticas contaminantes, de cualquier fracaso macroeconómico, mientras que los economistas se podían absolver a sí mismos de toda culpa. Esta dinámica se observa en las recientes autobiografías exculpatorias de los protagonistas de la antigua Gran Recesión. Esta dependencia simbiótica ciertamente benefició al Riksbank sueco, que logró conseguir una independencia política completa de la responsabilidad democrática en 1999.

Pero, volviendo a los años sesenta, se observa que la dinámica del Nobel en Suecia existía para promover una cierta cepa de economía, no a todas las posibles versiones de la economía sin distinciones. La profesión legítima tenía que estar circunscrita exclusivamente a un ámbito intelectual. Este es otro hecho que Åsbrink, Lindbeck y Lundberg no podían admitir abiertamente. Lindbeck, en una retrospectiva que ofreció a una audiencia estadounidense, hizo un comentario meloso de que las perspectivas ideológicas de los galardonados "habían sido, por supuesto, ignoradas".[23] Era menester que el comité sueco para el sucedáneo de Nobel evadiera esa cuestión que los afuerinos siempre sospecharon. Como proseguía Lindbeck, "¿Veía el comité de selección al premio como una oportunidad para influenciar la dirección de la nueva investigación en economía? La respuesta es no, definitivamente".[24]

Estas protestas son otro "suplemento" y marcan otro silencio intencional respecto del aspecto más importante del Premio del

[22] Forder, "Why is Central Banking Independence so Widely Approved?", 854. Véase también Philip Mirowski, *Never Let a Serious Crisis Go to Waste* (Londres: Verso, 2013), 204-223.

[23] Lindbeck, "The Prize", 51.

[24] *Ibid.*, 55.

Banco de Suecia –y la Memoria de Alfred Nobel no tiene nada que ver con eso–.

La conexión con Mont Pèlerin

Es un error pensar que los Premios Nobel solamente representan un concentrado de la conciencia colectiva de un colegio invisible de científicos, repartidos alrededor del mundo; si tal fuera el caso, uno podría sencillamente distribuir premios según el número de citaciones e índice h más altos, y deshacerse del galimatías de las reglas, comités y consultores para la nominación, además de las ruedas de prensa y relaciones públicas en torno al evento. Tanto las dinámicas disciplinares como el contexto local importan, y nunca tanto como en el Premio del Banco de Suecia.

A lo largo de las primeras décadas del Premio del Banco de Suecia hubo dos tendencias principales en cuanto a la selectividad de la que se consideraba como la economía digna del galardón: una era obvia y la otra fue opacada en un grado considerable. La tendencia obvia fue el cambio de paradigma de la comunidad sueca. Previo a la Segunda Guerra Mundial, el estándar de la ortodoxia estaba marcado por las escuelas europeas de pensamiento económico, en particular de fuentes alemanas, pero fue desplazado por la economía estadounidense. Mientras que el escenario entreguerras sueco había sido neoclásico, en el sentido wickselliano, pronto se hizo evidente que las versiones de la economía neoclásica que se forjaban en los Estados Unidos de la posguerra se consideraban la onda del futuro, al menos en lo que concernía al grueso de los profesionales suecos.

Muchos de la generación fundadora, como el propio Lindbeck, habían pasado un buen tiempo en universidades estadounidenses, absorbiendo modismos novedosos y prácticas investigativas como preparación para producir publicaciones en inglés para revistas de EE. UU.[25] Había sospechas de que Suecia se quedaba atrás en su técnica matemática y quizás también en sofisticación econométrica, aunque Herman Wold gozaba de una reputación internacional en esta última área. Por lo tanto, se predeterminó que luego de que el primerísimo premio de 1969 se otorgara al noruego Ragnar Frisch y al holandés Jan Tinbergen, Estados Unidos consolidara su dominio sobre el premio en una tendencia constante. Fueron muy pocos los galardonados de ahí en más que no hubiesen estudiado en una institución de EE. UU. u ocupado un cargo alguna vez en su vida en una universidad estadounidense, más allá de su país de nacimiento.

La economía neoclásica ortodoxa estadounidense fue considerada como el estándar mundial por el comité del Premio del Banco de Suecia y esto tuvo consecuencias muy profundas para la trayectoria de la disciplina en Europa. En los años cincuenta y sesenta en distintos países, todavía se veían escuelas de pensamiento económico cultivadas localmente, que solían publicar el grueso de la investigación en su lengua nacional; algunos, como la escuela francesa de regulación o los neoricardianos de Italia, se mostraban abiertamente hostiles a la versión estadounidense de la economía neoclásica. Las economías marxistas estaban afincadas detrás del Telón de Acero. Incluso hubo británicos de buena reputación, como los keynesianos de Cambridge, que fueron muy escépticos de la supremacía estadounidense.[26] En la opinión de los suecos, no solo ninguno de estos grupos siquiera ameritaba un Premio del Banco de Suecia; sino que el premio sirvió para zanjar el desplazamiento de la vanguardia económica de Europa de tradiciones nativas a una construcción estrecha (y a veces insensible)

[25] El propio Lindbeck estudió en Yale con la beca Rockefeller y luego fue profesor visitante en la Universidad de Míchigan en 1958.

[26] En realidad, Paul Samuelson nominó a Joan Robinson, véase carta a Assar Lindbeck, fechada el 14 de febrero de 1977, Paul Samuelson's Papers, caja 4, documento "Nobel Nominating Committee", Perkins Library, Duke University.

de la ortodoxia estadounidense. En algunos casos, la purga fue rápida y brutal;[27] pero con frecuencia requirió décadas para reemplazar a los miembros mayores de la facultad por jóvenes que intuían que algo malo iba a pasar. Quizás los economistas europeos se hubieran postrado intelectualmente ante la hegemonía incluso sin la existencia del premio; pero se puede sospechar que las políticas locales podrían haber resultado de forma muy diferente.

Es la segunda tendencia, bastante menos visible, la que tomará el resto de este capítulo. No hay certeza alguna de que, en un principio, el Banco de Suecia haya usado su sucedáneo de premio para ascender *conscientemente* a la ortodoxia estadounidense a *primus inter pares*; pero se puede argumentar que sí trataron de influenciar el premio y con este la profesión de la economía, en una dirección más neoliberal de la que se hubiera esperado a fines de los años sesenta. Entonces, el premio proporcionó un fulcro que desplazó permanentemente la ventana de Overton.

Las relaciones íntimas de los neoliberales de los inicios de la Sociedad Mont Pèlerin con las cumbres de las altas finanzas europeas es una historia que aún no se escribe en detalle. Max Hartwell, el historiador dentro de la SMP, admite que el dinero para financiar la primera conferencia de abril de 1947 provino del Fondo William Volker para apoyar el bando estadounidense y, de forma menos clara, una subvención "proporcionada por Albert Hunold, quien juntó el dinero de fuentes suizas", que pagaron por los gastos europeos.[28] Se puede entender la circunspección de Hartwell si se repara en el hecho de que fueron la banca e intereses financieros suizos los que subsidiaron fastuosamente las primeras conferencias de Mont Pèlerin. De hecho, todo indica que la primera propuesta de Hayek en pos de una nueva organización para repensar el libe-

[27] Para la situación de la Universidad Humboldt en Berlín, véase Till Duppe, "Economic Science in Berlin", *Studies in the History and Philosophy of Science*, N° 51 (2015): 22-32.

[28] Max Hartwell, *A History of the Mont Pèlerin Society* (Indianápolis: Liberty Fund, 1995), 26.

ralismo ocurrió en un agasajo a su persona por parte de los intereses bancarios e industriales de Zúrich en noviembre de 1945.[29] Muchos han dicho que los bancos suizos habían sido detectados jugando para los dos bandos del dinero durante la Segunda Guerra Mundial, y estuvieron especialmente preocupados de apelar a su pureza ideológica para contravenir el escepticismo de los victoriosos aliados. Hunold los convenció de que si apoyaban los planes políticos e intelectuales de Hayek, demostrarían una generosa oposición a cualquier forma de socialismo. La razón por la que la primera conferencia se llevó a cabo sobre las laderas de Mont Pèlerin es que fue financiada en su mayor parte en francos suizos, principalmente del Credit Suisse, la Union de Banques Suisses (UBS) y las compañías de seguros Swiss Re y Zurich Assurances.[30] Hunold había trabajado para Credit Suisse entre 1945 y 1947 y siguió retornando a esa fuente para subvenciones posteriores en apoyo a la SMP, al punto de financiar en gran parte tres conferencias más (1949, 1953 y 1957) con fondos suizos.[31] Si bien la SMP tuvo suerte de tener a sus mecenas suizos, hubo otro aspecto de mayor impacto en esta conexión con Suiza. Los bancos suizos también fueron una fuente abundante de apoyo para una organización transnacional de bancos centrales tras la Segunda Guerra Mundial. El Banco de Pagos Internacionales (BPI), una institución de coordinación privada para los banqueros centrales, fundada en 1930, fue otro instrumento que permitió que los bancos suizos se reintegraran al sistema financiero de la posguerra.[32]

[29] *Ibid.*, 30.

[30] Véase Yves Steiner, "Les riches amis suisses du néolibéralisme. De la debacle de la revue Occident a la Conférence du Mont Pelerin d'avril", *Traverse*, N° 1 (2007).

[31] Véase Hartwell, *A History of the Mont Pèlerin Society*, 67.

[32] Para su historia, véase Kazuhiko Yago, *The Financial History of the Bank for International Settlements* (Londres: Routledge, 2013); Adam LeBor, *Tower of Basel* (Nueva York: Public Affairs, 2013).

Lejos de servir como una mera cámara de compensación, el BPI también se volvió una fuente de argumentos intelectuales a difundir a otros bancos miembros y sus países. De ahí que el BPI resultara ser un conducto importante para las ideas neoliberales y el apoyo al neoliberalismo durante el período entre la década de 1930 y 1950 a lo largo de Europa. Por ejemplo, el segundo gerente general del BPI, Roger Auboin, fue un miembro de la SMP que mantuvo un contacto estrecho con los bancos suizos y asistió al Coloquio Lippmann en 1938. Otros miembros del BPI incluían a Marcus Wallenberg, hermano de Jacob Wallenberg (que figura en la sección anterior como uno de los conspiradores del Nobel). Sin embargo, el de mayor importancia para este trabajo es el sueco Per Jacobsson, el director principal del BPI, quien encontró que las ideas de figuras de la SMP como Fritz Machlup, Wilhelm Röpke y Walter Eucken eran expresiones incisivas de versiones de la economía, que aseguraban su agenda en pos de una "moneda sólida".[33] Aunque Jacobsson abandonó el BPI en 1956 para dirigir el Fondo Monetario Internacional, uno de sus legados notables fue el apoyo constante a su principal protegido sueco, Per Åsbrink.

Documentar estos vínculos en detalle requiere de una investigación más profunda, no obstante, hay indicios suficientes de que hubo una conexión suiza *sub rosa* con el banco central de Suecia, y que esta coincidía con los ideales de la Sociedad Mont Pèlerin. Los banqueros suecos solo eran superados por los suizos en sus tratos con los fondos nazi y también necesitaban de un legajo ideológico limpio tras la guerra.[34] El CPN parecía proveerles un excelente carné de vacunación contra cualquier atisbo de colectivismo, incluso contra toda ideología patológica.

[33] Véase Yago, *Financial History*, 44 y ss., y Offer y Söderberg, *The Nobel Factor*, 81-88.

[34] Véase LeBor, *Tower of Basel.*

Volviendo a nuestra observación inicial, Per Åsbrink se había rodeado de asesores económicos que mostraban distintos grados de hostilidad al "modelo sueco" del Estado de bienestar, que dominaba entonces; naturalmente, este era el tipo de economista que el banco central se habría sentido inclinado a tener en su registro de asesores, dado su reciente contratiempo político con los socialdemócratas. Quizás el más vociferante de la cábala del banco hacia el resto de la profesión económica sueca fue Assar Linsbeck: al reflexionar en retrospectiva, dijo que los economistas suecos:

> En Suecia estaban encaminados a sacar al mercado del juego desde principios de los setenta a inicios de los noventa [...]. Desde mediados de los noventa en adelante, introdujimos una política económica nueva, basada en reglas con un Riksbank independiente, límites para el déficit presupuestario permitido y un nuevo proceso del presupuesto, en el cual primero se determina el nivel de gasto antes de comenzar a negociar cuánto dinero más asignar a las distintas actividades. Por lo tanto, hemos logrado la disciplina fiscal y un Riksbank independiente en conjunto con la desregulación.[35]

La conspiración del banco incluía a Lindbeck, Lundberg y Bentzel en conjunto con Bertil Ohlin, líder del Partido Popular, la principal oposición desde la derecha a los socialdemócratas de esa época; todos ellos se movilizaban para concretar una serie de recortes al Estado de bienestar sueco, objetivo que lograron en los años noventa.[36]

[35] Citado en Lars Nordbakken, "Interview with Assar Lindbeck", 2012, disponible en minervanett.no. El propio Lars Nordbakken es un miembro de la SMP. Uno de los muchos blancos en los años setenta fue la "política de salario solidario" de Rudolf Meidner.

[36] "Los socialdemócratas obviamente habían perdido la hegemonía política en los noventa y dos mil [en Suecia]". Lennart Erixon, *The Economic Policy and Macroeconomic Performance of Sweden in the 1990s and 2000s* (Bingley: Emerald House, 2011), 285. Las políticas de Ohlin aparentemente fueron influenciadas por su encuentro con la obra de Hayek, *Camino de servidumbre*.

Era una gran fortuna del CPN de 1969 el tener tantos *miembros oficiales de la* SMP *simpatizando de forma abierta,* y además convenientemente disponibles para ser recogidos de los establos del Riksbank y ser contratados para el comité del sucedáneo del Nobel, elegidos a dedo por Åsbrink en primera instancia. Lejos de conformarse con una noción endeble de "balance ideológico", el comité del Premio del Banco de Suiza tuvo un miembro oficial de la SMP desde su nacimiento hasta 1995, y durante los primeros años fue dominado en su mayoría por economistas neoliberales. Durante los seis primeros años que fueron mayoría –luego se explicará en profundidad el polémico galardón de 1974– y de ahí en más, fueron representados principalmente por Assar Lindbeck, quien tuvo una influencia desmedida en las deliberaciones en los años clave desde 1974 a 1994. Desde aquel período, su representación ha disminuido y esto ha tenido un efecto pronunciado en la trayectoria del premio. Se puede resumir la tendencia de la siguiente manera:

1. El premio otorgado a Friedrich Hayek en 1974 fue el primer, y quizás el más grande, de los golpes de la SMP y el colectivo de pensamiento neoliberal en la historia del sucedáneo de Nobel. Esto fue reconocido como tal en su momento.
2. A partir de 1974, la SMP ha tenido una extraordinaria seguidilla de premios favorables, que se extiende por más de dos décadas. Siete de la totalidad de galardones de este período fueron para miembros de la SMP.
3. La consecuencia de estas dos tendencias fue la notoria expansión de la proporción de ganadores neoliberales (una categoría más amplia que de los miembros de SMP), relativa a la población acumulada del total de ganadores. La proporción de ganadores neoliberales se alzó de un 11% en 1974 a un 38% en 1993.

4. Los miembros de la SMP tuvieron muchos menos ganadores de 1994 en adelante. El único miembro adicional fue Vernon Smith en 2002. Esta desaceleración se corresponde con el retiro de Assar Lindbeck del comité en 1994. Al igual que el fin de ciclo del último miembro oficial de la SMP.

5. Sin embargo, el flujo de nuevas incorporaciones neoliberales al premio ha sido tal que la representación neoliberal de la lista acumulada de ganadores ha oscilado entre 38% y 40% desde 1993.

6. Si bien el sucedáneo de Nobel nunca ha experimentado una *mayoría* de neoliberales en su lista acumulada de laureados, el comité de selección se ha encargado de que el neoliberalismo goce de una representación proporcional estable entre los que se supone que son "los mejores de la ortodoxia". Este es el segundo golpe principal de la SMP respecto del Premio del Banco de Suecia.

Antes de que lidiemos con la sucesión concreta de premios y preguntas fastidiosas de índole ideológica, es clave notar cuán improbable hubiera sido que cualquier club exclusivo de unos 300 miembros a lo largo del mundo, durante el período de estudio, se las ingeniara para captar una proporción tan exagerada de ediciones del Premio del Banco de Suecia.[37] Para fortuna nuestra, uno de los miembros del comité de selección admitió esto mismo nada menos que en un discurso para la SMP: "Parece haber una sobrerrepresentación del grupo SMP en el Salón de la Fama del Premio Nobel. [Milton] Friedman señala que hay algún tipo de sesgo político contra los economistas abiertamente marxistas cuando se trata de no entregar un premio. Pero ¿hay un sesgo positivo equiparable

[37] Algunos autores han notado esto –por ejemplo, Thomas Karier, *Intellectual Capital* (Nueva York: Cambridge University Press, 2010), 14–, pero ninguno ha sido lo suficientemente curioso para ahondar en este punto.

a favor del otro bando?".[38] Asimismo, el CPN no ha tenido pudor a la hora de ventilar esta extraordinaria serie de eventos. Como Max Hartwell, el historiador designado de la SMP, declara: "La razón principal para el elevado perfil público de la Sociedad era que se le había otorgado el Premio Nobel de economía a siete de sus miembros entre 1974 y 1991 [...] No cabe duda de que los Premios Nobel, con su reconocimiento mundial, fortaleció el estatus de la Sociedad".[39]

Muchos tratan esto como si fuera la confirmación de que el comité del Premio Sueco se las ingenió milagrosamente para abrirse paso a través de las consideraciones "irrelevantes" para una valoración objetiva de la verdad en economía, pero, como suele suceder, hay otra explicación históricamente más precisa y comprensiva de estos eventos. Consiste en la combinación de algunos elementos de pura contingencia histórica, junto con otras acciones de intencionalidad más directa y desvergonzada. La dosis de contingencia se manifestó como la Conexión Suiza con el banco central sueco, el atrevimiento de Per Åsbrink de buscar un sucedáneo de Nobel y la alianza por conveniencia entre Åsbrink y un conjunto de economistas suecos, que preferían que el Estado de bienestar sueco se contrajera. Por supuesto, los suecos que albergaban ambiciones políticas de esa índole tendían a estar familiarizados con muchos protagonistas neoliberales de la SMP a fines de los años sesenta y, de hecho, incluían algunos miembros oficiales de la SMP entre sus filas. Una vez que estas precondiciones estocásticas estuvieron en posición, la secuencia subsecuente de eventos se debió, en menor o mayor medida, a agendas planificadas de forma premeditada.

[38] Ingemar Ståhl, "The Prize in Economic Science and Maurice Allais", ponencia presentada en la conferencia de la SMP de 1990, 2. Como es de esperar, la siguiente oración del autor procede a negar el punto que él mismo nos hizo notar.

[39] Hartwell, *A History of the Mont Pèlerin Society*, 160. Esto fue corroborado por Lanny Eberstein, *Chicagonomics* (Nueva York: St. Martin's Press, 2015), 135.

La representación desmedida de la SMP en el Nobel sucedáneo fue una consecuencia directa del hecho de que Per Åsbrink creara el comité del premio desde cero, y luego poblara la estructura burocrática del premio con la misma cábala de economistas suecos y consultores del Riksbank de derecha que habían ayudado a que el galardón despegara. Estos expertos, que incluían a Assar Lindbeck, Erik Lundberg y Ragnar Bentzel, con la cooperación tácita de Bertil Ohlin, inicialmente buscaron potenciar la credibilidad intelectual de su programa, haciendo que el premio se viera "apolítico" durante los primeros cinco años, solo para embarcarse en un número de premios (entre los que figura uno para el propio Ohlin) diseñados para hacer que la derecha dura de la SMP pareciera un componente ortodoxo legítimo dentro de la economía mundial. En otras palabras, fijaron los cimientos del programa descrito por Lindbeck: "Disciplina fiscal y un Riksbank independiente, combinado con desregulación", a la que luego aspiró el Riksbank.

Hasta aquí, esto puede parecer una historia excesivamente local de Suecia: invocaciones a fortificaciones intelectuales para reforzar un determinado bando dentro de una batalla política local. Pero desde su diseño, el sucedáneo de Nobel también apuntaba a tener repercusiones internacionales. Primero, hubo una reorientación de la "ortodoxia" mundial hacia una nueva normalidad estadounidense, que significó un compromiso con un entendimiento formal de la centralidad del sistema de equilibrio walrasiano como el corazón de la economía, que respondió por los primeros premios otorgados a Paul Samuelson, Kenneth Arrow, Wassily Leontief, Tjalling Koopmans y el más walrasiano de los británicos, John R. Hicks. El problema al que se enfrentó el primer comité fue que esta "nueva ortodoxia de la posguerra", representada por la lista de arriba, desdeñaba unánimemente al cuadro de la SMP en los años sesenta, al punto de haber un intransigente rechazo a permitir el acceso de la mayoría de ellos a esa carpa llamada "economía ortodoxa". El comité del Nobel acabó con un énfasis sin contrapeso en la economía estadounidense, pero también forzó el asunto de la reconciliación de estos dos imperativos a través de un conjunto de premios decisivos entre 1974 y 1977, como se describirá en el siguiente apartado.

Otro objetivo del sucedáneo de Nobel en los años setenta fue, por lo tanto, *subir el nivel de credibilidad científica de la* SMP dentro de la profesión económica de la posguerra. Esa es la razón por la que era inútil que Lindbeck negara que "el comité de selección viera el premio como una oportunidad para influenciar la dirección de la nueva investigación en economía", especialmente tras examinar el registro histórico con más detalle.[40] El nivel general de negación en este aspecto (usualmente acompañado con una falta de voluntad para reconocer el carácter de sucedáneo del "Nobel" de economía) se ha difundido por gran parte de la profesión económica moderna, en especial luego de que la historia del pensamiento económico fuera sumariamente desterrada de los departamentos de economía ortodoxa a nivel mundial. La situación empeoró al punto de que incluso los laureados del Nobel pueden escupir las porquerías más erróneas, seguros en su convicción de que nadie los va a contradecir en su ignorancia:

> Hasta donde sé, la SMP nunca produjo y distribuyó una declaración pública acordada de su programa. Fuera de la profesión de la economía, era invisible.
>
> La SMP no tenía mayor influencia dentro de la profesión de la economía. No había publicaciones a discutir. La membresía estadounidense aparentemente se limitaba a los economistas de la Escuela de Chicago y sus dispersos enclaves universitarios, más unos pocos europeos trasplantados. "Algunos de mis mejores amigos" pertenecían a ella. Había, por supuesto, investigación y debate continuo entre economistas sobre las buenas y

40 Véase Lindbeck, "The Prize", 55.

malas características de los mercados competitivos y no competitivos, y las capacidades y limitaciones de la regulación correctiva. Pero estos hubieran terminado igual, incluso si la SMP no hubiese existido.[41]

ALGUNOS EPISODIOS DEL CAMINO A UNA ECONOMÍA NEOLIBERAL

Una parte de los materiales históricos para apoyar la tesis de este capítulo proviene de fuentes dispersas de historia de la economía. La otra parte yace escondida en los archivos de la Academia de Suecia, sujeta a un embargo de cincuenta años. La evidencia en este capítulo se deriva en parte de los archivos de la Sociedad Mont Pèlerin, en parte de los archivos de ciertos galardonados con el Premio del Banco de Suecia, y en parte de las publicaciones del propio CPN. Desde la SMP, tenemos un número de miembros que discute la trayectoria e importancia del premio en varias conferencias. Está la ponencia reveladora de Ingemar Ståhl en 1990, que ya citamos. También hubo un cónclave regional de la SMP en Estocolmo en 2009; en esa conferencia Assar Lindbeck no solo se refirió a la derrota del "modelo sueco" (aunque parece que Lindbeck nunca asumió una membresía formal a la SMP), sino que Ståhl presidió una sesión dedicada a las lecciones que se podían colegir de la trayectoria del premio. La SMP siempre manifestó una fascinación desvergonzada con el sucedáneo de Nobel, como uno podría esperar de su peculiar inicio. Y luego está el asunto del archivo extendido del CPN.

[41] Robert Solow, "Hayek, Friedman and the Illusions of Conservative Economics", *New Republic* (16 de noviembre, 2012).

Dado que algunos lectores se pueden sentir incómodos con la noción del neoliberalismo como un movimiento intelectual coherente, sería prudente dar cuenta de los principios de selección tras el cuadro 9.1, que constituyen una pieza clave de evidencia en favor de los argumentos de este capítulo.

Cuadro 9.1. Ganadores neoliberales del Premio del Banco de Suecia en Economía.

Año	*Galardonado*	*Mont Pèlerin*	*En conjunto*	*Porcentaje acumulado*
1974	Friedrich Hayek	Sí	Sí	11
1976	Milton Friedman	Sí		16
1977	Bertil Ohlin		Sí	21
1979	Theodore Schultz		Sí	25
1982	George Stigler	Sí		26
1986	James Buchanan	Sí		26
1988	Maurice Allais	Sí		33
1990	Merton Miller		Sí	32
1991	Ronald Coase	Sí		34
1992	Gary Becker	Sí		37
1993	Douglass North		Sí	38
1995	Robert Lucas		Sí	36
1997	Robert Merton		Sí	38
	Myron Scholes		Sí	38
1999	Robert Mundell			38
2001	Michael Spence		Sí	36
2002	Vernon Smith	Sí	Sí	37
2004	Finn Kydland		Sí	38
	Edward Prescott		Sí	38

Continuación cuadro 9.1

2005	Robert Aumann		37
2006	Edmund Phelps		38
2007	Eric Maskin	Sí	40
2009	Elinor Ostrom		39
2010	Christopher Pissarides	Sí	40
2011	Thomas Sargent	Sí	39
2013	Robert Shiller	Sí	39
	Eugene Fama	Sí	39

¿Qué significa ser un economista neoliberal? Creo que la mayoría puede coincidir en que la membresía a la SMP sirve como una prueba definitoria, pero eso sería demasiado restrictivo, ya que solo daría cuenta de ocho de la lista de veintisiete galardonados por el Banco de Suecia en el período 1969-2013. Un factor para considerar en esta estadística es que, si bien la SMP fue la explosión intelectual que dio origen a los nuevos principios ideológicos en las primeras cuatro décadas de su existencia, su centralidad en el proyecto neoliberal ha disminuido en la medida en que nos aproximamos al presente y su calor intelectual se ha enfriado de forma palpable. Es más, el nivel de éxito concreto de las políticas neoliberales ha traído como resultado que el núcleo ahora esté poblado principalmente por gente rica, que ve la membresía como un símbolo de estatus, otro Davos al que inscribirse en el calendario social, más que como la iniciación en un grupo selecto de pensadores innovadores, enclaustrados en debates intensos y disputas sutiles.

Hoy, es mucho más probable encontrar al colectivo de pensamiento neoliberal en las franjas externas de sus dedicadas estructuras institucionales, en los numerosos *think tanks*, fuentes de noticias, unidades académicas adjuntas, ONG y las fundaciones que contaminan el horizonte político. Aquí hay un ejemplo decidor. Aunque los galardonados Thomas Sargent, Douglass North y Michael Spence nunca fueron miembros de la SMP, gozan de permanencia extendida como becarios de la Hoover Institution, que en cierta forma es mucho más indicativo de sus compromisos políticos e intelectuales modernos. Este tipo de información se ha considerado como un factor en la creación de la lista de neoliberales en el cuadro 9.1. Más allá de eso, debería concederse que no existe tal cosa como un catecismo de mandamientos escritos en piedra con los que uno pueda chequear y evaluar la obra publicada de cualquier economista en cuestión. Un cierto nivel de conocimiento especializado de las carreras de los involucrados debe proporcionar un trasfondo ineludible a la atribución de compromisos neoliberales. Por ejemplo, gran parte de la prensa popular todavía cree equivocadamente que Robert Shiller es una especie de economista de izquierda liberal, al menos en parte, gracias a su alusión a ciertas cepas de economía del comportamiento y sus advertencias a la inestabilidad del mercado de hipotecas previo a la Gran Recesión. Sin embargo, basta con leer sus extensos trabajos para reparar en que adhiere a la mayoría de los mandamientos principales de la teoría neoliberal de las finanzas.[42]

No obstante, el lector no tiene por qué depender del discernimiento de autores como yo para asignar categorías neoliberales a los galardonados. El CPN ha estado tan fascinado con el sucedáneo de Nobel y sus implicancias, que ellos mismos han destinado una cantidad considerable de recursos a tomarle la temperatura ideológica a cada uno de los ganadores del premio. De hecho, los neoliberales se esfuerzan en tener puntajes y cuadros resumen para determinar si, desde su punto de vista, van ganando o no y por cuánto. Convenientemente, existe una revista académica publicada por el Instituto Mercatus (financiado por Koch) en la

[42] Véase Mirowski, *Never Let a Serious Crisis Go to Waste*, 353-355.

Universidad George Mason, llamada *Econ Journal Watch*, que por sí sola ha dedicado una edición de más de 450 páginas,[43] en 2013, a evaluar el espíritu neoliberal de cada uno de los individuos galardonados por el Banco de Suecia en toda la historia del premio. Si bien no coincido con el veredicto político hecho en ciertos casos –por ejemplo, las conclusiones se sacan solo con fuentes publicadas y de fácil acceso, sin ningún esfuerzo por revisar los archivos–, proporciona una primera entrada a la clasificación plasmada en nuestro cuadro 9.1. Como en muchos otros casos de sociología política de la ciencia, se descubre que fue el CPN, el que se las ingenió para llegar primero.

Hechas estas consideraciones, cerraremos este capítulo con dos episodios de la historia del Premio del Banco de Suecia que capturan, en distintos grados, la miríada de formas en que el premio ha servido para desarrollar el proyecto neoliberal.

El galardón a Friedrich Hayek y Gunnar Myrdal (1974)

Como se ha mencionado, el primer comité del Premio sueco estaba repleto de simpatizantes del neoliberalismo, pero, a partir de 1970-1973, se propuso enaltecer la ortodoxia neoclásica estadounidense al estatus de "estándar ideal", de ahí en más se la consideraría la

[43] Véase Daniel Klein, "Special Issue: The Ideological Migration of the Economics Laureates", *Econ Journal Watch*, N° 10 (2013): 218-682. Francamente, no puedo entender a aquellos que critican la idea del colectivo de pensamiento neoliberal como un fantasma nacido de una "teoría conspirativa", cuando se pueden apreciar las sumas exorbitantes de dinero y esfuerzos, y la *organización* que han destinado a la supervisión y análisis de las tendencias intelectuales en el mundo moderno con tal de evaluar e intervenir en su valencia política, como se ejemplifica en este caso. Para otro caso, además del de George Mason, véase Peter Bottke, Alexander Fink y Daniel Smith, "The Impact of Nobel Prize Winners in Economics: Mainline vs. Mainstream", *American Journal of Economics and Sociology*, N° 71 (2012): 1219-1249.

vanguardia de la economía mundial. Tras haber establecido esto como su mandato principal, luego se reveló una agenda alternativa con el premio de 1974, otorgado a Friedrich Hayek y Gunnar Myrdal. Así se inició la práctica, que volvería a resurgir algunas veces más, de otorgar un premio conjunto a economías que afirman una tesis y su antítesis respectivamente, sin expresión alguna. Claramente, en los verdaderos Nobel de ciencias naturales nunca había ocurrido nada por el estilo y esto fue percibido como un desvío estrafalario del protocolo de operación estándar del momento.

Ahora que han pasado cuarenta años es difícil de recapturar cuán absurdo le pareció este premio a la mayoría de los economistas contemporáneos. Les pareció que los suecos habían renunciado a su propia definición de ortodoxia, porque era evidente que casi nadie en la profesión estadounidense consideraba que Hayek calificara como economista en 1974. En este punto, le cedo la palabra a uno de los ganadores anteriores, estupefacto por el premio de mal gusto:

> En las salas comunes de Harvard y MIT de 1974, la mayoría de los residentes parecían no conocer el nombre de este nuevo galardonado [Hayek]. En cambio, cuando el año siguiente estuve en Estocolmo para celebrar el aniversario 75 de los cinco Premios Nobel originales, tuve la vaga impresión de que los jurados de la Real Academia de las Ciencias de Suecia mostraban un mayor respeto a Hayek que al hijo de su nación, Myrdal.[44]

Para explicar el contexto a aquellos que no tengan conocimiento de la biografía de Hayek, él comenzó su carrera como un economista austríaco que intentaba argumentar contra los intentos

[44] Paul Samuelson, "A Few Remembrances of Friedrich von Hayek", *Journal of Economic Behaviour and Organization*, N° 69 (2009): 1.

gubernamentales de compensar los ciclos económicos, y continuó haciéndolo en la London School of Economics (LSE) mucho después de la crisis de 1929. Allí, fue atacado por los keynesianos a fines de 1930 y por Gunnar Myrdal, debido a errores graves en su versión de la teoría monetaria.[45] Hayek se desanimó profundamente, tanto por el coro de desdén como por el fracaso de su libro, *La teoría pura del capital*, por lo que abandonó todo el género de la "teoría económica" en pos de la filosofía, y publicó su popular libro de política, *Camino de servidumbre* (1944). En ese momento él estaba condenado al estatus de "no ser un economista", especialmente en el contexto estadounidense, al punto de que se le negó una posición en la escuela de economía de la Universidad de Chicago, aunque sí fue contratado en el Comité para el Pensamiento Social en 1950.[46]

Este largo período de vagancia en la intemperie del exilio intelectual habría sido lo primero que llamó la atención a los locales del premio de 1974. Hayek había "perdido" estatus, porque ya no podía participar en la "economía científica". Por lo tanto, para un afuerino como Samuelson era mucho más sorprendente que se le mostrara tanto respeto a Hayek en Estocolmo, más que a Myrdal, el local. Algunos podrían decir que, en el intertanto, el propio Myrdal también se había alejado de la economía hacia algo similar a la sociología, con su trabajo sobre la segregación estadounidense y los problemas de desarrollo de la India. Aun así, la polémica más estridente fue por sus posturas políticas contrapuestas.

Había un profundo desprecio por Myrdal dentro del colectivo de pensamiento de la SMP. Como P. T. Bauer le escribió a Hayek, "entiendo plenamente tus sentimientos al ser unido con Myrdal. Si hubieses vadeado por las 2300 páginas de *El drama de Asia* (como hice yo), te dolería aún más. Los premios Nobel de Myrdal y Tinbergen nos dicen mucho del estado de la economía. Pero

[45] Véase Bruce Caldwell, *Hayek's Challenge* (Chicago: University of Chicago Press, 2004), 178 y ss.

[46] *Ibid.*, 297.

debemos intentar no quedarnos atascados en un sentimiento análogo al de la culpa por asociación".[47]

Luego del anuncio del premio, hubo críticas de diversa índole por la conducta aberrante del comité del Banco de Suecia: se los forzó a defender su decisión una y otra vez. Es más, la dupla Hayek/Myrdal se mantuvo como el premio más controversial hasta el de 1994, otorgado a John Nash, que causó tal alboroto que el comité del premio tuvo que ser reconstituido por la Real Academia de Suecia.[48] Las quejas por el premio de 1974 se dieron en público y en privado. Un ejemplo particularmente plañidero fue la respuesta de Assar Lindbeck a la solicitud de clarificación de Paul Samuelson:

> El trasfondo del premio Hayek-Myrdal fue que el comité estaba ansioso por "terminar" con la lista de pendientes tan pronto como fuera posible, lo que resultó en un número de premios compartidos durante los setenta. Ese premio en específico reflejó, quizás, hasta cierto punto, también ¡el sentido del humor de Erik Lundberg! En un tono más serio, tanto H. como M. fueron pioneros del análisis agregado de la fluctuación de las salidas por los conceptos de ahorro e inversión agregados. Luego, ambos se concentraron en temas más amplios, como las relaciones entre las instituciones, los mecanismos económicos y los procesos políticos. El hecho de que se les ocurrieran prescripciones políticas opuestas no fue considerado como un obstáculo al premio por el comité.[49]

[47] Bauer, carta a Hayek, fechada el 18 de agosto de 1975, caja 11, expediente 33, Hayek Papers, Hoover Institution.

[48] Véase Sylvia Nasar, *Una mente prodigiosa* (Barcelona: Mondadori, 2001).

[49] Assar Lindbeck, carta a Paul Samuelson, fechada el 3 de febrero de 1989, Paul Samuelson Archives, caja 4, archivo: "Nobel Nominating Committee", Perkins Library, Duke University.

Este acabado fue considerado como implausible por la mayoría. Nadie en la ortodoxia estadounidense habría considerado ni a Hayek ni a Myrdal como parte de la "lista de pendientes" de economistas ortodoxos con la que se debía cumplir, nadie estimaba que Hayek o Myrdal hubieran hecho aportes duraderos a la macroeconomía ortodoxa, según el criterio de 1974.[50] Y la idea de que el premio pudiera ser una especie de "broma" rozaba lo ofensivo.

Quizás la persona más perturbada por el premio fue su otro beneficiario. Aunque no rechazó el galardón, pronto se arrepintió y, en los años subsiguientes, Myrdal insinuó varias veces en público que debería haber renunciado a este.[51] Cuestionó en público el emparejamiento de dos pensadores diametralmente opuestos en pos del "equilibrio". En un artículo de múltiples reimpresiones, Myrdal sugirió que el premio a Milton Friedman en 1976 lo había hecho ver lo que realmente sucedía. La economía no era una ciencia como aquellas celebradas por los otros Nobel: debido a la "adición confusa de ciencia y política, la entrega de un Premio Nobel en ciencia económica será concebido como un acto político de la Academia. Esto, por supuesto, es lo que ocurrió en el caso de Milton Friedman". Su propuesta era que la Real Academia se desligara del Premio del Banco de Suecia, "una opinión personal [...] compartida por muchos miembros de la Academia y no solo por las ciencias naturales". Quizás sintió que lo más prudente era omitir que le pesaba su propio remordimiento por haber cooperado con Åsbrink, a fines de los años sesenta, para institucionalizar el premio en primera instancia.

[50] Es por este motivo que no doy crédito a la versión de segunda mano de David Laidler, quien afirma que en una conversación entre Erik Lundberg y Herbert Giersch en 1973, ellos habían afirmado que a Myrdal se lo ubicaba a la cabeza de la lista y, entonces, tuvieron que encontrar a alguien más para "compensar". Véase Robert Leeson, ed., *Hayek: A Collaborative Biography* (Basingstoke: Palgrave Macmillan, 2013), 72.

[51] El resto de este párrafo procede de Gunnar Myrdal, "The Nobel Prize in Economic Science", *Challenge* (marzo-abril 1977): 50-52.

Se puede argumentar que Hayek también estaba en ascuas en cuanto a comprender las tácticas sutiles del comité del premio. Sorprendentemente, Hayek tuvo el descaro de denunciar al Premio del Banco de Suecia en su discurso de aceptación:

> Aun así, debo confesar que, si se me hubiera consultado sobre si establecer un Premio Nobel en economía, definitivamente no lo hubiese recomendado. Una de las razones sería que temía que un premio así, como creo que sucede en las actividades de algunos de los grandes fundamentos científicos, tendería a acentuar las oscilaciones de la moda científica. El comité de selección ha refutado brillantemente esta aprensión al otorgarle el premio a uno cuyas perspectivas son tan ajenas a la moda como las mías. Aún no me quedo tranquilo respecto a mi segunda causa de aprensión. Es que el Premio Nobel le confiere a un individuo una autoridad que, en economía, ningún hombre debería poseer.[52]

A primera vista, podría parecer que la denuncia de Hayek sobre el premio (aunque nótese lo bien que se mezcla con su aceptación) contradiría la tesis principal de este capítulo: ¿Cómo podría el premio del Riksbank estar arreglado para promover a la SMP y sus doctrinas, cuando su miembro más famoso fue tan despectivo sobre las funciones del premio en la ceremonia? Aquí, pienso, se vuelve necesario insistir una vez más en que el neoliberalismo y el CPN no se pueden reducir solo a las declaraciones de Hayek.[53] No importa cuán brillante puede haber sido Hayek, era notablemente

[52] F. A. Hayek, "Discurso del banquete del Nobel", 10 de diciembre de 1974, disponible en https://www.nobelprize.org/prizes/economic-sciences/1974/hayek/speech/

[53] Este es un argumento que he planteado en repetidas ocasiones. Véase Philip Mirowski y Dieter Plehwe, eds., *The Road from Mont Pèlerin: The Making of the Neoliberal Thought Collective* (Cambridge, EE. UU.: Harvard University Press, 2009), y Mirowski, *Never Let a Serious Crisis Go to Waste.*

inferior en su comprensión de la sociología de la profesión económica en comparación a otros miembros del CPN, como la cita de Hartwell arriba señala implícitamente. Si él realmente hubiera creído que el sucedáneo de Nobel fuera tan perjudicial para el pensamiento económico, entonces, habría puesto en práctica su prédica y renunciado al premio. Me resulta evidente que la sabiduría de Lundberg, Lindbeck y los otros, acabó por ganar: todos coinciden en que el capital de Hayek como economista comenzó su recuperación con la entrega del Premio del Banco de Suecia. Y Hayek resultó el segundo premiado más citado en los *otros* discursos del Premio del Banco de Suecia, justo debajo de Kenneth Arrow,[54] lo que valida la sabiduría del CPN.

Ha surgido una leyenda urbana de que Myrdal estaba inevitablemente en la fila para un premio, pero que a los suecos les desagradaba a tal punto que lo emparejaron con Hayek para hacerle la vida (y su legado) miserable para siempre. Si uno se limita a observar ese único premio, uno podría encontrar esto creíble, pero la evidencia a largo plazo, recopilada de aquí en adelante, sugiere lo contrario. La interpretación contraria es que aquel comité –compuesto por un miembro de la SMP más tres neoliberales– reveló un segundo proyecto secreto con el Premio del Banco de Suecia: darle credibilidad pública a la Sociedad Mont Pèlerin, en particular, y al proyecto neoliberal, en general, mediante la inserción dirigida de premios intercalados con aquellos de la ortodoxia estadounidense. El comité nunca podría haberle otorgado un premio a Hayek solo, ya que habría sido como sentenciar a muerte al premio. El carácter puramente político de semejante premio solitario no hubiera dejado margen para una refutación plausible. Así es que lo emparejaron con Myrdal para disfrazar lo que pronto se convertiría en una racha de premios solitarios a los miembros de la SMP. El comité del premio estuvo

[54] Véase David Skarbeck, "F. A. Hayek's Influence on the Nobel Prize Winners", *Review of Austrian Economics*, N° 22 (2009): 109-112.

dispuesto a aguantar un mínimo de aflicción por el premio Hayek/Myrdal con tal de romper el dique de hielo que había mantenido a la SMP congelada fuera del ámbito del discurso económico legítimo desde la Segunda Guerra Mundial. La táctica funcionó de maravillas para Hayek: varios historiadores han comentado que su "rehabilitación" como economista data del premio de 1974. Myrdal, en cambio, no experimentó ninguna rehabilitación y pronto se dio cuenta de que había sido un "títere" para los neoliberales del comité. Para 1976, con el premio a Milton Friedman y a Bertil Ohlin en 1977, Myrdal finalmente vio el mal que se avecinaba. El Premio del Banco de Suecia fue impulsado por dos agendas diferentes y en conflicto, o al menos así parecía en los años setenta: promover la hegemonía estadounidense y promover la SMP y los argumentos neoliberales. El verdadero éxito llegaría cuando los economistas ortodoxos neoliberales se volvieran un espacio tan común que a nadie se le ocurriría hacer un problema de ellos.

Otros premios de economía que fueron abandonados

Hasta ahora nos hemos aproximado al sucedáneo de Nobel casi exclusivamente desde la mirada de los suecos, pero otra manera de estimar la importancia e influencia del premio es examinar brevemente sus consecuencias desde el lado de sus beneficiarios principales, es decir, la ortodoxia de la economía estadounidense. La negativa de Lindbeck a que el premio afectaría la dirección de la investigación subsecuente puede refutarse directamente al ver lo que les ocurrió a los *otros* premios de economía en el contexto estadounidense.

En retrospectiva, Hayek estaba en lo correcto con su diagnóstico de que los premios de alto nivel tienden a acentuar los vaivenes de la moda científica y les confieren autoridad a algunas figuras heroicas con tal de representar, imperfectamente, lo que ciertas organizaciones profesionales juzgan como líneas de investigación merecedoras de ser emuladas. La forma en que hemos relatado esta historia hasta ahora tiende a retratar la dinámica como si solo los suecos hubieran ejecutado esta función, pero eso sería una construcción demasiado estrecha de los eventos. Algunos insisten en que, para la selección de los posteriores candidatos al premio, los suecos del comité prestaron una atención excesiva a los consejos de los primeros ganadores estadounidenses, pero los documentos de archivo también revelan un mínimo de perplejidad respecto de las intenciones del comité sueco de parte de los ganadores anteriores. Un ejemplo puede encontrarse en la correspondencia posterior de Paul Samuelson:

> Todos los que importan en Cambridge, Massachusetts, lamentan que no se diera un premio Krugman-Helpman. Asimismo, hubo quejas de que se dio la medalla de oro a George Dantzig o Peter Diamons. (Al igual que nunca sabremos por qué se premió a Lewis, Schultz, Buchanan, Stone o North. ¿Quién dijo que la vida era justa?) Hubo demasiados premios solitarios. En 1970, hubiera sido mejor darle un premio a Arrow, Hicks y Samuelson juntos que a Samuelson en solitario. Hayek con Friedman hubiera sido preferible a Hayek con Myrdal y luego Friedman.[55]

Aparte de esa pizca de falsa modestia y algunos sesgos por su propio equipo (el MIT), la correspondencia de Samuelson revela que muchos estadounidenses creían que sabían mejor que sus

[55] Paul Samuelson, carta a Stanley Fischer, fechada el 24 de diciembre de 2008, caja 31, Paul Samuelson Papers, Perkins Library, Duke University. Esto es una evidencia más de que la Escuela del MIT nunca entendió realmente el rol y la importancia de la Sociedad Mont Pèlerin en la ortodoxia económica de la posguerra. Véase Samuelson a Fischer, 6 de enero de 1997: "Mi generación le tenía pavor a Milton. Era consciente de su potencial, pero nunca le tuve envidia o admiración".

colegas suecos, quiénes y qué debía ser elevado en la opinión pública como desempeños ejemplificadores en la economía de vanguardia. Entonces, la pregunta surge naturalmente: ¿Por qué no dar sus propios premios? La respuesta es sorprendente: eso hicieron, por un tiempo, pero luego optaron por ceder en favor de los suecos a principios de los años ochenta.

La mayoría de los economistas contemporáneos está familiarizada con la medalla John Bates Clark, otorgada al economista *estadounidense* menor de cuarenta años que haya hecho un aporte significativo a la economía, pero, notablemente, la mayoría ignora que la Asociación Estadounidense de Economía (AEA) instituyó *dos* premios en 1947. Uno fue la medalla Clark y el otro fue la difunta medalla Francis Amasa Walker, mostrada en la figura 9.2. En un principio, tras la Segunda Guerra Mundial, los dos premios fueron concebidos como un paquete complementario, por lo que es bastante decidor que en menos de cuatro décadas el paquete fuera desgarrado.

Figura 9.2. Medalla Francis Amasa Walker.

La medalla Walker, bautizada en honor al primer presidente de la Asociación, Francis Amasa Walker, fue inaugurada en 1947 por la AEA y debía otorgarse cada cinco años al "economista estadounidense vivo que, según el criterio de la entidad que otorga el premio, haya hecho la mayor contribución a la economía durante su carrera". El premio Walker se instituyó en una coyuntura interesante en la historia de la economía estadounidense. Hoy hay un consenso de que en el período de entreguerras no había una ortodoxia dominante que reinara en el contexto estadounidense.[56] Aun así, con una celeridad impactante, la economía estadounidense se volvió inusualmente homogénea a lo largo de las tres décadas siguientes. Entonces, por su diseño, el Premio Walker se otorgaría como un reconocimiento retrospectivo a una carrera completa, lo que necesariamente dictaba que muchos de los primeros ganadores habrían dejado su marca en un período previo y en un lenguaje distinto al de la incipiente ortodoxia de la posguerra, que recién se tornaba estrechamente neoclásica y considerablemente más matemática que cualquier cosa que hubiera habido antes. (La medalla Clark no tuvo este problema: su primer beneficiario en 1947 no fue otro que Paul Samuelson.) Así, de forma curiosa, la medalla Walker fue otorgada a un número de individuos que acabarían por no ser considerados "economistas de verdad" por la ortodoxia de posguerra que se cristalizaba. El registro del Premio Walker (véase el cuadro 9.2) es ilustrativo del problema. Los primeros dos ganadores –Mitchell y Clark– eran los rostros de una Escuela Institucionalista de economía. Esta escuela había sido atacada con malicia por los defensores walrasianos de la economía matemática de alta tecnología, en lo que se conoce como la controversia de la "Medición sin teoría" a fines de

[56] Véanse los documentos en Malcolm Rutherford y Mary Morgan, eds., *From Interwar Pluralism to Postwar Neoclassicism: 1998 Supplement to vol. 30, History of Political Economy* (Durham, NC: Duke University Press, 1998).

los años cuarenta.[57] Para los años setenta, la escuela se encontraba casi fuera de combate en las facultades de economía formales de los EE. UU. El siguiente ganador del Walker, Frank Knight, a principios de los años cincuenta estaba siendo denigrado por sus colegas al ser considerado un filósofo y no un economista. Los dos ganadores siguientes –Viner y Hansen–, si bien eran claramente más cercanos a la ortodoxia neoclásica de la posguerra, serían considerados demasiado retrógrados y literarios para resonar con la nueva autoconcepción adoptada, acerca de las habilidades y actitudes con que debía contar el economista profesional estadounidense de 1960. Así es que, aunque la profesión de la economía estadounidense venía equipada con un premio de alto nivel, no era claro que estuviera ejecutando la función clave de enaltecer el nuevo modelo de desempeño ejemplar a un estatus icónico.

Cuadro 9.2. Galardonados con la medalla Walker.

1947	Wesley Clair Mitchell, 1874-1948
1952	John Maurice Clark, 1884-1963
1957	Frank H. Knight, 1885-1972
1962	Jacob Viner, 1892-1970
1967	Alvin H. Hansen, 1887-1975
1972	Theodore W. Schultz, 1902-1998
1977	Simon Kuznets, 1901-1985

La historiadora Beatrice Cherrier ha llamado la atención sobre el hecho de que ambos premios de la AEA, las medallas Clark y

[57] Sobre la controversia de la Medición sin teoría, véase Mirowski, "The Measurement Without Theory Controversy: Defeating Rival Research Programs by Accusing Them of Naive Empiricism", *Economies et Sociétés*, Serie Oeconomia, N° 11 (1989): 65-87.

Walker, sufrieron críticas y oposición en las primeras décadas de su existencia.[58] Quizás de forma inesperada, la medalla Clark fue menospreciada por ser demasiado estrecha y teórica, no darle la importancia suficiente al trabajo empírico y no preocuparse de forma adecuada de las políticas públicas. El descontento generó una crisis en la reunión de la AEA de 1958, donde hubo una propuesta de crear una nueva medalla para destacar la cara empírica y de políticas públicas de la economía, que se bautizaría como la medalla Wesley Clair Mitchell. En la reunión del comité ejecutivo, se presentó una moción de aparejar la medalla Clark con la nueva medalla Mitchell o bien descontinuar la medalla Clark. Algunos de los miembros empezaron a rebelarse contra el argumento de que "todos se lleven un premio", y estalló una controversia sobre la idea de tener o no premios formales de cualquier tipo, patrocinados por la AEA. El comité ejecutivo se rehusó a responder al alboroto, pero esto no significó que las dificultades fueran mitigadas en lo más mínimo.

Los incondicionales de la AEA no tenían cómo saber que la resolución del *impasse* vendría convenientemente del Banco de Suecia en los años sesenta. Como se ha argumentado, debido a sus propios imperativos geopolíticos e intelectuales, el comité sueco había decidido privilegiar la *nouvelle vague américaine* como el futuro de la economía. Esto se volvió evidente en la práctica a fines de los años setenta, al igual que el principio de que ninguna otra escuela de pensamiento que no fuese el neoclasicismo estadounidense o el neoliberalismo de la SMP sería congraciada con una llamada de Estocolmo. Asimismo, era obvio que el sucedáneo de Nobel del Banco de Suecia atraía mucho más la atención y las opiniones de la prensa que los premios Clark o Walker. Como Ståhl le dijo a la SMP en 1990: "Es bueno que la sociedad científica tenga

[58] Véase Beatrice Cherrier, "The Wesley Clair Mitchell Medal: The AEA Award that Never Came to Be", *Institute for New Economic Thinking* (11 de noviembre, 2015), disponible en ineteconomics.org.

algo como un Premio Nobel [...] El carácter del concurso, el secreto en torno al procedimiento de selección y la lujosa ceremonia y banquete de entrega de premios son ingredientes necesarios para esta conexión de las relaciones públicas".[59] A los viejos de la AEA no les tomó mucho tiempo darse cuenta de que habían cometido algunos errores lamentables con su otorgamiento de trofeos, cuando se trataba de promover la imagen de la profesión económica entre el público general. Claramente los suecos tenían algo que enseñarles sobre la pompa y circunstancia; también trajeron una claridad al proyecto de relaciones públicas, que hacía una gran falta en la variedad de premios profesionales existentes en EE. UU.

La primera lección fue: no nombres tu premio en honor a alguien que, ni con el mejor ánimo, podría ser retratado como un ejemplo de las virtudes que se supone que el premio exalta. En este caso, más allá de cuán importante pueda haber sido Francis Amasa Walker en un contexto decimonónico,[60] ni con la mayor imaginación se lo podía reformular como un economista neoclásico estadounidense *avant la lettre*. Este punto fue planteado sin delicadeza alguna en los años ochenta por el árbitro de todas las cosas ortodoxas en la historia de la economía, Robert Solow.[61] La segunda lección fue: no hay que darles el premio a los avatares de escuelas más o menos contrarias a las premisas de la ortodoxia neoclásica de la posguerra. La medalla Walker partió sobre un mal fundamento, otorgándole reconocimiento a figuras como Wesley Clair Mitchell, J. M. Clark y Frank Knight. Solo una vez avanzado el partido, la

[59] Ståhl, "The Prize".

[60] Walker había sido brigadier general a la edad de veinticuatro años para el Ejército del Potomac durante la Guerra Civil, superintendente del Censo de EE. UU. a los treinta, uno de los primeros presidentes del Massachussets Institute of Technology (MIT), presidente de la Asociación Estadística de Estados Unidos (ASA) y el primer presidente de la Asociación Económica Estadounidense. También fue profesor de economía en Yale y director del *bureau* estadístico del Tesoro de EE. UU.

[61] Robert Solow, "What Do We Know that Francis Amasa Walker Didn't?", *History of Political Economy* 19, N° 2 (1987): 183-189.

medalla de la AEA comenzó a entregarse a personas a las que los suecos reconocerían como miembros bien valorados por el nuevo modelo de ortodoxia: Theodore Schultz y Simon Kuznets. Pero allí persistía el asunto fastidioso de la inapropiada trayectoria previa.

Habiendo aprendido su lección de los suecos, la AEA hizo un viraje sorpresivo hacia discontinuar silenciosamente la medalla Walker en 1982. Se suele decir que el sucedáneo de Nobel dejó obsoleta a la medalla Walker, pero rara vez se ha dicho exactamente qué significa esto. El propósito del sucedáneo de Nobel era enaltecer ciertas cepas del pensamiento económico por sobre sus competidores; esas cepas fueron una versión americanizada del walrasianismo y un neoliberalismo inspirado por la SMP. Si las dos cepas encontraron un híbrido artificial en la Universidad de Chicago, entonces, mejor aún para Chicago y su reputación mundial. Los suecos tenían la vista puesta en el futuro y eran conscientes de que estaban interviniendo para producir un resultado que aún no se había convertido en un estándar mundial: ortodoxia estadounidense modificada por el inglés, trucada para parecerse a las ciencias naturales, con una cucharada de teoría política neoliberal. Los premios estadounidenses, en cambio, tristemente habían tenido la mirada puesta en el pasado; por lo tanto, lo mejor que se podía hacer era, simplemente, jubilar la medalla Walker sin mayor escándalo.

Conclusión

El rol de los premios merece ser tomado con mayor seriedad en una epistemología social expansiva. Los premios sirven para informar y estructurar las dinámicas internas de un campo intelectual como la economía; y de igual forma, juegan un papel importante en la validación de las doctrinas del campo entre el público general. Pero en este caso, hay una consideración adicional que suele ser pasada por alto. Debido a que la epistemología es tan central para el neoliberalismo, estaban listos para sacar ventaja de la oportunidad creada por la errática conducta del Banco de Suecia, aumentando su posición dentro de la profesión económica de la posguerra mediante la ocupación del comité del premio recién formado y del enaltecimiento de los miembros de la SMP al encumbrado estatus de "ganadores del Premio Nobel".

Cuarta parte

La influencia neoliberal más allá de Reagan, Thatcher y Pinochet

10. Cómo se globalizó el *think tank* neoliberal: la Red Atlas (1981 al presente)

Marie-Laure Djelic
y Reza Mousavi

Desde fines de los años setenta, el neoliberalismo ha transformado al mundo. Ha impactado en las estructuras y estrategias de las compañías y organizaciones, ya sean privadas, públicas o sin fines de lucro.[1] Ha influenciado la elaboración de políticas públicas a nivel nacional y transnacional.[2] Ha transformado nuestras vidas privadas y hasta nuestro sentido de la identidad.[3] La idea de una sociedad de mercado se ha vuelto "performativa", en el sentido que Austin le da al término.[4] Aun así, no todas las ideas que circulan se vuelven performativas, solo aquellas que se enmarcan, transportan, apropian, promulgan e institucionalizan con éxito. A pesar de muchos estudios del neoliberalismo, como doctrina y estilo de vida, los investigadores aún no explican a cabalidad cómo este conjunto particular de ideas se tradujo en instituciones y prácticas de alcance mundial.

[1] E. Vaara, J. Tienari y J. Laurila, "Pulp and Paper Fiction: On the Discursive Legitimation of Global Industrial Restructuring", *Organization Studies* 27, N° 6 (2006). E. Girei, "NGOs, Management and Development: Harnessing Counter-Hegemonic Possibilities", *Organization Studies* 37, N° 2 (2016).

[2] L. Baccaro y C. Howell, "A Common Neoliberal Trajectory: The Transformation of Industrial Relations in Advanced Capitalism", *Politics & Society* 39, N° 4 (2011). S. Böhm, M. C. Misoczky y S. Moog, "Greening Capitalism? A Marxist Critique of Carbon-Markets", *Organization Studies* 33, N° 11 (2012). H. Buch-Hansen y A. Wigger, "Revisiting Fifty Years of Market-Making: The Neoliberal Transformation of European Competition Policy", *Review of International Political Economy* 17, N° 1 (2010).

[3] C. Graham, "The Calculation of Age", *Organization Studies* 35, N° 11 (2014). M. Lazzarato, *The Making of the Indebted Man* (Cambridge, EE. UU.: MIT Press, 2012).

[4] J. L. Austin, *Cómo hacer cosas con palabras* (Barcelona: Paidós, 2010).

Este capítulo contribuye al entendimiento de este proceso de institucionalización al explorar el rol de una única organización: la Red Atlas.[5] Fundada en 1981, Atlas jugó un rol estratégico como la arquitecta de la constelación liberal transnacional. En este capítulo, se sigue el desarrollo de Atlas durante la construcción y expansión de una amplia red de *think tanks* neoliberales alrededor del mundo. Se profundiza en los mecanismos que la convirtieron en la organización nodal de una densa comunidad transnacional de *think tanks* neoliberales. A pesar de haber partido como una red de quince *think tanks* en nueve países a mediados de los años ochenta, Atlas ahora comprende a 457 "organizaciones asociadas" a lo largo de 96 países. En el intertanto, el presupuesto operacional de la organización ha crecido de 150 000 a más de 15 millones de dólares. A lo largo de tres décadas, Atlas refinó y difundió de forma autoconsciente una hoja de ruta para conquistar la opinión pública e influenciar las políticas para ganar aquello que solía conocerse como "la guerra de las ideas".[6]

Más que ninguna otra organización por sí sola, Atlas fue responsable de la globalización del modelo neoliberal de *think tanks*. Al seguir una historia que, sorprendentemente, ha sido ignorada por los investigadores hasta la fecha, podemos entender mejor la durabilidad de las redes de políticas neoliberales. Impávidas ante

[5] Fundada en 1981 como la Fundación de Investigación Económica Atlas, la organización fue renombrada como la Red Atlas en 2011. De ahora en más, nos referiremos a esta como "Atlas". En las notas al pie, las referencias a los *Atlas Highlights*, 1987-2015 (todos los ejemplares descargados en 2015 y disponibles bajo solicitud), se efectúan de la siguiente manera: AtlasH (AÑO) y en los casos en que se citan múltiples números de un mismo año se agregó una a (invierno), b (primavera), c (verano), d (otoño). Por ejemplo: AtlasH (1995c) corresponde a la edición de *Atlas Highlights* del verano de 1995. Las referencias al *Atlas Investor Report Special Year-in-Review*, 2001-2013 (todos los ejemplares descargados por completo en 2014 y disponibles bajo solicitud), se efectuaron de la siguiente manera: AtlasIR (AÑO).

[6] Colleen Dyble, ed., *Taming Leviathan: Waging the War of Ideas around the World* (Londres: Institute of Economic Affairs, 2008).

las transiciones políticas y administrativas, estas redes han incrustado a lo largo del tiempo una ideología particular y varios conjuntos de imaginarios políticos en muchos países alrededor del mundo. Mediante un énfasis en el *alcance geográfico*, *formas de reclutamiento*, *mecanismos de difusión* y *estrategias de estabilización*, este capítulo muestra cómo Atlas ha impulsado la dispersión de una arquitectura organizacional transnacional para estructurar y defender la difusión y la institucionalización del neoliberalismo. Las ideas importan, pero necesitan instituciones para poder circular, al igual que para sobrevivir e incrustarse en políticas públicas. Nuestra exploración de Atlas ofrece una visión del neoliberalismo en movimiento.

La creación: el origen de Atlas

Atlas fue creada en julio de 1981. El fundador, Sir Antony Fisher, había creado el Institute of Economic Affairs (IEA, por sus siglas en inglés) de Londres en 1955, el cual jugó un rol esencial en la difusión de la ideología neoliberal dentro de la opinión pública británica, de las políticas públicas y de los círculos políticos en los años setenta y ochenta.[7] El éxito del IEA significó que Fisher fuera invitado al lanzamiento de organizaciones hermanas en Canadá y Estados Unidos y pronto se volviera un "emprendedor del *think tank*".[8] A fines de los años setenta, Fisher estaba listo para dar el siguiente paso: crear una organización con la misión de "plagar al mundo con *think tanks* pro libre mercado".[9] En 1979, buscó la ratificación formal de las grandes figuras neoliberales, para lo cual

[7] C. Muller, "The Institute of Economic Affairs: Undermining the Post-war Consensus", *Contemporary British History* 10, N° 1 (1996). D. Yergin y J. Stanislaw, *The Commanding Heights* (Nueva York: Touchstone, 1998).

[8] G. Frost, *Antony Fisher: Champion of Liberty* (Londres: Profile Books, 2008).

[9] R. Cockett, *Thinking the Unthinkable* (Londres: Harper Collins, 1994), 307.

le escribió a Margaret Thatcher, F. A. Hayek y Milton Friedman para que lo congraciaran con "una carta suya [...] en la que exprese su confianza en que la efectividad de una proliferación de la idea del IEA tendría un valor inconmensurable".[10]

Asegurar el apoyo de este trío le permitió a Fisher reunir fondos y crear Atlas. El objetivo de esta nueva organización era promover y ayudar a sembrar, emplear y asesorar a los *think tanks* neoliberales alrededor del mundo para "influenciar el sentir público" y, durante el proceso, "posibilitar la legislación".[11] Ubicada inicialmente en San Francisco, Atlas empezó con un pequeño presupuesto de 150 000 USD. Los primeros donantes fueron la Fundación Sarah (Mellon) Scaife; Dorian, la segunda esposa de Fisher, y filántropos privados de Estados Unidos y Canadá.[12] El presupuesto se mantuvo estable en torno a los dos millones de dólares entre 1995 y 2005. Desde ese punto en adelante aumentó rápidamente, al punto de superar los 15 millones en 2016.[13] A la muerte de Fisher en 1988, el nuevo director, John Blundell, trasladó la organización a la George Mason University en Fairfax, Virginia, que ya acogía al Center for the Study of Public Choice desde 1983 y al Marcatus Center, fundado en 1980. En 1991, Alejandro Chafuen asumió el liderazgo de Atlas y permaneció como presidente y director ejecutivo hasta el 2009.[14] Desde el 2009, Chafuen se mantuvo en su rol de presidente, mientras que la dirección ejecutiva la asumió Brad Lips, un ex analista de investigación de acciones de Wall Street, que se había unido a Atlas en 1998. En 2011, la Fundación de Investigación

[10] A. Fisher, carta a Friedrich Hayek, fechada el 31 de diciembre de 1979, caja 4, expediente 1, documento 80, Friedrich von Hayek's Papers, Hoover Institution, Stanford University.

[11] A. Fisher, *Atlas Presentation and Promotion Video*, 1985, youtube.com.

[12] A. Chafuen, "Atlas Economic Research Foundation Early History", chafuen.com.

[13] A. Chafuen, "Atlas Economic Research Foundation Early History", chafuen.com.

[14] Chafuen se unió a la Sociedad Mont Pèlerin en 1980 y al equipo de Atlas en 1985.

Económica Atlas fue rebautizada como la Red Atlas, subrayando su creciente densidad organizacional, además de seguir la moda del *zeitgeist* de la gestión, el *marketing* y la academia, donde todo es o se convierte en una "red".

En 1982, Atlas reunió quince *think tanks* de nueve países. Hoy, como lo muestra la figura 10.1 y se indica en su sitio web, la red se ufana de tener una "red mundial de más de 450 organizaciones de libre mercado en más de 90 países".

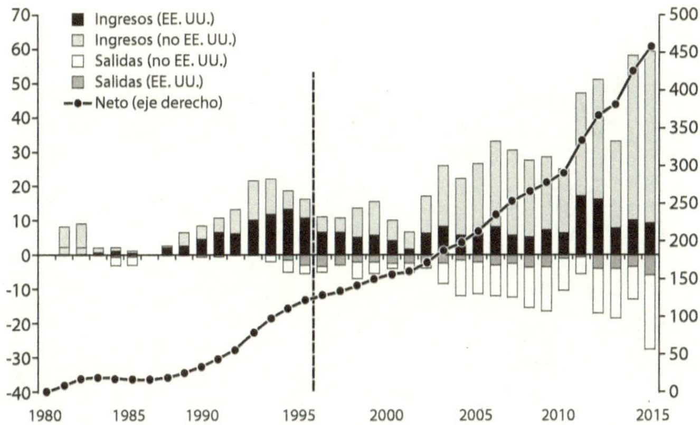

Figura 10.1 Número de think tanks *que ingresaron y salieron de la Red Atlas.*

Los *think tanks* no son organizaciones "afiliadas" sino "asociadas"; juntas conforman una amplia red transnacional con Atlas como nodo central. Atlas fue creada para institucionalizar el proceso de ayudar a iniciar nuevos *think tanks*. Y, en efecto, durante muchos años ha jugado ese papel de ser un catalizador para establecer y estabilizar muchas de estas organizaciones. Más de la mitad de los *think tanks* se ubican en Norteamérica y Europa, pero, como se muestra en la figura 10.2, la red tiene una presencia mundial. Respecto del desarrollo de Atlas, se pueden identificar dos períodos distinguibles pero complementarios. Durante su juventud (1981 a 1995), la supervivencia y legitimidad de la organización dependía de su capacidad para expandir la red. El período de expansión y madurez comenzó en serio a mediados de los 1990 (1996-2015). Es en este punto que Atlas se convirtió en un atractor, por lo que las organizaciones asociadas la necesitaban más de lo que esta a ellas.

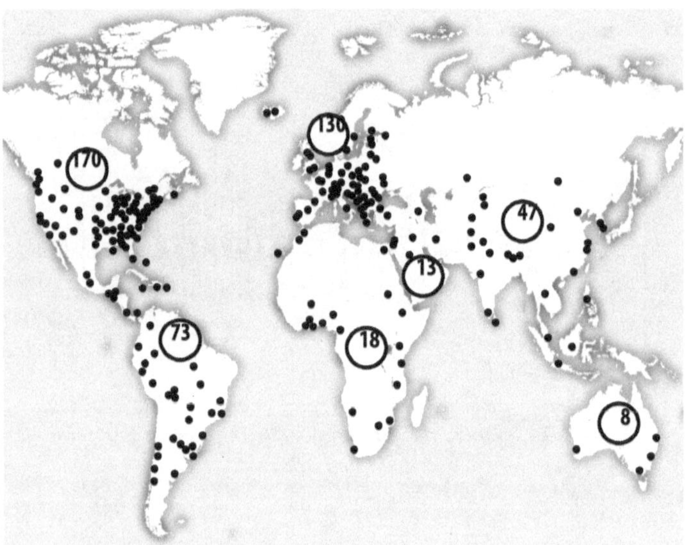

Figura 10.2 Alcance Global de la Red Atlas en 2015.

ALCANCE GEOGRÁFICO: DE LA EXPANSIÓN CONTROLADA A LA AMBICIÓN MUNDIAL

Cuando Atlas se conformó a principios de los años ochenta, Fisher tenía vínculos personales con todos los *think tanks* existentes, muchos de los cuales él había ayudado a crear. Formaban una incipiente constelación neoliberal en torno a Atlas. Como entonces la organización tenía recursos y capacidades limitadas, Fisher y su equipo implementaron una expansión geográfica controlada que comenzó por el continente americano. Para 1981, debido en parte al activismo de Fischer durante los años setenta, el *think tank* neoliberal ya se estaba convirtiendo en una categoría organizacional identificable en América del Norte. Esto, sumado al auge de la "reaganomía", hizo que los EE. UU. fueran tierra fértil para Atlas. Para 1995 ya había 122 *think tanks* en la red Atlas, de los cuales 69 estaban radicados en América del Norte (véase la figura 10.3).

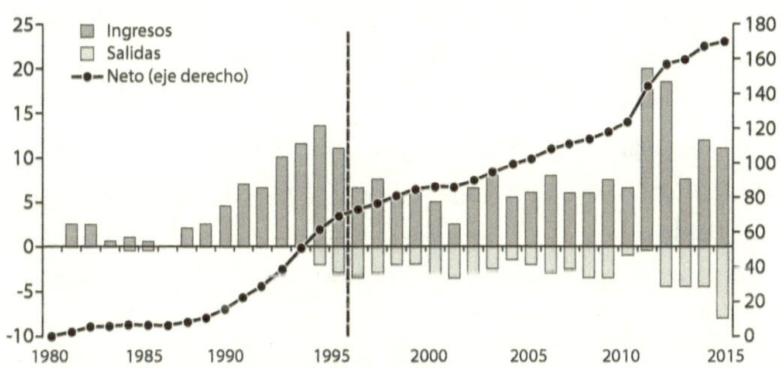

Figura 10.3. América del Norte (alcanzado un valor neto de 69 en 1995 y 170 en 2015).

En los años ochenta, América Latina también fue una región estratégica. Chile había sido un laboratorio de vanguardia para las ideas y políticas neoliberales. Augusto Pinochet había convocado a un grupo local de economistas formados en Chicago para proponer un programa económico que fuera radicalmente diferente.[15] Para 1976, los "Chicago Boys" estaban a cargo de la política económica chilena.[16] Hayek y Friedman viajaron a Chile, y asesoraron y apoyaron a este equipo pionero. Durante el proceso, le confirieron su legitimidad como ganadores recientes del Premio Nobel (en 1974 y 1976, respectivamente) al nuevo experimento económico e, indirectamente, a la brutal dictadura de Pinochet.

Las condiciones económicas fueron malas en toda América Latina durante los años ochenta. El alza de las tasas de interés por el shock de Volcker en 1979 produjo una crisis de deuda que causó estragos en toda la región, partiendo por el *default* de México en 1982. Para Atlas, sin embargo, esta "década perdida" mostraba potencial y creaba una ventana de oportunidad para la difusión y aplicación de las ideas neoliberales. Fue en este contexto que Fisher conoció a Alejandro Chafuen, un joven economista argentino y miembro de la Sociedad Mont Pèlerin (SMP). Chafuen se asoció a Atlas en 1985 para crear la Dirección de Asuntos Latinoamericanos. El foco en América Latina resultó en una expansión abrupta de la red en aquella parte del mundo. La figura 10.4 muestra que un total de 25 *think tanks* latinoamericanos se integraron a la red entre 1981 y 1995, aunque no todos sobrevivieron.

[15] J. G. Valdes, *Pinochet's Economists* (Cambridge: Cambridge University Press, 1995).

[16] Atlas, "Chile's Economic Transformation: Planting the Seed of Ideas (Part One)", 2012, youtube.com.

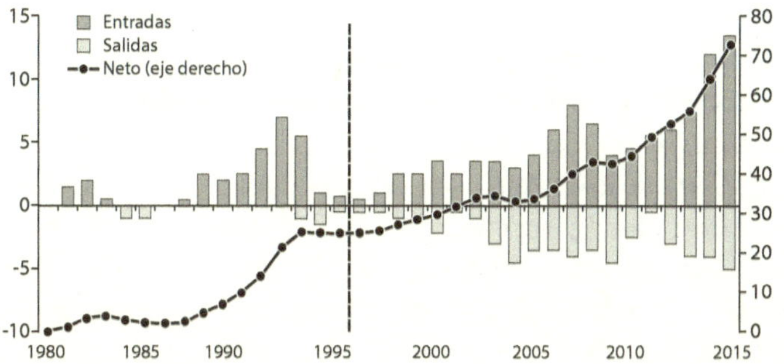

Figura 10.4. América Latina (alcanzado un total de 25 en 1995 y 73 en 2015).

Al exponer en el 28.º Seminario Internacional de Atlas en Estambul de 1996, Deepak Lal, un economista y miembro de la SMP, festejó que "la batalla intelectual se estaba ganando".[17] La caída del Muro de Berlín, la aceleración de la globalización y el impacto de las "revoluciones" de Pinochet, Thatcher y Reagan significaba que nunca tantas regiones del mundo habían sido blanco del proselitismo neoliberal. Era el momento idóneo para que Atlas, que contaba con casi 120 *think tanks* en su "familia", persiguiera sus ambiciones internacionales. Dejando que el continente americano desarrollara las dinámicas existentes, Atlas se volvió hacia aquellas regiones donde la red no existía o bien era débil: Asia, Europa (Occidental y Oriental) y África. Después de 2001, Atlas también puso la mira en Oriente Medio, en un intento de llegar al mundo musulmán. El creciente alcance internacional de Atlas se reflejó en la estructura de sus memorias anuales: a partir de 2004 incluían páginas dedicadas a cada región. En 2008, Atlas también le cambió el nombre a su sitio web de atlasUSA.org a atlasnetwork.org.

Uno de los nuevos focos fue Asia. A mediados de los años noventa, Atlas había dejado pocas huellas en el continente, salvo por la notoria excepción del Hong Kong Centre for Economic

[17] AtlasH (1996d): 2.

Research, fundado en 1987 por Y. C. Richard Wong con la ayuda de Atlas. A principios de los años noventa, Atlas combinó su experticia con los recursos de una fundación alemana (la Friedrich Naumann o FNF), que tenía presencia en China. Juntos organizaron un seminario en Beijing en 1995. El equipo de Atlas aprovechó esta oportunidad para explorar China, Hong Kong e India.[18] En India, Chafuen conoció en persona a Barun Mitra, un "escritor de ciencia" con quien había intercambiado correspondencia. Mitra fundó un *think tank* en Nueva Delhi al año siguiente, al que llamó Liberty Institute, y se mantuvo como un contacto importante para Atlas en el Asia Meridional. Otros seminarios y foros fueron organizados en Asia, en especial después de 2002, y generaron una base de contactos para Atlas en China, Corea del Sur, Filipinas, India, Japón, Malasia, Mongolia, Pakistán y Vietnam. Algunos de estos contactos fueron a Fairfax (Virginia, EE. UU.) y, con la ayuda de Atlas, establecieron sus propios institutos. A lo largo del tiempo, estos también crearon una red regional de intercambio de apoyos y recursos.[19] La figura 10.5 muestra la expansión de la red en el Asia Pacífico, desde un neto de 7 institutos en 1995 a 55 al presente.

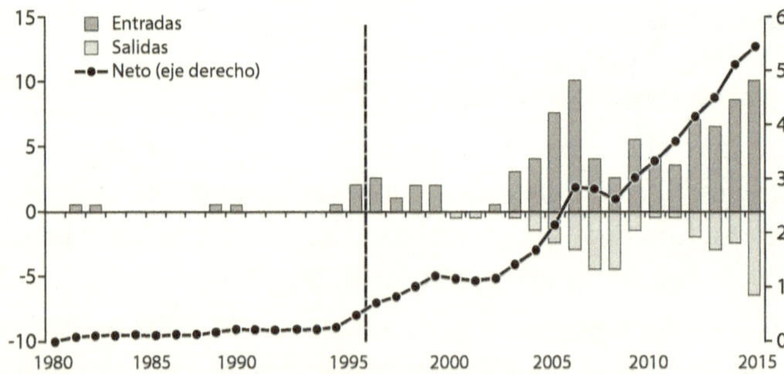

Figura 10.5. Asia Pacífico (alcanzado un neto de 5 en 1995 y de 55 en 2015).

[18] AtlasH (1995b).
[19] AtlasH (2006a).

Otro nuevo sitio de atención fue Europa. Históricamente, Europa había sido la peor decepción de Atlas: Europa Occidental estaba "atascada en una regulación e imposición fuertes" y Europa Oriental carecía de "un fuerte estado de derecho".[20] Al comprender que Europa no se mostraba acogedora ante la neoliberal "cultura del *think tank*", los líderes de Atlas decidieron entrar por medio de la academia. Atlas apoyó la enseñanza y los esfuerzos de investigación promercado de algunos investigadores europeos, a la vez que los instaba a establecer *think tanks* de libre mercado. Desde mediados de los 2000, Atlas organizó reuniones regionales en Europa para impulsar el intercambio de recursos y la colaboración entre los institutos emergentes y los centros académicos aislados. También tenía la esperanza de establecer un puente entre el Occidente y el Oriente europeos. Los esfuerzos rindieron frutos con el cambio de milenio. La red europea se cuadriplicó después del 2000 (figura 10.6). Los números en Europa Oriental fueron de un neto de 9 institutos en 2000 a 49 al presente y de 13 a 81 en Europa Occidental.

Figura 10.6. Europa (alcanzado un neto de 21 en 1995 y de 130 en 2015).

[20] AtlasH (2000a).

"Los mercados más desafiantes y sin explotar por Atlas", incluso más que en Europa, habían sido África y el Oriente Medio.[21] En 2000, la red solo tenía dos institutos asociados en África: el IEA de Ghana y la Free Market Foundation en Sudáfrica. Había una dificultad doble: encontrar defensores motivados y donantes convincentes. Las cosas comenzaron a cambiar con lentitud, sin embargo, cuando James Shikwati, de Kenia, contactó a Atlas en 2001 para anunciar que le entusiasmaba crear un *think tank*.[22] La International Policy Network (un instituto británico dirigido por Linda Whetstone, la hija de Disher) financió su viaje y el de Thompson Ayodele, de Nigeria, al quinto aniversario de los Liberty Institutes en India en 2001.[23] Una vez mostrado su compromiso con el lanzamiento de los primeros *think tanks* neoliberales de Kenia (Inter Regional Economic Network) y Nigeria (Institute for Public Policy Analysis), ambos fueron invitados a Fairfax por un mes en 2002. Los viajes subsecuentes a Uganda, Ruanda, Burundi, Tanzania, Zambia, Zimbabue, Botsuana, Sudáfrica y Lesoto ayudaron a identificar otros contactos interesantes y comprometidos.

El Oriente Medio demostró ser un desafío aún mayor. A pesar de los intentos de ir más allá, Atlas tuvo un éxito limitado en cuanto a encontrar líderes locales para institutos. Hoy en día, su presencia allí se da principalmente a través de sitios web en las lenguas locales. La figura 10.7 muestra que la red Atlas en África y el Oriente Medio se expandió de un neto de 4 *think tanks* en 2000 a 31 en 2015.

[21] AtlasH (2004b).
[22] AtlasIR (2002): 5.
[23] AtlasH (2001c).

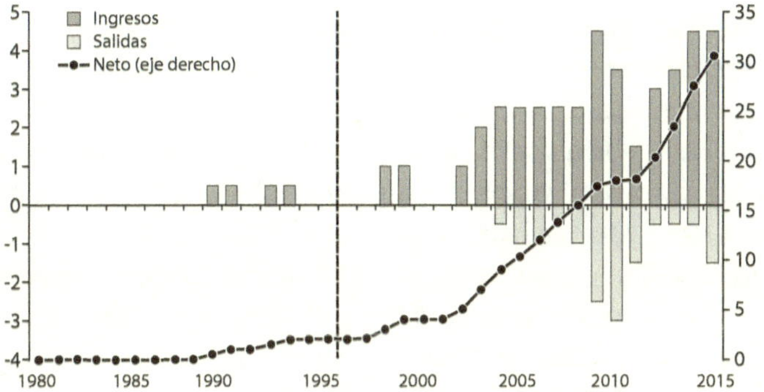

Figura 10.7. África y el Oriente Medio (alcanzado un neto de 2 en 1995 y 31 en el segundo período).

MODOS DE RECLUTAMIENTO: DESDE LA IDENTIFICACIÓN *AD HOC* HASTA LA EXPANSIÓN ORGANIZADA

Encontrar individuos dispuestos a suscribirse y abogar por la causa fue un primer paso necesario para difundir el modelo de *think tanks*. Inicialmente, la identificación de esos defensores potenciales fue *ad hoc* en su mayor parte: ocurría a través de la movilización directa e indirecta de redes personales. En los EE. UU., Fisher podía apoyarse en sus conexiones personales para identificar a la nueva generación de líderes de *think tank*. En América Latina, sin embargo, sus contactos personales eran limitados. De ahí que usara mecanismos indirectos. Primero, recurrió a sus contactos dentro de la SMP, de la cual había sido miembro desde 1954. Cuando Hayek o Friedman viajaban a Sudamérica y conocían a candidatos interesantes, los conectaban con Fisher. Así fue como, por ejemplo, Fisher conoció a Hernando de Soto. Fisher instó a De Soto, un economista peruano formado en Suiza, a crear el primer *think tank* de su país natal: el Instituto Libertad y Democracia (ILD) en 1981. Cuando Chafuen se unió a Atlas en 1985 y comenzó a movilizar su red personal, se redoblaron los esfuerzos por explorar América Latina.

La identificación y movilización de potenciales soldados de infantería también ocurrió a través de la organización de seminarios. El primer seminario se efectuó en 1983 en Vancouver, Canadá y, para 1995, Atlas ya había organizado 25. Los seminarios anuales se organizaban en conexión con las conferencias de la SMP. Esto le permitía a Atlas montarse a la espalda de los recursos intelectuales de la SMP e invitar a sus miembros connotados como expositores. La proximidad de ambos eventos atraía a defensores del liberalismo de todo el mundo, incluso si las puertas del evento principal estaban cerradas; las invitaciones al seminario de Atlas no incluían una invitación paralela a la conferencia de la SMP. Estos seminarios eran pequeños (tenían alrededor de cien participantes) y eran coorganizados con *think tanks* locales asociados. Esto hacía que fuera más fácil atraer participantes del lugar y les daba legitimidad y visibilidad a los líderes locales.

Los seminarios tenían varios objetivos: compartir información y las mejores prácticas; discutir asuntos políticos clave, con una particular consideración hacia su realización concreta; y promocionar el trabajo de los *think tanks* a las fundaciones y oficiales corporativos.[24] Los seminarios también demostraron ser útiles para identificar nuevos contactos. Por lo mismo, Fisher y Chafuen pronto organizaron variantes regionales, comenzando por América Latina, para promover los proyectos de Atlas aquí. El primer seminario regional se efectuó en Jamaica en 1987 y fue seguido por otros siete en América Latina antes de 1995 (véase la tabla 10.1).

[24] AtlasH (1989).

Tabla 10.1. Seminarios internacionales de Atlas, 1981-1995.

	Seminarios principales	*Seminarios regionales en América Latina*	*Otros seminarios*
1983	Vancouver, Canadá		
1984	Cambridge, Reino Unido		
1985	Sídney, Australia		
1986	Saint-Vincent, Italia		
1987	Indianápolis, EE. UU.	Bahía Montego, Jamaica	
1988	Herndon, EE. UU.	Caracas, Venezuela	
1989	Christchurch, Nueva Zelanda	São Paulo, Brasil	
1990	Herndon, EE. UU.	Antigua Guatemala, Guatemala Guadalajara, México	Múnich, Alemania Moscú, Rusia
1991	Herndon, EE. UU.	Punta del Este, Uruguay	
1992	Cuernavaca, México	Guayaquil, Ecuador	
1993	Herndon, EE. UU.	Santa Cruz, Bolivia	Estocolmo, Suecia
1994	East Sussex, Reino Unido		
1995	Filadelfia, EE. UU.		Beijing, China

Los seminarios regionales eran más pequeños (cerca de cuarenta participantes). El objetivo era promover el modelo del *think tank* y "proporcionar apoyo y asesoría a los institutos regionales de políticas públicas libremercadistas".[25] Uno de los expositores en la conferencia de Jamaica, Walter Williams, profesor de economía

[25] AtlasH (1990b): 3.

en la George Mason University, se impresionó con lo que oyó, por lo que presentó a Chafuen a Gordon St. Angelo, de la fundación Lilly Endowment. Esto marcó el inicio de uno de los "lazos financieros"[26] más fuertes de Atlas. En 1990, Lilly Endowment Inc. otorgó a Atlas financiamiento por tres años para expandir sus actividades en América Latina. Esto ayudó de forma significativa con el sembradío de nuevos *think tanks* en la región.

Al tiempo en que la red organizacional de Atlas se extendía, la búsqueda y el desarrollo de defensores motivados ya no podía limitarse a las excursiones ocasionales y los seminarios destinados a este objetivo. Atlas, por ende, fomentó sistemáticamente la formalización, la organización y su marca en sus esfuerzos de expansión. Con la mira puesta en sistematizar y formalizar sus esfuerzos de expansión y exploración, también se crearon los Atlas International Freedom Corps (IFC) en 2003, como "una alternativa de libre mercado a los Cuerpos de Paz".[27] A través del brazo de *descubrimiento* de la IFC, Atlas despachaba miembros *senior* de la red a "buscar emprendedores intelectuales en partes difíciles del mundo".[28] Los potenciales "luchadores por la libertad" descubiertos podían ser invitados a Atlas como parte del brazo de los *visitantes* de los IFC. Los programas de fondos, que iban desde unas cuantas semanas a unos pocos meses, permitían que los recién llegados "aprendieran sobre *think tanks*", se prepararan para su rol de emprendedores de *think tank* y desarrollaran un sentido de pertenencia a la "familia" Atlas.[29] Los visitantes, luego, solían convertirse en "exploradores" efectivos. En la primera mitad de los 2000, Atlas financió cinco misiones a Asia y África y recibió a 33 visitantes de América Latina, Europa, Asia y África. Estos esfuerzos aceleraron la expansión de la red y promovieron la

[26] Chafuen, "Atlas Economic Research Foundation Early History".
[27] AtlasIR (2003): 13.
[28] AtlasIR (2003): 13.
[29] AtlasIR (2003): 13.

integración de un núcleo de *think tanks* conectados alrededor de las diferentes regiones del mundo.

Para fines de los 2000, cada brazo de la IFC se convirtió en un programa consolidado. En 2009, el Instituto Cato le transfirió su servicio de internacionalización a Atlas. Tom Palmer, de Cato, asumió como vicepresidente de Programas Internacionales en Atlas, absorbiendo así el brazo de descubrimiento de los IFC. Pronto, Palmer se volvió la figura simbólica de las actividades misioneras y de exploración de Atlas. Trabajó con un equipo de hablantes nativos (de una docena de idiomas) y desplegó una estrategia de expansión y descubrimiento para las regiones desafiantes. Los textos clásicos fueron traducidos y distribuidos, y se produjo y compartió material nuevo a través de plataformas web diseñadas para un idioma dado.[30] Las plataformas también organizaban concursos de ensayos y pasaban información sobre iniciativas, como las Escuelas de la Libertad, o visitas a universidades. Esta estrategia en línea implicaba "un marcaje agresivo y la integración de programas en torno a un sitio web".[31]

Otra estrategia apuntaba a la academia. Inicialmente, Atlas desdeñaba a las universidades por ser "monopolios ideológicos de la Izquierda".[32] Con un desprecio explícito, se construyó a sí misma como una alternativa a la academia, que contribuía a políticas públicas "despolitizadas" y "basadas en ciencia dura".[33] La toma de conciencia de que, no obstante, "muchas culturas del mundo no habían incorporado por completo el modelo del *think tank*" exigía una reorientación pragmática.[34] Un actor clave en esto fue Leonard Liggio, profesor de derecho de George Mason y veterano del Institute of Humane Studies, quien se unió a Atlas en 1994.

30 AtlasH (2009a).
31 AtlasH (2009a): 3.
32 AtlasIR (2002): 14.
33 AtlasH (1995b): 2.
34 AtlasH (2000a): 3.

En 1999, la John Templeton Foundation le otorgó un fondo a Liggio y a Atlas para enfocarse en la academia. El International Freedom Project (IFP), financiado a través de este fondo, apuntaba a sembrar las "semillas de la verdad" en la academia fuera de América del Norte.[35] El plan era financiar a los profesores universitarios (con un monto que iba entre 10 000 y 40 000 dólares) para que desarrollaran programas de libre mercado e invitaran docentes destacados. Entre 1999 y 2002, Atlas financió 68 cursos en 27 países, con un alcance estimado de 1500 estudiantes.[36] Aunque este programa terminaba en 2002, Sir John Templeton (inversionista, filántropo, amigo de Fisher y miembro de larga data de la SMP) permaneció como un importante financista de Atlas, asegurando varias iniciativas a través de su Fundación.

A mediados de los 2000, Atlas amplió sus ambiciones académicas. A través de la Teach Freedom Initiative (TFI), Atlas ayudó a un grupo selecto de profesores para patrocinar expositores, crear seminarios y encontrar fondos y prácticas adecuadas para sus estudiantes. Mediante la TFI, Atlas organizó conferencias para promocionar las contribuciones libremercadistas orientadas a los centros académicos, con la esperanza de empujar su transformación final en *think tanks*.[37] El Fund for the Study of Spontaneous Orders (FSSO) estaba orientado a la investigación, diseñada para apoyar y recompensar la investigación académica a la usanza del individualismo metodológico austríaco. Sustentado por un donante anónimo, el FSSO celebraba conferencias anuales y otorgaba fondos (10 000 USD) a investigadores jóvenes y premios a la trayectoria de vida (50 000 USD) a los académicos "cuyo trabajo ejemplificara los ideales del Fondo".[38]

[35] AtlasH (2001c): 7.

[36] AtlasIR (2002). El impacto potencial era incluso más significativo, ya que había alrededor de cien postulaciones por año.

[37] AtlasIR (2005): 26.

[38] AtlasH (2003b): 2.

A fines de los 2000, estas iniciativas habían perdido ímpetu. Ya fuera por los escasos retornos de la inversión o por la mala salud de Liggio, el énfasis en la academia se disipó. Esto ocurrió al tiempo que Palmer se volvía más importante. Palmer tenía lazos estrechos con las redes de Students for Liberty (SFL), que reunía a los graduados del Institute for Humane Studies Koch Summer Fellowship Program. En esta nueva aproximación, la academia fue dejada de lado y volvía el desdén: Palmer editó una serie de libros con el subtítulo de *What Your Professors Won't Tell You,* que sería distribuida por SFL. Las jerarquías académicas fueron dejadas de lado y los estudiantes universitarios se convirtieron en el blanco directo.

Los mecanismos de difusión: de las intervenciones a medida a los procesos estandarizados

La primera etapa de expansión de Atlas fue veloz, pero controlada y geográficamente definida. La red Atlas pasó de tener 8 miembros en 1981 a 122 en 1995. En los siguientes veinte años, la red casi se cuadriplicaría. En estos dos períodos, Atlas desplegó instrumentos de intervención que se ajustaban a las especificidades de la red y del contexto.

Inicialmente, Atlas promovió la difusión a través de acciones prácticas de "penetración". Una vez identificados los individuos para la infantería, resultaba efectivo empoderarlos a través de apoyo material y asesoría directa. Atlas, luego, se aseguraba de mantener el contacto con un objetivo doble: estabilizar el *think tank* localmente y asegurar su integración a la comunidad neoliberal transnacional. Cuando el equipo de Atlas conocía individuos motivados, ya estaba listo para financiar viajes de exploración. Así, en 1988, financió un viaje a India y dos a Ghana. A India fueron Shyam Kamath, un joven profesor de economía de la California State University, y Parth Shah, un estudiante de doctorado. Kamath ya había movilizado a potenciales donantes y el objetivo del viaje era encontrar "los individuos correctos para gestionar y dirigir el instituto localmente".[39] Charles Mensah, candidato a doctor en Economía en George Mason, organizó los viajes a Ghana. "Incorporar, encontrar premisas, reclutar una junta directiva y buscar apoyo financiero figuraban en su agenda".[40] El viaje a India solo dio frutos en 1997 cuando Shah regresó a India a fundar el Centre for Civil Society. Los viajes a África pronto probaron ser un éxito: el IEA de Ghana se creó en 1989, en un país gobernado por las fuerzas armadas.

Como Fisher había subrayado, "una de las dificultades para establecer un instituto es juntar el dinero en primer lugar, ya que usualmente los hombres de negocios no saben de qué va la cosa".[41] Atlas podía ayudar a "proveer capital semilla, lo que podía significar un comienzo instantáneo".[42] La primera inversión de Atlas fue en un instituto francés: el Institut Économique de Paris.[43] En los EE. UU., Fisher puso sus esperanzas en John Goodman, un doctor en Economía de Columbia. En 1983, con una ayuda inicial de 20 000 dólares, Goodman lanzó el National Center for Policy Analysis (NCPA) en Dallas, Texas.[44] En América Latina, Fisher apoyó a De Soto en el establecimiento del ILD. Muchos otros institutos incipientes recibieron capital semilla de Atlas en aquel período: en Islandia, Australia, Italia, España, América Latina y Norteamérica, y, a principios de los años noventa, en Rusia, Rumania y la República Checa.[45]

[39] AtlasH (1988a): 3.

[40] AtlasH (1989): 4.

[41] A. Fisher, "Letter to a Businessman in Jamaica, 1981", extractos disponibles en chafuen.com.

[42] *Ibid.*

[43] A. Fisher, "Pourquoi l'Institute of Economic Affairs?", discurso en la inauguración del Institut Économique de Paris, 29 de septiembre de 1982, *Liberté économique et progres social*, N° 46-47 (octubre 1983).

[44] Chafuen, "Atlas Economic Research Foundation Early History".

[45] AtlasH (1990a), AtlasH (1992a).

Inicialmente, Fisher hizo uso de sus contactos personales para juntar fondos para este propósito. En la medida en que Atlas y su rol se volvió más visible, fundaciones ya establecidas, contribuyeron con paquetes estructurados de fondos. Antes mencionamos al fondo Lilly Endowment con su foco en América Latina. Le siguieron otras fundaciones –Smith, Richardon, Sarah Scaife, Carthage– al igual que donantes anónimos.[46] Esta exitosa captación de fondos –"los réditos se duplicaron en 1989 [...] los donantes continúan respondiendo de forma magnífica"– fue un potente acelerador y permitió que Atlas expandiera su red con rapidez.[47] Asimismo, esto significaba que Atlas podía diversificar el carácter de la asistencia financiera, pasando de solo brindar "capital semilla" a ofrecer un menú de fondos para emprendimientos, proyectos, visitas o participación en conferencias.[48]

Mas allá de la asistencia financiera, Atlas también proporcionaba tutorías caso a caso para ayudar a que los institutos se desarrollaran en sus contextos únicos. La idea era transmitir "la experiencia del [IEA]" y otros *think tanks* de la primera generación para "aconsejar a una familia de institutos en constante crecimiento".[49] En un principio, esto se manifestó a través de visitas personales de Fisher. Como De Soto recordó más adelante, por ejemplo: "Nos basamos en su visión para diseñar la estructura del ILD. Luego vino a Lima y nos contó cómo estructurar los estatutos, cómo planear nuestras metas, cómo sentar las bases, qué esperar a corto y largo plazo".[50]

Fisher hizo lo mismo con la mayoría de los *think tanks* que se crearon antes de su fallecimiento.[51] Sobre la base de su experiencia,

[46] AtlasH (1988a), AtlasH (1988b), AtlasH (1990b).

[47] AtlasH (1989d): 4.

[48] AtlasH (1991b), AtlasH (1992c), Atlas (1993a).

[49] AtlasH (1987b): 2.

[50] T. Mitchell, "The Work of Economics: How a Discipline Makes its World", *European Journal of Sociology* 46 (2005).

[51] Frost, *Antony Fisher*.

tenía un claro marco en mente.[52] Primero, un *think tank* debía mantenerse al margen de la política y, en su lugar, concentrar sus esfuerzos en ganar influencia. Por este motivo, los blancos clave fueron figuras con influencia en los medios y en políticas públicas, más que los elaboradores de dichas políticas. Segundo, los *think tanks* debían alejarse del financiamiento gubernamental o político. De ahí que se privilegiaran los fondos privados y de fundaciones. Tercero, los *think tanks* debían trabajar como negocios. Si bien Fisher era particularmente activo, otros miembros del personal pronto se involucraron en colaborar con la escritura de los estatutos de los nuevos institutos, con la constitución de juntas directivas (que solían incluir fideicomisarios o miembros del equipo de Atlas), con el desarrollo de planes presupuestarios y con el inicio de proyectos de investigación y publicación.

Los seminarios, en especial los regionales, también jugaron un rol importante en la transmisión del modelo del *think tank*. El seminario de 1988 en Venezuela, por ejemplo, proponía charlas en "todos los aspectos de la fundación, el financiamiento y la gestión de un instituto".[53] En 1990, la estructura, financiamiento y organización de institutos también fue discutido largamente en la conferencia regional de Moscú.[54] A principios de los años noventa, la evolución hacia la profesionalización y gerencialización de los *think tanks* comenzó en serio. Los modelos y plantillas fueron transferidos a los *think tanks* sin fines de lucro para asegurar la eficiencia y la responsabilidad hacia los financistas. En noviembre de 1991, la Fundación Heritage organizó el seminario "Fundraising in the New Policy Environment", donde Atlas estaba representada. El seminario estuvo "dedicado a la importancia de desarrollar misiones organizacionales claras, ingeniando mejores

[52] Chafuen, "Atlas Economic Research Foundation Early History".
[53] AtlasH (1988a).
[54] AtlasH (1990b).

métodos para el *marketing* de los productos y servicios, y refinar relaciones con donantes".[55]

Como el número de iniciativas y países objetivo crecía abruptamente en los años noventa, los mecanismos de difusión tenían que ser repensados. Las formas indirectas y mediadas de influencia resultaron complementarias a la interacción y comunicación directas. Inicialmente, Atlas había proporcionado capital semilla de una manera *ad hoc* a los *think tanks* "merecedores". Desde principios de los 2000, se prefirió distribuir fondos de propósito general, obtenibles mediante concursos. Para esto, los *think tanks* llenaban una postulación de seis páginas, accesible desde el sitio web. Atlas organizaba la revisión y selección. La mayoría de los fondos iba a los *think tanks* que no eran de EE. UU. (alrededor del 85% entre 2004 y 2013). Los fondos concursables implicaban que Atlas podía influir y manejar la agenda de los miembros de la red. Si bien en un principio tuvo que persuadir a los líderes de los *think tanks* para que se involucraran en ciertos debates, mediante los fondos concursables se los podía empujar hacia los asuntos que Atlas consideraba importantes. Atlas estableció, por ejemplo, un fondo concursal para promover soluciones privadas a los temas de salud y bienestar social. Se le otorgó este fondo (10 000 USD) a treinta institutos entre 2002 y 2004. Los programas de fondos se multiplicaron a lo largo de los años (véase la tabla 10.2). Los fondos de iniciación, proyecto estudiantil y producción audiovisual se crearon junto al fondo estándar general. También surgen con regularidad nuevos fondos concursables a corto plazo sobre tópicos específicos: actualmente incluyen al "Liberating Enterprise to Advance Prosperity Grant" para los *think tanks* fuera de Norteamérica que quieran trabajar en mejorar el ambiente regulatorio de sus países, y un "Illiberalism Grant", diseñado para ayudar a los

[55] AtlasH (1992a): 4.

think tanks a que combatan activamente las nuevas formas de autoritarismo y estatismo.[56]

Tabla 10.2 Fondos concursables de Atlas en los años recientes.

Año	*Monto (USD)*	*Número de beneficiarios*	*Número de países*
2010	2 575 000	–	–
2011	3 110 000	–	–
2012	3 515 000	147	57
2013	4 042 000	–	62
2014	4 340 000	177	67

Fuente: Memorias anuales de Atlas.

La primera fase de la asesoría se había basado en la experiencia de los veteranos del mundo de los *think tanks*. Al principio, sin embargo, Fisher había pensado en explicitar las reglas para la creación y desarrollo de los *think tanks*. En 1983, hizo circular un texto de cincuenta páginas: *Some Do's and Don'ts for Public Policy Institutes*. El equipo de Atlas trabajó para refinar y hacer estas recomendaciones más explícitas: se produjeron "libros de recetas", "cajas de herramientas de gestión" modulares, y, finalmente, una hoja de ruta accesible mediante el sitio web en el 2000.[57] La hoja de ruta cubría varias dimensiones. Había guías para comenzar –cómo elegir un nombre; cómo escribir estatutos; cómo definir la misión y establecer una gobernanza adecuada–, había guías de funcionamiento –cómo organizar actividades cotidianas; cómo mantenerse independiente del gobierno y los partidos políticos;

[56] Grants and Awards, véase atlasnetwork.org.

[57] Atlas, "Guidelines, Suggestions, and Ideas for Public Policy Institutes, 2000", disponible en web.archive.org.

cómo efectuar un análisis de mercado– y, finalmente, había guías de desarrollo –cómo recolectar fondos; cómo encontrar y trabajar con autores; cómo hacer *marketing* y vender ideas; cómo proyectar competencia y experticia[58]–. Además de la hoja de ruta, se cotejaban documentos de muestra –estatutos, planes de acción a tres años, planes pormenorizados para una cena anual, presupuestos de operación–. Con el desarrollo del internet, la hoja de ruta se transmutó en un directorio de enlaces al material producido por Atlas y los *think tanks* principales.

Después del 2000, con una red que crecía en densidad, Atlas reestructuró sus operaciones internacionales para crear subredes regionales.[59] Las redes regionales fueron un intento para lidiar con la compleja cuestión de la inscripción local. Probaron ser efectivas en facilitar la colaboración, promover la sinergia entre los institutos locales y "enganchar" nuevos contactos a la causa. Sobre la base de una iniciativa de la Fundación Heritage, Atlas alentaba a los institutos locales a establecer bancos de recursos regionales para promover la vinculación de redes y la construcción de coaliciones a nivel regional. El African Resource Bank fue lanzado en 2003, los de Asia y Europa Oriental en 2004. A fines de los 2000, unos pocos *think tanks* exitosos fueron ascendidos a "satélites" de Atlas para que actuaran como oficiales de aduana y comunicaciones en la región. La idea era delegar parte de las operaciones de descubrimiento, organización y formación de Atlas.[60]

58 *Ibid.*
59 AtlasIR (2009).
60 AtlasIR (2009): 9.

Estrategias de estabilización: de la consolidación de la red a la integración de la comunidad

En un principio, la mayoría de los recursos y actividades desplegados por Atlas estaban orientados a la difusión del modelo del *think tank*. Sin embargo, al poco tiempo, Fisher y el equipo de Atlas se dieron cuenta de la importancia de los objetivos a largo plazo: asegurar la supervivencia de los *think tanks* individuales y promover su integración a la gran comunidad (neoliberal). Un desafío importante durante el primer período fue crear un sentido de pertenencia y sostener la movilización en torno a un proyecto común. Atlas desplegó diferentes mecanismos en esa dirección. Un mecanismo efectivo fue invitar a los líderes de *think tanks* a Fairfax. El fondo Lilly Endowment posibilitó que líderes latinoamericanos visitaran Fairfax por períodos de seis meses, lo que permitía una inmersión real. El programa era pequeño, pero sus graduados se volvieron influyentes en el paisaje neoliberal latinoamericano y retuvieron lazos fuertes con Atlas. Dora de Ampuero estableció el Instituto Ecuatoriano de Economía Política (IEEP) en 1992 y se unió a la SMP en 2000. Rocío Guijarro Saucedo se volvió la directora ejecutiva de CEDICE, un *think tank* venezolano fuertemente vinculado con Atlas. Asimismo, en los años noventa, Atlas invitó europeos del Este. Daniel Stancy, director ejecutivo del Liberty Institute de Rumania, Leslaw Kuzaj de la Sociedad Industrial de Cracovia, Polonia, y Jiri Schwartz del Liberálni Institut de Praga, Checoslovaquia, realizaron visitas por varios meses. Esto les permitió fortalecer sus vínculos con Atlas y otros institutos de la región extendida de Washington.[61]

La amplia difusión de los productos intelectuales y la circulación de un pequeño grupo llamado intelectuales por la libertad, también fueron mecanismos efectivos para fortalecer las conexio-

[61] AtlasH (1990a), AtlasH (1992a).

nes entre Atlas, los *think tanks* y el núcleo de la comunidad neoliberal (la SMP). En un principio, un puñado de grandes pensadores neoliberales corrió la voz, entre ellos Hayek, Friedman, James, Buchanan y Henri Lepage. Al poco tiempo, sin embargo, el círculo se expandió para incluir líderes de *think tanks* más antiguos: Lord Ralph Harris del IEA, Michael Walker del Fraser Institute, Ed Crane del Instituto Cato, De Soto del ILD y Goodman de la NCPA.[62] Atlas era el conector que ponía en contacto a los "intelectuales de la libertad" y los *think tanks* locales y financiaba los viajes.

Atlas también promovió la difusión de productos intelectuales a lo largo de la red, incluyendo libros, informes, memorandos y videos. Convencido de que "la disponibilidad generalizada de libros promercado es un elemento crítico en la comunicación de los principios de una sociedad libre", Atlas financió la traducción de los clásicos del liberalismo, que incluía libros de Adam Smith, Hayek, Buchanan y Friedman.[63] El corpus evolucionó a través del tiempo y Atlas también ayudó a traducir y difundir los textos producidos por miembros de los institutos asociados, incluidos De Soto, Goodman y muchos otros. En los años noventa, esos textos abogaban por soluciones privadas y de mercado para asuntos pertinentes a la salud, la asistencia social y el medioambiente.[64]

Destacar los resultados y éxitos concretos de los institutos, posibilitaba la promoción de un sentido de orgullo y pertenencia e incrementaba la percepción de un proyecto compartido urgente. Había dos canales principales: el boletín *Atlas Highlights* y los seminarios. *Atlas Highlights* identificaba iniciativas concretas, "mostrando cómo los institutos en la red Atlas redefinen los límites de las políticas públicas, 'políticamente imposibles', alrededor del mundo".[65] Por ejemplo, se le dio importancia a las estrategias a

[62] AtlasH (1987b), AtlasH (1988a), AtlasH (1989d), AtlasH (1994c).
[63] AtlasH (1988a).
[64] AtlasH (1991-1994), todos los números.
[65] AtlasH (1988a).

través de las cuales Atlas y los *think tanks* asociados intervinieron en los debates de salud pública y cambio climático desde mediados de los años ochenta.[66] El boletín también transmitía información de los "Better Government Contests" (Concursos por un Mejor Gobierno), una iniciativa de 1991 del Pioneer Institute de Boston, que se extendió rápidamente por toda la red. Mediante la solicitud de "planes ciudadanos para reducir el gasto fiscal", estos concursos movilizaban a los representantes de los gobiernos que hubieran prometido implementarlos.[67]

Los seminarios creaban más oportunidades para la presentación, discusión y promoción de los logros concretos. Durante el seminario de Indianápolis en 1987, los expositores debían "referirse a una faceta particular de [sus] trabajos y sus consecuencias". En este contexto, John Goodman presentó una ponencia titulada "El rol del nuevo *think tanks* : Cómo la privatización llegó a la Casa Blanca".[68] Esta demostración de logros creció en magnitud con la primera edición, en 1990, del premio Fisher Memorial Award Competition for Best Publications. El premio honraba a los institutos que hubiesen publicado "un libro, informe, monografía o estudio que, en opinión de los jueces, haya hecho la mayor contribución al entendimiento público de la economía libre".[69] Una lista de ganadores, entre 1990 y 1995, que se presenta abajo en la tabla 10.3, incluye ensayos, tanto en inglés como en español, sobre temas que van desde el "ambientalismo de libre mercado" a "familias sin padres".

[66] AtlasH (1989-1994), todos los números.
[67] AtlasH (1992b).
[68] AtlasH (1987b).
[69] AtlasH (1989d): 1.

Tabla 10.3. Fisher Memorial Award Competition, 1990-1995.

Año	*Título*	*Autor*	Think Tank
1990	1.er *The Other Path*	H. de Soto	ILD, Perú
	2.° *The Economic Consequences of Immigration*	J. Simon	Instituto Cato, Washington
	3.er *Advertising and the Market Process*	R. Ekelund y D. Saurman	PRI, San Francisco
1991	1.er *Economics and the Environment*	W. Block (ed.)	Fraser Institute, Canadá
	2.° *Welfare State or Constitutional State*	S. Ratnapala	CIS, Australia
	3.er *Work and Welfare in Massachusetts*	J. O'Neill	Pioneer Institute, Boston
	3.er *Para combatir la pobreza*	T. Castañeda.	CEP, Chile
	3.er *Taxation and the Elderly*	J. Goodman *et al.*	NCPA, Texas
1992	1.er *Free Market Environmentalism*	T. Anderson y D. Leal	PRI y PERC, Montana
	2.° *International Telecommunications in Hong Kong*	M. Mueller	Hong Kong, CER
	3.er *Social Security in Venezuela*	C. Sabino y J. E. Rodríguez	CEDICE, Venezuela
1993	1.er *Drug Policy and Decline of American Cities*	S. Staley	UPRI, Dayton, Ohio
	2.° *Patient Power*	J. Goodman y G. Musgrave	NCPA, Texas
	3.er *Families without Fatherhood*	N. Dennis y G. Erdos	IEA, Londres
	3.er *The Heated Debate*	R. Balling Jr.	PRI, San Francisco

Continuación tabla 10.3

1994	1.er *The Loss of Virtue*	D. Anderson	Social Affairs Unit, Londres
	1er. *Property Rights and the Limits of Democracy*	C. K. Rowley (ed.)	Locke Institute, Virginia IEA, Londres
	2.° *Federalism and Free Trade*	J. L. Migue	PRI, San Francisco
	3.er *Grand Theft and Petty Larceny*	M. Pollot	Independent Institute, CA
	3.er *Out of Work*	R. Vedder y L. Gallaway	
1995	1.er *Public Goods and Private Communities*	F. Foldvary	Locke Institute, Virginia
	2.° *Las tareas de hoy*	C. Larroulet (ed.)	Libertad y Desarrollo, Chile
	2.° *Perpetuating Poverty*	D. Bandow e I. Vasquez	Instituto Cato, Washington
	3.er *Separating Schools and States*	S. Richman	Future Freedom Foundation, VA
	3.er *Beyond Politics*	W. Mitchell y R. Simmons	Independent Institute, CA

Si bien el trabajo de difusión mantuvo su importancia tras 1995, la proliferación de *think tanks* implicó que Atlas tuviera que concentrarse de forma creciente en el desafío de integrar a la "familia extendida" de Atlas. Los eventos emblemáticos fueron adaptados a las necesidades de una nueva era, tanto en contenido como en forma. Primero, el contenido de los seminarios trasladó su foco desde los asuntos de políticas públicas y promoción del modelo del *think tank* hacia las discusiones de estrategias y el intercambio de las mejores prácticas para gestionar los *think tanks*. Segundo, la forma también había cambiado. En 2001, el Atlas Liberty Forum, celebrado cada año en los EE. UU. (y últimamente siempre en Nueva York), reemplazó a los seminarios itinerantes en distintas partes del mundo. En un principio, los seminarios de Atlas siempre coincidían con las conferencias anuales de la SMP y el Heritage Foundation Resource Bank en que eran "tres días repletos de redes y programas de libre mercado". Esta sumatoria de eventos podía enganchar a los recién llegados, "conmocionados por la magnitud del energético movimiento estadounidense".[70] En la medida que Atlas se volvía más central en la constelación neoliberal, convirtió al Liberty Forum en un evento autónomo, altamente atractivo por sí solo. En 2003, llegaron 150 participantes de 26 países, mientras que el foro de 2014 atrajo a 600 participantes de 59 países. Paralelamente, Atlas desarrolló la práctica de copatrocinar eventos en diferentes partes del mundo. De ahí que se organizaran muchos seminarios, incluidos Liberty Forums regionales en Asia, África y Europa. Estos contribuyeron al desarrollo y, más aún, a la estabilización de la red Atlas.

En la medida en que la red se volvía cada vez más densa, Atlas gastaba más tiempo y recursos en destacar el impacto de los institutos. El boletín se mantuvo como un canal importante, con una extensión promedio entre ocho y veinte páginas. En 2002, Atlas empezó a publicar informes de inversión anuales, que también se convirtieron en una herramienta para destacar los éxitos. El boletín y los informes de inversión destacaban textos largos sobre aspirantes a emprendedores de *think tank*, nuevos institutos exitosos o prometedores y sobre prácticas mejores o más innovadoras. El nuevo formato, animado y lleno de historias y anécdotas,

[70] AtlasIR (2004): 4.

le daba un "toque personal" y evitaba la impersonalidad que podía darse en una red creciente.[71]

La forma de destacar y reconocer cambió en 2003, cuando la John Templeton Foundation confirmó un compromiso de 2 millones de dólares para financiar los premios Templeton Freedom de Atlas (TFA). Cada año durante el Liberty Forum, Atlas podía otorgar dos premios de 10 000 USD, cada uno en ocho categorías: soluciones de libre mercado para la pobreza, emprendimiento social, ética y valores, alcance estudiantil, iniciativa en relaciones públicas, medio de comunicación innovador, centro con sede universitaria y *think tanks* jóvenes. En 2013, el Templeton Religion Trust tomó el control y otorgó cada año un único premio de 100 000 USD para reconocer "un logro excepcional de un *think tank*".[72] Se han lanzado nuevos premios a lo largo de los años. Reconociendo logros específicos, estos premios vienen acompañados de recompensas monetarias y se entregan durante eventos oficiales. Celebran a individuos y organizaciones, pero también sirven para integrar la red alrededor de su proyecto común y logros comunes.

Hacia el fin de los 2000, en particular con la llegada de Tom Palmer, Atlas empezó a aprovechar su densa red para alentar la cooperación entre institutos en la coproducción y la codifusión de contenidos. Atlas comisionó volúmenes con "probaditas" de varios autores, que contenían ensayos en un lenguaje claro y que promovían la ideología de libre mercado. Los autores incluían figuras ilustres de la red, como Mario Vargas Llosa (Nobel de literatura), directores generales o periodistas famosos, pero también jóvenes "campeones de la libertad" de todo el mundo. Atlas supervisa la redacción, traducción y distribución de estos libros y otros contenidos producidos (videos, entradas de blog…) mediante sus canales de alcance designados, que incluyen sitios web en otros

[71] AtlasIR (2013): 1.
[72] AtlasIR (2013): 15.

idiomas, la organización de giras por la libertad, escuelas de verano y seminarios.

Si bien Atlas se involucró desde el principio en el desarrollo de "emprendedores de *think tank*", los esfuerzos de formación solo se institucionalizaron a fines de los 2000. La Atlas Leadership Academy (ALA), anunciada en 2008, se formalizó en 2012. La idea era ofrecer una "educación pormenorizada sobre los fundamentos de la gestión de *think tanks*".[73] La ALA propone varios módulos de formación, adecuados a las diferentes etapas de madurez: cursos y webinarios en línea para principiantes, escuelas regionales, cursos de formación de liderazgo *in situ*, tutorías y hasta el MBA Atlas Think Tank (TTMBA), recientemente lanzado por Atlas. Los cursos en línea exploran los lineamientos básicos para empezar y dirigir un *think tank*, mientras que el TTMBA presencial de dos semanas cubre todas las etapas del desarrollo de un *think tank* (planeamiento estratégico y programático, captación de fondos, *marketing*, comunicación y evaluación). Un nuevo programa de tutorías une a quienes tienen "gran potencial" con los veteranos exitosos, a través de reuniones y correspondencia uno a uno a lo largo de nueve meses. El completar doce créditos conlleva a la graduación de la ALA. Convertirse en exalumno tiene sus ventajas: "Acceso a una comunidad de líderes, agentes y benefactores, además de la elegibilidad para competir en la competencia anual Think Tank Shark Tank (una competencia de propuestas de proyecto) para ganar un fondo de 25 000 dólares para un proyecto", como figura en el sitio web de Atlas. La tabla 10.4 muestra abajo el incremento drástico del número de personas que pasó por la ALA.

[73] AtlasIR (2008): 4.

Tabla 10.4. Formados y graduados de la ALA.

Año	*Número de personas que recibieron formación (y número de países)*	*Número de graduados de la ALA (y número de países)*
2011	213	–
2012	450	8
2013	622	25
2014	1000 (90)	34 (25)

El objetivo de la ALA es "aplicar sólidas prácticas de negocios" al ámbito de la construcción de influencias y el modelado de políticas públicas.[74] De ahí que sus programas de formación progresen desde ideas básicas sobre el libre mercado a habilidades prácticas para los negocios:

> Nuestro negocio es la libertad: creemos que usar los mejores métodos empresariales es la clave para hacer avanzar las ideas y las políticas de la libertad. Por este motivo, los equipos de Atlas planean de forma estratégica, buscan el mayor valor agregado, se involucran en análisis de competidores, marcan nuestros productos y usan las técnicas de *marketing* más adecuadas para alentar a nuestros mercados objetivos a "consumir" nuestros productos y medir nuestros éxitos (y nuestros fracasos).[75]

Para la década de 2010, el modelo del *think tank*, surgido en Inglaterra en 1955 con el IEA, se convirtió en una estrategia formalizada y explícita, en una solución modular y en un objeto para la difusión y la emulación a nivel mundial.

[74] AtlasIR (2008): 5.
[75] AtlasIR (2010): 13.

Conclusión

El caso de la Red Atlas nos ayuda a entender cómo se globalizó el modelo del *think tank* neoliberal. Su historia ilustra el despliegue de una arquitectura estructural, material y organizacional que contribuyó a crear las condiciones para que se difundieran ciertas ideas, tener influencia y, finalmente, volverse potencialmente performativa. Atlas fue funcional no solo en la construcción y densificación de la red, sino también en la institucionalización a través del tiempo de un perfil organizacional bien delimitado del *think tank* (neoliberal) moderno. Desde 1981 al presente, Atlas ha sido el eje del despliegue organizacional, de la difusión y de la activación de las ideas neoliberales. Se convirtió en una organización "difusora y conectora": una organización arquitecta a nivel transnacional. Mediante una exploración sistemática de los archivos públicos de Atlas, se rastreó el impacto a través del tiempo de sus actividades para la construcción e incremento de su densidad, de lo que llamamos con Hayek un círculo organizacional "de comercio de segunda mano" en la arquitectura transnacional del neoliberalismo.[76]

Algunos de los cambios en esta evolución reflejaron sus efectos de forma escalonada. En la medida en que la red se extendía, Atlas tuvo que revaluar sus herramientas y prácticas, y desplazarse de un proceso "artesanal" a uno masivo. Otros cambios se vinculan al incremento de la legitimidad. En un principio, Atlas y sus pocos *think tanks* asociados eran organizaciones marginales. No tenían chances de ganar el reconocimiento de los productores y difusores de conocimiento mejor establecidos, como las universidades. Su estrategia fue la de actuar el papel de marginales e insistir en su propia singularidad. Con el paso del tiempo, sin

[76] F. A. Hayek, "Intellectuals and Socialism", *The University of Chicago Law Review* 16, N° 3 (1949).

embargo, Atlas ganó centralidad y legitimidad en la comunidad neoliberal transnacional y los *think tanks* se institucionalizaron localmente. En consecuencia, ocurrió una evolución significativa. En vez de desdeñar a la academia, Atlas y los *think tanks* aprovecharon y aspiraron a la legitimidad académica. Esto sucedió, primero, mediante la cooptación de los académicos simpatizantes de la causa, además de la obtención de grados académicos (usualmente doctorados en economía) por parte de los líderes de *think tanks*.

En una etapa posterior, Atlas y los *think tanks* se distanciaron y evadieron a los profesores para apuntar directamente a los estudiantes de universidades y *colleges*. Hoy en día, se han apropiado de las herramientas y de algunas de las insignias de la academia; hacen investigación "científica" e incluso entregan "diplomas" mediante su propia Academia. Alcanzar la legitimidad mediante la asociación con la academia tradicional no parecía tan necesario; Atlas y los *think tanks* se han vuelto entidades legítimas en su propia ley. Con relación a esto, ocurrió un conjunto de cambios que se vincula a tendencias sociales más amplias hacia el gerencialismo. Al igual que la mayoría de las organizaciones voluntarias y sin fines de lucro del mundo en ese período, Atlas y los *think tanks* han sido influenciados por ideas y prácticas gerencialistas.[77]

Si bien el punto de partida de este capítulo era que las ideas importan, no nos hemos concentrado en la naturaleza de esas ideas *per se*. En su lugar, ilustramos las condiciones en las que se puede hacer que las ideas importen. Las ideas no flotan, ni hacen cosas por sí solas. Son defendidas, transportadas, inscritas de forma organizacional e institucional, disputadas, apropiadas e interpretadas. Solo entonces estas pueden llegar a tener un impacto. Este capítulo

[77] H. Hwang y W. Powell, "The Rationalization of Charity: The Influences of Professionalism in the Non-Profit Sector", *Administrative Science Quarterly* 54, N° 2 (2009). F. Maier, M. Meyer y M. Steinbereithner, "Nonprofit Organizations Becoming Business-Like: A Systematic Review", *Nonprofit and Voluntary Sector Quarterly* 45 (2016).

ha mostrado el rendimiento de las condiciones necesarias para que las ideas tengan un impacto transnacional: un rendimiento que, en su mayor parte, consiste en la construcción de organizaciones, la creación de redes y la integración comunitaria. El despliegue de una arquitectura organizacional es una precondición necesaria para la influencia de las ideas. Solo a través de un trabajo atento de reconstrucción de líneas de financiamiento, organización, construcción de redes y marcos de influencia, se puede entender la globalización del neoliberalismo como un cuerpo de pensamiento coherente y de activismo político autoconsciente.

11. Las redes de *think tanks* del neoliberalismo alemán: las estructuras de poder en la economía y las políticas económicas en la Alemania de la posguerra

Stephan Pühringer

> La misma economía (que es materia que se enseña en universidades y escuelas nocturnas y se aborda en importantes trabajos) siempre ha sido, en parte, vehículo de la ideología dominante en cada época y, en parte, método de investigación científica.
>
> Joan Robinson[1]

El debate sobre el impacto político y social de los "imaginarios políticos"[2] no es nuevo. Ya en 1936, John Maynard Keynes señalaba que "las ideas de los economistas y los filósofos políticos, tanto cuando son correctas como cuando están equivocadas, son más poderosas de lo que comúnmente se cree. En realidad el mundo está gobernado por poco más que esto".[3] F. A. Hayek, uno de los primeros opositores a Keynes, agregó la advertencia de que "los economistas tienen una enorme influencia, pero solo a largo plazo y de forma indirecta".[4] Muchos investigadores han indagado

[1] Joan Robinson, *Filosofía económica* (Madrid: Gredos, 1966), 8.

[2] Bob Jessop, "Cultural Political Economy and Critical Policy Studies", *Critical Policy Studies* 3, N° 3-4 (2010); Bob Jessop, "Recovered Imaginaries, Imagined Recoveries: A Cultural Political Economy of Crisis Construals and Crisis-Management in the North Atlantic Financial Crisis", en Mats Benner, ed., *Before and Beyond the Global Economic Crisis: Economics, Politics and Settlement* (Cheltenham: Edward Elgar Publishing, 2013).

[3] John Maynard Keynes, *Teoría general de la ocupación, el interés y el dinero* (México D.F.: Fondo de Cultura Económica, 2003), 372.

[4] F. A. Hayek, "On Being an Economist", en W. W. Bartley y Stephen Kresge, eds., *The Trend of Economic History* (Chicago: University of Chicago Press, 1991).

en el impacto político de las ideas económicas y escuelas específicas del pensamiento económico, en especial en tiempos de crisis política y económica.[5] Peter Hall enfatiza el impacto de las ideas económicas como un "principio rector" para la política, mientras que otros acentúan el rol de los agentes o instituciones en el proceso de transmisión de las ideas económicas hacia la política.[6]

Los cuestionamientos sobre la influencia política y social de la economía se tornaron más incisivos tras la Crisis Financiera Global (CFG) de 2007-2008. En el nivel de la política económica, con el trasfondo político de la Guerra Fría y, sobre todo, luego de la desintegración de la economía keynesiana en los años setenta, la referencia a los imaginarios económicos de los mercados libres y el mecanismo del libre mercado sirvió como el marco teórico para promover las políticas neoliberales de desregulación, privatización y austeridad. Aunque la CFG podría haber inducido un cambio de paradigma en el área de la política económica, pareciera que las políticas neoliberales tienen una dominancia indisputada. Colin Crouch ha descrito esta persistencia como la "extraña no muerte del neoliberalismo", mientras que Mark Blyth nos ha advertido de las consecuencias sociales y societales de las políticas de austeridad.[7]

Se le ha prestado una atención especial al rol de Alemania en el contexto de la crisis europea. Algunos investigadores se han

[5] Bruno Frey, "Does Economics have an Effect? Towards an Economics of Economics" (working paper), *Institute for Empirical Research in Economics, University of Zurich*, N° 36, disponible en https://doi.org/10.3929/ethz-a-004373389.

[6] Peter A. Hall, ed., *The Political Power of Economic Ideas: Keynesianism Across Nations* (Princeton: Princeton University Press, 1989); Sebastiaan Princen y Femke van Esch, "Paradigm Formation and Paradigm Change in the EU's Stability and Growth Pact", *European Political Science Review* 8, N° 3 (2016). Daniel Hirschman y Elizabeth P. Berman, "Do Economists Make Policies? On the Political Effects of Economics", *Socio-Economic Review* 12, N° 4 (2014).

[7] Colin Crouch, *The Strange Non-death of Neoliberalism* (Cambridge: Polity, 2013); Mark Blyth, *Austerity: The History of a Dangerous Idea* (Oxford: Oxford University Press, 2013).

concentrado en la (nueva) posición hegemónica de Alemania como el agente central en las políticas económicas europeas de crisis –con, por ejemplo, el Pacto Fiscal, la crisis de la eurozona o el Mecanismo Europeo de Estabilidad (MEE)–, debido a su poder económico y a su estatus como la principal acreedora.[8] Otros han sugerido que las políticas económicas europeas tras la crisis reflejan un "retorno al ordoliberalismo" o incluso una "transformación ordoliberal" o la "ordoliberalización de Europa".[9] Algunos estudiosos han detectado la "larga sombra del ordoliberalismo" en las políticas económicas alemanas y afirmaron que se puede ver al ordoliberalimo como la "base del pensamiento económico alemán", especialmente en el área de la política macroeconómica.[10] Algunas afirmaciones han sido cuestionadas por diferentes investigadores (Wigger, por ejemplo), entre otros, que señalan los límites de un foco exclusivo en los ordoliberales de la Escuela de Friburgo dentro del neoliberalismo alemán.

Aun así, se ha hecho poco por establecer cuáles han sido las redes del ordoliberalismo –o, más específicamente, del neoliberalismo alemán– que se han desarrollado desde 1945 y qué rol jugaron en la política económica del país. Este capítulo aporta evidencias de que el pensamiento neoliberal alemán tuvo un impacto fuerte y persistente en la política económica de la Alemania de la

[8] Simon Bulmer y William E. Paterson, "Germany as the EU's Reluctant Hegemon? Of Economic Strength and Political Constraints", *Journal of European Public Policy* 20, N° 10 (2013).

[9] Thomas Biebricher, "The Return of Ordoliberalism in Europe: Notes on a Research Agenda", *i-lex. Scienze Giuridiche, Scienze Cognitive e Intelligenza artificiale Rivista quadrimestrale*, N° 21 (2014), disponible en www.i-lex.it; Brigitte Young, "German Ordoliberalism as Agenda Setter for the Euro Crisis: Myth Trumps Reality", *Journal of Contemporary European Studies* 22, N° 3 (2014); Thomas Biebricher, "Europe and the Political Philosophy of Neoliberalism: Critical Exchange on Neoliberalism and Europe", *Contemporary Political Theory* 12, N° 4 (2013).

[10] Sebastian Dullien y Ulrike Guérot, "The Long Shadow of Ordoliberalism: Germany's Approach to the Euro Crisis", *European Council on Foreign Relations Policy Brief* (2012): 2.

posguerra, en las políticas financieras y económicas de la crisis de 2008 y de ahí en adelante. Se comienza por una reflexión sobre el neoliberalismo alemán como un componente central en el colectivo de pensamiento neoliberal común, para luego introducir la categoría de una "huella performativa de economistas" (HPE) para operacionalizar lo "externo", la influencia no académica de los economistas. Después se destacan las conexiones íntimas de los economistas ordoliberales con la política en relación con tres fases importantes o puntos de inflexión en la historia político-económica de Alemania. La sección final usa la metodología HPE para mostrar la dominancia persistente del neoliberalismo alemán frente a las redes keynesianas en la política económica del país tras la Segunda Guerra Mundial.

El ordoliberalismo como parte del colectivo de pensamiento neoliberal

El debate sobre el supuesto renacer del ordoliberalismo tras la crisis requiere definirlo en contraste con aquello conocido como el "neoliberalismo estadounidense", es decir, la Escuela de Chicago de Milton Friedman, Gary Becker y otros asociados con el enfoque económico de la economía neoclásica al estilo de Chicago. Foucault dio pie a la discusión al argumentar por una "racionalidad política" del ordoliberalismo, que lo distinguía del neoliberalismo estadounidense.[11] Sin embargo, tanto el neoliberalismo estadounidense como el ordoliberalismo alemán se basan en una ideología de libre mercado, donde la funcionalidad del mecanismo de libre mercado depende de procesos de ingeniería política.[12] En 1982, Ver Eecke ya había usado el término "neoliberalismo" para

[11] Biebricher, "The Return of Ordoliberalism in Europe".

[12] Werner Bonefeld, "Freedom and the Strong State: On German Ordoliberalism", *New Political Economy* 17, N° 5 (2012); Walter O. Ötsch, Stephan Pühringer

describir al ordoliberalismo alemán y al monetarismo estadounidense.[13] Debido a su preferencia similar por un Estado fuerte, cuya única misión (aunque de gran importancia) era el establecimiento y restablecimiento de los mecanismos de mercado o la economía de mercado; Thomasberger etiquetó al proyecto neoliberal como "planeamiento para el mercado".[14]

El rol ambivalente del Estado en la versión ordoliberal del neoliberalismo se presenta en la definición de los principios de la política económica por Walter Eucken, pensador pionero. El primer principio, plantea Eucken, es que "la política del Estado debería enfocarse en disolver los grupos de poder o limitar su funcionamiento". El segundo principio estipula que "la actividad político-económica del Estado debería concentrarse en la regulación de la economía, no en la orientación del proceso económico".[15] Aunque el primer principio enfatiza la necesidad de un Estado fuerte para la ingeniería política (*Ordnungspolitik*), el segundo (sobre la *Prozesspolitik*) propone evitar las políticas intervencionistas contra el mecanismo de mercado. El ordoliberalismo abogaba por influenciar las reglas del juego, no el proceso.

Aunque hay algunas diferencias entre el ordoliberalismo alemán y el neoliberalismo estadounidense, en particular en lo que concierne a las implicaciones de sus políticas, ambos pueden ubicarse dentro del mismo colectivo de pensamiento neoliberal, en vista de la participación de figuras de ambas escuelas de pensamiento en la Sociedad Mont Pèlerin (SMP), fundada en

y Katrin Hirte, *Netzwerke des Marktes: Ordoliberalismus als Politische Ökonomie* (Wiesbaden: Springer VS, 2017).

[13] Wilfried v. Eecke, "Ethics in Economics: From Classical Economics to Neoliberalism", *Philosophy & Social Criticism* 9, N° 2 (1982).

[14] Véase Claus Thomasberger, "'Planung für den Markt' versus 'Planung für die Freiheit': Zu den stillschweigenden Voraussetzungen des Neoliberalismus", en *Der neoliberale Markt-Diskurs: Ursprünge, Geschichte, Wirkungen*, ed. Walter O. Ötsch y Claus Thomasberger (Marburgo: Metropolis-Verl., 2009).

[15] Walter Eucken, *Grundsätze der Wirtschaftspolitik* (Berna: Francke, 1952), 334.

1947.[16] Mirowski argumenta que en la era inicial del colectivo del pensamiento neoliberal en los años cuarenta, el ordoliberalismo era una de las tres ramas importantes de la economía neoclásica, junto con las escuelas de economía austríaca y de Chicago. Además, señala que el colectivo de pensamiento neoliberal puede ser entendido al hacer una analogía con una muñeca rusa, donde la SMP es el núcleo contenido en un conjunto de instituciones y *think tanks* heterogéneos. La SMP y sus conferencias anuales ofrecen un lugar protegido para el intercambio y la confrontación intelectual entre investigadores de las distintas ramas del pensamiento neoliberal.

Esta descripción la comparten los mismos participantes. Joachim Starbatty, miembro de la SMP, agente central en las redes neoliberales alemanas y director del *think tank* Aktionsgemeinschaft Soziale Markwirtschaft, definió a la SMP como la "expresión organizacional del neoliberalismo" ("*der organisatorische Ausdruck*").[17] Argumenta además que el ordoliberalismo debería ser visto como la "variedad alemana del neoliberalismo". Con esta autoproclamación, de uno de los ordoliberales más relevantes de Alemania, parece seguro delimitar una "red de neoliberalismo alemán" organizada en *think tanks* e instituciones alrededor de la SMP. A continuación, se define a la "red neoliberal alemana" como compuesta de *think tanks* e instituciones en las que al menos uno

[16] Philip Mirowski, "The Political Movement that Dared not Speak its own Name: The Neoliberal Thought Collective Under Erasure", *Institute for New Economic Thinking Working Paper Series*, N° 23 (2014); Philip Mirowski y Dieter Plehwe, eds., *The Road from Mont Pèlerin: The Making of the Neoliberal Thought Collective* (Cambridge, EE. UU.: Harvard University Press, 2009). Usaré la definición de colectivo de pensamiento neoliberal propuesta por Mirowski "para referirnos a este enfoque multinivel, multifacético, multisectorial de la construcción de capacidades políticas para incubar, criticar y promulgar ideas". Philip Mirowski, *Never Let a Serious Crisis Go to Waste: How Neoliberalism Survived the Financial Meltdown* (Londres: Verso, 2013), 44.

[17] Joachim Starbatty, "Ordoliberalismus", en Otmar Issing, ed., *Geschichte der Nationalökonomie* (Múnich: Vahlen, 1994), 251.

de los miembros fundadores o líderes es también miembro de la SMP.[18]

El segundo argumento para interpretar el ordoliberalismo como una parte integral del colectivo de pensamiento neoliberal se basa en los fuertes vínculos personales de los principales académicos ordoliberales con los pensadores principales del neoliberalismo, e incluso más explícitamente en el rol de Friedrich Hayek como una figura que conecta varios lugares de pensamiento neoliberal. Hayek fue el académico que lideró la tercera generación de la Escuela Austríaca de Economía, el principal oponente de John Maynard Keynes en los años treinta en la London School of Economics (junto a Lionel Robbins, miembro fundador de la SMP), y un miembro de la Universidad de Chicago de 1948 a 1962. Asimismo, tenía vínculos estrechos con ordoliberales (y luego también con miembros de la SMP), como Walter Eucken, Wilhelm Röpke y Alexander Rüstow ya en los años treinta.[19] En 1962, Hayek fue nombrado profesor de economía en la Universidad de Friburgo y se volvió director del Instituto Walter Eucken. Además, contribuyó de forma continua a las publicaciones ordoliberales y fue uno de los editores fundadores de la revista ordoliberal, *Ordo*. En la *Quarterly Journal of Economics*, en 1960, Henry Oliver afirmó que "en cierto sentido [Hayek] ejerce como su teórico político

[18] Véase Dieter Plehwe y Bernhard Walpen, "Between Network and Complex Organization: The Making of Neoliberal Knowledge and Hegemony", en *Neoliberal Hegemony: A Global Critique*, ed. Dieter Plehwe, Bernhard Walpen y Gisela Neunhöffer (Londres: Routledge, 2006).

[19] Ralf Ptak, *Vom Ordoliberalismus zur sozialen Marktwirtschaft : Stationen des Neoliberalismus in Deutschland* (Opladen: Leske und Budrich, 2004); Ekkehard A. Köhler y Stefan Kolev, "The Conjoint Quest for a Liberal Positive Program: 'Old Chicago,' Freiburg and Hayek", *HWWI Research Paper*, N° 109 (2011); Stefan Kolev, Nils Goldschmidt y Jan-Otmar Hesse, "Walter Eucken's Role in the Early History of the Mont Pelerin Society", *Freiburg Discussion Papers on Constitutional Economics*, N° 2 (2014).

principal [de los ordoliberales]".[20] De forma similar, Knut Borchardt enfatiza las similitudes entre los académicos ordoliberales y Hayek, en particular en su acento en el rol del derecho, el marco institucional y la voluntad política común en cuanto a establecer y preservar el capitalismo.[21] Hasta Alfred Müller-Armack, uno de los académicos ordoliberales de mayor actividad política en la Alemania de los años cincuenta a los setenta, y quien también acuñó el término "economía social de mercado", destacó a Hayek, junto con Eucken, Franz Böhm, Röpke y Rüstow, como un pionero de la "teoría del orden económico" (*Wirtschaft sordnungstheorie*).[22]

Sin embargo, muchos académicos ordoliberales subrayan la heterogeneidad de las diferentes ramas del colectivo de pensamiento neoliberal o incluso del mismo ordoliberalismo,[23] lo que puede, quizás, explicarse por la imagen más bien negativa que tiene el neoliberalismo "desregulador" estadounidense en los debates políticos europeos. Aunque muchas políticas de crisis en Europa demuestran concepciones ordoliberales, están aquellos (por ejemplo Feld *et al.*) que subrayan que la influencia del pensamiento ordoliberal suele ser sobreestimado y que las políticas implementadas en las postrimerías de la crisis de 2007-2008 deberían, en cambio, ser descritas como "pragmáticas". No obstante, si bien las medidas europeas para estabilizar el euro definitivamente no han seguido un guion ordoliberal ortodoxo, se puede observar una especie de metamorfosis de los imaginarios económicos neoliberales hegemónicos, lo que indica un giro dentro del colectivo de pensamiento neoliberal desde el neoliberalismo desregulador

[20] Henry Oliver, "German Neoliberalism", *The Quarterly Journal of Economics* 74, N° 1 (1960): 119.

[21] Véase Knut Borchardt, "Die Konzeption der Sozialen Marktwirtschaft in heutiger Sicht", en Otmar Issing, ed., *Zukunft sprobleme der sozialen Marktwirtschaft* (Berlín: Duncker & Humblot, 1981).

[22] Ptak, *Vom Ordiliberalismus.*

[23] Véase, por ejemplo, Viktor Vanberg, "The Freiburg School: Walter Eucken and Ordoliberalism", *Freiburg Discussion Papers on Constitutional Economics*, N° 11 (2004).

estadounidense, en especial en el contexto de los mercados financieros, a uno de mercados acotados en un marco ordoliberal.[24] En palabras de Jamie Peck, el proyecto político ordoliberal parece "ser visto con buenos ojos otra vez".[25]

Si bien el diagnóstico del renacer o el retorno del ordoliberalismo o neoliberalismo alemán en política económica pueda sostenerse en el contexto europeo o internacional, en la siguiente sección se argumenta que plantear esta "tesis del retorno" es engañoso en el caso alemán. Aunque el ordoliberalismo como teoría económica independiente puede, de hecho, haber sido "marginalizada y, por ende, olvidada",[26] las infraestructuras del neoliberalismo alemán, como los *think tanks* político-económicos, las instituciones políticas y los institutos de investigación en economía, permanecieron como un vehículo influyente para la hegemonía discursiva del neoliberalismo alemán en las políticas económicas del país.

La huella performativa como medida de la influencia externa de los economistas

Muchos de los hallazgos empíricos que se presentan en las dos secciones siguientes derivan de un proyecto de investigación sobre la historia de la economía alemana tras la Segunda Guerra Mundial, apoyado por la Fundación Hans-Böckler.[27] En este proyecto se analiza la evolución de la economía de Alemania en dos niveles.

[24] Véase Biebricher, "Europe and the Political Philosophy of Neoliberalism".

[25] Jamie Peck, *Constructions of Neoliberal Reason* (Oxford: Oxford University Press, 2010), 275.

[26] Biebricher, "Europe and the Political Philosophy of Neoliberalism".

[27] Estos resultados han sido publicados parcialmente en Ötsch *et al.*, *Netzwerke des Marktes;* y Stephan Pühringer, "The success story of ordoliberalism as guiding principle of German economic policy", en Josef Hien y Chistian Joerges, eds., *Ordoliberalism. Law and the rule of economics* (Oxford: Hart Publishing, 2018).

Primero, se compiló una base de datos de aproximadamente 800 profesores de economía en universidades alemanas de 1954 a 1994. La base de datos consistió en los datos biográficos de los economistas, especialmente aquellos sobre sus trayectorias académicas al igual que su trasfondo, es decir, el lugar, la fecha y los supervisores de sus tesis doctorales y tesis profesorales o de habilitación (su "segundo libro"). También se investigó otras actividades académicas y externas de los economistas, en especial sus involucramientos en políticas públicas como actores o asesores políticos, o sus membresías en *think tanks* de economía. Segundo, se desarrolló la medida de la huella performativa (HPE) para estos 800 economistas, como una forma de medir el impacto potencial de economistas o colectivos específicos de pensamiento económico en la política y en la sociedad, yendo más allá del alcance acotado de los rangos académicos. La influencia potencial de los economistas se presenta en cinco categorías de influencia interna y externa. Si bien las primeras dos ("productividad académica" y "reproductividad académica") se centran en la influencia dentro de la academia, las otras tres ("asesoría política", "actor político" y "presencia pública") consideran la eficacia política y societal de los "imaginarios económicos". En el paso siguiente, se aplicó una aproximación mediante el análisis de redes sociales para destacar las relaciones personales e institucionales en un marco político y económico, con un énfasis particular en el rol de los *think tanks.*

Los tres coeficientes de influencia externa, que son relevantes para este capítulo, son el coeficiente de medios de comunicación, el de actor político y el de asesoría política. Cada uno combina varias variables de influencia potencial en sus áreas específicas. El coeficiente de medios mide la presencia de los economistas (puntos por persona) en los periódicos y revistas líderes de Alemania durante el período de análisis. El coeficiente de medios se elabora sobre un promedio ponderado de puntos por persona en repositorios electrónicos, y mediante la construcción de expedientes de consulta individuales para controlar las diferencias de extensión de las vidas académicas. El coeficiente de actor político operacionaliza las posiciones en las instituciones políticas (Bundesbank, ministerios, Bundestag, partidos políticos, comisión antimonopolio), de acuerdo al cargo específico y la extensión de tiempo que fue ocupado, usando un esquema de clasificación (veáse el apéndice). El coeficiente de asesoría política operacionaliza los cargos en instituciones de asesoría en política económica, como el Consejo Alemán de Expertos en Economía (CAEE), las juntas de asesores científicos de los ministerios de Finanza y Economía de Alemania y los institutos de investigación económica.

La historia del neoliberalismo alemán en las redes de *think tanks* de economía

Las raíces del neoliberalismo alemán se remontan a la Escuela de Friburgo, erigida en torno a Walter Eucken, Franz Böhm y Leonhard Miksch en el período de entreguerras, y Alexander Rüstow y Wilhelm Röpke, dos economistas alemanes en contacto personal estrecho con Eucken.[28] En el ámbito de la teoría económica, el objetivo principal de estos primeros académicos ordoliberales era atacar las "ruinas de la Escuela histórica alemana",[29] que se manifestó en la idea de la fundación del "Club teórico de los ricardianos". Rüstow sugirió invitar además a economistas austríacos como Hayek, Haberler, Machlup y Mises a este club.[30] Más allá de los

[28] Jan-Otmar Hesse, *Wirtschaft als Wissenschaf: Die Volkswirtschaftslehre in der frühen Bundesrepublik* (Fráncfort del Meno: Campus Verlag, 2010); Hauke Janssen, *Milton Friedman und die "monetaristische Revolution" in Deutschland* (Marburgo: Metropolis-Verl., 2006).

[29] Rüstow en una carta a Eucken, fechada el 24 de enero de 1927, citada en Jannsen, *Milton Friedaman*, 104.

[30] Hayek destacó, en retrospectiva, que este grupo de ricardianos era el único círculo activo e influyente de economistas que luchaba por una "economía libre",

contactos de índole personal de los ordoliberales con Hayek y los exponentes posteriores de la Escuela de Chicago, Köhler y Kolex también enfatizan las similitudes en las agendas de investigación respecto de la política monetaria en Friburgo y Chicago en los años treinta, en especial en el trabajo de los discípulos de Eucken, Friedrich Lutz y Henry Simons, que fueron maestros de Milton Friedman y progenitores de la Escuela de Economía de Chicago.[31] Asimismo, Eucken jugó un rol central en la fundación de la SMP, como se evidencia en el hecho de que Hayek delegó en Eucken la facultad de elegir miembros alemanes para la Sociedad.[32]

Las infraestructuras del neoliberalismo alemán en los primeros años de la República Federal Alemana

Aunque el intercambio académico se suspendió en 1933 con el ascenso al poder de los nazis, que forzó a Röpke y Rüstow a emigrar a Turquía, la Universidad de Friburgo y en especial el círculo de Eucken permanecieron como los núcleos de la investigación económica en Alemania.[33]

La fuerte influencia académica se manifestó en la exitosa reproducción académica de la Escuela de Fribugo y, en especial, de los estudiantes de Eucken. La figura 11.1 muestra los profesores de

previo a 1933. F. A. Hayek, "Die Wiederentdeckung der Freiheit–Persönliche Erinnerungen", en *Produktivität, Eigenverantwortung, Beschäftigung: Für eine wirtschaftspolitische Vorwärtsstrategie*, ed. VDM 31 (Colonia: Deutscher Instituts-Verlag, 1983), 12.

31 Köhler y Kolev, "The Conjoint Quest".

32 Kolev *et al.*, "Walter Eucken", 6; para un análisis detallado de los primeros economistas neoliberales de Alemania, véase Max Bank, "Stunde der Neoliberalen? Politikberatung und Wirtschaft spolitik in der Ära Adenauer", tesis doctoral, Universidad de Colonia, 2013.

33 Walter O. Ötsch y Stephan Pühringer, "Marktradikalismus als Politische Ökonomie", ICAE *Working Paper Series*, N° 38 (2015).

economía, cuyas tesis doctorales y/o de habilitación fueron supervisadas por Eucken. Si bien Eucken se murió relativamente joven (a los 59 años), en el transcurso de su visita de investigación a la London School of Economics (LSE), invitado por Hayek, se convirtió en uno de los más prolíficos "productores de discípulos" en la historia de la economía alemana.[34] Tras la reproducción exitosa de la primera generación de la Escuela de Friburgo (Eucken supervisó al menos once discípulos, quienes luego se convertirían en profesores de economía en universidades alemanas), los pupilos de Eucken (en particular, Bernhard Pfister, Karl Paul Hensel y Fritz Walter Meyer, todos los cuales luego se convirtieron en miembros de la SMP) también resultaron ser supervisores académicos muy prolíficos. Además de la influencia académica sobre el curso de la historia económica alemana durante y tras la Segunda Guerra Mundial, los economistas ordoliberales se involucraron de forma constante en brindar asesoría en políticas públicas al régimen nazi, pero también, especialmente en los años cuarenta, estuvieron en contacto con la "oposición conservadora" a ese régimen.[35] Durante los años cuarenta, el "Arbeitsgemeinschaft Erwin von Beckerath" sirvió como un punto de encuentro para los ordoliberales, con el objetivo principal de discutir y desarrollar el orden económico de la Alemania de la posguerra.

[34] Stephan Pühringer, "The Success Story of Ordoliberalism as Guiding Principle of German Economic Policy", en Josef Hien y Christian Joerges, ed., *Ordoliberalism: Law and the Rule of Economics.*

[35] Véase Ptak, *Vom Ordoliberalismus*; Nils Goldschmidt, ed., *Wirtschaft, Politik und Freiheit: Freiburger Wissenschaftler und der Widerstand* (Tubinga: Mohr Siebeck, 2005); Daniela Rüther, "Freiburger Nationalökonomen auf dem Weg in den Widerstand", *Historisch-Politische Mitteilungen,* N° 10 (2003).

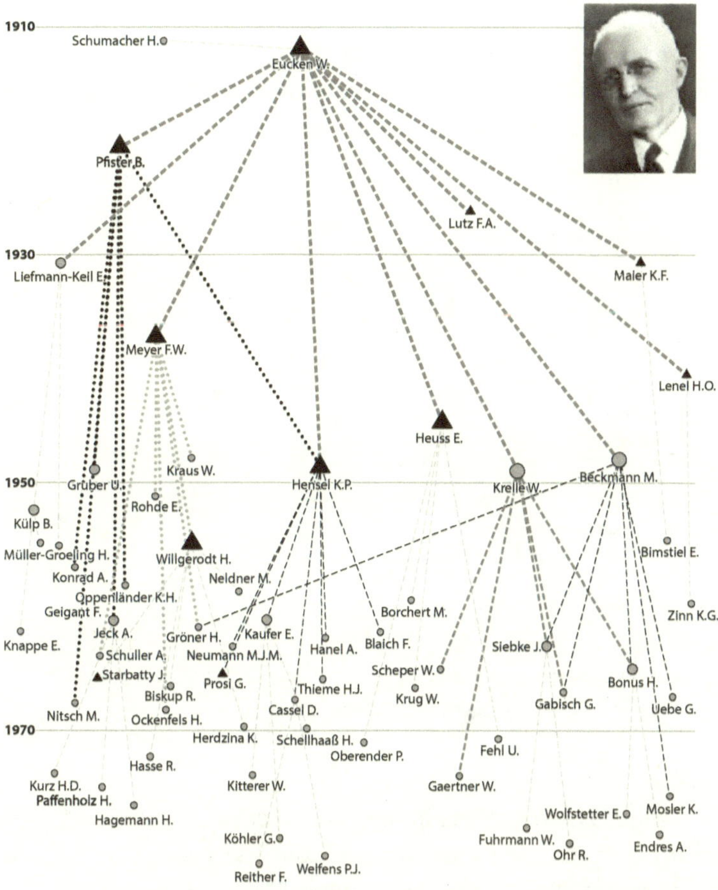

Figura 11.1 Walter Eucken como profesor académico.
Nota: los miembros de la SMP *son representados mediante triángulos.*

El involucramiento de los economistas del neoliberalismo alemán en la asesoría política continuó tras la capitulación de Alemania en 1945, y resultó en un fuerte predominio de los economistas ordoliberales en las influyentes juntas de asesores de los ministerios de Finanzas y Economía[36] (véase figura 11.2), al igual que en el rol central de Ludwig Erhard en la adopción de la "reforma monetaria", que luego se enmarcó discursivamente como el punto de partida del milagro económico alemán.[37]

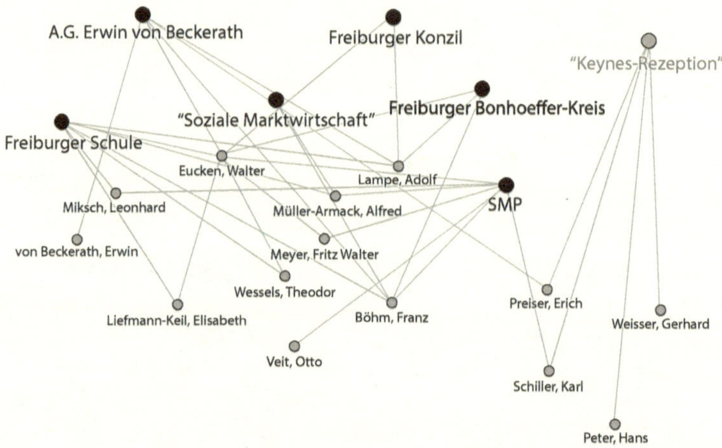

Figura 11.2. La continuidad de las redes neoliberales alemanas tras la Segunda Guerra Mundial.

Además de tener una influencia directa en la política de posguerra alemana, los economistas ordoliberales estaban estrechamente vinculados con las redes internacionales del colectivo de pensamiento neoliberal. Cuatro de los tesistas de Eucken (Pfister, Maier, Hensel y Lutz) fueron de los primeros miembros de la SMP

[36] El economista keynesiano, Erich Schneider, llegó a hablar de la "dictadura de los liberales" para referirse a la influencia de los neoliberales, como Wilhelm Röpke, durante los años cincuenta y principios de los sesenta. Hesse, *Wirtschaft als Wissenschaft*, 126.

[37] Véase Bank, "Stunde der Neoliberalen?", para un análisis detallado, en especial sobre el rol de los neoliberales alemanes en la junta de asesores del Ministerio de Economía.

ya en los años cuarenta y siete de los diez tesistas señalados en la figura 11.1 luego se convirtieron en miembros de la SMP. Asimismo, en la tercera y la cuarta generación tras Eucken se pueden encontrar proponentes centrales de la red neoliberal alemana, que incluyen a Hans Willgerodt, Manfred J. M. Neumann, Joachim Starbatty y Peter Oberender.

Más que subsumir los diferentes grupos de neoliberales alemanes bajo una única Escuela de Friburgo, podemos seguir a Ptak, quien habla de una confluencia de tres ramas de pensamiento diferentes con una voluntad política compartida: primero, la Escuela de Friburgo con Eucken, Böhm y Miksch; segundo, el "ala sociológica" del ordoliberalismo con Rüstow y Röpke; y tercero, un grupo de profesionales compuesto de Ludwig Erhard y Erich Welter, el editor de larga data del periódico *Frankfurter Allgemeine Zeitung*. A Alfred Müller-Armack se lo podría ubicar dentro de la segunda y tercera rama del ordoliberalismo.[38] Las relaciones personales e institucionales de Walter Eucken y otros neoliberales alemanes tuvieron una presencia central en el área de la asesoría y la elaboración de políticas económicas, y en la disciplina de la economía en los primeros años de la República Federal Alemana.

Las infraestructuras del neoliberalismo alemán durante el giro al monetarismo de Alemania

Un segundo episodio en la historia económica de Alemania, que muestra la influencia política ininterrumpida de los economistas

[38] Ptak, *Vom Ordoliberalismus*, 17. Kolev distingue entre el "ordoliberalismo" de la Escuela de Friburgo, Rüstow y Röpke y el "neoliberalismo alemán" de Müller-Armack y Erhard; Stefan Kolev, "F. A. Hayek as an Ordo-liberal", *HWWI Research Paper*, N° 5 (2010). Hesse duda que haya una escuela ordoliberal homogénea. Jan-Otmar Hesse, "Der Mensch des Unternehmens und der Produktion. Foucaults Sicht auf den Ordoliberalismus und die 'Soziale Marktwirtschaft'", *Studies in Contemporary History*, N° 3 (2006).

organizados en torno a la infraestructura del neoliberalismo alemán, fue el período del "giro al monetarismo" a principios de los años setenta, tras un breve período de "keynesianismo alemán" a fines de los años sesenta.[39] Janssen analizó la "contrarrevolución en la teoría monetaria alemana" –es decir, la discusión teórica entre los economistas alemanes sobre la teoría monetarista de Milton Friedman– y descubrió que quince economistas alemanes, jóvenes en su mayoría, habían introducido el monetarismo a la economía alemana. Concluyó que "la revuelta de los de treinta y tantos", en especial entre 1970 y 1976, había iniciado la revolución monetarista antikeynesiana en la economía alemana.[40] Esta iniciativa resultó en un giro al monetarismo por parte del Bundesbank alemán, que fue el primer banco central en el mundo en introducir una orientación de la oferta monetaria como sugería Friedman.[41] La figura 11.3 muestra los numerosos vínculos entre los economistas activos durante la revolución monetarista y el colectivo de pensamiento neoliberal de Alemania.[42]

[39] Harald Hagemann, "Ordoliberalism, the Social Market Economy, and Keynesianism: Germany After 1945", en Roger Backhouse, Bradley W. Bateman, Tamotsu Nishizawa y Dieter Plehwe, eds., *Liberalism and the Welfare State: Economists and Arguments for the Welfare State* (Oxford: Oxford University Press, 2017). La era del "keynesianismo alemán" fue corta; el "breve experimento keynesiano" terminó en 1972 con la renuncia de Schiller al Ministerio de Economía y Finanzas. Véase Jeremy Leaman, *The Political Economy of Germany under Chancellors Kohl and Schröder: Decline of the German Model?* (Nueva York: Berghahn Books, 2009), 7.

[40] Para más detalle, véase Karl Brunner, ed., *Proceedings of the First Konstanzer Seminar on Monetary Theory and Monetary Policy* (Berlín: Duncker und Humblot, 1972).

[41] Véase, por ejemplo, Herbert Giersch, Karl-Heinz Paqué y Holger Schmieding, eds., *The Fading Miracle: Four Decades of Market Economy in Germany* (Cambridge: Cambridge University Press, 1992); Rudolf Richter, *Deutsche Geldpolitik 1948-1998 im Spiegel der zeitgenössischen wissenschaft lichen Diskussion* (Tubinga: Mohr Siebeck, 1999).

[42] Los siete actores que no se representan en la figura 11.3 –y, por ende, según nuestro enfoque metodológico, no serían parte de la red neoliberal alemana organizada en torno a *think tanks* e instituciones– son Volbert Alexander, Emil-Maria

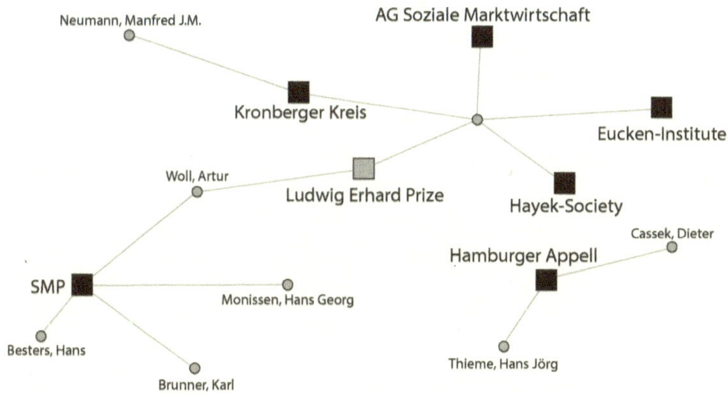

Figura 11.3. Las raíces académicas de los proponentes del giro monetarista en Alemania.

El resultado empírico contradice parcialmente a Feld *et al.*, quienes afirman que no hay un lugar común entre el monetarismo y el ordoliberalismo.[43] Al menos en la infraestructura común del neoliberalismo alemán hay conexiones tanto a nivel personal como institucional.

La continuidad de la influencia de los economistas organizados en torno a la infraestructura del neoliberalismo alemán puede, por lo demás, mostrarse empíricamente en términos de relaciones supervisor-tesista. Como se indica en la figura 11.4, hay muchas conexiones entre los protagonistas del giro monetarista (como tesistas) y el núcleo de los primeros economistas neoliberales de Alemania (como supervisores académicos), como Eucken, Hensel, Welter y Müller-Armack.

Claassen, Ernst Dürr, Werner Ehrlicher, Hands-Edi Loef, Jürgen Sibke y Manfred Willms.

[43] Lars P. Feld, Ekkehard A. Köhler y Daniel Nientiedt, "Ordoliberalism, Pragmatism and the Eurozone Crisis: How the German Tradition Shaped Economic Policy in Europe", *CESifo Working Paper*, N° 5368 (2015).

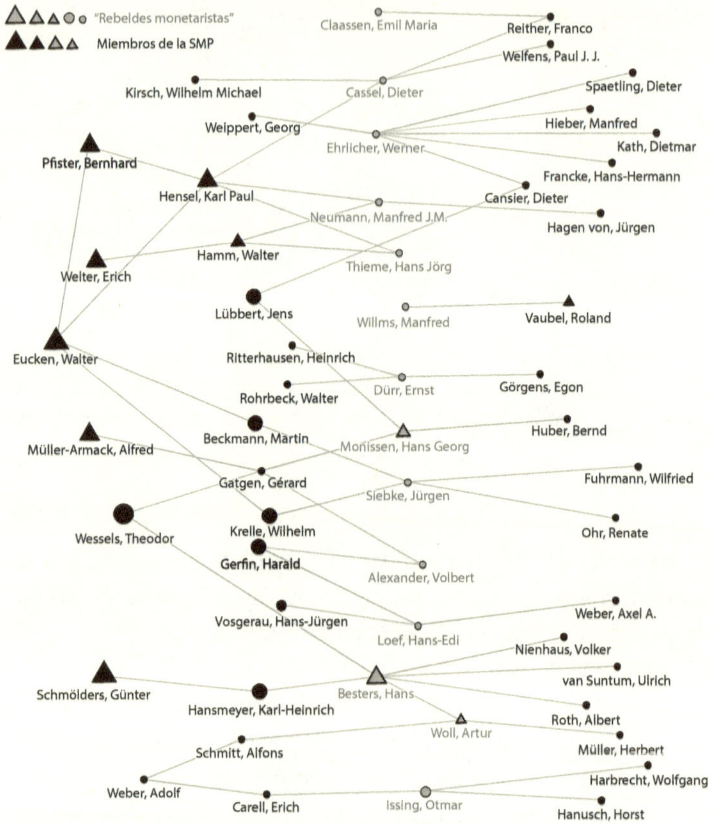

Figura 11.4. Economistas en las redes neoliberales alemanas durante el giro al monetarismo en el país.

Además del grupo de los quince "rebeldes monetaristas", el giro monetarista del Bundesbank también fue apoyado por el Consejo Alemán de Expertos en Economía (CAEE), que en su memoria anual abogó de forma similar por una orientación de la oferta monetaria a la manera de Friedman.[44] Tras un cambio de paradigma en el CAEE desde una política económica keynesiana a una enfocada en la oferta a principios de los años setenta[45] –iniciado en su mayor parte por Herbert Giersch, miembro de la SMP, y después por su tesista, Gerhard Fels, en los momentos previos al giro monetarista del Bundesbank–, al menos tres de cinco miembros del CAEE estuvieron organizados en redes neoliberales alemanas (Norbert Kloten, Olaf Sievert y Armin Gutowski).

La influencia del neoliberalismo alemán en el Bundesbank y luego también en el BCE se ha manifestado a nivel teórico y personal a lo largo de varias décadas.[46] Alesina y Grilli, por ejemplo, enfatizan que "el diseño institucional del BCE es más parecido al del Bundesbank que a ningún otro banco central de la zona del euro".[47] Por lo demás, los actores principales en el Bundesbank, por ejemplo, Otmar Issing, Hans Tietmeyer, Axel Weber y Jens Weidmann, se relacionan con la red de neoliberalismo alemán mediante su trasfondo académico y su membresía en los *think tanks* neoliberales. En un discurso en la Euro Finance Week de Frankfurt, Jürgen Stark, el ex presidente del Bundesbank y miembro de la junta directiva del BCE, acentuó que el trabajo de Eucken había sido "una fuente de inspiración constante a lo largo de mi carrera".[48]

[44] Janssen, *Friedman*; CAEE, *Jahresgutachten: Mut zur Stabilisierung* (Stuttgart: Kohlhammer, 1973).

[45] Schmelzer incluso duda de que alguna vez hubiese un predominio de los keynesianos en el CAEE. Matthias Schmelzer, *Freiheit für Wechselkurse und Kapital: Die Ursprünge neoliberaler Währungspolitik und die Mont Pèlerin Society* (Marburgo: Metropolis-Verl., 2010), 110.

[46] Richter, *Deutsche Geldpolitik.*

[47] Alberto Alesina y Vittorio Grilli, *The European Central Bank: Reshaping Monetary Politics in Europe* (Cambridge, MA: National Bureau of Economic Research, 1991), 13.

[48] Jürgen Stark, "Monetary, Fiscal and Financial Stability in Europe: Speech at the 11th Euro Finance Week in Frankfurt, 18 de noviembre de 2008", ecb., disponible en europa.eu.

La influencia del neoliberalismo alemán durante el giro neoliberal

Un tercer episodio en la historia económica alemana en el que es más clara la influencia de economistas organizados en torno a las infraestructuras del neoliberalismo alemán es durante el período del "giro neoliberal" en Alemania, a principio de los años ochenta.[49] Leaman, por ejemplo, plantea que a pesar de los múltiples indicadores de continuidad, "1982 todavía puede entenderse como una coyuntura en la historia de la economía política de Alemania [...] debido a que inauguró un período en el que hubo un cambio gradual, pero inexorable, en la calidad de las decisiones de políticas económicas del paradigma ideológico dentro del cual pasaron a enmarcarse y el contexto mundial dentro del cual las instituciones nacionales, regionales y globales operaban".[50] En 1981, el Ministro de Economía Otto Graf Lambsdorff (del Partido Democrático Libre, o FDP, por sus siglas en alemán) publicó un artículo pionero, titulado "Manifiesto por una economía de mercado: concepto para una política para superar la débil tasa de crecimiento y reducir el desempleo" –conocido como el *Artículo de Lambsdorff*–, donde enfatizó que el gobierno interfería demasiado en el libre mercado y sugirió reformas radicales en el mercado laboral, una estricta consolidación presupuestaria y políticas de desregulación.

Aparte de Lambsdorff, el otro encargado del artículo fue Otto Schlecht –quien ya estaba en el Ministerio de Economía bajo Erhard y Tietmeyer, y luego se convertiría en presidente del Bundesbank y uno de los principales iniciadores del *think tank* pro-

[49] La expresión puede prestarse a confusiones debido al "giro neoliberal" de EE. UU. o Reino Unido. Véase Martin Werding, "Gab es eine neoliberale Wende? Wirtschaft und Wirtschaftspolitik in der Bundesrepublik Deutschland ab Mitte der 1970er Jahre", *Vierteljahrshefte für Zeitgeschichte* 56 (2008). Sin embargo, las políticas sociales y económicas con un enfoque de mercado también cobraron importancia en Alemania durante los años ochenta.

[50] Leaman, *The Political Economy of Germany*, 5.

motor del neoliberalismo, Initiative for a New Social Market Economy (INSM), en 2000[51]–. Él, junto a Tietmeyer, fue autor del memorando para Otto Graf Lambsdorff. El artículo de Lambsdorff marcó el fin de la coalición socioliberal en Alemania y en especial del concepto económico (keynesiano) de gestión macroeconómica (*Globalsteuerung*). Por lo tanto, puede ser interpretado como la inauguración de un cambio de paradigma político-económico. Desde la perspectiva de la asesoría en políticas económicas, el artículo puede insertarse dentro de la tradición de la memoria anual del CAEE de 1973-1974, que indica un giro monetarista, y la memoria de 1976-1977, que aboga por políticas económicas que se enfoquen hacia el lado de la oferta.[52]

El objetivo político-económico común de estos documentos de reforma refleja los vínculos institucionales y personales de los miembros del *think tank* Kronberger Kreis. El Kronberger Kreis se fundó en diciembre de 1981 como una junta de asesores científicos al Frankfurter Institut (luego llamado Stiftung Marktwirtschaft) por el economista y editor de la revista *Wirtschaftswoche*, Wolfram Engels, y el emprendedor Ludwig Eckes. El Kronberger Kreis estaba organizado sobre el modelo del *think tank* estadounidense, con el objetivo de influenciar a la opinión pública y el discurso político-económico mediante "eventos organizados, publicaciones, asesoría individual en políticas públicas, acciones concretas y textos legislativos formulados".[53] La meta inicial del

[51] Véase, por ejemplo, Christoph Butterwegge, "Rechfertigung, Maßnahmen und Folgen einer neoliberalen (Sozial-)Politik", en *Kritik des Neoliberalismus*, ed. Christoph Butterwegge, Bettina Lösch y Ralf Ptak (Wiesbaden: VS Verlag für Sozialwissenschaften, 2008), 135-213; Rudolf Speth, *Die politischen Strategien der Initiative Neue Soziale Marktwirtschaft* 96 (Dusseldorf: Hans-Böckler-Stiftung, 2004).

[52] Lars P. Feld, "Zur Bedeutung des Manifests der Marktwirtschaft oder: Das Lambsdorff -Papier im 31. Jahr", *Zeitschrift für Wirtschaftspolitik* 62, N° 3 (2013); CAEE, *Vierzig Jahre Sachverständigenrat: 1963-2003* (Wiesbaden: Statistisches Bundesamt, 2003).

[53] Stiftung Marktwirtschaft, "Mehr Mut zum Markt...", disponible en Geo.net IT GmbH, stiftung-marktwirtschaft.de.

Kronberger Kreis era desarrollar un programa político-económico con enfoque de mercado para las siguientes elecciones del Bundestag en 1984. Tras la publicación del artículo de Lambsdorff y el fin de la coalición socioliberal –después bautizado como el "despertar ordopolítico de Alemania" por el miembro de la junta directiva del Stiftung Marktwirstschaft, Michael Eilfort–, el Stiftung Marktwirstschaft y el Kronberger Kreis lograron influir con éxito en el debate público, con documentos de posición y declaraciones breves.[54]

A lo largo de las décadas siguientes, bajo los cancilleres Helmut Kohl y Gerhard Schröder, miembros del Kronberger Kreis[55] ocuparon cargos clave o tenían vínculos estrechos con instituciones centrales de política económica, por ejemplo, el Ministro de Economía (Eekhoff), el Bundesbank (Issing, Neumann), las comisiones gubernamentales (Möschel, Donges, Raffelhüschen), y la comisión antimonopolio (Möschel, Von Weizsäcker, Hellwig, Haucap). Asimismo, los miembros del Kronberger Kreis fueron muy activos como asesores de política económica en el CAEE al igual que en las juntas de asesores científicos de los ministerios de Finanza y Economía. Haciendo referencia a la influencia política y económica multidimensional de estos economistas (véase también los coeficientes HPE en la tabla 11.1), al igual que a la densidad de sus vínculos en la red del neoliberalismo alemán, Ptak describe el Kronberger Kreis como "una influyente red de élite radical de mercado".[56]

[54] Michael Eilfort, "Begüßung", en *25 JAHRE Stiftung Marktwirtschaft und Kronberger Kreis*, ed. Stiftung Marktwirtschaft (Berlín, 2007), 9.

[55] La mayoría de los miembros del Kronberger Kreis son economistas; algunos también son académicos del ámbito jurídico, que es otra similitud con la vieja Escuela de Friburgo.

[56] Ralf Ptak, "Grundlagen des Neoliberalismus", en Butterwegge *et al.*, *Kritik des Neoliberalismus*, 79.

Tabla 11.1 . Huella Performativa de los miembros del Kronberger Kreis (porcentajes mostrados).[57]

Nombre	*Coef. medios*	*Coef. asesoría políticas púb.*	*Coef. actor políticas púb.*	*Coef. repr. acad.*	*Coef. pr. acad.*
Wolfgang Franz	1,02	3,60	0,00	0,48	0,83
Olaf Sievert	0,42	3,54	1,17		
Armin Gutowski	0,45	1,75	0,00		
Juergen Donges	0,23	1,25	0,00	0,12	
Carl Christian von Weizsäcker	0,52	0,56	3,50		0,52
Gerhard Fels	0,28	0,54	0,00		0,36
Otmar Issing	1,02	0,51	3,50	2,35	0,80
Martin Hellwig	0,22	0,28	4,21		1,15
Wolfgang Stützel	0,51	0,18	0,12	0,03	0,40
Wolfram Engels	0,71	0,00	0,00		
Walter Hamm	0,11	0,00	0,00		
Hans Willgerodt	0,09	0,00	0,00		0,36

El análisis de la Huella Performativa (HPE) de los economistas del Kronberger Kreis proporciona más evidencia empírica del gran impacto del *think tank* en el rumbo de la política económica alemana de las últimas décadas. La influencia inmediata del Kronberger Kreis, que también indica el estrecho vínculo ideológico entre la intención del artículo de Lambsdorff y el *think tank*, se ve reflejada en una cita del discurso de Otto Lambsdorff con ocasión

[57] Debido a las limitaciones de las fuentes de información, la HPE solo se calcula para los economistas que ya eran profesores en universidades alemanas para 1996. Para el análisis de redes sociales, se incluyen todos los miembros del Kronberger Kreis.

del 25° aniversario de su fundación: "Pienso que simplemente le copié al Kronberger Kreis; era la forma más fácil, porque siempre tiene razón".[58]

La gran sombra del neoliberalismo alemán en la economía

Con el objetivo de destacar la posición central de las instituciones como el Kronberger Kreis entre los economistas de influencia política y pública, se efectuó un análisis más profundo de estas redes sociales, considerando también a los miembros de otras instituciones del colectivo alemán de pensamiento neoliberal. Esto se basó en un análisis institucional de los múltiples puestos ocupados por economistas en instituciones y *think tanks* (por ejemplo, como fundador, miembro activo, participante en la junta de asesores o en un comité de expertos). También se buscó economistas con puestos en *think tanks* o instituciones keynesianas, con vínculos sindicales o de economía alternativa, con el fin de resaltar un potencial contrapeso al poder de los economistas. Si bien el procedimiento de asignar instituciones al colectivo alemán de pensamiento neoliberal es estandarizado (en principio, involucra un vínculo con la SMP),[59] la definición de un "colectivo de pensamiento keynesiano/alternativo" se basa en un amplio espectro de instituciones político-económicas.

[58] Otto G. Lambsdorff, en *25 JAHRE Stiftung Marktwirtschaft und Kronberger Kreis*, 37-45.

[59] Véase también Plehwe y Walpen, "Between Network and Complex Organization".

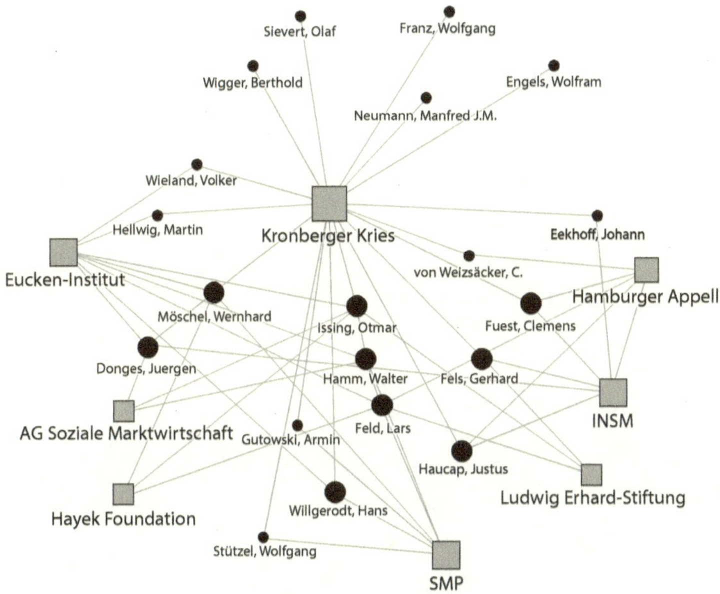

Figura 11.5. El Kronberger Kreis como el nodo central en las redes alemanas de economistas neoliberales.

La tesis de la continuidad infraestructural del neoliberalismo alemán entre los economistas se puede probar en tres pasos. Primero, hay 22 economistas con un puntaje de coeficiente de medios alto o medio en sus redes de *think tanks*. 12 de esos 22 (55%) se vinculan mediante la red de neoliberalismo alemán, mientras que la SMP (5 vínculos) y el Kronberger Kreis y el Hayek-Stiftung/Gesselschaft (la Fundación o Sociedad Hayek) (cada una tiene 3 vínculos) tienen una ubicación central. En cambio, un economista con un puntaje medio de coeficiente de medios se víncula con la Fundación Böckler, cercana al sindicalismo, que podría considerarse dentro del colectivo de pensamiento keynesiano/alternativo (en contraposición al colectivo de pensamiento neoliberal).

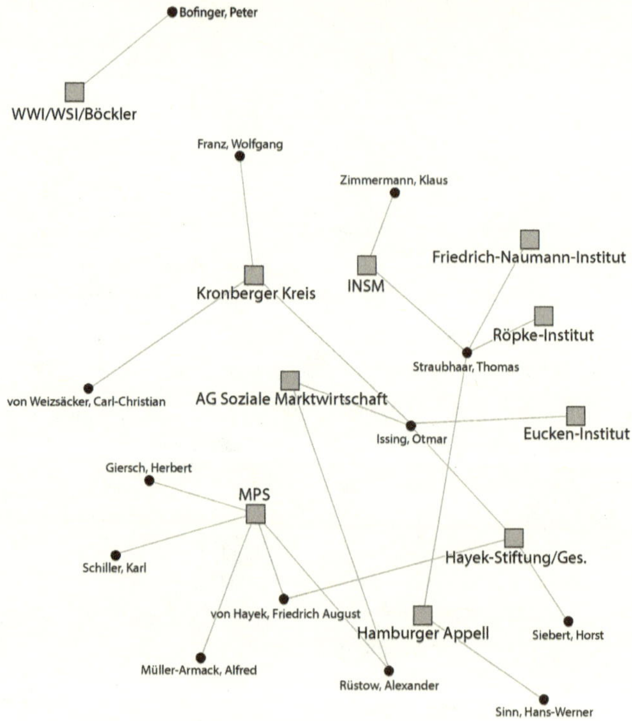

Figura 11.6. Economistas con un alto coeficiente de medios en las redes de think tanks.

Segundo, entre los 40 economistas con un coeficiente de asesoría política alto o medio, 11 economistas (28%) se vinculan mediante una red de neoliberalismo alemán y, nuevamente, solo 1 economista se vincula con un colectivo de pensamiento keynesiano. En la red de asesores políticos influyentes, el AG Soziale Marktwirtschaft, el Kronberger Kreis y la Initiative for New Social Market Economy (INSM) son los nodos con el grado de centralidad más alto. En cuanto a las personas, Juergen Donges y Christian Watrin (presidente de la SMP 2000-2002) permanecen como un importante nodo.

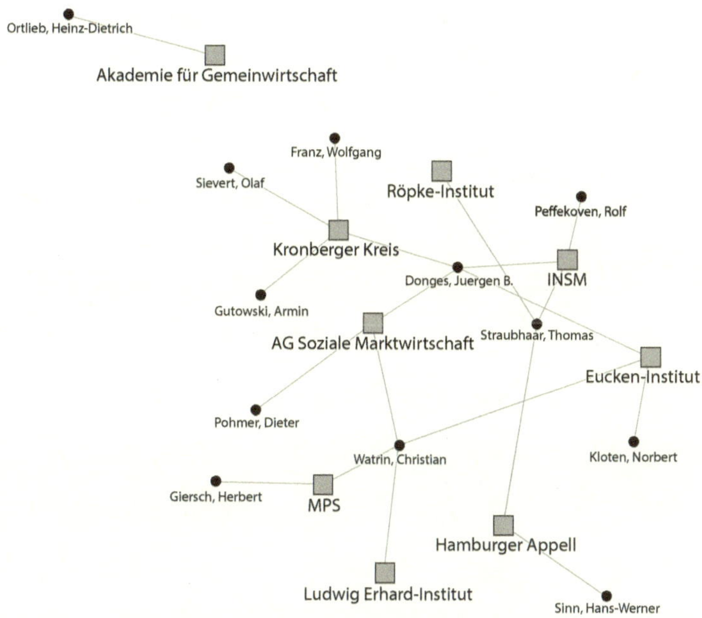

Figura 11.7. Economistas con un coeficiente de asesoría política alto en las redes de think tanks.

En el tercer y último paso, se proporciona el resultado de un análisis de redes personales e institucionales de los economistas alemanes de la muestra, con al menos una influencia "media" en al menos dos coeficientes de la HPE.

La figura 11.8 nuevamente demuestra la desigual estructura de poder político-económico de los economistas alemanes. Por un lado, abajo y al centro hay un grupo de 15 de 28 economistas (54%), vinculados en una red densa de *think tanks* e instituciones neoliberales alemanas y que, por ende, son parte del colectivo de pensamiento neoliberal. Por otro lado, como se mencionó arriba, Peter Bofinger, a quien, notablemente, los medios suelen llamar el "último keynesiano", está vinculado con la Fundación Böckler, como parte del colectivo de pensamiento keynesiano/alternativo.

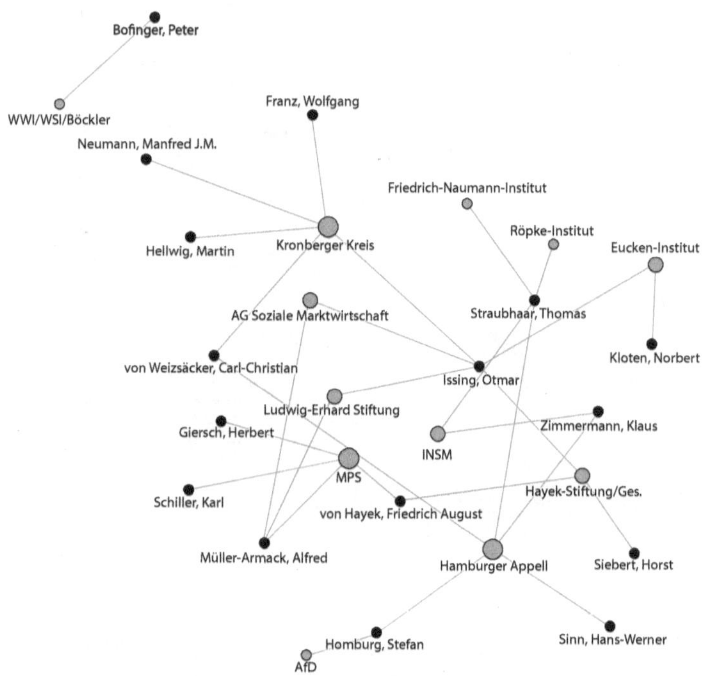

Figura 11.8. Economistas alemanes influyentes en las redes de think tanks.

El análisis de la influencia política y pública de los economistas alemanes con puestos académicos en economía de 1954 a 1995 refleja una estructura de poder muy desigual en favor de los neoliberales. El análisis detallado de los economistas con una alta presencia en los medios o posiciones centrales de asesoría política, y el análisis general de los economistas influyentes en los cinco coeficientes de la HPE, destacan que la mayoría de los economistas con influencia en la política y en la opinión pública pueden ubicarse dentro del colectivo de pensamiento neoliberal. Si bien también existe una red de economistas organizados en un colectivo de pensamiento keynesiano/alternativo, que indica un poder con potencial de ser un contrapeso en cuanto a los discursos político-económicos, el análisis de redes muestra que este grupo está en una posición de minoría marginalizada.

Conclusión

Este capítulo ha revisado las estructuras de poder político-económicas de la economía alemana desde la Segunda Guerra Mundial. Mediante el concepto de un colectivo de pensamiento neoliberal alemán, organizado en torno a la Sociedad Mont Pèlerin, en primer lugar, se destacaron las conexiones personales e institucionales entre el ordoliberalismo y otras de las primeras ramas del neoliberalismo. En segundo lugar, se introdujo la metodología de la huella performativa de los economistas para conceptualizar el impacto académico, político y público del pensamiento económico y de los economistas individuales.

A partir de esta doble base teórica y metodológica, el capítulo mostró que los economistas organizados en el colectivo de pensamiento neoliberal alemán tuvieron un impacto formativo en el rumbo de las políticas económicas del país. Comenzó con la fundación de la República Federal Alemana a fines de los años cuarenta, y luego durante el "giro monetarista" del Bundesbank en los años setenta y el "giro neoliberal" en las políticas económicas de principios de los años ochenta, donde los economistas vinculados a las infraestructuras del neoliberalismo alemán tuvieron cargos clave, que les permitieron influenciar las políticas económicas.

Además de estos ejemplos concretos del impacto de las infraestructuras del neoliberalismo alemán sobre la historia de las políticas económicas del país, en este capítulo se proporcionó un análisis de redes personales e institucionales de una muestra de 800 profesores alemanes de economía tras la Segunda Guerra Mundial. La principal conclusión que se colige de estos análisis es que, entre este grupo de economistas con una alta presencia en los medios o posiciones importantes de asesoría política, o incluso en organizaciones económicas como el Bundesbank o autoridades gubernamentales, una mayoría puede clasificarse dentro del colectivo de pensamiento neoliberal alemán. En cambio, solo una pequeña minoría de economistas "influyentes" puede vincularse al colectivo de pensamiento keynesiano/alternativo. Por lo tanto, se puede concluir que existe una infraestructura del neoliberalismo alemán, densamente interconectada, organizada en torno a los economistas, *think tanks*, instituciones de asesoría política e institutos de investigación económicas del neoliberalismo, y que esta ha ejercido una influencia formativa en las políticas económicas de Alemania por muchas décadas.

Tabla 11.2. Esquema de clasificación para la operacionalización de los coeficientes políticos de la HPE.

Categoría	*Factor de ponderación*	*Ministerio de Economía/ Finanzas*	*Otros ministerios*	*Oficina Federal de Estadística*	*Parlamento*	*Comisión antimonopolio/ Autoridad carteles*	*Banco Central alemán/europeo*	*Instituciones económicas internacionales*
0	32	Ministro/ canciller						
1	16	Secr. de Estado	Secr./ ministro de Estado			Presidente o vicepresidente	Economista que preside o lidera	
2	8	Director del Depto.	Director del Depto.	Dir. del Depto. de eco./ finanzas	Dir. del comité de eco./ finanzas	Miembro	Miembro de la directiva	Dir. del Depto. de eco./ finanzas
3	4	Personal científico	Personal científico	Posición de liderazgo dentro del Depto.	Parlamentario	Personal científico	Posición de liderazgo en un banco central regional	Posición de liderazgo en el Depto.
4	1			Personal científico	Personal científico		Personal científico	Personal científico

Continuación tabla 11.2

Categoría	Factor de ponderación	Partido oficialista	Partido opositor	Otros cargos políticos	Institutos de investigación económica	Grupos de activismo (sindicatos, asociaciones de empleados)	Junta directiva de asesoría científica en Min. de Eco./ Finanzas	CAEE
0	32							
1	16							Presidente o vicepresidente
2	8	Líder del partido		Cargo de liderazgo en eco./ finanzas	Presidente	Posición de liderazgo	Presidente	Miembro
3	4	Vocero de eco./ finanzas	Líder del partido	Otros	Dir. del Depto.	Vocero de eco./finanzas	Vicepresidente	Personal científico
4	1	Personal científico	Vocero de eco./ finanzas				Miembro	

Nota: Para el cálculo de los coeficientes de los cargos en las instituciones, estos se ponderan de acuerdo con sus categorías y luego se multiplican por los años que los economistas se mantuvieron en estos cargos. El desempeño de un mismo cargo en un estado alemán o fuera del país conlleva una disminución en el coeficiente de la categoría.

Sobre los autores

Martin Beddeleem es un historiador del neoliberalismo temprano, enfocado en la teoría neoliberal de la ciencia. Actualmente se desempeña como investigador posdoctoral en la Universidad de Aarhus.

Melinda Cooper es profesora de sociología en la Universidad Nacional Australiana. Trabaja en un área amplia, que incluye los estudios sociales de las finanzas, el neoliberalismo y los nuevos conservadurismos sociales.

Marie-Laure Salles-Djelic es profesora de sociología y decana de la Escuela de Gestión e Innovación en el Instituto de Estudios Políticos de París, y directora del Institut de hautes études internationales et du développement (IHEID) en Ginebra.

Rüdiger Graf es un historiador del Leibniz-Zentrum für Zeithistorische Forschung (ZZF), donde dirige el Departamento de Historia de la vida económica.

Philip E. Mirowski es profesor Carl E. Koch de Estudios de Economía y Políticas Públicas y de Historia y Filosofía de la Ciencia en la Universidad de Notre Dame.

Reza Mousavi es profesor asistente de gestión en la Escuela de Gestión iéseg y trabaja en las áreas de estudios sociales de la tecnología y movimientos sociales en línea.

Edward Nik-Khah es profesor de economía, dedicado a la historia de la economía en el Roanoke College.

Dieter Plehwe es cientista político, especializado en el neoliberalismo y las redes de *think tanks*. Trabaja en el Centro de Investigación para la Sociedad Civil del wzb Berlin Social Science Center.

Stephan Pühringer es economista y se especializa en la performatividad del pensamiento económico y en las estructuras de poder en la economía. Actualmente se desempeña en el Instituto para el Análisis Comprehensivo de la Economía (icae) de la Universidad de Linz.

Matthias Schmelzer es historiador de la economía y activista climático. Se desempeña en el Departamento de Sociología en la Universidad Friedrich Schiller de Jena (fsu) y en el Konzeptwerk Neue Ökonomie en Leipzig.

Hagen Schulz-Forberg es profesor asociado de historia universal y europea en la Universidad de Aarhus.

Quinn Slobodian es profesor asociado de historia en el Wellesley College.

Bibliografía

Aaronson, Mark Neal. "Representing the Poor: Legal Advocacy and Welfare Reform during Reagan's Gubernatorial Years". *Hastings Law Journal* 64 (2013): 933-1119.

Akerlof, George A. *et al.* "The Copyright Term Extension Act of 1998: An Economic Analysis" (mayo 2002), en www.brookings.edu.

Alesina, Alberto y Vittorio Grilli. *The European Central Bank: Reshaping Monetary Politics in Europe.* Cambridge, MA: National Bureau of Economic Research, 1991.

Alstott, Anne. "Neoliberalism in US Family Law: Negative Liberty and Laissez-Faire Markets in the Minimal State". *Law and Contemporary Problems* 77, N° 4 (2014): 25-42.

Ambrosius, Gerold. *Der Staat als Unternehmer: Öffentliche Wirtschaft und Kapitalismus seit dem 19. Jahrhundert.* Göttingen: Vandenhoeck & Ruprecht, 1984.

Anderson, Terry. *The Movement and the Sixties.* Nueva York: Oxford University Press, 1995.

Anghie, Antony. *Imperialism, Sovereignty and the Making of International Law.* Cambridge: Cambridge University Press, 2007.

Aron, Raymond. *Introduction à la philosophie de l'histoire.* París: Gallimard, 1986 [1938].

—. *Introducción a la filosofía de la historia: ensayo sobre los límites de la objetividad histórica.* Buenos Aires: Siglo veinte, 1984 [1938].

Audier, Serge. *Néo-libéralisme(s). Une archéologie intellectuelle.* París: Grasset, 2012.

Austin, J. L. *How to Do Things with Words.* Oxford: Oxford University Press, 1962.

Baccaro, L. y C. Howell. "A Common Neoliberal Trajectory: The Transformation of Industrial Relations in Advanced Capitalism". *Politics & Society* 39, N° 4 (2011): 521-563.

Bachelard, Gaston. *The New Scientific Spirit.* Boston: Beacon Press, 1984.

—. *El nuevo espíritu científico.* Lima, Universidad Nacional Mayor de San Marcos, 1972 [1934].

Bandow, Doug. "Totalitarian Global Management: The UN's War on the Liberal International Economic Order". *Cato Institute Policy Analysis,* N° 61 (1985).

Bank, Max. "Stunde der Neoliberalen? Politikberatung und Wirtschaft spolitik in der Ära Adenauer". Tesis doctoral, Universidad de Colonia, 2013.

Baudin, Louis. *Free Trade and Peace.* París: IIIC, 1939.

—. *L'Aube d'un nouveau libéralisme.* París: Librairie de Médicis, 1953.

Becker, Gary S. "Irrational Behavior and Economic Theory". *Journal of Political Economy* 70, N° 1 (1962): 1-13.

—. *A Treatise on the Family.* Cambridge, MA: Harvard University Press, 1993 [1981].

—. *The Economics of Life: From Baseball to Affirmative Action to Immigration, How Real-World Issues Affect Our Everyday Life.* Nueva York: McGraw Hill Education, 1998.

Bell, Daniel. *The Coming of Post-Industrial Society: A Venture in Social Forecasting.* Nueva York: Basic Books, 1973.

—. *El advenimiento de la sociedad post-industrial: un intento de prognosis social.* Madrid: Alianza, 1991.

Benko, Robert P. "Intellectual Property Rights and the Uruguay Round". *The World Economy* 11, N° 2 (1988): 217-232.

Berelson, Bernard R. "Behavioral Sciences". En *International Encyclopedia of the Social Sciences,* vol. 2, ed. David Sills y Robert K. Merton. Nueva York: Macmillan, 1968, 41-45.

Bernal, John Desmond. *The Social Function of Science.* Londres: Routledge, 1939.

Biebricher, Thomas. "Europe and the Political Philosophy of Neoliberalism: Critical Exchange on Neoliberalism and Europe". *Contemporary Political Theory* 12, N° 4 (2013): 338-375.

—. "The Return of Ordoliberalism in Europe: Notes on a Research Agenda". *Scienze Giuridiche, Scienze Cognitive e Intelligenza artificiale* 21 (2014).

Blank, David y George Stigler. *The Demand and Supply of Scientific Personnel.* Nueva York: NBER, 1957.

Bleemer, Zachary, Meta Brown, Donghoon Lee y Wilbert van der Klaauw. *Debt, Jobs, or Housing: What's Keeping Millennials at Home?* Federal Reserve Bank of New York Staff Reports, noviembre 1, 2014, en www.newyorkfed.org.

Blumenberg-Lampe, Christine y Norbert Kloten. *Der Weg in die soziale Marktwirtschaft: Referate, Protokolle, Gutachten der Arbeitsgemeinschaft Erwin von Beckerath 1943-1947.* Stuttgart: Klett-Cotta, 1986.

Blyth, Mark. *Austerity: The History of a Dangerous Idea.* Oxford: Oxford University Press, 2013.

Boettke, Peter, Alexander Fink y Daniel Smith. "The Impact of Nobel Prize Winners in Economics: Mainline vs. Mainstream". *American Journal of Economics and Sociology*, N° 71 (2012): 1219-1249.

Böhm, Franz. *Die Ordnung der Wirtschaft als geschichtliche Aufgabe und rechtsschöpferische Leistung.* Stuttgart y Berlín: Kohlhammer, 1937.

Böhm, S., M. C. Misoczky y S. Moog. "Greening Capitalism? A Marxist Critique of Carbon-Markets". *Organization Studies* 33, N° 11 (2012): 1617-1638.

Boldrin, Michele y David K. Levine. *Against Intellectual Monopoly.* Cambridge: Cambridge University Press, 2008.

Bonefeld, Werner. "Freedom and the Strong State: On German Ordoliberalism". *New Political Economy* 17, N° 5 (2012): 633-656.

—. *The Strong State and the Free Economy*. Londres: Rowman & Littlefield, 2017.

Borchardt, Knut. "Die Konzeption der Sozialen Marktwirtschaft in heutiger Sicht". En *Zukunftsprobleme der sozialen Marktwirtschaft*, ed. Otmar Issing. Berlín: Duncker & Humblot, 1981, 33-53.

Bouckaert, Boudewijn. "What Is Property?". *Harvard Journal of Law & Public Policy* 13 (1990): 775-816.

Bowman, Sam. "Coming out as Neoliberals". *Adam Smith Institute Blog*, 11 de octubre de 2016.

Boyer, John. *A Twentieth-Century Cosmos: The New Plan and the Origins of General Education at Chicago*. Chicago: The College of the University of Chicago, 2007.

Brandes, Sören. "'Free to Choose': Die Popularisierung des Neoliberalismus in Milton Friedmans Fernsehserie (1980/90)". *Zeithistorische Forschungen/Studies in Contemporary History* 12, N° 3 (2015): 526-533.

Brenner, Neil. "Building ' Euro-Regions': Locational Politics and the Political Geography of Neoliberalism in Post-Unification Germany". *European Urban and Regional Studies* 7, N° 4 (2000): 319-345.

Brenner, Neil, Jamie Peck y Nik Theodore. "New Constitutionalism and Variegated Neo-Liberalization". En *New Constitutionalism and World Order*, ed. Stephen Gill y A. Claire Cutler. Nueva York: Cambridge University Press, 2014, 126-142.

Brooks, Roger A. "At the UN, a Mounting War on Patents". *The Heritage Foundation Backgrounder*, N° 215 (4 de octubre, 1982).

—. "Multinationals: First Victim of the UN War on Free Enterprise". *The Heritage Foundation Backgrounder*, N° 227 (16 de noviembre, 1982).

Brown, Wendy. "Neo-Liberalism and the End of Liberal Democracy". *Theory & Event* 7, N° 1 (2003).

—–. *Undoing the Demos: Neoliberalism's Stealth Revolution.* Nueva York: Zone Books, 2015.

—–. *El pueblo sin atributos. La secreta revolución del neoliberalismo.* Barcelona: Malpaso, 2016.

Brunner, Karl, ed. *Proceedings of the First Konstanzer Seminar on Monetary Theory and Monetary Policy.* Berlín: Duncker und Humblot, 1972.

Buch-Hansen, H. y A. Wigger. "Revisiting Fifty Years of Market-Making: The Neoliberal Transformation of European Competition Policy". *Review of International Political Economy* 17, N° 1 (2010): 20-44.

Buchanan, James M. *The Public Finances.* Homewood, Illinois: Richard D. Irwin, Inc. 1960.

—–. "Staatliche Souveränität, nationale Planung und wirtschaftliche Freiheit". *Ordo* 14 (1963): 249-258.

—–. "The Samaritan's Dilemma". En *Altruism, Morality, and Economic Theory,* ed. E. S. Phelps. Nueva York: Russell Sage Foundation, 1975, 71-85.

—–. "Methods and Morals in Economics: The Ayres-Knight Discussion". En *Science and Ceremony: The Institutional Economics of C. E. Ayres,* ed. W. Breit y J. William Patton Culbertson. Austin: University of Texas Press, 1976, 163-174.

Buchanan, James y Yong J. Yoon. "Symmetric Tragedies: Commons and Anticommons". *Journal of Law and Economics* 43 (2000): 1-13.

Bukharin, N. I., ed. *Science at the Cross-Roads.* Londres: Frank Cass & Co., 1971.

Bulmer, Simon y William E. Paterson. "Germany as the EU's Reluctant Hegemon? Of Economic Strength and Political Constraints". *Journal of European Public Policy* 20, N° 10 (2013): 1387-1405.

Burgin, Angus. *The Great Persuasion: Reinventing Free Markets Since the Depression.* Cambridge, MA: Harvard University Press, 2012.

Butterwegge, Christoph, Bettina Lösch y Ralf Ptak, eds. *Kritik des Neoliberalismus*. Wiesbaden: VS Verlag für Sozialwissenschaften, 2008.

Buzaglo, Jorge. "The Nobel Family Dissociates itself from the Economics Prize". *Real-World Economics Review Blog*, 22 de octubre de 2010, en https://rwer.wordpress.com

Caldwell, Bruce. *Hayek's Challenge*. Chicago: University of Chicago Press, 2004.

Capps, Patrick. *Human Dignity and the Foundations of International Law*. Oxford: Hart, 2009.

Carlyle, Thomas. *Los héroes: el culto de los héroes y lo heroico en la historia*. Madrid: Fernández y Lasanta, 1893, en https://bibliotecadigital.jcyl.es/es/catalogo_imagenes/grupo.do?path=10465660

Caspers, Rolf. *Zahlungsbilanz und Wechselkurse*. Múnich y Viena: Oldenbourg Verlag, 2002.

Cassel, Gustav. "Abnormal Deviations in International Exchanges". *The Economic Journal 28* (1918): 413-415.

Castillejo, José. Carta a Ortega y Gasset, 31 de enero de 1931. En *Epistolario de José Castillejo, vol. III, Fatalidad y Porvenir 1913-1937*. Madrid: Editorial Castalia, 1999, 673-677.

Cato Institute. *Cato Handbook for Congress: Policy Recommendations for the 108th Congress*. Washington, DC: Cato Institute, 2003.

Centre International d'études pour la rénovation du libéralisme. "Le néo-libéralisme". Debate inaugural del 8 de marzo de 1939. Reimpreso en *Les Essais. Cahiers bimestriels*. Nancy: Didry y Varcollier, 1961, 86-108.

Chafuen, Alejandro. "Atlas Economic Research Foundation Early History", en www.chafuen.com.

Chandler, Alfred D. *Strategy and Structure: Chapters in the History of the American Industrial Enterprise*. Cambridge, MA: MIT Press, 1962.

Chappell, Marisa. *The War on Welfare: Family, Poverty, and Politics in Modern America.* Filadelfia: University of Pennsylvania Press, 2010.

Cherrier, Beatrice. "The Wesley Clair Mitchell Medal: The AEA Award that Never Came to Be". Institute for New Economic Thinking, 11 de noviembre de 2015, en ineteconomics.org.

Cockett, Richard. *Thinking the Unthinkable.* Londres: Harper Collins, 1994.

Coen, Deborah R. *Vienna in the Age of Uncertainty: Science, Liberalism, and Private Life.* Chicago: University of Chicago Press, 2007.

Cohen, Jean L. *Regulating Intimacy: A New Legal Paradigm.* Princeton: Princeton University Press, 2004.

Condliffe, John Bell. *International Collaboration in the Study of International Relations.* París: IIIC, 1930.

Connell, Carol M. *Reforming the World Monetary System: Fritz Machlup and the Bellagio Group.* Londres y Nueva York: Routledge, 2013.

Connell, Carol M. y Joseph Salerno, eds. *Monetary Reform and the Bellagio Group: Selected Letters and Papers of Fritz Machlup, Robert Triffin and William Fellner,* 5 vols. Londres: Taylor & Francis Group, 2014.

Coontz, Stephanie. *The Way We Never Were: American Families and the Nostalgia Trap.* Nueva York: Basic Books, 2000.

Cooper, Melinda. *Family Values: Between Neoliberalism and the New Social Conservatism.* Nueva York: Zone Books, 2017.

Cooper, Richard N. "Exchange Rate Choices". Conference Series, Federal Reserve Bank of Boston (junio 1999): 99-136.

Crouch, Colin. *Post-Democracy.* Londres: Polity, 2004.

—. *Posdemocracia.* Buenos Aires: Taurus, 2004.

—. *The Strange Non-Death of Neoliberalism.* Cambridge: Polity, 2011.

Crowther-Heyck, Hunter. *Herbert A. Simon: The Bounds of Reason in Modern America.* Baltimore: Johns Hopkins University Press, 2005.

Crowther, M. A. "Family Responsibility and State Responsibility in Britain before the Welfare State". *The Historical Journal* 25, N° 1 (1982): 131-145.

Crozier, Michel, Jōji Watanuki y Samuel P. Huntington. *The Crisis of Democracy: Report on the Governability of Democracies to the Trilateral Commission.* Nueva York: University Press, 1975.

Cutler, A. Claire. *Private Power and Global Authority: Transnational Merchant Law in the Global Political Economy.* Nueva York: Cambridge University Press, 2003.

Davies, William. "Economics and the 'Nonsense' of Law: The Case of the Chicago Antitrust Revolution". *Economy and Society* 39, N° 1 (2010): 64-83.

—. *The Limits of Neoliberalism: Authority, Sovereignty and the Logic of Competition.* Thousand Oaks: SAGE, 2014.

Davis, Aeron y Catherine Walsh. "Distinguishing Financialization from Neoliberalism". *Theory, Culture & Society* 34, N° 5-6 (2017): 27-51.

Davis, Martha F. *Brutal Need: Lawyers and the Welfare Rights Movement, 1960-1971.* New Haven: Yale University Press, 1993.

Denord, François. "Aux origines du néo-libéralisme en France. Louis Rougier et le Colloque Walter Lippmann de 1938". *Le Mouvement Social* 195, N° 2 (2001): 9-34.

—. *Néo-libéralisme version française. Histoire d'une idéologie politique.* París: Demopolis, 2007.

De Marchi, Neil. "League of Nations Economists and the Ideal of Peaceful Change in the Decade of the 'Thirties'". En *Economics and National Security*, ed. Craufurd D. Goodwin. Durham, NC: Duke University Press, 1991, 143-178.

Dewey, Thomas E. L. "At WIPO, New Threats to Intellectual Property Rights". *The Heritage Foundation Backgrounder*, N° 51 (11 de septiembre,1987).

Diamond, Arthur. "Measurement, Incentives, and Constraints in Stigler's Economics of Science". *European Journal of the History of Economic Thought* 12, N° 4 (2005): 635-661.

Director, Aaron. "The Parity of the Economic Market Place". *Journal of Law and Economics* 7 (1964): 1-10.

Doering, Detmar. "'Sozialdarwinismus' Die unterschwellige Perfi die eines Schlagwortes". *Eigentümlich Frei* 2, N° 6 (1999): 200-202.

Drahos, Peter y John Braithwaite. *Information Feudalism*. Londres: Earthscan, 2002.

Dullien, Sebastian y Ulrike Guérot. "The Long Shadow of Ordoliberalism: Germany's Approach to the Euro Crisis". *European Council on Foreign Relations Policy Brief*, 2012.

Duménil, Gérard y Dominique Lévy. *The Crisis of Neoliberalism*. Cambridge, MA: Harvard University Press, 2011.

Dunn, Bill. "Against Neoliberalism as a Concept". *Capital & Class* 41, N° 3 (2017): 435-454.

Düppe, Till. "Economic Science in Berlin". *Studies in the History and Philosophy of Science*, N° 51 (2015): 22-32.

Dyble, Colleen, ed. *Taming Leviathan: Waging the War of Ideas around the World*. Londres: Institute of Economic Affairs, 2008.

Eagleton-Pierce, Matthew. *Neoliberalism: The Key Concepts*. Londres: Routledge, 2016.

Ebenstein, Alan. *Friedrich Hayek: A Biography*. Nueva York: St. Martin's Press, 2001.

Ebenstein, Lanny. *Chicagonomics*. Nueva York: St. Martin's Press, 2015.

Edwards, Lee. *The Power of Ideas: The Heritage Foundation at 25 Years*. Ottawa, IL: Jameson Books, 1997.

Eecke, Wilfried v. "Ethics in Economics: From Classical Economics to Neo-liberalism". *Philosophy & Social Criticism* 9, N° 2 (1982): 146-167.

Eichengreen, Barry. *Golden Fetters: Th e Gold Standard and the Great Depression, 1919-1939.* Nueva York: Oxford University Press, 1992.

—. *Globalizing Capital: A History of the International Monetary System.* Princeton: Princeton University Press, 1996.

—. *Globalización del capital: historia del sistema monetario internacional.* Barcelona: Antoni Bosch, 2000.

Eilfort, Michael. "Begrüßung". En *25 JAHRE Stiftung Marktwirtschaft und Kronberger Kreis*, ed. Stiftung Marktwirtschaft, Berlín, 2007, 6-9.

Endres, Anthony M. *Great Architects of International Finance: The Bretton Woods Era.* Londres y Nueva York: Routledge, 2005.

—. "Frank Graham's Case for Flexible Exchange Rates: A Doctrinal Perspective". *History of Political Economy* 40, N° 1 (2008): 133-162.

Epstein, Richard. *Principles for a Free Society.* Nueva York: Basic Books, 1998.

Eriksson, Martin. "A Golden Combination: The Formation of Monetary Policy in Sweden after WWI". *Enterprise & Society*, N° 16 (2015): 556-579.

Erixon, Lennart. "The Economic Policy and Macroeconomic Performance of Sweden in the 1990s and 2000s". En *The Nordic Varieties of Capitalism*, ed. Lars Mjoset. Bingley: Emerald House, 2011, 265-330.

Eucken, Walter. *Grundsätze der Wirtschaftspolitik.* Berna: Francke, 1952.

Fang, Marina. "Born Amidst '60s Protests, Kalven Report Remains Controversial". *The Chicago Maroon*, 21 de febrero de 2013, en http://chicagomaroon.com.

Feld, Lars P. "Zur Bedeutung des Manifests der Marktwirtschaft oder: Das Lambsdorff Papier im 31. Jahr". *Zeitschrift für Wirtschaftspolitik* 62, N° 3 (2013): 227-243.

Feld, Lars P., Ekkehard A. Köhler y Daniel Nientiedt. "Ordoliberalism, Pragmatism and the Eurozone Crisis: How the German Tradition Shaped Economic Policy in Europe". CESifo Working Paper, N° 5368 (2015).

Fellner, William. *Amerikanische Erfahrungen mit der Lohninflation in den fünfziger Jahren.* Tubinga: J. C. B. Mohr, 1962.

—. "On Limited Exchange-rate Flexibility". En *Maintaining and Restoring Balance in International Payments*, ed. William Fellner *et al.* Princeton: Princeton University Press, 1966, 111-122.

—. "Limitación de la flexibilidad del tipo de cambio". En *Mantenimiento y restauración de la balanza de los pagos internacionales*, ed. William Fellner *et al.* Barcelona: Gustavo Gili, 1969, 137-150.

Feulner, Edwin J. "Waging and Winning the War of Ideas". *The Heritage Lectures*, N° 84 (1986).

Fisher, Antony. "Letter to a Businessman in Jamaica, 1981". Fragmentos disponibles en www.chafuen.com

—. "Pourquoi l'Institute of Economic Affairs?". Discurso inaugural en el Institut Économique de Paris, 29 de septiembre de 1982. *Liberté économique et progress social*, N° 46-47 (octubre 1983).

Fisk, Catherine L. "Knowledge Work: New Metaphors for the New Economy". *Chicago-Kent Law Review* 80 (2005): 839-872.

Fleming, Peter. *The Death of Homo Economicus: Work, Debt and the Myth of Endless Accumulation.* Londres: Pluto Press, 2017.

Foray, Dominique. *Economics of Knowledge.* Cambridge, MA: MIT Press, 2004.

Forder, James. "Why is Central Bank Independence so Widely Approved?". *Journal of Economic Issues*, N° 39 (2005): 843-865.

Foucault, Michel. *The Birth of Biopolitics: Lectures at the Collège de France, 1978-1979*, ed. Frédéric Gros. Londres: Palgrave Macmillan, 2008.

—. *Nacimiento de la biopolítica*. Buenos Aires: Fondo de Cultura Económica, 2007.

—. *The Courage of Truth*. Nueva York: Picador, 2011.

Fourcade, Marion. "The Construction of a Global Profession: The Transnationalization of Economics". En *The Economics of Economists*, ed. Jack Vromen y Alessandro Lantieri. Cambridge: Cambridge University Press, 2014, 25-76.

Fournier, Marcel. *Marcel Mauss: A Biography*. Princeton: Princeton University Press, 2006.

Franke, Katherine. "Becoming a Citizen: Reconstruction Era Regulation of African American Marriages". *Yale Journal of Law and the Humanities* 11 (1999): 251-309.

Frantz, Roger. "Frederick Hayek's Behavioral Economics in Historical Context". En *Hayek and Behavioral Economics*, ed. Roger Frantz. Basingstoke: Palgrave Macmillan, 2013, 1-34.

Fredona, Robert y Sophus A. Reinert. "The Harvard Research Center in Entrepreneurial History and the Daimonic Entrepreneur". *History of Political Economy* 49, N° 2 (2017): 268-314.

Freeden, Michael. *Ideologies and Political Th eory: A Conceptual Approach*. Oxford: Oxford University Press, 1996.

Friedman, Milton. "Neo-Liberalism and its Prospects". *Farmand* (febrero 1951): 1-4.

—. "The Case for Flexible Exchange Rates". En *Essays in Positive Economics*. Chicago: University of Chicago Press, 1953, 157-203.

—. "Discussion". En *International Payments Problems. A Symposium Sponsored by the American Enterprise Institute for Public Policy Research*. Washington, DC: American Enterprise Institute, 1966, 87-90.

—. "The Methodology of Positive Economics (1953)". En *Essays in Positive Economics*, ed. Milton Friedman. Chicago: University of Chicago Press, 1966, 3-46.

—. "'Free' Education". *Newsweek*, 14 de febrero de 1967, 86.

—. *Capitalism and Freedom*. Chicago: University of Chicago Press, 1982.

—. "Mr. Market". *Hoover Digest*, N° 1 (1999).

Friedman, Milton, Edward M. Bernstein y Milton Gilbert. "Discussion". *The American Economic Review* 55, N° 1-2 (1965): 178-88.

Friedman, Milton y Robert Roosa. *The Balance of Payments: Free Versus Fixed Exchange Rates*. Washington, DC: American Enterprise Institute, 1967.

—. *El balance de pagos*. Buenos Aires: El Ateneo, 1970.

Friedman, Milton y Rose Friedman. *Capitalism and Freedom*. Chicago: University of Chicago Press, 1962.

—. *Capitalismo y libertad*. Madrid: RIALP, 1970.

—. *Libertad de elegir*. Barcelona: Grijalbo, 1980.

—. *Libertad de elegir*. Barcelona: Grandes Pensadores, 2004.

—. *Two Lucky People: Memoirs*. Chicago: University of Chicago Press, 1998.

Friedman, Robert Marc. *The Politics of Excellence*. Nueva York: Times Books, 2001.

Frisch, Ragnar. "Propagation Problems and Impulse Problems in Dynamic Economics". *Publications of the University Institute of Economics*, N° 3 (1933): 1-35.

Frisch, Ragnar y Joseph Schumpeter, "Memo", en www.dev.econometricsociety.org

Frobert, Ludovic. "Elie Halévy's First Lectures on the History of European Socialism". *Journal of the History of Ideas* 68, N° 2 (2007): 329-353.

Frost, Gerald. *Antony Fisher: Champion of Liberty*. Londres: Profile Books, 2008.

Gallie, Walter Bryce. "Essentially Contested Concepts". *Proceedings of the Aristotelian Society* 56 (1955-1956): 167-198.

GCEE. *Jahresgutachten: Mut zur Stabilisierung*. Stuttgart: Kohlhammer, 1973.

—. *Vierzig Jahre Sachverständigenrat: 1963-2003*. Wiesbaden: Statistisches Bundesamt, 2003.

Gideonse, Harry. "Changing Issues in Academic Freedom in the United States Today". *Proceedings of the American Philosophical Society* 94, N° 2 (1950): 91-104.

—. "Academic Freedom: A Decade of Challenge and Clarification". *Annals of the American Academy of Political and Social Science* 301, N° 1 (1955): 75-85.

Giersch, Herbert. "Das Beste aus beiden Welten: Planung und Preismechanismus". *Weltwirtschaftliches Archiv*, N° 69 (1952): 216-231.

—. "The Role of Entrepreneurship in the 1980s". *Kiel Discussion Papers* (agosto 1982).

—. "The Age of Schumpeter". *The American Economic Review* 74, N° 2 (1984): 103-109.

—. "Eurosclerosis: The Malaise that Threatens Prosperity". *Financial Times*, 8 de enero de 1984, 9.

—. "Anmerkungen zum weltwirtschaftlichen Denkansatz". *Weltwirtschaftliches Archiv* 125, N° 1 (1989): 1-16.

Giersch, Herbert, Karl-Heinz Paqué y Holger Schmieding. *The Fading Miracle: Four Decades of Market Economy in Germany*. Cambridge: Cambridge University Press, 1992.

Gigerenzer, Gerd y Reinhard Selten, eds. *Bounded Rationality: The Adaptive Toolbox*. Cambridge, MA: MIT Press, 2001.

Gilad, Benjamin y Stanley Kaish, eds. *Handbook of Behavioral Economics: Behavioral Microeconomics*. Greenwich, CN: Jai Press, 1986.

Gill, Stephen y A. Claire Cutler, eds. *New Constitutionalism and World Order*. Nueva York: Cambridge University Press, 2014.

Gingras, Yves. "Nobel by Association: Beautiful Mind, Non-existent Prize". *Open Democracy*, 23 de octubre de 2002, en www.opendemocracy.net.

Girei, E. "NGOs, Management and Development: Harnessing Counter-Hegemonic Possibilities". *Organization Studies* 37, N° 2 (2016):193-212.

Godin, Benoît. "The Knowledge Economy: Fritz Machlup's Construction of a Synthetic Concept". *Project on the History and Sociology of S&T Statistics Working Paper*, N° 37 (2008).

Goldschmidt, Nils. "Alfred Müller-Armack and Ludwig Erhard: Social Market Liberalism". *Freiburg Discussion Papers on Constitutional Economics*, 04/12 (2004).

— ed. *Wirtschaft, Politik und Freiheit: Freiburger Wissenschaft lerund der Widerstand*. Tubinga: Mohr Siebeck, 2005.

Goodwin, Craufurd D. *Walter Lippmann: Public Economist*. Cambridge, MA: Harvard University Press, 2014.

Gorlin, Jacques J. "US Industries, Trade Associations, and Intellectual Property Lawmaking". *Cardozo Journal of International Comparative Law* (2002): 5-11.

Governor of California (Ronald Reagan). California's Blueprint for National Welfare Reform: Proposals for the Nation's Food Stamp and Aid to Families with Dependent Children Programs. Sacramento, CA: Office of the Governor, 1974.

Graf, Rüdiger y Kim Christian Priemel. "Zeitgeschichte in der Welt der Sozialwissenschaften. Legitimität und Originalität einer Disziplin". *Vierteljahrshefte für Zeitgeschichte* 59, N° 4 (2011): 479-508.

Graham, C. "The Calculation of Age". *Organization Studies* 35, N° 11 (2014): 1627-1653.

Gray, John. *Hayek on Liberty*. Nueva York: Routledge, 1984.

Großmann, Johannes. *Die Internationale der Konservativ en: Transnationale Elitenzirkel und private Außenpolitik in Westeuropa seit 1945*. Múnich: Oldenbourg, 2014.

Gwartney, James y Robert Lawson. "The Concept and Measurement of Economic Freedom". *European Journal of Political Economy* 19 (2003): 405-430.

Haas, Peter M. "Introduction: Epistemic Communities and International Policy Coordination". *International Organization* 46, N° 1 (1992): 1-35.

Haberler, Gottfried. *Currency Convertibility*. Washington, DC: American Enterprise Institute, 1954.

—. "Between Mises and Keynes: An Interview with Gottfried von Haberler". *Austrian Economics Newsletter* 20, N° 1 (2000), en https://mises.org.

Hacohen, Malachi Haim. "Karl Popper, the Vienna Circle, and Red Vienna". *Journal of the History of Ideas* 59, N° 4 (1998): 711-734.

Hagemann, Harald. "Capitalist Development, Innovations, Business Cycles and Unemployment: Joseph Alois Schumpeter and Emil Hans Lederer". *Journal of Evolutionary Economics* 25, N° 1 (2015): 117-131.

—. "Ordoliberalism, the Social Market Economy, and Keynesianism: Germany after 1945". En *Liberalism and the Welfare State: Economists and Arguments for the Welfare State*, ed. Roger Backhouse, Bradley W. Bateman y Tamotsu Nishizawa. Oxford: Oxford University Press, 2017, 57-74.

Halévy, Élie. *L'Ère des tyrannies. Études sur le socialisme et la guerre*. París: Gallimard, 1938.

Hall, Daniel, ed. *The Frustration of Science*. Nueva York: Arno Press, 1975.

Hall, Peter A., ed. *The Political Power of Economic Ideas: Keynesianism Across Nations*. Princeton: Princeton University Press, 1989.

Hamilius, Jean Pierre. "Intellektuelle und Unternehmer". En *Der Unternehmer im Ansehen der Welt*, ed. Günter Schmölders. Bergisch Gladbach: Lübbe, 1971, 156-171.

Hampton, Matt. "Hegemony, Class Struggle and the Radical Historiography of Global Monetary Standards". *Capital & Class* 30, N° 2 (2006): 131-164.

Hanke, Steve H. y Stephen J. K. Walters. "Economic Freedom, Prosperity, and Equality: A Survey". *Cato Journal* 17, N° 2 (1997): 117-146.

Hansen, Drew D. "The American Invention of Child Support: Dependency and Punishment in Early American Child Support". *Yale Law Journal* 108, N° 5 (1999): 1123-1153.

Hardin, Garrett. "The Tragedy of the Commons". *Science, New Series* 162, N° 3859 (1968): 1243-1248.

—. "Lifeboat Ethics: The Argument Against Helping the Poor". *Psychology Today* 8, (1974): 38-43.

Hardin, Garrett y John Baden, eds. *Managing the Commons.* San Francisco: W. H. Freeman and Company, 1977.

Harper, Floyd A., Henry Hazlitt, Leonard Read, Gustavo R. Velasco y F. A. Hayek, eds. *Toward Liberty: Essays in Honor of Ludwig von Mises.* Menlo Park: Institute for Humane Studies, 1971.

Hartwell, Max. *A History of the Mont Pèlerin Society.* Indianápolis: Liberty Fund, 1995.

Harvey, David. *A Brief History of Neoliberalism.* Nueva York: Oxford University Press, 2005.

Haubrichs, Wilhelm. "Laudatio". En *An den Grenzen der Belastbarkeit: Festschrift für Günter Schmölders zum 75. Geburtstag*, ed. Wilhelm Haubrichs. Fráncfort del Meno: Knapp, 1978, 7-10.

Haus, Jasmina. *Förderung von Unternehmertum und Unternehmensgründungen an deutschen Hochschulen.* Lohmar: Josef Eul Verlag, 2006.

Hayek, F. A. *Prices and Production.* Londres: Routledge, 1931.

—. *Precios y producción.* Madrid: Unión, 1996.

—. *Monetary Nationalism and International Stability.* Londres: Longmans, Green and Co., 1937.

—. *El nacionalismo monetario y la estabilidad internacional.* Madrid: Unión, 1996.

—. *The Road to Serfdom.* Chicago: University of Chicago Press, 1944.

—. *Camino de servidumbre.* Madrid: Unión Editorial, 2008.

—. *Individualism and Economic Order.* Chicago: University of Chicago Press, 1948.

—. "Wahrer und falscher Individualismus". *Ordo* 1 (1948): 19-55.

—. "Individualismo: el verdadero y el falso". *Estudios Públicos* 22 (1986).

—. "Intellectuals and Socialism". *The University of Chicago Law Review* 16, N° 3 (1949): 417-433.

—. "Kinds of Order in Society". *New Individualist Review* 3, N° 2 (1964): 457-466.

—. *Was mit der Goldwährung geschehen ist. Ein Bericht aus dem Jahre 1932 mit zwei Ergänzungen.* Tubinga: J. C. B. Mohr, 1965.

—. *Rules and Order: A New Statement of the Liberal Principles of Justice and Political Economy. Law, Legislation, and Liberty. Vol. 1.* Londres: Routledge & Kegan Paul, 1973.

—. "Normas y orden", vol.1, *Derecho, Legislación y Libertad: una nueva formulación de los principios liberales de la justicia y de la economía política.* Madrid: Unión Editorial, 2006, 32.

—. *Denationalization of Money.* Londres: American Enterprise Institute, 1978.

—. *New Studies in Philosophy, Politics, Economics and the History of Ideas.* Chicago: University of Chicago Press, 1978.

—. "Die Wiederentdeckung der Freiheit–Persönliche Erinnerungen". En *Produktivität, Eigenverantwortung, Beschäft igung: Für eine wirtschaftspolitische Vorwärtsstrategie,* ed. VDM 31. Colonia: Deutscher Instituts-Verlag, 1983, 9-22.

—. *The Fatal Conceit: The Errors of Socialism.* Chicago: University of Chicago Press, 1988.

—. *La fatal arrogancia: los errores del socialismo.* Madrid: Unión Editorial, 2010.
—. *Economic Freedom.* Oxford: Blackwell, 1991.
—. *The Fortunes of Liberalism: Essays on Austrian Economics and the Ideal of Freedom.* Chicago: University of Chicago Press, 1992.
—. *Socialism and War.* Chicago: University of Chicago Press, 1997.
—. *Studies on the Abuse and Decline of Reason.* Chicago: University of Chicago Press, 2010.
—. *The Constitution of Liberty.* Chicago: University of Chicago Press, 2011 [1960].
—. *Los fundamentos de la libertad.* Madrid: Unión Editorial, 2020 [1960].
—. "The Overrated Reason". *Journal of the History of Economic Thought* 35, N° 2 (2013): 239-256.
Hazlett, Thomas. "Interview of George Stigler". *Reason* (enero 1984): 44-48.
Heilperin, Michael. *Les aspects monétaires du problèmes des matières premières.* París: IIIC, 1937.
—. *International Monetary Organisation.* París: IIIC, 1939.
—. *Economía monetaria internacional.* Buenos Aires: Sudamericana, 1946.
Heise, Arne y Sebastian Thieme. "The Short Rise and Long Fall of Heterodox Economics in Germany after the 1970s: Explorations in a Scientific Field of Power and Struggle". *Journal of Economic Issues* 50, N° 4 (2016): 1105-1130.
Helleiner, Eric. *States and the Reemergence of Global Finance: From Bretton Woods to the 1990s.* Ithaca: Cornell University Press, 1994.
Herbener, Jeffrey M., Hans-Hermann Hoppe y Josef T. Salerno. "Introduction to the Scholarly Edition". En Ludwig von Mises, *Human Action. The Scholarly Edition.* Auburn: Ludwig von Mises Institute, 1998, IV-XXIV.

Herbst, Ludolf. *Der Totale Krieg und die Ordnung der Wirtschaft: Die Kriegswirtschaft im Spannungsfeld von Politik, Ideologie und Propaganda 1939-1945*. Stuttgart: Deutsche Verlags-Anstalt, 1982.

Hesse, Jan-Otmar. "Der Mensch des Unternehmens und der Produktion. Foucaults Sicht auf den Ordoliberalismus und die 'Soziale Marktwirtschaft'". *Studies in Contemporary History*, N° 3 (2006): 291-296.

—. "Some Relationships between a Scholar's and an Entrepreneur's Life: The Biography of L. Albert Hahn". *History of Political Economy* 39 (2007): 215-233.

—. *Wirtschaft als Wissenschaft: Die Volkswirtschaftslehre in der frühen Bundesrepublik*. Fráncfort del Meno: Campus Verlag, 2010.

—. "Wissenschaft liche Beratung der Wirtschaft spolitik". En *Das Bundeswirtschaft sminsterium in der Ära der sozialen Marktwirtschaft*, ed. Werner Abelshauser. Berlín: De Gruyter, 2016, 390-482.

Hessen, Boris. "The Social and Economic Roots of Newton's 'Principia'". En *Science at the Cross-Roads*, ed. N. I. Bukharin. Londres: Frank Cass & Co., 1971, 147-211.

Heukelom, Floris. "Three Explanations for the Kahneman-Tversky Programme of the 1970s". *The European Journal of the History of Economic Thought* 19, N° 5 (2012): 797-828.

—. *Behavioral Economics: A History*. Cambridge: Cambridge University Press, 2014.

Hicks, John. "The Hayek Story". En *Critical Essays in Monetary Theory*. Oxford: Clarendon Press, 1967, 203-215.

Hien, Josef. "The Ordoliberalism That Never Was". *Contemporary Political Theory* 12, N° 4 (2013): 338-375.

Hill, Gladwin. "Reagan Defeated on Tuition Plans: Regents Vote, 14-7, to Bar Fees at the University". *New York Times*, 1 de septiembre de 1967, 13.

Hirschman, Daniel y Elizabeth P. Berman. "Do Economists Make Policies? On the Political Effects of Economics". *Socio-Economic Review* 12, N° 4 (2014): 779-811.

Hobsbawm, Eric J. *Age of Extremes: The Short Twentieth Century, 1914-1991*. Londres: Abacus, 1995.

—. *Historia del siglo* XX. Buenos Aires: Crítica, 1999.

Hopkins, Frederick G. "Some Chemical Aspects of Life". *Nature* 132, N° 3332 (1933): 381-394.

Horsefield, J. Keith *et al.*, *The International Monetary Fund 1945-1965: Twenty Years of International Monetary Cooperation*, vol. 3. Washington, DC: International Monetary Fund, 1969.

Huffschmid, Jörg. *Politische Ökonomie der Finanzmärkte*. Hamburgo: VSA-Verlag, 2002.

Hwang, H. y W. Powell. "The Rationalization of Charity: The Influences of Professionalism in the Non-Profit Sector". *Administrative Science Quarterly* 54, N° 2 (2009): 268-298.

Iriye, Akira. *Cultural Internationalism and World Order*. Baltimore: The Johns Hopkins University Press, 2000.

Jackson, Ben. "At the Origins of Neo-Liberalism: The Free Economy and the Strong State, 1930-1947". *The Historical Journal* 53, N° 1 (2010): 129-151.

—. "Freedom, the Common Good, and the Rule of Law: Lippmann and Hayek on Economic Planning". *Journal of the History of Ideas* 73, N° 1 (2012): 47-68.

Jackson, Ben y Mark Stears, eds. *Liberalism as Ideology: Essays in Honour of Michael Freeden*. Oxford: Oxford University Press, 2012.

James, Harold. *International Monetary Cooperation since Bretton Woods*. Nueva York: Oxford University Press, 1996.

—. *Making the European Monetary Union*. Cambridge, MA: Belknap Press of Harvard University Press, 2012.

Janssen, Hauke. *Milton Friedman und die 'monetaristische Revolution' in Deutschland*. Marburgo: Metropolis-Verl., 2006.

Jarvie, Ian C. *The Republic of Science: The Emergence of Popper's Social View of Science 1935-1945*. Atlanta: Rodopi, 2001.

Jessop, Bob. "Cultural Political Economy and Critical Policy Studies". *Critical Policy Studies* 3, N° 3-4 (2010): 336-356.

—. "Recovered Imaginaries, Imagined Recoveries: A Cultural Political Economy of Crisis Construals and Crisis-Management in the North Atlantic Financial Crisis". En *Before and Beyond the Global Economic Crisis: Economics, Politics and Settlement*, ed. Mats Benner. Cheltenham: Edward Elgar, 2013, 234-254.

Joas, Hans. *Die Entstehung der Werte*. Fráncfort del Meno: Suhrkamp Verlag, 1999.

Johns, Adrian. "Intellectual Property and the Nature of Science". *Cultural Studies* 20, N° 2-3 (2006): 145-164.

Kalven, Jamie. "Unfinished Business of the Kalven Report". *The Chicago Maroon*, 28 de noviembre de 2006, en http://chicagomaroon.com.

Kapczynski, Amy. "Intellectual Property's Leviathan". *Law and Contemporary Problems* 131 (2014): 131-145.

Karier, Thomas. *Intellectual Capital*. Nueva York: Cambridge University Press, 2010.

Kaza, Greg, "The Mont Pelerin Society's 50th Anniversary". *The Freeman* 47, N° 6 (junio 1997).

Kelsen, Hans. *General Theory of Law and State*. Cambridge, MA: Harvard University Press, 1949.

—. *Teoría general del derecho y del Estado*. México: UNAM, 1958.

—. *Pure Theory of Law*. Berkeley: University of California Press, 1969 [1934].

—. *Teoría pura del derecho: introducción a la ciencia del derecho*. Buenos Aires: EUDEBA, 1960 [1934].

Kerr, Clark. *The Gold and the Blue: A Personal Memoir of the University of California, 1949-1967*, vol. 1. Berkeley: University of California Press, 2001.

Keynes, John Maynard. *The General Theory of Employment, Interest and Money*. Londres: Macmillan, 1936.

—. *Teoría general del empleo, el interés y el dinero*. Madrid: Aosta, 1998.

Kiesling, Lynne. "The Knowledge Problem". En *The Oxford Handbook of Austrian Economics*, ed. Peter J. Boettke y Christopher J. Coyne. Nueva York: Oxford University Press, 2015, 45-64.

Kindleberger, Charles. "Review of Mundell/Swoboda". *Journal of International Economics* 1 (1971): 127-140.

Kinsella, N. Stephan. *Against Intellectual Property*. Auburn: Ludwig von Mises Institute, 2008.

Kirzner, Israel, "Methodological Individualism, Market Equilibrium, and Market Process". *Il Politico* 32 N° 1 (1967): 787-798.

—. "Entrepreneurship and the Market Approach to Development". En *Toward Liberty: Essays in Honor of Ludwig von Mises*, ed. Floyd A. Harper *et al.* Menlo Park: Institute for Humane Studies, 1971, 194-208.

—. *Competition and Entrepreneurship*. Chicago: University of Chicago Press, 1973.

—. "The Primacy of Entrepreneurial Discovery". En *Prime Mover of Progress*, ed. Arthur Seldon. Londres: Institute of Economic Affairs, 1980.

Klaes, Matthias y Esther-Mirjam Sent. "A Conceptual History of the Emergence of Bounded Rationality". *History of Political Economy* 37, N° 1 (2005): 27-59.

Klaus, Václav. "Mont Pelerin Society Speech in Korea", 2017, en www.montpelerin.org

Klein, Daniel. "Special Issue: The Ideological Migration of the Economics Laureates". *Economic Journal Watch*, N° 10 (2013): 218-682.

Klein, Naomi. *The Shock Doctrine: The Rise of Disaster Capitalism*. Nueva York: Penguin, 2007.

—. *La doctrina del shock: el auge del capitalismo del desastre.* Barcelona: Paidós, 2007, 109-176.

Köhler, Ekkehard A. y Stefan Kolev. "The Conjoint Quest for a Liberal Positive Program: 'Old Chicago,' Freiburg and Hayek". HWWI *Research Paper*, N° 109 (2011).

Kolev, Stefan. "F. A. Hayek as an Ordo-liberal". HWWI *Research Paper*, N° 5 (2010).

Kolev, Stefan, Nils Goldschmidt y Jan-Otmar Hesse. "Walter Eucken's Role in the Early History of the Mont Pelerin Society". *Freiburg Discussion Papers on Constitutional Economics*, N° 2 (2014).

Kornbluh, Felicia. *The Battle for Welfare Rights.* Filadelfia: University of Pennsylvania Press, 2007.

Koselleck, Reinhart. *Critique and Crisis: Enlightenment and the Pathogenesis of Modern Society.* Cambridge MA: MIT Press, 1988.

—. *Crítica y crisis: un estudio sobre la patogénesis del mundo burgués.* Madrid: Trotta, 2021.

—. *Futures Past: On the Semantics of Historical Time.* Nueva York: Columbia University Press, 2004.

—. *Futuro pasado: para una semántica de los tiempos históricos.* Barcelona: Paidós, 1993.

—. *Sediments of Time: On Possible Histories.* Stanford: Stanford University Press, 2018.

Koskenniemi, Martti. "International Law and Hegemony: A Reconfiguration". *Cambridge Review of International Affairs* 17, N° 2 (2004): 197-218.

—. "International Law as Political Theology: How to Read *Nomos der Erde*?". *Constellations* 11, N° 4 (2004): 492-511.

Kresge, Stephen y Leif Wenar, eds. *Hayek on Hayek: An Autobiographical Dialogue.* Londres: Routledge, 1994.

Krippner, Greta R. *Capitalizing on Crisis: Th e Political Origins of the Rise of Finance.* Cambridge, MA: Harvard University Press, 2012.

Kronberger Kreis. *Dismantling the Boundaries of the ECB's Monetary Policy Mandate: The CJEU's OMT Judgement and its Consequences*. Berlín: Stiftung Marktwirtschaft, 2016.

Landes, William M. y Richard A. Posner. *The Economic Structure of Intellectual Property Law*. Cambridge, MA: Belknap Press of Harvard University Press, 2003.

Langlois, Richard N. "From the Knowledge of Economics to the Economics of Knowledge: Fritz Machlup on Methodology and on the 'Knowledge Society'". *Research in the History of Economic Thought and Methodology* 3 (1985): 225-235.

Laqua, Daniel. "Transnational Intellectual Cooperation, the League of Nations, and the Problem of Order". *Journal of Global History* 6, N° 2 (2011): 223-247.

Lavergne, Bernard. *Le Régime coopératif. Etude général de la coopération de consommation en Europe*. París: Rousseau, 1908.

—. *La revolución cooperativa, o El socialismo de Occidente: tratamiento general del cooperativismo de consumo: instituciones y doctrinas*. México: Universitaria, 1962.

—. *L'hégémonie du consommateur: vers une renovation de la science économique*. París: Presses Universitaires de France, 1958.

Lavoie, Don. "The Market as a Procedure for Discovery and Conveyance of Inarticulate Knowledge". *Comparative Economic Studies* 28 (1986): 1-19.

Lazzarato, Maurizio. *The Making of the Indebted Man*. Cambridge, MA: MIT Press, 2012.

Sociedad de las Naciones. *The State and Economic Life with Special Reference to International Economic and Political Relations*. París: IIIC, 1932.

—. *A Record of a Second Study Conference on the State and Economic Life*. París: IIIC, 1934.

—. *National Committees on Intellectual Co-operation*. Ginebra, 1937.

Leaman, Jeremy. *The Political Economy of Germany under Chancellors Kohl and Schröder: Decline of the German Model?* Nueva York: Berghahn Books, 2009.

Lebaron, Frederic. "Nobel Economists as Public Intellectuals". *International Journal of Contemporary Sociology*, N° 43 (2006): 87-101.

LeBor, Adam. *Tower of Basel.* Nueva York: Public Affairs, 2013.

Leeson, Robert. *Ideology and the International Economy: The Decline and Fall of Bretton Woods.* Nueva York: Palgrave Macmillan, 2004.

—. *Hayek: A Collaborative Biography.* Basingstoke: Palgrave Macmillan, 2013.

Lenel, Hans Otto. "Alexander Rüstows wirtschafts und sozialpolitische Konzeption". *Ordo* 37 (1986): 45-58.

Levinovitz, Agneta y Nils Ringertz. *The Nobel Prize: The First 100 Years.* Londres: Imperial College Press, 2001.

Lewin, Peter. "*Review: Dina Kallay, the Law and Economics of Antitrust and Intellectual* Property". *Review of Austrian Economics* 18, N° 3-4 (2005): 343-344.

—. "Creativity or Coercion: Alternative Perspectives on Rights to Intellectual Property". *Journal of Business Ethics* 71 (2007): 441-455.

Lincoln, Bruce. "Address to the University Senate". 15 de octubre de 2008.

Lindbeck, Assar. "The Prize in Economic Science in Memory of Alfred Nobel". *Journal of Economic Literature*, N° 23 (1985): 37-56.

Lippmann, Walter. *An Inquiry into the Principles of the Good Society.* Boston: Little, Brown & Co., 1937.

—. *Die Gesellschaft freier Menschen.* Berna: A. Francke, 1945.

—. *The Good Society.* New Brunswick: Transaction Publishers, 2005.

Longchamp, Olivier e Yves Steiner. "The Contribution of the Schweizerisches Institut für Auslandsforschung to the International Restoration of Neoliberalism (1949-1966)". Paper presented to the EBHA conference, Ginebra, 2007.

Lundberg, Erik. "The Rise and Fall of the Swedish Model". *Journal of Economic Literature,* N° 23 (1985): 1-36.

Machlup, Fritz. "Three Concepts of the Balance of Payments and the so-called Dollar Shortage". *The Economic Journal* 60 (marzo 1950): 46-68.

—. *An Economic Review of the Patent System.* Washington, DC: United States Government Printing Office, 1958.

—. "Patents and Inventive Effort". *Science* 133, N° 3463 (1961): 1463-1466.

—. *The Production and Distribution of Knowledge in the United States.* Princeton: Princeton University Press, 1962.

—. "In Defense of Academic Tenure". *AAUP Bulletin* 50, N° 2 (1964): 112-124.

—. "International Monetary Systems and the Free Market Economy". En *International Payments Problems: A Symposium Sponsored by the American Enterprise Institute for Public Policy Research.* Washington, DC: American Enterprise Institute, 1966, 153-176.

—. *Knowledge and Knowledge Production. Knowledge, Its Creation, Distribution, and Economic Significance, vol. 1.* Princeton: Princeton University Press, 1980.

—. "Ludwig von Mises: The Academic Scholar Who Would Not Compromise". *Wirtschaft spolitische Blätter* 28, N° 4 (1981): 6-14.

—. *The Economics of Information and Human Capital. Knowledge, Its Creation, Distribution, and Economic Significance, vol. 3.* Princeton: Princeton University Press, 1984.

Machlup, Fritz y Burton Malkiel, eds. *International Monetary Arrangements: The Problem of Choice. Report on the Deliberations of an International Study Group of Thirty-two Economists.* Princeton: Princeton University Press, 1964.

Machlup, Fritz y Edith Penrose. "The Patent Controversy in the Nineteenth Century". *The Journal of Economic History* 10, N° 1 (1950): 1-29.

Macmillan, Harold. *Reconstruction: A Plea for a National Policy.* Londres: Macmillan, 1933.

McNamara, Kathleen R. *The Currency of Ideas: Monetary Politics in the European Union.* Ithaca: Cornell University Press, 1998.

Magnusson, Lars y Bo Strath. *A Brief History of Political Economy: Tales of Marx, Keynes and Hayek.* Cheltenham: Edward Elgar, 2016.

Maier, F., M. Meyer y M. Steinbereithner. "Nonprofit Organizations Becoming Business Like: A Systematic Review". *Nonprofit and Voluntary Sector Quarterly* 45 (2016): 64-86.

Mair, Peter. *Ruling the Void: The Hollowing of Western Democracy.* Nueva York: Verso, 2013.

Mandelker, Daniel R. "Family Responsibility under the American Poor Laws I". *Michigan Law Review* 54, N° 4 (1956): 497-532.

—. "Family Responsibility under the American Poor Laws II". *Michigan Law Review* 54, N° 5 (1956): 607-632.

Mannheim, Karl. *Man and Society in an Age of Reconstruction.* Nueva York: Harcourt, Brace & Co., 1940.

—. *El hombre y la sociedad en época de crisis.* Buenos Aires: La Pléyade, 1969.

Mantoux, Étienne. *La paix calomniée ou les conséquences économiques de M. Keynes.* París: Gallimard, 1946.

—. *The Carthaginian Peace or the Economic Consequences of Mr. Keynes.* Oxford: Oxford University Press, 1946.

Marginson, Simon. *Education and Public Policy in Australia.* Cambridge: Cambridge University Press, 1993.

Marion, Mathieu. "Une philosophie politique pour l'empirisme logique?". *Philosophia Scientiae* CS 7 (2007): 181-216.

Marjolin, Robert. *Prix, monnaie et production: Essai sur les mouvements économiques de longue durée.* París: Theses, Universités de Paris, Faculté de droit, 1941.

—. *Producción, dinero y precios en los movimientos económicos de larga duración.* México: Aguilar, 1950.

—. *Le travail d'une vie. Mémoirs 1911-1986.* París: Robert Laffont, 1986.

Marlio, Louis. "Le Néo-libéralisme". *Les Essais. Cahiers bimestriels.* Nancy: Didry and Varcollier, 1961, 86-108.

Marshall, James N. *William J. Fellner. A Bio-Bibliography.* Westport: Greenwood Press, 1992.

Marwick, Arthur. "Middle Opinion in the Thirties: Planning, Progress and Political 'Agreement'". *The English Historical Review* 79, N° 311 (1964): 285-298.

Mason, Mary Ann. *From Father's Property to Children's Rights: The History of Child Custody in the United States.* Nueva York: Columbia University Press, 1994.

May, Christopher. *A Global Political Economy of Intellectual Property Rights: The New Enclosures?* Londres: Routledge, 2000.

Mayer, Anna-K. "Setting up a Discipline, II: British History of Science and 'the End of Ideology,' 1931-1948". *Studies in History and Philosophy of Science* 35, N° 1 (2004): 41-72.

Mayer, Jane. *Dark Money: The Hidden History of the Billionaires Behind the Rise of the Radical Right.* Nueva York: Doubleday, 2016.

Meade, James. *The Balance of Payments.* Oxford: Oxford University Press, 1951.

—. *El balance de pagos.* Buenos Aires: Ateneo, 1976.

Medema, Steven. "A Case of Mistaken Identity: George Stigler, 'The Problem of Social Cost' and the Coase Theorem". *European Journal of Law and Economics* 31, N° 1 (2011): 11-38.

Melnick, R. Shep. *Between the Lines: Interpreting Welfare Rights.* Washington, DC: Brookings Institution Press, 1994.

Merges, Robert P. "One Hundred Years of Solicitude: Intellectual Property Law, 1900-2000". *California Law Review* 88, N° 6 (2000): 2187-2240.

Mettler, Suzanne. *Degrees of Inequality: How the Politics of Higher Education Sabotaged the American Dream.* Nueva York: Basic Books, 2014.

Meyer, Fritz W. "Die internationale Währungsordnung im Dienste der stabilitätspolitischen Grenzmoral und die Möglichkeiten einer Reform". En *25 Jahre Marktwirtschaft in der Bundesrepublik Deutschland*, ed. Dieter Cassel *et al.* Stuttgart: Fischer, 1972, 283-296.

Meyer, Fritz W. y Hans O. Lenel. "Vorwort". *Ordo. Jahrbuch für die Ordnung von Wirtschaft und Gesellschaft* 5 (1953): IX.

Mirowski, Philip. "The Measurement Without Theory Controversy: Defeating Rival Research Programs by Accusing Them of Naive Empiricism". *Economies et Sociétés*, Serie Oeconomia, N° 11 (1989): 65-87.

—. *Machine Dreams: Economics Becomes a Cyborg Science.* Cambridge: Cambridge University Press, 2002.

—. *ScienceMart.* Cambridge, MA: Harvard University Press, 2011.

—. "Does the Victor Enjoy the Spoils?". *Journal of the History of Economic Thought*, N° 35 (2013): 1-17.

—. *Never Let a Serious Crisis Go to Waste: How Neoliberalism Survived the Financial Meltdown.* Londres: Verso, 2013.

—. "The Political Movement that Dared not Speak its own Name: The Neoliberal Thought Collective Under Erasure". *Institute for New Economic Thinking Working Paper Series*, N° 23 (2014).

Mirowski, Philip y Dieter Plehwe, eds. *The Road from Mont Pèlerin: The Making of the Neoliberal Thought Collective.* Cambridge, MA: Harvard University Press, 2009.

Mirowski, Philip y Edward Nik-Khah. *The Knowledge We Have Lost in Information: The History of Information in Modern Economics.* Oxford: Oxford University Press, 2017.

Mises, Ludwig von. *The Theory of Money and Credit.* New Haven: Yale University Press, 1954.

—. *Teoría del dinero y crédito.* España: Zeus, 1961.

—. *La acción humana.* Madrid: Unión Editorial, 2010.

Mitchell, Timothy. "The Work of Economics: How a Discipline Makes its World". *European Journal of Sociology* 46 (2005): 297-320.

—. "How Neoliberalism Makes Its World: Th e Urban Property Rights Project in Peru". En *The Road from Mont Pèlerin: The Making of the Neoliberal Thought Collective,* ed. Philip Mirowski y Dieter Plehwe. Cambridge, MA: Harvard University Press, 2009, 386-416.

Moresco, Emanuel. *Peaceful Change International Studies Conference, vol. III, Colonial Questions and Peace.* París: IIIC, 1939.

Morgenstern, Oskar. *International Financial Transactions and Business Cycles.* Princeton: Princeton University Press, 1959.

Mourlon-Druol, Emmanuel. *A Europe Made of Money: The Emergence of the European Monetary System.* Ithaca: Cornell University Press, 2012.

Moyn, Samuel. *Christian Human Rights.* Filadelfia: University of Pennsylvania Press, 2015.

Moyn, Samuel y Andrew Sartori, eds. *Global Intellectual History.* Nueva York: Columbia University Press, 2015.

Moynihan, Daniel Patrick. "The Moynihan Report. The Negro Family: The Case for National Action". En *The Moynihan Report and the Politics of Controversy,* ed. Lee Rainwater y William L. Yancey. Cambridge, MA: MIT Press, 1967 [1966], 39-124.

Mullainathan, S. y Richard H. Thaler. "Behavioral Economics". En *International Encyclopedia of the Social & Behavioral Sciences.* vol. 2, 1094-1100.

Muller, Christopher. "The Institute of Economic Affairs: Undermining the Postwar Consensus". *Contemporary British History* 10, N° 1 (1996): 88-110.

Mullins, Phil y Struan Jacobs. "T.S. Eliot's Idea of the Clerisy, and its Discussion by Karl Mannheim and Michael Polanyi in the Context of J. H. Oldham's Moot". *Journal of Classical Sociology* 6, N° 2 (2006): 147-156.

Mumper, Michael. *Removing College Price Barriers: What Government Has Done and Why It Hasn't Worked.* Albany: SUNY Press, 1996.

Myrdal, Gunnar. "The Nobel Prize in Economic Science". *Challenge* (marzo-abril 1977), 50-52.

Nadesan, Premilla. *Welfare Warriors: Th e Welfare Rights Movement in the United States.* Londres: Routledge, 2005.

Nasar, Sylvia. *A Beautiful Mind.* Nueva York: Simon & Schuster, 1998.

Nicholls, Anthony J. *Freedom with Responsibility: The Social Market Economy in Germany, 1918-1963.* Nueva York: Oxford University Press, 1994.

Nik-Khah, Edward. "Chicago Neoliberalism and the Genesis of the Milton Friedman Institute (2006-2009)". En *Building Chicago Economics*, ed. Robert Van Horn, Philip Mirowski y Tom Stapleford. Nueva York: Cambridge University Press, 2011, 368-388.

—. "George Stigler, the Graduate School of Business, and the Pillars of the Chicago School". En *Building Chicago Economics*, ed. Robert Van Horn, Philip Mirowski y Tom Stapleford. Nueva York: Cambridge University Press, 2011, 116-147.

—. "Neoliberal Pharmaceutical Science and the Chicago School of Economics". *Social Studies of Science* 44, N° 4 (2014): 489-517.

—. "What is 'Freedom' in the Marketplace of Ideas?". En *Neoliberalism and the Crisis of Public Institutions*, ed. Anna Yeatman. Rydalmere, NSW: Whitlam Institute within Western Sydney University, 2015, 56-69.

—. "Neoliberalism on Drugs: Genomics and the Political Economy of Medicine". En *Routledge Handbook of Genomics, Health, and*

Society, ed. Sahra Gibbon, Barbara Prainsack, Stephen Hilgartner y Janelle Lamoreaux, Nueva York: Routledge, 2018.

Nik-Khah, Edward y Robert Van Horn. "Inland Empire: Economics Imperialism as an Imperative of Chicago Neoliberalism". *Journal of Economic Methodology* 19, N° 3 (2012): 259-282.

—. "The Ascendancy of Chicago Neoliberalism". En *The Handbook of Neoliberalism*, ed. Simon Springer, Kean Birch y Julie MacLeavy. Nueva York: Routledge, 2016, 27-38.

Nordbakken, Lars. *Entrevista a Assar Lindbeck*, 2012, en www.minervanett.no

North, Douglass C. *Institutions, Institutional Change and Economic Performance*. Nueva York: Cambridge University Press, 1990.

—. "A Recommendation on How to Intelligently Approach Emerging Problems in Intellectual Property Systems". *Review of Law & Economics* 5, N° 3 (2009): 1131-1133.

Nurkse, Ragnar, *International Currency Experience: Lessons of the Inter-War Period*. Princeton: Departamento de Publicaciones de la Sociedad de las Naciones, 1944.

Nye, Mary Jo. *Michael Polanyi and His Generation: Origins of the Social Construction of Science*. Chicago: University of Chicago Press, 2011.

Obstfeld, Maurice y Alan M. Taylor. *Global Capital Markets: Integration, Crisis, and Growth*. Cambridge: Cambridge University Press, 2004.

Ockenfels, Axel y Abdolkarim Sadrieh, eds. *The Selten School of Behavioral Economics: A Collection of Essays in Honor of Reinhard Selten*. Berlín: Springer, 2010.

Odell, John S. *US International Monetary Policy: Markets, Power, and Ideas as Sources of Change*. Princeton: Princeton University Press, 1982.

Offer, Avner y Gabriel Söderberg. *The Nobel Factor*. Princeton: Princeton University Press, 2016.

Oliver, Henry. "German Neoliberalism". *The Quarterly Journal of Economics* 74, N° 1 (1960): 117-149.

Oppermann, Thomas y Jutta Baumann. "Handelsbezogener Schutz geistigen Eigentums ('TRIPS') im GATT: Ein neues Stück Weltmarktwirtschaft durch die GATT-Uruguay-Runde?". *Ordo* 44 (1993): 121-137.

Ostry, Jonathan D., Prakash Loungani y Davide Furceri. "Neoliberalism: Oversold?" *Finance & Development* (junio 2016): 38-41.

Ostry, Sylvia. "The Uruguay Round North-South Grand Bargain: Implications for Future Negotiations". En *The Political Economy of International Trade Law*, ed. Daniel M. Kennedy y James D. Southwick. Nueva York: Cambridge University Press, 2002, 285-299.

Ötsch, Walter O. y Stephan Pühringer. "Marktradikalismus als Politische Ökonomie". ICAE Working Paper Series, N° 38 (2015).

Ötsch, Walter O., Stephan Pühringer y Katrin Hirte. *Netzwerke des Marktes: Ordoliberalismus als Politische Ökonomie.* Wiesbaden: Springer VS, 2017.

Palmer, Tom G. "Intellectual Property: A Non-Posnerian Law and Economics Approach". *Hamline Law Review* 12, N° 2 (1989): 261-304.

Paqué, Karl-Heinz. "Die Welt als Kegel und Vulkan". En *Das Zeitalter von Herbert Giersch. Wirtschaft spolitik für eine offene Welt*, ed. Lars P. Feld, Karen Horn y Karl Heinz Paqué. Tubinga: Mohr Siebeck, 2013, 53-64.

Pautz, Hartwig. "Revisiting the Th ink-tank Phenomenon". *Public Policy and Administration* 26, N° 4 (2011): 419-435.

Peck, Jamie. "Neoliberalizing States: Thin Policies/Hard Outcomes". *Progress in Human Geography* 25, N° 3 (2001): 445-455.

—. *Constructions of Neoliberal Reason.* Oxford: Oxford University Press, 2010.

—. "Foreword: The Nine Lives of Neoliberalism". En *Urban Political Geographies: A Global Perspective*, ed. Ugo Rossi y Alberto Vanolo. Londres: Sage, 2012, XIII-XVII.

—. "Explaining (with) Neoliberalism". *Territory, Politics, Governance* 1, N°2 (2013): 132-157.

Peck, Jamie, Nik Theodore y Neil Brenner. "Neoliberalism Resurgent? Market Rule after the Great Recession". *The South Atlantic Quarterly* 111, N° 2 (primavera 2012): 265-288.

Pedersen, Susan. *The Guardians: The League of Nations and the Crisis of Empire*. Oxford: Oxford University Press, 2015.

Pemberton, Jo-Anne. "The Changing Shape of Intellectual Cooperation: From the League of Nations to UNESCO". *Australian Journal of Politics and History* 58, N° 1 (2012): 34-50.

Pernau, Margrit y Dominic Sachsenmaier, eds. *Global Conceptual History: A Reader*. Londres: Bloomsbury, 2016.

Phillips-Fein, Kim. *Invisible Hands: The Making of the Conservative Movement from the New Deal to Reagan*. Nueva York: W. W. Norton & Company, 2009.

—. *Fear City: New York City's Fiscal Crisis and the Rise of Austerity Politics*. Nueva York: Metropolitan, 2017.

Piatier, André. *Report on the Study of Exchange Control*. París: IIIC, 1939.

Pitofsky, Robert, ed. *How the Chicago School Overshot the Mark: The Effect of Conservative Economic Analysis on US Antitrust*. Oxford: Oxford University Press, 2008.

Plehwe, Dieter. "The Origins of the Neoliberal Economic Development Discourse". En *The Road from Mont Pèlerin: The Making of the Neoliberal Thought Collective*, ed. Philip Mirowski y Dieter Plehwe. Cambridge, MA: Harvard University Press, 2009, 238-279.

—. "Transnational Discourse Coalitions and Monetary Policy: Argentina and the Limited Powers of the 'Washington Consensus'". *Critical Policy Studies* 5, N° 2 (2011): 127-148.

—. "'Alternative für Deutschland', Alternativen für Europa?". En *Europäische Identität in der Krise? Europäische Identitätsforschung und Rechtspopulismusforschung im Dialog*, ed. Gudrun Hentges, Kristina Nottbohm y Hans-Wolfgang Platzer. Wiesbaden: Springer VS, 2017, 249-269.

—. "Neoliberal Thought Collectives: Integrating Social Science and Intellectual History". En *Sage Handbook of Neoliberalism*, ed. Damien Cahill, Melinda Cooper, Martijn Konings, y David Primrose. Los Ángeles: Sage, 2018, 85-97.

Plehwe, Dieter y Bernhard Walpen. "Between Network and Complex Organization: The Making of Neoliberal Knowledge and Hegemony". En *Neoliberal Hegemony: A Global Critique*, ed. Dieter Plehwe, Bernhard Walpen y Gisela Neunhöff. Londres: Routledge, 2006, 27-50.

Plehwe, Dieter y Quinn Slobodian. "Landscapes of Unrest: Herbert Giersch and the Origins of Neoliberal Economic Geography". *Modern Intellectual History* 16, N° 1 (2019): 185-215.

Plickert, Philip. *Wandlungen des Neoliberalismus. Eine Studie zu Entwicklung und Ausstrahlung der 'Mont Pèlerin Society'*. Stuttgart: Lucius & Lucius, 2008.

—. "Paternalisten". *Frankfurter Allgemeine Zeitung*, 27 de agosto de 2014.

Polanyi, Karl. *The Great Transformation*. Nueva York: Farrar & Rinehart, 1944.

—. *La gran transformación: los orígenes políticos y económicos de nuestro tiempo*. México: Fondo de Cultura Económica, 1992.

Polanyi, Michael. "USSR Economics: Fundamental Data, System and Spirit". *The Manchester School* 6, N° 2 (1935): 67-88.

—. "Congres du palais de la découverte". *Nature* 140 (1937): 710.

—. *The Contempt of Freedom: Th e Russian Experiment and After*. Londres: Watts & Co., 1940.

—. "The Growth of Thought in Society". *Economica* VIII (1941): 428-456.

—. "Patent Reform". *The Review of Economic Studies* 11, N° 2 (1944): 61-76.

—. "The Republic of Science: Its Political and Economic Theory". *Minerva* 1 (1962): 54-74.

—. *The Logic of Liberty: Reflections and Rejoinders*. Indianápolis: Liberty Fund, 1998.

—. *The Tacit Dimension*. Chicago: University of Chicago Press, 2009.

Pooley, Jefferson. "A 'Not Particularly Felicitous' Phrase: A History of the 'Behavioral Sciences' Label". *Serendipities* 1 (2016): 38-81.

Pooley, Jefferson y Mark Solovey. "Marginal to the Revolution: The Curious Relationship between Economics and the Behavioral Sciences Movement in Mid-Twentieth-Century America". *History of Political Economy* 42 (annual supplement) (2010): 199-233.

Popper, Karl. *Unended Quest: An Intellectual Autobiography*. Londres y Nueva York: Routledge, 1992.

—. *Búsqueda sin término: una autobiografía intelectual*. Madrid: Tecnos, 1977.

—. *The Poverty of Historicism*. Londres: Routledge, 2002 [1957].

—. *La miseria del historicismo*. Madrid: Alianza, 1973.

—. *The Logic of Scientific Discovery*. Londres: Routledge, 2002 [1959].

—. *La lógica de la investigación científica*. Madrid: Tecnos, 2015 [1959].

—. *The Open Society and Its Enemies*. Londres: Routledge, 2013 [1945].

—. *La sociedad abierta y sus enemigos*. Buenos Aires: Paidós, 1957 [1945].

Posner, Richard A. *The Economics of Justice*. Cambridge, MA: Harvard University Press, 1981.

—. *Sex and Reason*. Cambridge, MA: Harvard University Press, 1994.

—. *Law, Pragmatism and Democracy*. Cambridge MA: Harvard University Press, 2003.

—. "Why There Are Too Many Patents in America". *The Atlantic*, 12 de julio de 2012.

Prasad, Monica. "The Popular Origins of Neoliberalism in the Reagan Tax Cut of 1981". *Journal of Policy History* 24, N° 3 (2012): 351-383.

Princen, Sebastiaan y Femke van Esch. "Paradigm Formation and Paradigm Change in the EU's Stability and Growth Pact". *European Political Science Review* 8, N° 3 (2016): 355-375.

Ptak, Ralf. *Vom Ordoliberalismus zur Sozialen Marktwirtschaft: Stationen des Neoliberalismus in Deutschland*. Wiesbaden: VS Verlag für Sozialwissenschaften, 2004.

—. "Grundlagen des Neoliberalismus". En *Kritik des Neoliberalismus*, ed. Christoph Butterwegge, Bettina Lösch y Ralf Ptak. Wiesbaden: VS Verlag für Sozialwissenschaften, 2008, 13-86.

—. "Neoliberalism in Germany: Revisiting the Ordoliberal Foundations of the Social Market Economy". En *The Road from Mont Pèlerin*, ed. Philip Mirowski y Dieter Plehwe. Cambridge, MA: Harvard University Press, 2009, 98-138.

Pühringer, Stephan. "The Success Story of Ordoliberalism as Guiding Principle of German Economic Policy". En *Ordoliberalism: Law and the Rule of Economics*, ed. Josef Hien y Christian Joerges. Oxford: Hart Publishing, 2018, 134-158.

Quadagno, Jill. *The Color of Welfare: How Racism Undermined the War on Poverty*. Oxford: Oxford University Press, 1994.

Radnitzky, Gerard. "An Economic Theory of the Rise of Civilization and Its Policy Implications: Hayek's Account Generalized". *Ordo* 38 (1987): 47-90.

Rand, Ayn. *Capitalism: The Unknown Ideal*. Nueva York: Signet, 1967.

—. *Capitalismo: el ideal desconocido*. Buenos Aires: Grito Sagrado, 2009.

Reagan, Ronald. *The Creative Society: Some Comments on Problems Facing America.* Nueva York: Devin-Adair Company, 1968.

Reder, Melvin. "Chicago Economics: Permanence and Change". *Journal of Economic Literature* 20, N° 1 (1982): 1-38.

Reich, Charles A. "Individual Rights and Social Welfare: The Emerging Legal Issues". *Yale Law Journal* 74, N° 7 (1965): 1245-1257.

—. "Social Welfare in the Public-Private State". *University of Pennsylvania Law Review* 114, N° 4 (1966): 487-493.

Reinhoudt, Jurgen y Serge Audier. *The Walter Lippmann Colloquium: The Birth of Neo-Liberalism.* Londres: Palgrave, 2017.

Richter, Rudolf. *Deutsche Geldpolitik 1948-1998 im Spiegel der zeitgenössischen wissenschaftlichen Diskussion.* Tubinga: Mohr Siebeck, 1999.

Riemens, Michael. "International Academic Cooperation on International Relations in the Interwar Period: The International Studies Conference". *Review of International Studies* 37, N° 2 (2011): 911-928.

Rietzler, Katharina. "Experts for Peace: Structures and Motivations of Philanthropic Internationalism in the Interwar Years". En *Internationalism Reconfigured: Transnational Ideas and Movements between the World Wars,* ed. Daniel Laqua. Londres: I. B. Tauris, 2011, 45-65.

Riley, Stephen. *Human Dignity and Law: Legal and Philosophical Investigations.* Abingdon: Routledge, 2017.

Robbins, Lionel. *Economic Planning and International Order.* Londres: Macmillan and Co., 1937.

—. *La planificación económica y el orden internacional.* Buenos Aires: Sudamericana, 1937.

Robinson, Joan. *Economic Philosophy.* Londres: Watts, 1962.

—. *Economic Heresies: Some Old-Fashioned Questions in Economic Theory.* Londres: Palgrave Macmillan, 1971.

Rodgers, Daniel T. *Age of Fracture.* Cambridge MA: Belknap Press of Harvard University Press, 2011.

Rodrik, Dani. "Rescuing Economics from Neoliberalism". *Boston Review*, 6 de noviembre de 2017.

Rogge, Benjamin. *Can Capitalism Survive?*. Indiánapolis: Liberty Fund, 1979.

Röpke, Wilhelm. *Cycles and Crises*. Londres: W. Hodge, 1936.

—. *International Economic Disintegration*. Londres: W. Hodge, 1942.

—. *Civitas Humana. Grundfragen der Gesellschafts und Wirtschaft sreform*. Zúrich: Eugen Rentsch, 1944.

—. *Mass und Mitte*. Zúrich: Eugen Rentsch, 1950.

—. *The Social Crisis of Our Time*. Chicago: University of Chicago Press, 1950 [1942].

—. *La crisis social de nuestro tiempo*. Madrid: Revista de Occidente, 1947 [1942].

—. *Jenseits von Angebot und Nachfrage*. Zúrich: Eugen Rentsch, 1958.

Rose, Nikolas. "Still 'Like Birds on the Wire'? Freedom after Neoliberalism". *Economy and Society* 46, N° 3-4 (2017): 303-323.

Rothbard, Murray N. "The Case for a Genuine Gold Dollar". En *In Search of a Monetary Constitution*, ed. Leland Yeager. Cambridge, MA: Harvard University Press, 1962, 94-136.

Rothstein, Bo. "The Prize in Contravention of the Spirit of Nobel's Will", en http://rothstein.dinstudio.se.

Rueff, Jacques. *Épitre aux Dirigistes*. París: Gallimard, 1949.

—. *L'Ordre Social*. París: Librairie de Médicis, 1949.

Rougier, Louis. *La philosophie géométrique de Henri Poincaré*. París: Alcan, 1920.

—. *Les paralogismes du rationalisme. Essai sur la théorie de la connaissance*. París: Alcan, 1920.

—. "La mystique soviétique. Une scolastique nouvelle: le marxisme-léninisme". *La Revue de Paris* 41, N° 2 (1934): 600-629.

—. "Une philosophie nouvelle: l'empirisme logique. A propos d'un congres récent". *La Revue de Paris* 43, N° 1 (1936): 182-195.

—. *Mission Secrète à Londres. Les Accords Pétain-Churchill.* Ginebra: Les Editions du Cheval Ailé, 1946.

—. "L'impossibilité scientifi que du planisme économique". *Écrits de Paris* (enero 1948): 32-41.

Rueff, Jacques. *From the Physical to the Social Sciences.* Baltimore, MD: The Johns Hopkins Press, 1929 [1922].

Ruger, William. *Milton Friedman.* Londres: Bloomsbury Academic, 2011.

Ruggie, John Gerard. "International Regimes, Transactions, and Change: Embedded Liberalism in the Postwar Economic Order". *International Organization* 36, N° 2 (1982): 379-415.

Rüstow, Alexander. "Paläoliberalismus, Kollektivismus und Neoliberalismus". En *Wirtschaft, Gesellschaft und Kultur. Festgabe für Alfred Müller-Armack*, ed. Franz Greiß y Fritz W. Meyer. Berlín: Duncker & Humblot, 1961, 61-70.

Rüther, Daniela. "Freiburger Nation alökonomen auf dem Weg in den Widerstand". *Historisch-Politische Mitteilungen*, N° 10 (2003): 77-94.

Rutherford, Malcolm y Mary Morgan, eds. *From Interwar Pluralism to Postwar Neoclassicism.* Durham, NC: Duke University Press, 1998.

Sachverständigenrat zur Begutachtung der gesamtwirtschaft lichen Entwicklung. *Jahresgutachten 1964/65* (1964), reimpreso en 1994 por Schmidt Periodicals GmbH, Bad Feilnbach.

Saint-Paul, Gilles. *The Tyranny of Utility: Behavioral Social Science and the Rise of Paternalism.* Princeton: Princeton University Press, 2011.

Samuelson, Paul. "A Few Remembrances of Friedrich von Hayek". *Journal of Economic Behavior and Organization*, N° 69 (2009): 1-4.

Schildt, Axel. "'Die Kräfte der Gegen reform sind auf breiter Front angetreten': Zur konservativen Tendenzwende in den Siebzigerjahren". *Archiv für Sozialgeschichte* 44 (2004): 449-478.

Schiller, Karl, ed. *Reden zur Wirtschaftspolitik*. Bonn: Ministry of Economics, 1972.

Schmelzer, Matthias. *Freiheit für Wechselkurse und Kapital. Die Ursprünge neoliberaler Währungspolitik und die Mont Pèlerin Society*. Marburgo: Metropolis-Verlag, 2010.

Schmitt, Alfons y Günter Schmölders. *Außenwirtschaft und Außenhandelspolitik*. Leipzig: Bibliographisches Institut, 1939.

Schmölders, Günter. *Prohibition im Norden: Die staatliche Bekämpfung des Alkoholismus in den nordischen Ländern*. Berlín: Unger, 1926.

— *Die Prohibition in den Vereinigten Staaten: Triebkräfte und Auswirkungen des amerikanischen Alkoholverbots*. Leipzig: C. L. Hirschfeld, 1930.

—. *Die Ertragsfähigkeit der Getränkesteuern: Vergleichende Übersicht über die Voraussetzungen der Alkoholbesteuerung im Deutschen Reich, in Großbritannien, Frankreich, der Schweiz, Dänemark und den Vereinigten Staaten; ein Beitrag zur deutschen Finanzreform*. Jena: Fischer, 1932.

—. *Steuermoral und Steuerbelastung*. Berlín: C. Heymann, 1932.

—. *Die Konjunkturpolitik der Vereinigten Staaten: Erfahrungen und Lehren der amerikanischen Kredit und Währungspolitik im Kampfe gegen Krise und Konjunktur*. Leipzig: Akademie Verlags-Gesellschaft, 1934.

—. *Geld und Kredit: Probleme der Wirtschaft spolitik*. Leipzig: Bibliographisches Institut, 1938.

—. *Das Sparkapital in der gelenkten Volkswirtschaft: Wandlungen der Kreditorganisation*. Stuttgart: W. Kohlhammer, 1940.

—. *Wirtschaft slenkung als angewandte Wirtschaft swissenschaft: Festrede gehalten bei der Feier des Tages der nationalen Erhebung verbunden mit der feierlichen Immatrikulation für das Trimester 1941 am 29. Januar 1941*. Colonia: Oskar Müller Verlag, 1941.

—. *Die Steuerzahlerbewegung in Schweden*. Colonia: Finanzwissenschaft liches Forschungsinstitut, 1950.

—. *Allgemeine Steuerlehre*. Stuttgart: Humboldt-Verlag, 1951.

—. "Finanzpsychologie". *Finanz-Archiv/Public Finance Analysis*, New Series 133, N° 1 (1951-1952): 1-36.

—. *Die große Steuerreform*. Bad Nauheim: Vita-Verlag, 1953.

—. "Ökonomische Verhalten sforschung". *Ordo. Jahrbuch für die Ordnung von Wirtschaft und Gesellschaft* 5 (1953): 203-244.

—. *Organische Steuerreform: Grundlagen, Vorarbeiten, Gesetzentwürfe*. Berlín: F. Vahlen, 1953.

—. "J. M. Keynes' Beitrag zur 'ökonomischen Verhaltensforschung'". En *John Maynard Keynes als "Psychologe"*, ed. Günter Schmölders, Rudolf Schröder y Hellmuth S. Seidenfus. Berlín: Duncker & Humblot, 1956, 7-24.

— *Ökonomische Verhaltensforschung*. Colonia y Opladen: Westdeutscher Verlag, 1957.

—. *Das Irrationale in der öffentlichen Finanzwirtschaft: Probleme der Finanzpsychologie*. Hamburgo: Rowohlt, 1960.

—. "Zur Psychologie der Vermög ensbildung in Arbeiterhand". *Kyklos: International Review for Social Sciences* 15 (1962): 165-182.

—. "10 Jahre sozialökonomische Verhaltensforschung in Cologne". *Ordo. Jahrbuch für die Ordnung von Wirtschaft und Gesellschaft* 14 (1963): 259-273.

—. "Der Beitrag der Verhaltensfo rschung zur Theoric der wirtschaft lichen Entwicklung". En *Systeme und Methoden in den Wirtschaft sund Sozialwissenschaft en: Erwin von Beckerath zum 75. Geburtstag*, ed. Norbert Kloten *et al.* Tubinga: Mohr, 1964, 363-385.

—. "Das neue Finanzwissenschaft li che Forschungsinstitut". En *Finanzwissenschaft liche Forschung und Lehre an der Universität zu Köln 1927-1967*. Berlín: Duncker & Humblot, 1967, 27-44.

—. "Der Staatsbürger als Steuerzahler: Wandlungen des Menschenbildes in Finanzwissenschaft und Steuerpraxis". *Finanz-Archiv/Public Finance Analysis* 27, N° 1-2 (1968): 121-138.

—. *Geldpolitik.* 2da edición. Tubinga/Zúrich: Mohr Siebeck, 1968.

—. "Sozialökonomische Verhaltensforsc hung". En *Wörterbuch der Soziologie.* Vol. 3, ed. Wilhelm Bernsdorf. Fráncfort del Meno: Fischer-Taschenbuch-Verlag, 1968-1969, 1036-1037.

—. *Personalistischer Sozialismus: Die Wirtschaft sord nungskonzeption des Kreisauer Kreises der deutschen Widerstandsbewegung.* Colonia: Westdeutscher Verlag, 1969.

—. *Der Unternehmer im Ansehen der Welt.* Bergisch Gladbach: Gustav Lübbe Verlag, 1971.

—. *Der verlorene Untertan: Verhaltensforschung enthüllt die Krise zwischen Staatsbürger und Obrigkeit.* Dusseldorf: ECON, 1971.

—. *Einführung in die Geld- und Finanzpsychologie.* Darmstadt: Wissenschaft liche Buchgesellschaft , 1975.

—. *Die Inflation: Ein Kernproblem in Wirtschaft und Gesellschaft.* Paderborn: Schöningh, 1976.

—. "Erhards Denkschrift im Lichte neuer Dokumente über die Kriegsfinanzierung 1933-45". En *Kriegsfinanzierung und Schuldenkonsolidierung,* ed. Ludwig Erhard, Theodor Eschenburg, y Günter Schmölders. Fráncfort del Meno: Propyläen-Verlag, 1977, XXIII-XXIV.

—. *Ursprung und Entwicklung der Steuerzahlerbewegung.* 2ª edición. Bad Wörishofen: Holzmann, 1977.

—. "A Visit to Santiago de Chile". *International Background* 8, N° 6 (1981): 183 y s.

—. *Der Wohlfahrtsstaat am Ende: Adam Riese schlägt zurück.* 3ª edición. Múnich: Wirtschaft sverlag Langen-Müller/Herbig, 1983.

—. *Lebenserinnerungen: "Gut durchgekommen?".* Berlín: Duncker & Humblot, 1988.

Schmölders, Günter y Burkhard Strümpel. *Vergleichende Finanzpsychologie: Besteuerung und Steuermentalität in einigen europäischen Ländern*. Wiesbaden: Akademie der Wissenschaft en und der Literatur, 1968.

Schneider, Erich. "Fundamental Errors in Recent Anti-Keynesian Literature". PSL *Quarterly Review* 6 (1953): 3-24.

Schorr, Alvin Louis. *Filial Responsibility in the Modern American Family. US 96. Department of Health, Education and Welfare, Division of Program Research*. Washington, DC: US Government Printing Office, 1960.

Schulman, Bruce J. y Julian E. Zelizer, eds. *Rightward Bound: Making America Conservative in the 1970s*. Cambridge, MA: Harvard University Press, 2008.

Schultz, Theodore W. "Investment in Human Capital". *The American Economic Review* 51, N° 1 (1961): 1-17.

—. "Woman's New Economic Commandments". *Bulletin of the Atomic Scientists* XXVIII, N° 2 (1972): 29-32.

Schulz-Forberg, Hagen, ed. *A Global Conceptual History of Asia 1860-1940*. Londres: Pickering & Chatto, 2014.

—. "Laying the Groundwork: The Semantics of Neoliberalism in the 1930s". En *Re-Inventing Western Civilisation: Transnational Reconstructions of Liberalism in Europe in the Twentieth Century*, ed. Hagen Schulz-Forberg y Niklas Olsen. Newcastle Upon Tyne: Cambridge Scholars Press, 2014, 13-39.

Schumpeter, Joseph. *Business Cycles: A Theoretical, Historical and Statistical Analysis of the Capitalist Process*. Nueva York: McGraw-Hill Co., 1939.

—. *Ciclos económicos: análisis teórico, histórico y estadístico del proceso capitalista*. Zaragoza: Prensas de la Universidad de Zaragoza, 2002.

—. *Capitalism, Socialism, and Democracy*. Nueva York: Harper & Brothers, 1942.

—. *Capitalismo, socialismo y democracia.* Barcelona: Página Indómita, 2010.

—. *Theory of Economic Development: An Inquiry into Profits, Capital, Credit, Interest, and the Business Cycle.* Londres: Routledge 1984 (sobre la base del material original publicado por Harvard University Press, 1934).

—. *Teoría del desenvolvimiento económico: una investigación sobre ganancias, capital, crédito, interés y ciclo económico.* México: Fondo de Cultura Económica, 1944.

Schütz, Alfred. *Der sinnhafte Aufb au der sozialen Welt: Eine Einleitung in die verstehende Soziologie.* Viena: J. Springer, 1932.

—. *La construcción significativa del mundo social.* Barcelona: Paidós, 1993.

Seidenfus, Hellmuth S. "Verhaltensforschung, sozialökonomische". En *Handwörterbuch der Staatswissenschaft,* vol. 11, ed. Erwin v. Beckerath *et al.* Stuttgart: Fischer, 1961, 95-102.

Seldon, Arthur, ed. *The Prime Mover of Progress: The Entrepreneur in Capitalism and Socialism.* Londres: Institute of Economic Affairs, 1980.

Sell, Susan K. *Private Power, Public Law: The Globalization of Intellectual Property Rights.* Cambridge: Cambridge University Press, 2003.

Sent, Esther-Mirjam. "Behavioral Economics: How Psychology Made Its (Limited) Way Back into Economics". *History of Political Economy* 36, N° 4 (2004): 735-760.

Shammas, Victor L. "Burying Mont Pelerin: Milton Friedman and Neoliberal Vanguardism". *Constellations* 25, N° 1 (2018): 117-132.

Shearmur, Jeremy. "Epistemology Socialized?". *ETC: A Review of General Semantics* 42, N° 3 (1985): 272-282.

Shenoy, B. R. "Das Bild vom Unternehmer in Indien". En *Der Unternehmer im Ansehen der Welt,* ed. Günter Schmölders. Bergisch Gladbach: Lübbe Verlag, 1971, 156-171.

Shils, Edward. "A Critique of Planning: The Society for Freedom in Science". *Bulletin of the Atomic Scientists* 3, N° 3 (1947): 80-82.

Shweder, Richard. "Protecting Human Subjects and Preserving Academic Freedom: Prospects at the University of Chicago". *American Ethnologist* 33, N° 4 (2006): 507-518.

Siebert, Horst. *The World Economy: A Global Analysis.* 3ª edición. Londres: Routledge, 2007.

Simon, Herbert A. "Behavioral Model of Rational Choice". *Journal of Economics* 69 (1955): 99-118.

Simons, Henry. *A Positive Program for Laissez-Faire: Some Proposals for a Liberal Economic Policy.* Public Policy Pamphlet N° 15. Chicago: University of Chicago Press, 1934.

Singer, Jana B. "The Privatization of Family Law". *Wisconsin Law Review 5* (1992): 1443-1568.

Skarbeck, David. "F. A. Hayek's Influence on the Nobel Prize Winners". *Review of Austrian Economics,* N° 22 (2009): 109-112.

Slobodian, Quinn. *Globalists: The End of Empire and the Birth of Neoliberalism.* Cambridge, MA: Harvard University Press, 2018.

Söderberg, Gabriel. "Constructing Invisible Hands: Market Technocrats in Sweden 1880–2000". *Acta Universitatis Upsaliensis (Uppsala Studies in Economic History)* 98 (2013).

Sohmen, Egon. *Flexible Exchange Rates: Theory and Controversy.* Chicago: University of Chicago Press, 1961.

Solomon, G. T. y Fernald, L. W., Jr. "Trends in Small Business Management and Entrepreneurship Education in the United States". *Entrepreneurship Theory and Practice* 15 (1991): 25-39.

Solow, Robert M. "Technical Change and the Aggregate Production Function". *The Review of Economics and Statistics* 39 (1957): 312-320.

—. "Technical Progress, Capital Formation, and Economic Growth". *The American Economic Review* 52 (1962): 76-86.

—. "What Do We Know that Francis Amasa Walker Didn't?". *History of Political Economy* 19, N° 2 (1987): 183-189.

——. "Hayek, Friedman and the Illusions of Conservative Economics". *New Republic*, 16 de noviembre de 2012.

Speth, Rudolf. *Die politischen Strategien der Initiative Neue Soziale Marktwirtschaft* 96. Dusseldorf: Hans-Böckler-Stiftung, 2004.

Springer, Simon, Kean Birch y Julie MacLeavy. "An Introduction to Neoliberalism". En *The Handbook of Neoliberalism*, ed. Simon Springer, Kean Birch y Julie MacLeavy. Nueva York: Routledge, 2016, 1-14.

Stahl, Ingemar. "The Prize in Economic Science and Maurice Allais". Ponencia presentada en la conferencia de la SMP de 1990.

Stahl, Jason. *Right Moves: The Conservative Think Tank in American Political Culture since 1945*. Chapel Hill: University of North Carolina Press, 2016.

Stanford, Jim, *Economic Freedom for the Rest of Us*. Halifax: Canadian Autoworkers Union, 1999, en http://www.csls.ca.

Starbatty, Joachim. "Ordoliberalismus". En *Geschichte der Nationalökonomie*, ed. Otmar Issing. Múnich: Vahlen, 1994, 251-269.

Stark, Jürgen. "Monetary, Fiscal and Financial Stability in Europe: Speech at the 11th Euro Finance Week in Frankfurt, 18 November 2008", en www.ecb.europa.eu.

Steelman, Aaron. "Intellectual Property". En *The Encyclopedia of Libertarianism*, ed. Ronald Hamoy. Londres: Sage, 2008, 249-250.

Steiner, Yves. "Les riches amis suisses du néolibéralisme. De la débâcle de la revue Occident a la Conférence du Mont Pèlerin d'avril 1947". *Traverse*, N° 1 (2007): 114-126.

Stiftung Marktwirtschaft. *25 JAHRE Stiftung Marktwirtschaft und Kronberger Kreis*. Berlín: 2007.

——. "Mehr Mut zum Markt", en www.stiftung-marktwirtschaft.de.

Stigler, George. *The Intellectual and the Market Place*. Nueva York: Free Press of Glencoe, 1963.

——. *Essays in the History of Economics*. Chicago: University of Chicago Press, 1965.

—. "The Confusion of Means and Ends". En *Regulating New Drugs*, ed. Richard Landau. Chicago: University of Chicago Center for Policy Study, 1973, 10-19.

—. "The Intellectual and His Society". En *Capitalism and Freedom: Problems and Prospects*, ed. Richard Selden. Charlottesville, VA: University Press of Virginia, 1975, 311-321.

—. "Do Economists Matter?". *Southern Economic Journal* 42, N° 3 (1976): 347-354.

Streeck, Wolfgang. *Gekaufte Zeit. Die vertagte Krise des demokratischen Kapitalismus*. Berlín: Suhrkamp, 2013.

—. *Buying Time: The Delayed Crisis of Democratic Capitalism*. Nueva York: Verso, 2014.

Sturn, Richard. *Varianten des Unternehmertums in der Österreichischen Schule*. Graz: GSC Discussion Paper N° 18, 2017.

Swoboda, Peter. "Schumpeter's Entrepreneur in Modern Economic Theory". En *Schumpeter Centenary Memorial Lectures*, ed. Christian Seidl. Berlín: Springer, 1984, 17-28.

TenBroek, Jacobus. "California's Dual System of Family Law: Its Origin, Development, and Present Status: Part I". *Stanford Law Review* 16, N° 2 (1964): 257-284.

Thaler, Richard H. y Cass R. Sunstein. "Libertarian Paternalism". *The American Economic Review* 93, N° 2 (2003): 175-179.

—. *Nudge: Improving Decisions About Health, Wealth and Happiness*. Londres: Penguin Books, 2009.

—. *Un pequeño empujó:, el impulso que necesitas para tomar mejores decisiones sobre salud, dinero y felicidad*. Bogotá: Taurus, 2017.

Thomasberger, Claus. "'Planung für den Markt' versus 'Planung für die Freiheit': Zu den stillschweigenden Voraussetzungen des Neoliberalismus". En *Der neoliberale Markt Diskurs: Ursprünge, Geschichte, Wirkungen*, ed. Walter O. Ötsch y Claus Thomasberger. Marburgo: Metropolis, 2009, 63-96.

Travaux du Colloque International du Libéralisme Economique. Bruselas: Editions du Centre Paul Hymans, 1957.

Tribe, Keith. "Liberalism and Neoliberalism in Britain, 1930-1980". En *The Road from Mont Pèlerin*, ed. Philip Mirowski y Dieter Plehwe. Cambridge, MA: Harvard University Press, 2009, 68-97.

Triffin, Robert. "The Impact of the Bellagio Group on International Reform". En *Breadth and Depth in Economics. Fritz Machlup–The Man and His Ideas*, ed. Jacob S. Dreyer. Lexington: Lexington Books, 1978, 145-158.

Turner, Fred. *From Counterculture to Cyberculture: Stewart Brand, the Whole Earth Network, and the Rise of Digital Utopianism.* Chicago: University of Chicago Press, 2006.

Tversky, Amos y Daniel Kahneman. "Judgment Under Uncertainty: Heuristics and Biases". *Science* 185 (1974): 1124-1131.

Tyfield, David. "Science, Innovation, and Neoliberalism". En *The Handbook of Neoliberalism*, ed. Simon Springer, Kean Birch, y Julie MacLeavy. Nueva York: Routledge, 2016, 340-350.

University of Chicago Kalven Committee. "Report on the University's Role and Social Action". *University of Chicago Record* 1, N° 1 (1967).

Unternehmer und Bildung. Festschrift zum 60. Geburtstag von Ludwig Vaubel. Colonia: Westdeutscher Verlag, 1968. (Band 10 der Veröffentlichungen der Walter Raymond-Stiftung.)

Vaara, E., J. Tienari y J. Laurila. "Pulp and Paper Fiction: On the Discursive Legitimation of Global Industrial Restructuring". *Organization Studies* 27, N° 6 (2006): 789-813.

Valdés, Juan Gabriel. *Pinochet's Economists.* Cambridge: Cambridge University Press, 1995.

Van Horn, Robert. "Reinventing Monopoly and the Role of Corporations: The Roots of Chicago Law and Economics". En *The Road from Mont Pèlerin*, ed. Philip Mirowski y Dieter Plehwe. Cambridge, MA: Harvard University Press, 2009, 204-237.

Van Horn, Robert y Matthias Klaes. "Intervening in Laissez-Faire Liberalism: Chicago's Shift on Patents". En *Building Chicago Economics: New Perspectives on the History of America's Most Powerful Economics Program*, ed. Robert Van Horn, Philip Mirowski y Thomas A. Stapleford. Nueva York: Cambridge University Press, 2011, 180-207.

Van Horn, Robert y Philip Mirowski. "The Rise of the Chicago School of Economics and the Birth of Neoliberalism". En *The Road from Mont Pèlerin*, ed. Philip Mirowski y Dieter Plehwe. Cambridge, MA: Harvard University Press, 2009, 139-178.

Van Horn, Robert y Ross Emmett. "Two Trajectories of Democratic Capitalism in the Post-War Chicago School: Frank Knight versus Aaron Director". *Cambridge Journal of Economics* 35, N° 5 (2014): 1443-1455.

Vanberg, Viktor. "The Freiburg School: Walter Eucken and Ordoliberalism". *Freiburg Discussion Papers on Constitutional Economics*, N° 11 (2004).

Venugopal, Rajesh. "Neoliberalism as Concept". *Economy and Society* 44, N° 2 (2015): 165-187.

Walpen, Bernhard. *Die offenen Feinde und ihre Gesellschaft . Eine hegemonietheoretische Studie zur Mont Pèlerin Society*. Hamburgo: VSA-Verlag, 2004.

Wang, Marian, Beckie Supiano y Andrea Fuller, "No Income? No Problem! How the Government is Saddling Parents with College Loans They Can't Afford". Propublica, 4 de octubre de 2012, en www.propublica.org.

Weede, Erich. "Vertragen die alternden europäischen Sozialstaaten die Massenzuwanderung, die wir haben?". *Orientierungen zur Wirtschafts und Gesellschaftspolitik*, N° 143 (2016): 54-66.

Werding, Martin. "Gab es eine neoliberale Wende? Wirtschaft und Wirtschaftspolitik in der Bundesrepublik Deutschland ab Mitte der 1970er Jahre". *Vierteljahrshefte für Zeitgeschichte* 56, N° 2 (2008): 559.

Whitehead, Mark, Rhys Jones, Rachel Howell, Rachel Lilley y Jessica Pykett. "Nudging All Over the World: Assessing the Global Impact of the Behavioral Sciences on Public Policy", en https://changingbehaviours.files.wordpress.com.

Wible, James. *The Economics of Science.* Nueva York: Routledge, 1998.

Wilson, Jérôme y Robert Triffin. *Milieux académiques et cénacles économiques internationaux 1935-1951.* Fond Camille Gutt: Editions Versant Sud, 2015.

Wissenschaftlicher Beirat beim Bundesministerium der Finanzen, ed. "Organische Steuerreform: Bericht an den Herrn Bundesminister der Finanzen". Bonn, 1953.

Witt, John Fabian. *The Accidental Republic: Crippled Workingmen, Destitute Widows, and the Remaking of American Law.* Cambridge, MA: Harvard University Press, 2004.

Wright, Carl M. "Memorandum on the Danubian Study Group". En *Peaceful Change,* 4 vol, ed. International Studies Conference. París: IIIC, 1939, 214-57.

Zeman, Ray. "Reagan Pledges to Squeeze, Cut and Trim State Spending: Reagan Pledges Strict Government Economy". *Los Angeles Times,* 6 de enero de 1967: 1 y 20.

Zumbrun, Ronald A., Raymond M. Momboisse y John H. Findley, "Welfare Reform: California Meets the Challenge". *Pacifi c Law Journal* 4 (1973): 739-785.

Las siete vidas del neoliberalismo, editado por Dieter Plehwe,
Quinn Slobodian y Philip Mirowski,
se terminó de imprimir en el mes de mayo de 2023,
en los talleres de Salesianos impresores S. A.
Santiago de Chile.
El tiraje fue de 1.500 ejemplares.

www.ingramcontent.com/pod-product-compliance
Lightning Source LLC
LaVergne TN
LVHW092054051026
849517LV00013B/2668
* 9 7 8 9 5 6 2 8 9 3 1 4 5 *